danubebooks

Die Originalausgabe erschien 2019 unter dem Titel „The road before me weeps.
On the refugee route through Europe" bei Yale University Press, London.

Bibliografische Information der Deutschen Nationalbibliothek:
Die deutsche Nationalbibliothek verzeichnet diese Publikation in der Deutschen Nationalbibliografie;
detaillierte bibliografische Daten sind im Internet über http://dnb.d-nb.de abrufbar.

© 2020 danube books Verlag e. K., Ulm
© 2019 by Nick Thorpe, originally published by Yale University Press
Übersetzung   Dr. Carsten Schmidt, Görlitz
Umschlaggestaltung   Diplom-Designer (FH) Timo Ueffing, Neu-Ulm
Titelmotiv   Nick Thorpe, Budapest
Verlag   danube books Verlag e. K., Ulm
Druck und Bindung   DENONA d. o. o., Zagreb
ISBN   978-3-946046-20-2

Nick Thorpe

Die weinende Straße vor mir

Entlang der Balkanroute

Aus dem Englischen von Dr. Carsten Schmidt

 danubebooks

Der renommierte BBC-Korrespondent Nick Thorpe gibt den Menschen auf der Balkanroute endlich eine Stimme! In einem persönlichen Statement für danube books schreibt Nick Thorpe:

„Als die Flüchtlingskrise im Februar 2015 begonnen hatte, verbrachte ich als Journalist immer mehr Zeit an der Grenze zwischen Ungarn und Serbien. Mehrere hundert Menschen, damals meistens aus dem Kosovo, wanderten täglich über die Wiesen, zuerst nach Ungarn, dann später über Österreich nach Deutschland, auf der Suche nach einem besseren Leben. In den folgenden Wochen und Monaten kamen immer mehr Flüchtlinge aus Kriegsgebieten wie Syrien, Irak und Afghanistan, aber auch aus afrikanischen Ländern, in denen kaum oder gar kein Krieg herrscht, wo es jedoch existenzielle Probleme gibt. Sind diese Menschen Einwanderer, Auswanderer oder nur auf der Durchreise? Sicher ist: Es sind alle verzweifelte Menschen mit grundlegenden Bedürfnissen.

Immer mehr Zeit verbrachte ich in den Grenzgebieten, nicht nur zwischen Ungarn und Serbien, sondern auch zwischen Bulgarien und der Türkei, zwischen Bulgarien und Serbien, Griechenland und Mazedonien, Kroatien und Slowenien, Slowenien und Österreich. Immer stellte ich diesselben Fragen: Wer sind Sie? Warum sind Sie gekommen? Warum jetzt und nicht letzte oder nächste Woche? Wie lange wollen Sie bleiben? Und können Sie sich vorstellen, dass Sie noch einmal in ihre Heimat zurückkehren wollen? Ich sprach überall mit den Einheimischen, in Transitländern wie in Zielländern, ebenso mit Polizisten, ehrenamtlichen Helfern und auch mit Schleppern."

Nick Thorpe, geboren 1960 in Upnor (England), lebt mit seiner Familie seit 1986 in der ungarischen Hauptstadt Budapest .Als Journalist und Filmautor arbeitete er für den „Independent" und den „Guardian", seit 1996 ist er Mitteleuropa-Korrespondent der BBC. Viel beachtet wurde sein Buch „Die Donau. Eine Reise gegen den Strom" (2017, Zsolnay).

INHALT

VERLORENE JAHRE FÜR EUROPA

Das Jahr 2015 darf sich nicht wiederholen, so lautet das Credo vieler europäischer Politiker, wenn sie über die sogenannte Flüchtlingskrise sprechen. Aber was haben sie dafür getan? Ungarn zum Beispiel hat einen Stacheldrahtzaun nach DDR-Vorbild, nur ohne Selbstschussanlagen, entlang seiner Grenze zu Kroatien und Serbien gebaut. Das Narrativ der national-konservativen Regierung: Wir schützen die Außengrenzen der EU vor illegalen Migranten. Allein der Blick auf die Landkarte zeigt, dass der ungarische Grenzzaun die EU nicht vor Migranten schützt, sondern sie lediglich zu Umwegen zwingt. Geblieben ist das Framing, die Sprachregelung, wonach Migranten generell und Flüchtlinge besonders illegal seien. In vielen Ländern fällt dieses Framing auf fruchtbaren Boden, Nachdenken und Differenzieren macht es überflüssig. Es befeuert nationalistische und populistische Tendenzen in ganz Europa, je nach Land mal mehr, mal weniger stark.

Die Ursachen für Flucht sind fünf Jahre später, wenn dieses Buch in deutscher Übersetzung erscheint, unverändert geblieben: In Syrien tobt ein nicht enden wollender Krieg unter Beteiligung der USA, Russlands und der Türkei. In Afghanistan und im Irak sehen wir implodierende Staaten, sich selbst und Terrorgruppen überlassen. Im Iran verschlechtert sich die Lage der Zivilbevölkerung durch Wirtschaftssanktionen und eine totalitäre islamistische Staatsführung. Und täglich machen sich Afrikaner auf den lebensgefährlichen Weg nach Europa, getrieben von Aussichtslosigkeit und Armut in ihren Herkunftsländern.

Fünf Jahre hatten die europäischen Staaten und die EU Zeit, ein zweites „2015" zu verhindern. In diesen fünf Jahren hat die Staatengemeinschaft mit Großbritannien ein Gründungsmitglied verloren und mit Ungarn den ersten autoritären Staat gewonnen, in welchem der Regierungschef Viktor Orbán auf unbestimmte Zeit per Dekret regieren kann, unbehelligt vom Parlament und ohne Wahlen. Kein Wunder also, dass weder eine gemeinsame Außen- und Sicherheitspolitik zu erkennen ist, noch eine gemeinsame, sprich solidarische Regelung zur Aufnahme von Flüchtlingen nach einem Quotenschlüssel. Durch einen fragwürdigen Handel mit der Türkei schien das Problem nebst Menschen weggeschoben zu sein; man hatte sich Zeit verschafft, sie aber offensichtlich nicht genutzt. Die Nationalstaaten handeln zunehmend auf eigene Faust, die EU hat sich von der weltpolitischen Bühne in den Zuschauerraum verabschiedet – aktuell zu beobachten auch während der Corona-Pandemie. Das Makabre: Weder das Virus noch Migranten lassen sich letztlich von nationalen Grenzen aufhalten.

Und so wiederholt sich 2015 eben doch, nur fünf Jahre später. Auch die Bilder sind die gleichen geblieben: ertrinkende Menschen auf dem Mittelmeer, überfüllte Flüchtlingslager auf griechischen Inseln, Schlepper und Schleuser gehen ihren schmutzigen Geschäften nach.

Der Blick zurück auf 2015 und die Folgejahre, den der BBC-Korrespondent Nick Thorpe uns aufzeigt, ist also aktueller denn je. Was ihn und sein Buch von allen anderen Publikationen zum Thema unterscheidet: Er berichtet aus eigener Anschauung während seiner Recherchen entlang der Balkanroute. Den Migranten gibt er Namen und Gesicht, hört ihnen zu – ebenso wie Polizisten und Helfern, Politikern und Einheimischen, Schleusern und Schleppern.

Entstanden ist ein gewaltiges europäisches Panorama voller Empathie, detail- und kenntnisreich, sorgfältig gearbeitet. Oder wie es der Übersetzer Dr. Carsten Schmidt formuliert: „Das Buch ist in seiner Ganzheit, seiner Art der Betrachtung und in den beschriebenen Zusammenhängen zeitlos, praktisch ein Lexikon des Konfliktes und im Grunde ein Standardwerk Osteuropas Anfang des 21. Jahrhunderts."

Thomas M. Zehender, lic. rer. publ.,
danube books Verlag,
Ulm/Donau, im April 2020.

DIE GESICHTER AM ZAUN

Stellt euch die geplagten Fremden vor,
ihre Babys auf den Rücken und ihr armseliges Gepäck,
sich zu den Häfen und Küsten schleppend für die Überfahrt ...
William Shakespeare, *The Book of Sir Thomas More*[1]

In weltweitem Ausmaß ist Migration Hauptmittel zum Überleben geworden.

John Berger[2]

Dies ist ein Buch über Flüchtlinge und Migranten entlang der Strecke, die als westliche Balkanroute bekannt wurde, von der Türkei bis nach Westeuropa, in den Jahren 2014 bis 2018. Es ist eine von fünf Hauptrouten nach Europa, im Jahre 2015 und Anfang 2016 war es die am häufigsten genutzte.

„Migration ist wie ein Luftballon", sagte ein Mitarbeiter von Frontex, der Agentur für Grenzkontrolle, „man drückt ihn an einer Stelle zusammen und er beult sich an einer anderen Stelle aus." Abkommen, ausgehandelt in fernen Hauptstädten, die errichteten Mauern und Zäune sowie eingebaute Signalvorrichtungen, sie alle hatten einen abschreckenden und verzögernden Effekt.

Doch diejenigen, die entschlossen sind, werden immer Wege finden. Alle Maßnahmen, die ergriffen wurden, um sie aufzuhalten, erhöhten nur ihr Leiden, die Kosten der Reise und ihre Abhängigkeit von der kriminellen Unterwelt, die ihr Weiterkommen ermöglicht.

Viel hat sich verändert in der Welt, seit ich dieses Buch anfing. Was als Chronik der Masseneinwanderung begann, wuchs sich schrittweise zu einer Detektivarbeit aus, bei der ich Personen mitten auf ihrem Weg bis zum Endpunkt ihrer Reise betrachtete. Ihr Status ist derart fragil, dass einige der hier beschriebenen Personen wieder in ihren Herkunftsländern sind, während Sie diese Zeilen lesen. Manche sind gern, andere widerwillig nach Hause zurückgekehrt.

Es ist meine Hoffnung, dass dieses Buch als Chronik eines uralten Phänomens während einer relativ kurzen Zeitspanne in der neuzeitlichen Geschichte Europas für Leser auch in kommenden Jahren nützlich sein kann.

Das Buch behandelt die Themen Menschlichkeit, Gastfreundlichkeit, rechtliche Lage und Verpflichtungen, wie sie in diesen Tagen von zentraler Bedeutung sind.

Von meiner Wohnung in Budapest aus bin ich im Laufe von vier Jahren immer wieder in dieselben Dörfer und Städte gefahren, in denen Menschen sich ausruhten oder wo sie zeitweise eingeschlossen oder inhaftiert waren.

Als der Zaun an der ungarisch-serbischen Grenze im September 2015 fertiggestellt wurde, beobachtete ich den Zug der Menschen über Kroatien und Slowenien. Als das Durchkommen von Menschen am ungarischen Zaun im Herbst 2017 praktisch unmöglich wurde, ging ich Menschen nach, die über Rumänien nach Ungarn kamen und durch die Slowakische und Tschechische Republik nach Deutschland. Andere nahmen die Route über Albanien oder Bosnien nach Kroatien, Slowenien und Italien. Seit ihrer Ankunft in Westeuropa habe ich kontinuierlich das Schicksal einiger dutzend Menschen verfolgt, einige dieser Geschichten sind am Ende dieses Buches beschrieben.

Es ist dies auch die Geschichte von Hilfsbereitschaft und Feindseligkeit, die diesen Menschen auf ihrem Weg und bei der Ankunft begegnet sind. Meine Wahlheimat Ungarn zeigte in dieser Zeit die stärkste Form der Ablehnung gleichsam von Flüchtlingen wie von Migranten, vor allem durch Viktor Orbáns Fidesz-Regierung. Dass ich durch persönliche Kontakte den ungarischen Premierminister tatsächlich seit 1988 kenne, bot mir eine nützliche Perspektive, durch die ich die Flüchtlingsproblematik in Europa und auf der Welt betrachten konnte. Wenngleich ich im Schatten seines Zaunes schreibe, hat mir meine privilegierte Stelle als BBC-Reporter ermöglicht, mich hin und herzubewegen und zu sprechen, mit wem ich wollte.

Ich stelle die Erlebnisse auf der Balkanroute in einen größeren Zusammenhang von europäischer und globaler Migration sowie der wachsenden Angst vor Terrorismus.

In den Gesprächen am Ende des Buches beleuchte ich einige Errungenschaften sowie Rückschläge bei der Integration, wie sie nunmehr in Deutschland, Frankreich und der Schweiz bestätigt werden.

Der Titel *Die weinende Straße vor mir* wurde mir von meinem Freund Balázs ‚Dongó' Szokolay vorgeschlagen, einem brillanten ungarischen Musiker und Meister aller Arten von Flöten, Saxophonen, Dudelsäcken und anderen Blasinstrumenten. Er wurde entlehnt von einem Folksong der Szekler-Bevölkerung, der erstmals am Vorabend des Ersten Weltkrieges vom Sammler und Komponisten Lásló Lajtha im heute rumänischen Dorf Bözöd in Transsilvanien aufgenommen wurde.[3] Es gibt mehrere Versionen des Textes. In der bekanntesten geht ein Mann eine Dorfstraße entlang; er ist so traurig, dass selbst die Straße unter ihm weint. Er will das Mädchen besuchen, das ihn für einen anderen verlassen hat. Keine Tür öffnet sich ihm.

1987 gab der ungarische Filmemacher Sándor Sára einer Serie von vier Filmen denselben Titel, die sich mit dem Leid der Szekler in der Bukowina beschäftigten, die während des Zweiten Weltkriegs gezwungen waren, aus ihren Dörfern für immer zu fliehen.[4] In einer weiteren Version der Rockband Vízöntö (Wassermann) aus den 90ern befindet sich ein Ungar fern seiner Heimat in Übersee, ein Emigrant, und seine Familie weiß nicht mal, ob er lebt oder tot ist.[5]

Während ich schrieb, entschied das britische Volk, dass es die EU verlassen will, und Donald Trump wurde zum 45. Präsidenten der Vereinigten Staaten gewählt. Beide Ereignisse wurden stark beeinflusst durch den Wählerwunsch, dass wieder mehr Kontrolle in die Hand von Ländern gelangt, deren politische und wirtschaftliche Eliten als Verfechter der Globalisierung gelten. Sowohl die Brexit-Befürworter als auch Donald Trump nutzen die Sorge, die mit der Immigration einhergeht. Es liegt allerdings Ironie darin, dass, während osteuropäische Staaten die außereuropäischen Migranten ablehnten, viele Menschen in Großbritannien die Einwanderung von Bürgern eben dieser osteuropäischen Länder ebenso ablehnten. Neue wirtschaftliche Eliten kamen in diesen Ländern an die Macht und blieben auch dort, weil man ihnen nachsagt, sie könnten besser die „Sprache des einfachen Volkes" sprechen.

„Wirkliche Größe kann geben und annehmen, ist national und international zur selben Zeit", meint der Musiker László Lajtha, dem ich den Buchtitel verdanke, in einem Radiointerview. „Größe weitet die Grenzen und nationalen Kulturen, nimmt jeden Trend der Menschen, die ihr begegnen, auf, und kümmert sich nicht um die engen, verschlossenen Animositäten, mit denen das rein Nationale sich verbindet."[6]

Diese verengenden, verschlossenen Animositäten jedoch greifen sehr tief. Allerorts nennen Menschen Mitmenschen „Einheimische" und beziehen die Roma und Sinti, Syrer, Latinos oder Kurden durchaus mit ein, wenn sie sie erst einmal kennengelernt haben. Auf der anderen Seite fällt es leicht, neue Bürger und Fremde zu dämonisieren, vor allem, wenn sie praktisch über Nacht eintreffen. Eine weitere Ironie bei der Einwanderung liegt darin, dass viele Einwanderer der gebildeten Mittelklasse entstammen. Sie hätten sonst oftmals gar nicht die Mittel gefunden, sich die Reise überhaupt leisten zu können. Die ärmsten und angreifbarsten hatten wenige Möglichkeiten zur Flucht. Und schließlich ist es ebenso bizarr, dass tatsächlich relativ wenig Flüchtlinge nach Europa kamen und kommen – so etwa eine Million aus Syrien, während etwa fünf Millionen in den benachbarten Ländern blieben.

Die Bildung und die Fähigkeiten der neuen Ankömmlinge werden sich positiv auf die hiesigen Wirtschaftsräume auswirken, die sie willkommen heißen.

Allerdings wird es ein Desaster für den Irak und Syrien bedeuten, wenn ihre Lehrer, Ärzte, Ingenieure und Bauarbeiter nie wieder heimkehren. Das kann freilich auch als Argument gegen Integration gesehen werden. „Bitte werdet hier nicht heimisch, ihr werdet daheim dringend gebraucht."

Die Ankunft so vieler Asylsuchender provozierte einen Rückschritt in den Entwicklungen vieler Länder. National gesinnte Regierungen wurden gewählt oder gebildet in Österreich (2017) und Italien (2018) oder wiedergewählt wie in Ungarn (2018). In Deutschland blieb Angela Merkel an der Macht, wenn auch ihre Mehrheit unter dem Einfluss der stark gegen Flüchtlinge gerichteten AfD-Rhetorik bei den Wahlen (2017) schmolz. In anderen europäischen Staaten steuerten Parteien der Mitte stärker in eine einwanderungskritischere Richtung, um dem Einfluss von noch extremeren rechten Parteien zuvorzukommen.

Im Sommer 2015 sah ich, wie ungarische Polizisten ungläubig auf die vollen Autobahnen aus Serbien starrten, unfähig, die eine Million Türken, die legal aus dem Urlaub zurück in ihre Wahlheimat und ihr Zuhause in Deutschland fuhren, auseinander zu halten von hunderttausenden, die ungeordnet und in unvorhersehbaren Schüben über dieselbe Grenze in dieselbe Richtung kamen. In ähnlicher Weise gelangen etwa eine Million Marokkaner und andere Bürger Nordafrikas legal jedes Jahr über die Grenze von Frankreich durch Spanien.

Im Zeitalter von Migration und Klimawandel, von sich verändernden Arbeitswelten, demographischem Wandel und Bevölkerungsexplosion sowie sinkenden Reisekosten innerhalb Europas ist es unmöglich, eine klare Linie zu ziehen zwischen Migranten, Flüchtlingen und zeitweise Vertriebenen.

Der Begriff „refugee" wurde ursprünglich für französische Protestanten angewandt, meist Hugenotten, die nach der Widerrufserklärung des Edikts v. Nantes 1685 nach Britannien, in die Niederlande und andere Länder flohen. Diese „geplagten Fremden", wie sie durch Shakespeares Feder zu Beginn des Kapitels auf die Ankommenden „wohlhabenden Lombardischen Banker und Flämische Arbeiter" gemünzt waren, die in London 1517 von einem Mob angegriffen wurden. Der historische Thomas Morus war einer der sogenannten „Under-Sheriffs" der Stadt und bemüht, die Menge zu beruhigen.

Gleich nach dem Ersten Weltkrieg, in welchem die erste „Flüchtlingskrise" der neueren Geschichte zu verzeichnen war, flohen bis zu zwei Millionen Russen vor der bolschewistischen Revolution, sowie hunderttausende Armenier, Griechen und Menschen vom Balkan, die gezwungen waren, ihre Heimat zu verlassen. Der norwegische Arktisforscher und Diplomat Fridtjof Nansen, erster Hochkommissar für Flüchtlingsfragen im Völkerbund, arbeitete unermüdlich daran, dass Flüchtlinge freies Geleit erreichen konnten. Die Handhabung, Flüchtlinge von dem Land aus zu verteilen, das sie zuerst erreichten, also von Griechenland oder Italien aus in andere europäische Länder, kann auf die sogenannten Nansen-Pässe zurückgeführt werden, die unter seiner Aufsicht in den 1920ern vergeben wurden. Diese wurden letztlich dazu ausgegeben, um dem Träger mehr Rechte zuzusichern, darunter das Recht der freien Weiterreise in ein anderes europäisches Land. In dieser Hinsicht war der Nansen-Pass fortschrittlicher als die derzeitige europäische Rechtslage, die vorgibt, dass Schutzsuchende in dem Land bleiben, in dem sie sind.[7]

Während des Zweiten Weltkriegs flohen etwa 60 Millionen Menschen aus ihrer Heimat. Heute stuft man etwa 68,5 Millionen als sogenannte „displaced persons" ein, also im weitesten Sinne Vertriebene; 23 Millionen von ihnen gelten als „Flüchtlinge".[8] Als 1951 die Vereinbarungen zur UN-Flüchtlingskonvention geschlossen wurden, gab es immer noch mehr als eine Million Flüchtlinge in Europa. Die Errichtung von Flüchtlingslagern und Anpassungen im Internationalen Recht waren während des Kalten Krieges notwendig geworden. Das UNHCR, zusammen mit den Regierungen einzelner Staaten, tut sich heutzutage schwer bei der Anwendung dieser Konvention in einer Welt, in der Flüchtlinge wesentlich länger Flüchtlinge bleiben und in der größtenteils Bürgerkriege Menschen zu Vertriebenen machen als internationale Konflikte zwischen Ländern. Der Klimawandel und die Flüchtlingswellen, die er hervorrufen wird, sind eine weitere Herausforderung. Trockenheit im Nordosten Syriens und der damit verbundene Zustrom von Menschen aus den landwirtschaftlich betroffenen Gebieten in die Städte wird als ein verstärkender Faktor für den Bürgerkrieg gesehen.[9]

„Erstmals ist das individuelle Recht von Menschen von der internationalen Staatengemeinschaft anerkannt worden", schreibt Michael Ignatieff. „Keine andere Art der Ansprache hat sich als so wirkungsvoll erwiesen, vor allem, weil die Art der rechtlichen Anerkennung jeden Menschen als souveränes Individuum ansieht."[10]

Als ich eines frühen Morgens im September 2015 an den Gleisen von Serbien nach Ungarn stand, fragte ich einen Syrer mit gebrochenem Bein in Anzug und Krawatte, der auf beiden Seiten von seinen zwei Neffen gestützt wurde, wer er sei.

„Ich bin ein souveräner Mensch", antwortete er. In Zeiten, in denen nationale Souveränität von den Dächern trompetet wird, tut man gut daran, sich auch an den Wert individueller Souveränität zu erinnern.

Da derzeit der Status eines Flüchtlings mehr als zehn Jahre dauert, bieten Flüchtlingslager kaum nachhaltige Lösungen. Eine alternative, prekäre, halblegale oder illegale Existenz in einer nahen Stadt ist die Option, welche die meisten gegenüber den Zwängen eines Lagers bevorzugen, wo sie fern einer sinnvollen Beschäftigung leben und abhängig von Zuteilungen sind. In ihrem Buch *Refuge: Transforming a Broken Refugee System* beschreiben die Autoren Alexander Betts und Paul Collier die Notwendigkeit, Flüchtlingsströme nicht als humanitäre, sondern entwicklungspolitische Themen zu behandeln.[11] Nur wenn die Flüchtenden die Möglichkeit zum Arbeiten bekommen, ihren Kindern Bildung zukommen zu lassen sowie angemessene Gesundheitsversorgung, werden sie in den Ländern bleiben, in denen sie als erstes ankamen, wie die Türkei, der Libanon und Jordanien, was auch ihre erste Wahl wäre. Jedoch nur, wenn die internationale Gemeinschaft bereit ist, diesen Ländern zu helfen, werden sie ihre Autonomie und Würde zurückerlangen.

Es gibt wesentlich mehr Vertriebene (displaced persons) weltweit als Flüchtlinge. Die Vertriebenen sind schlicht vom menschlichen Bedürfnis angetrieben, so nah wie möglich am Zuhause zu sein, in der Hoffnung, dort bald wieder hin zu können. Wenn, dann ist es also eine Vertriebenen- und Migrationskrise und weniger eine Flüchtlingskrise. Ein Vertriebener wird zum Flüchtling, wenn er sein Land verlässt. In Syrien waren Ende 2017 von der Bevölkerung, wie sie vor dem Krieg bestand, sechs Millionen im eigenen Land vertrieben, fünf Millionen waren in Nachbarstaaten als Geflüchtete, etwa eine Million kam nach Europa; ungefähr 500.000 wurden getötet. Die syrische Flüchtlingskrise begann mit der Niederschlagung der friedlichen Proteste gegen die Regierung von Präsident Bashar Assad im Jahre 2011.

Oft genug werden die Bezeichnungen von Menschen „auf dem Weg" zu politischen Definitionen. Eine Regierung, eine politische Partei oder Medienorganisation, die „Fremde" ablehnt, sieht sie überall. Die Menschlichkeit derjenigen, die den Kriegsschrecken von Aleppo, Mosul oder Sindschar entfliehen, wird durch die Bezeichnung „Wirtschaftsflüchtlinge" herabgesetzt. Das Versagen der internationalen Staatengemeinschaft, mehr zu tun, um Flüchtlingen und den Erst-Aufnahmestaaten zu helfen, verursachte eine sekundäre Migration von Asylsuchenden, die von Nachbarstaaten Syriens nach Westeuropa strebten. Sie wurden zunächst und zumeist durch die Information zurückgehalten, dass eine Einwanderung nun schwerer werden würde – Viktor Orbáns Zaun wirkte da erst wie ein Magnet, nicht wie eine Hürde. Vor der Aussage Angela Merkels, dass Deutschland Syrer wieder in die Erstaufnahmestaaten zurückschicken würde, waren bereits viele auf dem Weg.[12]

Die Statistiken und Zahlen sind nicht ganz verlässlich, jedoch lassen sie sich heranziehen, um die Abläufe und Vorgänge zu betrachten. Ungefähr 3,7 Millionen Menschen ersuchten Asyl in der Zeitspanne von vier Jahren, in denen dieses Buch entstand.[13] Die EU-Regierungen gaben zwei Milliarden Euro aus, um die Asylsuchenden entweder draußen zu halten oder um den Strom zu stoppen – ungefähr 1.000 Euro pro Person.[14] Während die meisten osteuropäischen Staaten sich in Anti-Migranten-Rhetorik und offener Fremdenfeindlichkeit übten, errichteten viele westeuropäische Staaten Mauern auf stille Art und Weise. Zäune wuchsen empor oder wurden erneuert an Grenzabschnitten von Griechenland zur Türkei, Bulgarien zur Türkei, Griechenland nach Mazedonien, Ungarn nach Kroatien, zwischen Slowenien und Kroatien, Österreich und Slowenien, Österreich und Italien, Lettland zu Russland und Russland zu Estland, sowie an allen Eingängen zur Fähre und zum Tunnel am Ärmelkanal zwischen Frankreich und Großbritannien. Bis 2018 wurde eine 828 Kilometer-Mauer zwischen der Türkei und Syrien als die effektivste von allen errichtet.[15]

Der alte Eiserne Vorhang wurde von den kommunistischen Regimes errichtet, um ihre eigenen Bevölkerungen davon abzuhalten, in den Westen zu fliehen. Die neuen eisernen Vorhänge sind dazu gedacht, den Zustrom in Europa (den nördlichen Teil) von Armen und Unterdrückten aus dem globalen Süden sowie Flüchtlinge aus dem kriegsgeschüttelten Nahen Osten fernzuhalten.

Zu den diffusen Verhältnissen und Fragen, wer nach Europa gelangt und warum, gesellte sich die Verwirrung darüber, welches Land Menschen hineinlässt und welches sie draußenhält. Das Gemeinsame Europäische Asylsystem CEAS unternahm bereits 2005 den Versuch, für alle EU-Mitgliedsstaaten einen Schutz für Asylsuchende und Flüchtlinge durchzusetzen und einheitliche Mindest-Standards für die Verfahren einzuführen. Ein Eckpfeiler des CEAS waren die 2013 erneuerten so genannten Dublin-Abkommen, nach welchen eine Person Asyl in dem Land der EU beantragen muss, in welchem sie zuerst ankommt. Das ging relativ gut, so lange die Zahlen recht klein blieben und Transitstaaten ein Auge zudrückten bei Menschen, die sich durch die Grenzland-schaften schlugen, in der Hoffnung, bald das Land verlassen zu können und in anderen Staaten anzukommen, die sie entweder aufnahmen oder sie gemäß Dublin-Abkommen wieder zurückschickten.

Ab 2014 funktionierte diese Praxis immer weniger. Hunderttausende Men-schen wollten nicht mehr in Griechenland oder Italien bleiben, und schon gar nicht wieder zurückgeschickt werden, da sie schon fast ihr Ziel erreicht hatten.

Das System fiel auseinander und jedes Land schaute nach innen auf seine eigenen mehr oder weniger offenen oder geschlossenen Varianten der Grenz-politik. Oftmals improvisierten sie die Handhabung von Tag zu Tag spontan und ohne größere Absprachen mit Nachbarstaaten.

Seitdem hat sich eine Art Übereinkunft etabliert, diejenigen relativ gleich-mäßig zu verteilen, die man als echte Flüchtlinge anerkannte, und „wirtschaftli-che Migranten" in Ländern so zu dulden, wie es den Ländern nützte. Während derselben Zeitspanne, also 2014 bis 2018, gaben EU-Staaten etwa 20 Milliarden Euro zur Seerettung von Flüchtlingen aus, zur Versorgung und Unterbringung an Land, sowie für Notunterkünfte und die ersten Schritte der Integration.[16]

Parallel dazu, und oftmals sogar entgegen der Ansätze der staatlichen Insti-tutionen, brachten zehntausende von Helfern ihre Zeit und Mühe auf, um über Monate ihres Lebens Neuankommenden zu helfen. Hilfsorganisationen unter der Führung des UNHCR, darunter die Internationale Organisation für Migrati-on, das Rote Kreuz, Save The Children, Ärzte ohne Grenzen, Médicins du Mon-de, der norwegische Flüchtlingsrat, Oxfam sowie weitere kirchliche Organisa-tionen und säkulare Gruppen mobilisierten ihre Ressourcen, um die Nöte und das Leiden der reisenden Menschen zu lindern.

Vor der Öffentlichkeit verborgen verdienten tausende Schmuggler nach Schätzungen sechs Milliarden Euro allein im Jahre 2015, indem sie Flüchten-de Gruppe für Gruppe über die Grenzen brachten, ungeachtet der sich immer weiter verschärfenden Sicherheitslage.[17] Ohne sie wäre keine Weiterreise, kein Zustrom möglich gewesen. Über vier Jahre hinweg zahlten etwa zwei Millionen Menschen Gelder an Schmuggler, ungefähr acht bis zehn Milliarden Euro – vier bis fünfmal so viel wie für alle Mauern, Zäune und Überwachungstechnik auf den Routen ausgegeben wurde. Gemessen an allen Berechnungen war dies eine riesige Verschwendung wertvoller Ressourcen. Wenn die Neuankommen-den Europa mit nur einem Teil des ausgegebenen Geldes hätten erreichen kön-nen – so wie einst die Russen, welche vor dem Bolschewismus flohen – hätte die Integration von Anfang an günstiger verlaufen können.

Als Antwort auf den Zustrom gab die EU etwa 16 Milliarden Euro an Unterstützung für die Türkei, Syrien und afrikanische Staaten aus, um potenzielle Flüchtlinge davon abzuhalten, ihre Küsten zu verlassen. EU-Staaten gaben bis zu 30 Milliarden Euro aus für die Verfahren und erste Integrationsschritte für Neuankommende. Wie immer man also darauf schauen mag – es ist eine komplexe, widersprüchliche Entwicklung.

Die Reaktionen der Europäer auf die Neuankommenden waren und sind stark beeinflusst von deren Erfahrungen mit den Themen Migration und Einwanderung. Das dient zumindest etwas zur Erklärung der Feindseligkeiten von Osteuropäern gegenüber Flüchtlingen, da in der Region nur wenige Menschen Erfahrungen haben mit dem Aufeinandertreffen von Menschen fremder Kulturen, geschweige denn dem Zusammenleben mit ihnen. Nur 1,6 Prozent der Ungarn wurden außerhalb ihres Landes geboren, im Vergleich zum EU-Durchschnitt von acht Prozent. Politikern fiel es leicht, aus diesen ernsten Bedenken Angst zu generieren.

Laut deutschen Einwanderungsbehörden gab es 2014 ungefähr 16,3 Millionen Menschen mit Migrationshintergrund in Deutschland, ein Fünftel der deutschen Bevölkerung von 80 Millionen.[18] Mehr als acht Millionen hatten keine deutsche Staatsbürgerschaft. Die meisten waren Türken und Bürger mit ost- und südeuropäischem Hintergrund. Dennoch ließ Deutschland weiterhin Menschen ins Land, sowohl um den Bedarf auf dem Arbeitsmarkt zu decken, als auch aus humanitären Gründen. Im Jahre 2016 lebten ungefähr 20,7 Millionen Nicht-EU-Staatsbürger innerhalb der EU, auf einem Kontinent mit mehr als 500 Millionen Menschen – das sind vier Prozent der Bevölkerung. Weitere 16 Millionen EU-Bürger lebten in anderen Mitgliedstaaten.[19]

In Osteuropa hört man oft das Argument, dass Migranten eine Bedrohung für das „Christliche Abendland" darstellten. Das widerspricht freilich dem eigentlichen christlichen Wesen, wonach es nicht einen Stamm, eine Nation, sondern die ganze Menschheit anspricht. In der Geschichte des Guten Samariters, der nicht nur Fremder sondern auch Feind des Juden ist, der in der Grube liegt, hilft er als einziger dem Bedürftigen. Der Kern hierbei ist nicht, dass wir dem Fremden helfen *müssen*, sondern dass wir die Freiheit haben, ihm oder ihr helfen zu *können*. Wenn wir die Straßenseite wechseln, sind wir ein Stück weit verarmt als Menschen. In Osteuropa – wo die Kirchen eine zentrale Rolle im Werden der Nationalstaaten im 19. Jahrhundert und in ihrem Überleben durch die Verwerfungen des 20. Jahrhunderts hatten – ist diese grundlegende christliche Tradition verschüttet oder verloren.

„Man könnte es so herunterbrechen", meinte Michael Ignatieff vor dem Publikum der Universität von Toronto im Oktober 2016, „Tritt ein. Ich, der Bürger, gebe dir das Geschenk der Gastfreundschaft."[20] Im Gegenzug erwartet der Bürger Anerkennung und Dankbarkeit für dieses Geschenk. Das kanadische Flüchtlingsexperiment war deshalb so erfolgreich, weil es in örtlicher Gastfreundschaft und nicht zwingend durch allgemeine Menschenrechte gelebt wurde. Mein eigenes Fazit ist ziemlich genau das von William Shakespeare vor 400 Jahren:

> „Da ihr dort notwendig Fremde seid, wärt ihr erfreut,
> ein Volk von so barbarischem Gemüt zu finden,
> die ausbrechend in abscheuliche Gewalt
> euch keine Bleibe auf Erden gönnen.
> Die ihre Messer an eure Gurgeln wetzen,
> euch als Hunde verachten und als ob ihr nicht
> von Gott behütet oder geschaffen wäret,
> nicht dass die Umstände alle zu eurem Vorteil sind, aber auf sie angewiesen,
> was würdet ihr denken
> so behandelt zu werden?
> Das ist das Los des Fremden, und das ist eure gipfelhohe Unmenschlichkeit."

KAPITEL 1

NEUJAHR 2015

Unter Fremden zu leben und zu sterben, mag weniger absurd
erscheinen als von Landsleuten verfolgt und gefoltert zu werden.
Aber mit dem Emigrieren legt man stets den Kern der Welt frei
und macht sich auf den Weg, ein verlorenes, desorientiertes
Etwas unter vielen zu sein.

John Berger[1]

„Heute rufen manche montags wieder *Wir sind das Volk*", sagte Angela Merkel
in ihrer Neujahrsansprache 2015, „aber tatsächlich meinen sie: *Ihr gehört nicht
dazu – wegen Eurer Hautfarbe oder Eurer Religion.*"[2]

Die neuen Montagsdemonstrationen wurden von Pegida organisiert, einer
im Oktober 2014 im ostdeutschen Dresden gegründeten Bewegung.[3]
Pegida steht für „Patriotische Europäer gegen die Islamisierung des Abendlan-
des", patriotische Europäer, nicht Deutsche. Die Gründer wollten also das Konzept von *europäischer* Identität unterstreichen, von ihrem Kontinent, nicht von
ihrem Vaterland. Für viele Deutsche war der Begriff Deutschland als Vaterland
nach dem Zweiten Weltkrieg problematisch. Europa entwickelte sich zum Sinn-
bild für Zusammenhalt und seit der Wiedervereinigung wurde das Bild weiter
ausgeformt und Deutschland zum Zentrum Europas.

Eine Woche vor Weihnachten gingen in Dresden 20.000 Menschen auf die
Straße und forderten einen Einwanderungsstopp. 26 Jahre vorher gingen op-
positionelle Gruppen montags durch die Straßen ostdeutscher Städte und rie-
fen ebenfalls „Wir sind das Volk." Pegida hat bewusst den Wochentag und den
Slogan übernommen. Als Ostdeutsche und Pfarrerstochter verstand Kanzlerin
Merkel dies sehr wohl und war tief getroffen.

Im Kommunismus waren die osteuropäischen Gesellschaften relativ ho-
mogen. Männer und Frauen im Sozialismus lebten in reglementierten Gesellschaften, verdienten dasselbe, trugen dieselben Sachen, aßen dasselbe Essen

und lernten in der Schule dieselbe Sichtweise auf die Geschichte. Es gab nur wenige Menschen anderer Kulturen neben den Studenten aus Nordafrika oder Nahost, die in den medizinischen oder ingenieurwissenschaftlichen Fakultäten der Universitäten lernten. Das war ein starker Gegensatz zum Westen, wo hunderttausende Immigranten nach dem Zweiten Weltkrieg aus ehemaligen Kolonien unter anderem in Großbritannien und Frankreich lebten oder ab 1961 eine große Anzahl Gastarbeiter aus der Türkei oder Jugoslawien in Westdeutschland ankamen.

Diese Zuwanderung hat sicher zur Veränderung vom Gesamtbild der Länder zum Ende des 20. Jahrhunderts beigetragen.

Als Deutschland im Oktober 1990 wiedervereinigt wurde, waren viele Ostdeutsche schockiert, wie viele Menschen anderer Herkunft und anderen Glaubens in ihrem Land lebten. Das machte sie zu natürlichen Verbündeten etablierter Nationalisten in Westdeutschland, Frankreich und Belgien, die die weltoffene europäische Haltung ablehnten. Die Tatsache, dass viele Neuankömmlinge niedrige Jobs erledigten, die viele Deutsche nicht mehr machen wollten, wie Reinigungsarbeiten, Busse fahren oder Rentner durch Krankenhausflure schieben, war dabei kein Trost.

2014 lebten 4,8 Millionen Muslime in Deutschland, 5,8 Prozent der Bevölkerung. Interessanterweise kehrten immer mehr Türken Deutschland den Rücken, eine sogenannte Kreis-Migration wird bei diesen hitzigen Debatten oft vergessen.[4] Es gab aber auch neue Einwanderungswellen, zumeist aus Kriegsgebieten im Nahen Osten.

2014 beantragten beinahe 300.000 Menschen Asyl in Deutschland. Im selben Jahr gab es 199 Anschläge auf Asylunterkünfte. Die deutsche Gesellschaft war nicht gut vorbereitet auf mehr als eine Million weiterer Asylsuchender im Jahr 2015. Nur diejenigen, die sie gar nicht haben wollten, waren vorbereitet. Im Jahr 2015 verfünffachte sich die Anzahl der Anschläge auf Asylheime auf 1.005. Im Jahr 2016 gab es einen leichten Rückgang, aber die Anzahl tatsächlicher physischer Angriffe auf Migranten stieg auf über zehn pro Tag.

Neben den nahezu einheitlich weißen Gesichtern, die sich den Spiegeln der Osteuropäer früh morgens zeigten, gab es noch einen anderen Faktor, der Osteuropa besonders machte im Hinblick auf den Zustrom von Einwanderern und Flüchtlingen: Nationalgefühle spielten eine zentrale Rolle in den Umbrüchen der Region von 1989. Das wurde oftmals von Kommentatoren der Zeit ignoriert, die damals vom „Umarmen des Kapitalismus" oder vom „Sieg des Westens im Kalten Krieg" schrieben. Ohne den Ausbruch von nationalem Feuer, der unter sozialistischem Internationalismus lange unterdrückt wurde, wäre der Untergang des Kommunismus nicht denkbar gewesen. Nun hatte die Flüchtlingskrise den ostdeutschen und osteuropäischen Nationalismus erneut entzündet.

Auch der damalige französische Staatspräsident François Hollande adressierte wie Angela Merkel sein Volk in der Neujahrsansprache mit einigenden Worten und ein Verweisen auf die unterschiedlichen Gruppen im Land. „Wenn Frankreich seine Prinzipien vergisst, verliert es sich selbst", sagte er, „ich nehme den Kampf auf gegen Rassismus, Antisemitismus und nationale Bevorzugung."

Die muslimische Gruppe in Frankreich umfasst 4,7 Millionen Menschen oder 7,5 Prozent der Bevölkerung, zumeist Menschen mit nordafrikanischen Wurzeln aus ehemaligen französischen Kolonien in Algerien, Tunesien oder Marokko.[5]

Frankreich hat mit 600.000 Menschen auch die größte jüdische Gemeinschaft in Europa, sie macht ein Prozent der Bevölkerung aus, zumeist Sephardim oder Mizrachim. So wie viele französische Muslime kamen auch Juden aus den nordafrikanischen Staaten, als diese ihre Unabhängigkeit erlangten. 2014 registrierte die französische Polizei 851 Vorfälle mit antisemitischem Hintergrund, 810 Angriffe auf christliche Einrichtungen und 199 Angriffe auf Muslime. Französische Muslime waren für viele der antisemitischen Vorfälle verantwortlich.[6]

Am 7. Januar 2015, exakt eine Woche nach Präsident Hollandes Ansprache, stürmten Chérif and Saïd Kouachi, zwei Brüder mit algerischen Eltern, die Pariser Büros der satirischen Wochenzeitschrift *Charlie Hebdo*, fragten gezielt nach bestimmten Journalisten und erschossen sie kaltblütig. Elf Menschen starben im oder vor dem Büro der Zeitschrift in der Rue Nicolas-Appert, darunter ein Techniker im Foyer, ein Wachmann und neun Journalisten.

Die beiden Täter gingen zurück zu ihrem schwarzen Citroën und fuhren davon. Ein Streifenpolizist am Boulevard Richard Lenoir, der 24-jährige Ahmed Merabe, zog seine Dienstwaffe und konfrontierte die beiden. Sie hielten, schossen ihm in den Unterleib und gingen zu ihm, als er hilflos auf dem Gehweg lag. Dann schossen sie ihm aus nächster Nähe in den Kopf. Wie sie war auch er Muslim, geboren in Frankreich, mit algerischen Eltern.

Als der Twitter-Hashtag *#jesuischarlie* viral ging als Sympathiebekundung der Journalisten der Zeitschrift, die unter anderem Cartoons veröffentlichten, die den Propheten Mohammed aufs Korn nahmen, twitterten einige *#jesuisahmed* in Solidarität mit dem toten Polizisten. Der Twitter-User Aboujahjah schrieb: „Ich bin nicht Charlie, ich bin Ahmed, der tote Polizist. Charlie beleidigte meinen Glauben und meine Kultur, aber ich starb, um sein Recht zu verteidigen, dass er das machen kann."

Am Sonnabend nach den Anschlägen gab Ahmeds Bruder Malek eine Pressekonferenz. „Ich spreche zu allen Rassisten, Islamfeinden und Antisemiten. Setzt Muslime nicht mit Extremisten gleich. Hört auf mit der Gleichmachung, hört auf, Kriege zu entfesseln, hört auf, Moscheen und Synagogen niederzubrennen, hört auf, Menschen anzugreifen. Das wird uns unsere Toten nicht zurückbringen und unsere Familien nicht trösten."

Am nächsten Tag kamen zwei Millionen Menschen auf den Straßen von Paris zusammen, unter ihnen 40 Staatsoberhäupter aus aller Welt. Mit dabei war auch Ungarns Premierminister Viktor Orbán. Nach dem Trauermarsch gab er dem ungarischen Staatsfernsehen MTV ein Interview:

> Wir müssen deutlich machen, dass wir es nie erlauben, Ungarn
> zu einem Ziel für Immigranten werden zu lassen, so lange ich Pre-
> mierminister bin und meine Regierung im Amt. Wir wollen keine
> größeren Minderheiten mit verschiedenen kulturellen Eigenhei-
> ten und Hintergrund unter uns. Wir wollen Ungarn so belassen,
> wie es ist.[8]

Orbán hatte bereits in früheren Reden seine Abneigung gegen Einwanderer klar gezeigt. Im August des Vorjahres, während der jährlichen Tagung der ungarischen Diplomaten im Gebäude des Außenministeriums beim Bem József Platz, fragte Péter Szabadhegy, ungarischer Botschafter in London, ob Orbán Immigration als eine Lösung für die sinkenden Bevölkerungszahlen Ungarns sähe. Der Premierminister antwortete seinen Diplomaten, Ungarn müsse in Sachen Einwanderung „hart wie Stein" sein, „weil für das Land kein Wert darin liegt, unsere homogene Gesellschaft aufzubrechen." Seiner Ansicht nach sei die Einwanderungspolitik der EU „heuchlerisch, ohne moralische Grundsätze und sinnlos."

Während der Stunde, die Orbán redete, wurden weltweit 1.800 Menschen aus ihren Häusern vertrieben oder 42.500 pro Tag laut UNHCR. Im Laufe des Jahres 2014 wurden 43.000 Menschen beim Grenzübertritt zwischen Ungarn und Serbien erfasst, laut Frontex waren nur zwei Routen beliebter auf dem Weg in die EU, davor das zentrale Mittelmeer (170.000) und das östliche Mittelmeer (150.000).

António Guterres, UN-Hochkommissar für Flüchtlingsfragen, schrieb: „Wir sind Zeuge eines Paradigmenwechsels, eines unkontrollierten Abgleitens in eine Ära, in welcher der Grad an weltweit zur Flucht getriebenen Menschen sowie die nötigen Mittel, um diesem Effekt zu begegnen, alles Bisherige in den Schatten stellt [...] Es ist beängstigend, dass es einerseits so eine große Anzahl aufflammender Konflikte gibt, aber andererseits eine klar sichtbare Unfähigkeit der internationalen Gemeinschaft, zusammen daran zu arbeiten, diese Kriege zu verhindern und Frieden zu bewahren."[9]

Nach den Anschlägen auf *Charlie Hebdo* entdeckten Orbán und seine Berater den Nutzen, der sich aus Einwanderern ziehen ließ, oder vielmehr aus der Angst. Nach dem erdrutschartigen Sieg seiner Fidesz-Partei im Jahre 2010, der ihn an die Macht brachte, gewann er im Mai 2014 mit einer Zwei-Drittel-Mehrheit. Seitdem hat Fidesz eine Millionen Wählerstimmen und mehrere Zwischenwahlen verloren. Und auch wenn es noch immer die mit Abstand größte Partei im Parlament ist, hat sie doch keine Zwei-Drittel-Mehrheit.

Viele Mitte-Rechts-Wähler hatten keinen Glauben mehr in die Fidesz, was Ungarns schwachen und kaum eingebundenen liberalen und Zentrums-nahen Parteien mehr Gewicht verlieh, aber auch der radikal-nationalen Jobbik-Partei Stimmen einbrachte. Nun hatte Orbán eine Wunderwaffe gefunden, um diese Wählergruppen wieder an Bord zu holen.

Die Masche war umso erstaunlicher, als die allermeisten Migranten auf dem Weg nach Mitteleuropa sowieso nicht nach Ungarn einreisen wollten. Orbáns Redenschreiber lösten dieses Problem damit, dass der Premierminister Europa verteidigen wolle. Eine weitere Merkwürdigkeit war, dass die Ungarn selbst einst ein Gemisch von Völkern waren. Häufige Nachnamen in Ungarn sind Németh (= Deutsch), ein anderer Tóth (Slowakisch) und Horváth (Kroatisch).

Im Laufe der Jahre schäumte Orbán nicht nur die öffentliche Angst vor Migranten auf, es gelang ihm auch beinahe perfekt, Ungarn als ein ethnisch reines Volk darzustellen. Dann wiederum war er der Erste, der angab, Ungar zu sein, sei doch eher eine Sache der Sprache und Einstellung, weniger der Rasse. Die neue Regierungslinie wurde einen Tag nach Orbáns Rückkehr nach Budapest aus Paris vom Fidesz-Fraktionschef Antal Rogán bestärkt.

Muslimische Gemeinden zerstörten seiner Meinung nach bereits jetzt die innere Ordnung christlicher westeuropäischer Länder. „Es liegt nicht in Ungarns Interesse, ‚Wirtschaftsmigranten' mit Traditionen zu akzeptieren, die sich von der ungarischen so gänzlich unterscheiden."

Am 30. Januar verlieh der Premierminister im Parlamentsgebäude Ehrungen an ausgezeichnete Studenten. Die Reden zogen sich in die Länge. Orbán trug eine leuchtende Seidenkrawatte, farblich irgendwo zwischen dem hellen Scheinen einer Zitrone und frisch gepresstem Gold. Die Zeremonie fand in der zentralen Basilika des Gebäudes statt, neben der Krone von St. Stephan, Ungarns prächtigstem Landesvater, Blattgold mit Gravuren und Juwelen und Heiligenbildern, geschützt hinter Glas. Ich fotografierte Orbán durch das Glas aus verschiedenen Winkeln – wie der König von Ungarn. Die Lichter vom Dom oberhalb wurden vom Glas reflektiert wie Froschlaich.

Vor Ende der Zeremonie entdeckte mich der Pressechef und ständige Begleiter des Premierministers, Bertalan Havasi, mit einem BBC-Kollegen in der Nähe der geflochtenen Seile, die als Absperrung zwischen gemeinem Volk und Würdenträger gespannt waren. Wir hatten uns dort positioniert in der Hoffnung, dass wir beim Ende, wenn Orbán an uns vorbeigehen würde, eventuell eine Frage stellen könnten. „Wagen Sie es gar nicht erst", knurrte Havasi mich an. Ein paar Minuten später wurde unsere Ahnung bestätigt. „Premierminister, würden Sie bitte eine Frage zum Merkel-Besuch beantworten?", fragte ich.

„Vielleicht beim nächsten Mal", sagte Havasi und versuchte, Orbán von uns wegzuschieben. Der jedoch wollte nicht weg. Wir fragten ihn zum geplanten Merkel-Besuch in der Woche darauf und zu dem mit Wladimir Putin, der für den 17. Februar angesetzt war. Er sprach im Plauderton von weiteren Treffen: „Ja, und dann kommt ja noch der türkische Premier und dann der Premierminister Georgiens – nun, das diplomatische Leben geht eben weiter ..."

Mein Kollege Hugh Sykes fragte dann noch: „Wie schwer ist derzeit für Ungarn die Balance zwischen Ost und West?" Orbán antwortete, das sei eben „Teil des Lebens, wenn man hier wohne", ehe seine Gefährten ihn wegzogen.

Ein Video unseres Gesprächs wurde vom Privatsender ATV aufgenommen und erreichte 200.000 Zuschauer auf YouTube. Es ist sehr ungewöhnlich, den ungarischen Staatschef für Fragen erfolgreich abzufangen.[10]

Am 4. Februar besuchte ich erstmals Ásotthalom, ein langgestrecktes Städtchen von 4.000 Einwohnern an der ungarisch-serbischen Grenze. Berichte über größere Einwanderungsströme waren in ungarischen Medien aufgetaucht. „Was Lampedusa für das Mittelmeer, ist Ásotthalom für die Balkanroute", schrieb die konservative Wochenzeitung *Válasz*.[11]

Ungarischen Polizeiquellen zufolge kamen seinerzeit über 1.000 täglich, vor allem Albaner und Kosovaren, nach Ungarn.

Es war ein kalter, grauer Februarmorgen, vier Grad. Vor den überdachten Marktständen von Mórahalom sah ich eine Gruppe von 30 oder 40 Migranten geduldig neben zwei Minibussen der Polizei warten, das Blaulicht war eingeschaltet. Einige weitere kleinere Gruppen von sechs bis zwölf Menschen streiften auf der Straße von Móraholom und Ásotthalom herum. Männer waren in der Mehrheit, aber ich sah auch zahlreiche Familien, blass, dünn, aber entschlossen. Sie erinnerten mich an die Kosovaren, die vor Slobodan Miloševićs Polizeieinheiten und seiner Armee 1998 und 1999 durch den Schnee der Pashtrik Berge in Albanien flohen. Die Kosovaren flohen aus einem Land, in dem ihre Landsleute für Unabhängigkeit starben.

Auf den Straßen im südlichen Ungarn trugen die Kosovaren Anoraks und Jeansjacken, Wollmützen und Schals. Einige schoben Babys in Kinderwagen über den Asphalt, andere trugen Kinder auf den Schultern. Sie liefen nicht weg, wenn die Polizei sie anhielt. Einige warteten sogar auf die Polizei, um sich zu stellen. Ungarn war schlicht ein Transitland und sie wussten, sie würden nicht zurückgeschickt werden. Der Regen wurde stärker und ich schaltete meine Scheibenwischer an. Mehr Kosovaren kamen, pinke, blaue und schwarze Farbkleckse inmitten der ungarischen grünen Landschaft.

> Ich heiße Drita. Ich bin dreiundzwanzig aus Mitrovica im Kosovo.
> Ich bin abgehauen, weil im Kosovo die Mafia das Sagen hat. Die
> bestimmen dort alles, Hand in Hand mit den Politikern. Ich kann
> dort keine ordentliche Arbeit finden. Ich habe nach zwei Jahren
> mein Studium abgebrochen, um diese Reise anzutreten.

Drita hatte sich mit seinem Bruder und einer Gruppe Freunden auf den Weg gemacht, zunächst mit dem Bus nach Merdare an die serbische Grenze. Seit der Kosovo 2008 seine Unabhängigkeit von Serbien erklärt hatte, weigerten sich die serbischen Behörden, dunkelblaue kosovarische Pässe zu akzeptieren und sahen die erstmals eingravierte Karte des Kosovo auf den neuen Pässen als Beleidigung für eine Provinz, die sie als Wiege serbischer Kultur ansahen. 2014 jedoch begannen die Serben eine getroffene, von der EU lancierte Vereinbarung mit den kosovarischen Behörden umzusetzen, um freies Geleit über ihr Staatsgebiet zu erlauben. Am Grenzübergang bei Merdare wurde ihnen ein Passierschein ausgestellt, ein einzelnes Blatt mit Namen und Geburtsdatum und einem runden, violetten serbischen Stempel, ohne Foto.

Von Merdare aus fuhr ein weiterer Bus nach Belgrad. Von Belgrad nahm Drita ein Taxi zur ungarischen Grenze, obwohl es günstiger gewesen wäre, mit dem Bus bis Subotica zu fahren und die restliche Strecke zu gehen. Er und seine Freunde waren den ganzen Morgen auf den Beinen. Sie sagten, sie seien auf dem Weg nach Deutschland, um eine anständig bezahlte Arbeit zu finden.

Arafat aus der kosovarischen Stadt Vushtrria ist Ende 40, er reist mit seiner Frau und fünf Kindern. Wir kamen ins Gespräch, als er gerade die Straße entlang ging und versuchte, seinen zwei Jahre alten Sohn auf den Schultern zu balancieren. Der Sohn schlief tief und fest, wirkte somit viel schwerer. Arafat erzählte, er habe den Kosovo verlassen, weil die Bezahlung dort beklagenswert gering sei. In durchaus besserer Verfassung als die meisten seiner Landsleute, suchte Arafat nach einem kleinen Hotel für seine Familie. Ich ließ ihn und seine Familie Richtung Mórahalom weitergehen, schwer behangen von ihrem Gepäck.

László Toroczkai saß auf einem strahlend roten Stuhl im Konferenzraum der Gemeindeverwaltung in Ásotthalom, über ihm ein Gemälde der königlichen Krone Ungarns, zwei Hände und die Jungfrau Maria. E ist eine streitbare Person in seiner Heimat, radikaler Aufwiegler bei einer spontanen Straßensperre der Budapester Elisabethbrücke über die Donau im Jahre 2006 als Teil des Protests gegen die sozialistische Regierung. 2013 wurde er zum Bürgermeister des Städtchens Ásotthalom gewählt, gewandet in den Farben der radikalen Nationalistenpartei Jobbik.

„Die Migranten stellten hier bis 2012 gar kein Problem dar, aber es sind seither immer mehr geworden", sagt er. Nun brächten sie ungezähltes Leid über seine Gemeinde. Mehr als die Hälfte der Gemeindebevölkerung lebt auf entfernt liegenden Bauernhöfen, in den Wäldern verstreut, die den Großteil der Region bedecken. Ich betrachtete die detaillierte Karte der Gegend vor seinem Büro und entdeckte, dass ein Teil des Waldes nahe der Grenze „Heim des Fluches" hieß. Verflucht deshalb, erklärte der Bürgermeister, weil dort kein Wasser in den Brunnen sei, egal, wie tief man in den sandigen Boden bohre. Migranten überquerten die ungarische Grenze über Nacht im Schutz der Dunkelheit. Sie brachten die Hunde zum Bellen und klopften an Türen, um nach Wasser und Essen zu fragen. Sie stiegen in unbewohnte Häuser ein, wo sie ein Nachtlager aufschlugen. Sie entfachten Feuer im Wald, um es warm zu haben. Der Bürgermeister befürchtete einen Großbrand, sobald trockeneres Wetter käme. Ich fragte ihn, ob er Mitgefühl für sie empfinde.

> Ich fühle mich vor allem verantwortlich für 4.000 Ungarn, die
> hier leben, meine Wähler. Natürlich glaube ich, dass wir denen
> helfen sollten, die tatsächliche politische Verfolgte sind. Die
> meisten jedoch sind vom Kosovo, einem sicheren Land. Ich kann
> nicht verstehen, warum sie sich bei den frostigen Temperaturen

mitten im Winter mit Babys, die nur ein paar Monate alt sind, auf den Weg machen. Wir müssen jede Woche den Notarzt rufen, um die zu retten. Klar gibt es da auch Armut, ich verstehe auch, dass einige sich vor Armut fürchten. Einigen jedoch geht es sogar besser als uns!

Toroczkai baute eine neue Bürgerwehr in seinem Dorf auf. Er ernannte drei Ranger mit Allrad-Lada Nivas, um an der 30 Kilometer langen Grenze zu Serbien zu patrouillieren. Zudem meldeten sich 18 Freiwillige als Wachleute, um die Ordnung auf den Straßen aufrecht zu erhalten. Von der hiesigen Polizei sprach er sehr abschätzig.

„Die arbeiten praktisch wie Taxifahrer für die Migranten. Was wir hier wirklich bräuchten, wäre ein Grenzzaun wie an der bulgarisch-türkischen Grenze oder der Grenze zwischen den USA und Mexiko sowie eine Wiedereinsetzung der Grenzarmee."

Die „Hungarian Border Guard" war ein Teil der bewaffneten Kräfte des Landes, die 2008 ihren Dienst einstellte und ihre Aufgaben an die Polizei übertrug.

Die einzige Unterstützung, die er vom Staat bekam, um mit dem Zustrom der Einwanderer zurechtzukommen, war eine Zusage über sechs Millionen Forint, etwa 20.000 Euro, ausbezahlt vom Innenministerium im vorherigen Herbst, die für sieben oder acht Nachtsichtkameras ausgegeben wurden. Zwei Dutzend zusätzliche Polizeikräfte wurden ebenfalls in den letzten Wochen zeitweise in der Pension „Zur Tanne" stationiert, was auch „ein wenig" half, erzählte er grummelnd.

Ich ging weiter und begleitete einen der Ranger auf seiner Streife, Barnabás Heredi. Während wir über den holperigen Boden in Grenznähe rumpelten, beschrieb er mir seinen normalen Tagesablauf. Um 4.25 Uhr Aufstehen. Busunterstellplätze nach schlafenden Migranten absuchen. Üblicherweise war die Putzfrau bereits da und wischte sich ihren Weg durch die Hütten mit Desinfektionsmittel. Dann verbrachte er den ganzen Tag auf den sandigen Pisten, um ab und an auf Asphaltstraßen zurückzukehren. Anwohner riefen ihn an, wenn sie Migranten entdeckt hatten.

Neuankömmlinge hielten Barnabás wegen seiner Tarnfleck-Uniform und des Jeeps mit offiziellen Markierungen für einen Polizisten, wenngleich er keine Waffe oder Handschellen trug. Seine Aufgabe war, die Polizei zu rufen und bei der Gruppe zu bleiben, bis sie eingetroffen war. Je nach Anzahl am jeweiligen Tag konnte es zwei bis acht Stunden dauern, bis die Polizei kam. Als wir durch das nasse Gras fuhren, sprang ein Reh erschreckt aus seinem Versteck und lief davon.

Nachdem wir den Wagen geparkt hatten und zu Fuß weitergingen, kamen plötzlich vier Männer zwischen den Bäumen hervor. Wir verständigten uns mit Hilfe meines holperigen Serbischs. Sie waren Kosovaren aus Vushtrria. Sie wollten wissen, ob sie schon auf ungarischem Boden seien und waren erfreut, dass es so war. Ob wir ihnen den Weg zum nächsten Bahnhof sagen könnten. Wir zeigten in die ungefähre Richtung nach Szeged, 35 Kilometer im Osten. Sie dankten uns und machten sich stoisch auf den Weg. Es habe keinen Sinn, wegen dieser Gruppe die Polizei zu rufen, meinte Barnabás. Sie würden sie sowieso auf der Hauptstraße einsammeln und selbst nach Szeged bringen. Dann kamen wir an die Grenze und einen schmalen Entwässerungsbach, bekannt als der Körös-éri-Kanal. Der Großteil des Kanals war von Schilf überwuchert. An einer Stelle gab es eine kleine Brücke hinüber nach Serbien. Die Brücke war übersät von einem Gewirr an losen, dicken rostigen Stahlkabeln, die verhindern sollten, dass Autoschmuggler hier gestohlene Fahrzeuge hinüberbrächten.

Der tatsächliche Grenzstreifen war mit weiß gestrichenen Betonpfeilern alle paar hundert Meter gekennzeichnet. Auf der einen Seite stand der Buchstabe M für Magyarország, Ungarn, auf der anderen RS für Republik Serbien. Ein paar ungenutzte Wachtürme ragten noch über die Felder in der Ferne, erbaut in der Zeit der Spannungen zwischen dem sozialistischen Ungarn und dem sozialistischen Jugoslawien im Kalten Krieg. Wir konnten die Dächer einiger Bauernhütten auf serbischer Seite erkennen, viele von ihnen verlassen und somit willkommener Unterschlupf für Migranten.

Im Schilf waren deutlich Pfade über den Kanal zu erkennen, tief eingetreten durch die andauernde Belastung von Füßen in den Nächten. Die Pfade nach Ungarn hinein waren gesäumt von Müll. Leere Flaschen, Kekspackungen, eine Packung Lucky Strike mit Gesundheitshinweisen auf Albanisch, zurückgelassene Socken, die nach der Kanalüberquerung nass geworden waren. Und immer wieder Dokumente, fallen gelassen im hohen Gras, oft auch zerrissen, aber dennoch gültig. Ich bückte mich, um einige zerknüllte Seiten zu lesen, die den Kosovaren in Serbien ausgestellt worden waren, um Serbien durchwandern zu dürfen. Basrije Havolli, geb. am 8. Juni 1979. Ausweisnummer 1015386092. Bei Merdare ins Land gekommen am 1. Februar 2015. Nur der Februarregen, das moorige Land und die Maulwurfhügel, die gesprenkelt zwischen dem trockenen Gras hervorlugten, hielten die Neuankömmlinge auf.

Budapest summte sich in städtische Morgenstimmung. Ásotthalom war mittlerweile zum Flaschenhals für den Zustrom der Migranten vom Balkan nach Ungarn geworden, und dies aus gutem Grund. An einer Grenzstelle verlief eine Landstraße kaum 500 Meter von der ungarischen Grenze entfernt.

Als ich ein paar Tage später wieder in das Dorf zurückkehrte, war der Regen zu Schnee geworden. Diesmal waren Afghanen, Afrikaner und Syrer zwischen den Kosovaren, die sich um kleine Feuer an der Hauptstraße sammelten und von nervösen Polizisten beäugt wurden. Die Kosovaren trampelten also das Gras auf der Balkanroute platt und Menschen anderer Nationalitäten folgten ihren Pfaden.

„Wo zum Teufel sind die Malteser hin?", schrie ein Polizist in sein Funkgerät, womit er die ungarischen Mitarbeiter des Malteser-Hilfsordens meinte.

Ein graubärtiger afghanischer Mann kam uns weinend entgegen mit einem Kind in den Armen. Der Dreijährige habe drei Nächte lang nicht in den Schlaf finden können oder Wasser und Essen bei sich behalten. Er erbrach seit Tagen alles wieder und hatte hohes Fieber. Wir legten das Kind auf den Rücksitz meines Autos und erläuterten der Polizei die Lage. Ein Bus sollte bald ankommen, um die Flüchtlinge zur Polizei-Meldestelle in Szeged zu bringen, wo das Kind medizinisch versorgt werde. Um eine glühende Feuerstelle herum hockten seine Frau und drei weitere Kinder und aßen Äpfel, die ihnen von Anwohnern gegeben worden waren. Mit ihnen im nassen Gras kauerten mehrere Männer aus Mali in Westafrika und zwei Syrer aus Homs. Die Afghanen wirkten abgehärtet, die Männer aus Mali mutlos und völlig unvorbereitet für den ungarischen Winter. Die Syrer standen etwas abseits, etwas besser gekleidet und besser organisiert für ihre Reise als die anderen. Schließlich kam der Bus und nahm sie alle mit. Ich fand die blaue Wollmütze des kleinen afghanischen Kindes auf dem Boden meines Autos.

Ich traf László Toroczkai wieder in seinem Bürgermeisterbüro. Er bereitete eine Diskussion über das Thema Migration vor, die in ein paar Tagen im Parlament stattfinden sollte und zu der er als Bürgermeister der am meisten betroffenen Gemeinde eingeladen war. László war entrüstet über die Leichtigkeit, mit der potenzielle Terroristen oder Waffenschmuggler über die Grenze kommen könnten, vor allem so kurz nach den *Charlie Hebdo*-Anschlägen: „Sie könnten mit Panzerfäusten hier reinmarschieren. Sie könnten sogar mit einem Panzer selbst hier reinfahren und niemand würde es merken."

Seine Leute hatten Fahrzeuge mit litauischen und portugiesischen Kennzeichen gesehen, meinte er, neben den üblichen deutschen und österreichischen. Der nächste offizielle Grenzpunkt bei Királyhalom schloss jeden Tag gegen sieben Uhr abends. So wie die Migranten wanderten auch Einheimische schlichtweg über die grüne Grenze, wenn ihnen danach war. Das Bier war in Serbien billiger. Beim Besuch in Ásotthalom traf ich auch Vince Szalma, einen weiteren Ranger. Sein „Fang-Rekord", wie er es nannte, lag bei 1.140 Migranten an einem einzigen Tag. Die Zahlen waren nun auf etwa 80 bis 100 pro Tag gesunken. Er erklärte die Verbesserung der Lage mit der Polizeiverstärkung, die vom Vas-Kreis und anderen Gemeinden des Landes gekommen waren.

Ich beobachtete eine Gruppe Kosovo-Albaner, die eingekreist wurde. Es war für beide Seiten eine beschämende Angelegenheit. Ein Polizeibeamter zog seine blauen Handschuhe an und ließ alle gegen einen Minibus der Polizei stellen, um sie zu durchsuchen, bevor sie weitergelassen würden. Sie hatten die Grenze illegal überquert und somit mussten sie wie Kriminelle behandelt werden, erläuterte die Polizei.

Ich fuhr bei Királyhalom über die Grenze nach Serbien. Am Busbahnhof von Subotica, eine schöne, ehemals ungarische Stadt, bemerkte ich die Ankunft von zehn Bussen pro Tag aus Belgrad. Ärmere und gut vorbereitete Migranten schafften es, die haifischartigen Taxifahrer, die in den Straßen rund um den Bahnhof und Busbahnhof auf Jagd gingen, für eine kleinere Summe zu überreden, um sie in zwei Stunden auf der Landstraße hierher zu bringen.

Aber nicht alle überquerten erfolgreich die Grenze; so wie diejenigen, die ich in Ásotthalom traf oder auf ihrem Weg in Richtung Mórahalom.

Unter den Kosovaren im Warteraum fand ich einen Mann, der etwas Englisch sprach. Er hatte ein Taxi von Subotica genommen und wollte mit seinem kleinen Sohn über die Grenze, wurde aber von einer serbischen Polizeistreife zurückgeschickt. „Geh zurück in den Kosovo!", sagten sie ihm. Entmutigt waren sie zum Busbahnhof in Subotica zurückgekehrt, wo er einige Albaner traf, die soeben aus Belgrad eingetroffen waren. Sie wollten nachts über die Grenze gehen, diesmal in einer größeren Gruppe von zehn bis fünfzehn Menschen. Wieder auf der ungarischen Seite, hatte ich Mitleid mit einer Gruppe von Männern, Frauen und Kindern, die sich beim Busunterstand vor dem Schnee schützten und auf einen der unregelmäßig fahrenden Busse von Szeged nach Ásotthalom warteten.

Letztlich saßen zwölf Leute begeistert zusammengequetscht in meinem siebensitzigen Volkswagen. „Wir wollen nach Deutschland, weil die ökonomische Lage im Kosovo katastrophal ist, darum verlassen wir unser Land. Alle unsere

Politiker sind korrupt, von ganz oben bis ganz unten." Ein anderer meinte: „Ich reise mit meiner Frau; wir verlassen den Kosovo, weil wir nicht mal die einfachsten Dinge zum Leben dort haben." Ein dritter sagte: „Jeder dort versucht, über die Runden zu kommen, aber das geht einfach nicht." Ich ließ sie an der Bahnstation in Szeged aussteigen

Im Kosovo war man durch den Exodus natürlich alarmiert; der Präsident startete eine öffentliche Kampagne und besuchte sogar Busbahnhöfe, um seine Bürger zum Bleiben zu überreden.[12]

Ich rechnete bei der Anzahl von 1.000 Grenzübertritten pro Tag, dass es kaum sechs Jahre dauern würde, bis der Kosovo mit seinen zwei Millionen Einwohnern komplett leer wäre. In Pristina erzählten sogar einige Kommentatoren, dass die Serben die Kosovaren absichtlich zum Weiterreisen ermutigten, um den neu gegründeten Staat zu ruinieren.

Die Polizei in Belgrad ließ verlauten, dass sie mittlerweile 60.000 Passierscheine ausgestellt habe. József Seress, Chef der regionalen Aufsichtsbehörde für Einwanderung und Nationalitätsangelegenheiten (OIN) in Szeged, rückte die Zahlen der Grenzübertritte nach Ungarn in einen etwas größeren Zusammenhang: „Im Jahr 2013 haben wir über 17.000 Asylanträge in der südlichen Alföld-Region bearbeitet. 2014 waren es über 37.000." In den ersten Wochen des Jahres 2015 hat die Behörde 18.000 Anträge aufgenommen, also mehr als im ganzen Jahr 2013. Von diesen Anträgen kamen 80 Prozent von Kosovaren, davon wiederum 40 Prozent Kinder.

Der stärkere Exodus aus dem Kosovo begann im September 2014, als Serbien – das kurz zuvor die Anerkennung kosovarischer Pässe verweigert und somit die Durchreise blockiert hatte – seine Regelungen lockerte und nun unter Druck der EU einwilligte, dass ein Stempel auf einem kopierten Blatt ausreichend bescheinigt, dass die Menschen in Serbien eingereist seien.

Wenn sie erst einmal in Ungarn wären, könnten sie nach EU-Richtlinien nicht länger als 24 Stunden festgehalten und danach in ein offenes Lager gebracht werden. „Was geschieht dann mit ihnen?", fragte ich absichtlich naiv, wohlwissend, dass Ungarn nicht mehr als 2.000 Plätze in den Flüchtlingslagern bei Bicske, Debrecen und im neuen Lager bei Vámosszabadi (2013 eröffnet) hatte.

„Es kann sein, dass sie zu den Lagern geschickt werden, aber da nie ankommen", sagte Seress zurückhaltend. Das war die Untertreibung des Jahres. Nur die Verletzlichsten oder die am meisten Ruhe benötigten, kamen in den Lagern an. Über Jahre drückten die ungarischen wie auch die serbischen Behörden im Süden ein Auge zu, wenn zehntausende ihre Staatsgebiete durchquerten.

Das sollte sich nun ändern. Die Polizeichefs in Ungarn und Serbien hielten Krisensitzungen ab nahe der Landstraße am Grenzübergang Röszke. Für die Ungarn sprach zuerst Károly Papp. Die zwei Landkreise auf serbischer Seite hatten über 1.000 Beamte zu befehligen und bereits eine Verstärkung von 136 Kräften bekommen. Seine Beamten waren der Situation damit begegnet, dass sie neue Räume mieteten, so etwa den Hangar bei Röszke sowie Busse, mit denen die Migranten von der Straße in die Aufnahmezentren nach Röszke und Nagyfa gebracht wurden. Papp benutzte keine alarmierende Sprache wie man sie sonst oft von ungarischen Politikern hört. Zwölf Beamte waren aus Österreich und Deutschland eingetroffen, um die Lage zu prüfen, fünfzehn weitere sollten kommen, um unter der Federführung von Frontex, der europäischen Agentur für die Grenz- und Küstenwache, vor Ort zu beobachten. Die Zahl ankommender Migranten war von einem Hoch von 1.200 auf 600 pro Tag gefallen, auch aufgrund der organisierten Streifen der serbischen Kollegen, sagte Papp.

„Wir sehen die Kosovoalbaner als Bürger unseres Landes an", erklärte wiederum der serbische Polizeichef Milorad Vejović. „Wir müssen ihnen laut EU-Vereinbarungen aus Brüssel Reisedokumente ausstellen, wenn sie danach fragen." Nichtsdestotrotz sahen sich die serbischen Behörden in der Aufgabe, die von ihnen so genannte „Explosion" zu meistern, wenn es um die Zahlen von Menschen ging, die noch kommen sollten.

Vier Schlepperbanden wurden 2014 hochgenommen, dank der Kooperation mit der ungarischen Polizei. Im Sommer zuvor hatte ein Albaner das Hotel „Lira" in Palić an der Hauptstraße in Subotica gekauft, eine besonders berüchtigte Drehscheibe für Schmuggler. Kürzlich ist es bei einer Polizeirazzia gestürmt und geschlossen worden.

Ich verbrachte einen Tag am Budapester Ostbahnhof, um herauszufinden, wie Migranten nach Westeuropa gelangten. Im Warteraum an Gleis 9 herrschte Chaos. Einige albanische Familien lebten dort seit zehn Tagen. Sie beklagten, die ungarische Polizei halte sie davon ab, Busse nach Wien zu besteigen. Nun hatten sie kein Geld mehr, noch nicht einmal, um den Reinigungskräften der Toiletten ihren Obolus geben zu können.

Eine Frau sagte mir, dass sie sofort in den Kosovo zurückkehren würde, wenn sie nur wisse, wie. Sie rief in meine Kamera: *Bitte zurück Kosovo oder bitte raus Germania!"* Ein anderer Mann meinte zu mir im ruhigeren, sauberen Warteraum am anderen Ende des Bahnsteigs, der auch von der Polizei umstellt war: „Alle hier sind vom Kosovo, alle hier wollen ein besseres Leben, uns weiterentwickeln, arbeiten und etwas aus unserem Leben machen. Wir haben keine Arbeit, kein Geld, keine Aussicht im Kosovo. Und hier sind wir jetzt seit vier Tagen und vier Nächten ohne Schlaf."

Ich fragte ihn, ob er zurückgehen würde.

„Vielleicht können wir gar nicht, vielleicht lassen uns die Serben gar nicht mehr rein. Das ist zumindest ihre Politik." Dann meinte er: „Aber ich habe Familienmitglieder in Deutschland und in Österreich ... die werden mir helfen."

Ein weißer ungarischer Justizbus für Gefangene hielt draußen. Namen wurden verlesen. Die Menschen gingen gehorsam im Gänsemarsch auf dem Bahnsteig, über ihnen die Lautsprecher, die Züge zu all den Orten ankündigten, die ihnen verwehrt waren, Wien, Linz, München. Ein dunkelroter Siemens Intercity glitt elegant an den Bahnsteig neben ihnen. Sie hielten ihre Augen gesenkt, um ihn nicht sehen zu müssen. Sie wurden in Stille zum Bahnhofsvorplatz geleitet, hin zu den wartenden Bussen. Sie würden zur OIN Aufsichtsbehörde gebracht, um dort registriert zu werden, dann würden sie ihre Asylanträge stellen, wenn sie es nicht schon getan hatten. Dann würden sie in offene Lager gebracht werden, wie ich erfuhr, und wären eigentlich frei, ihre Weiterreise nach Westen fortzusetzen.

Am 22. Februar starb ein 18 Monate altes kosovarisches Kleinkind mit Downsyndrom an Lungenentzündung im Flüchtlingsauffanglager Vámosszabadi, vermutlich erkrankt in den feuchten Wäldern bei Ásotthalom. Es war das jüngste Familienmitglied von sechs, die am 9. Februar in Ungarn angekommen waren.[13]

Zu dem Zeitpunkt waren bereits 160 Asylsuchende im offenen Auffanglager. Laut einer Mitteilung des UNHCR hatten bis Mitte Februar 22 394 Kosovaren um internationale Hilfe in Ungarn ersucht, sie machten 85 Prozent aller Anfragen aus.

„Wir müssen auch daran erinnern, dass 72 Prozent der Asylsuchenden in Ungarn, die nicht Kosovaren sind, aus Syrien oder Afghanistan stammen – zwei Länder, die vom Krieg geschüttelt und von Unsicherheit und Instabilität geprägt sind", sagte Montserrat Feixas Vihé, die UNHCR-Beauftragte in Budapest.[14]

Zoltán Kovács, der ungarische Regierungssprecher, sagte mir: „Das ist eine Invasion von Flüchtlingen oder eher Wirtschaftsflüchtlingen, die meist aus dem Kosovo, aber auch aus Afghanistan und Syrien und anderen Teilen der Welt kommen; es ist sehr schwierig, damit zurechtzukommen."

Ich möchte nicht sagen, dass wir überwältigt sind, aber wir haben es mit neuen Herausforderungen zu tun, so etwa der Suche nach neuen Unterkünften. Wir müssen auch den rechtlichen Rahmen überdenken, der mittlerweile unbrauchbar geworden ist. Wir agieren innerhalb unserer Verpflichtungen im Schengen-Abkommen, der Genfer Konvention sowie anderer europäischer Regularien. Was fehlt, ist eine gesamt-europäische Strategie, wie man mit der Situation umgehen soll.

Das Interview fand auf dem windigen, verregneten Kossuth-Platz statt, direkt vor dem ungarischen Parlamentsgebäude. Während wir sprachen, rann dem Regierungssprecher eine unbestimmbare Träne übers Gesicht. Wir wiederholten das Interview hin zu dieser Frage, um den falschen Eindruck zu vermeiden, der Sprecher habe geweint. Was er von László Toroczkais Idee mit dem Zaun halte, fragte ich ihn.

„Wir würden es so weit es geht vermeiden, irgendeinen Zaun oder eine Mauer zu errichten. Wir haben schlechte Erinnerungen an den Kalten Krieg und wir glauben sicher nicht daran, dass das eine Lösung ist", erklärte Zoltán Kovács.

KAPITEL 2

ZEIT DER ANGST

Die Welt ist eine Brücke, über die König wie Armer gleichsam
gehen müssen.
Inschrift an der Brücke über den Harmanli-Fluss, Bulgarien

Das Frustrierende am Leben dort war das Warten. Trotz aller
„Vorteile", die man hat, ist man Gefangener. Du sitzt und wartest
und dein ganzes Leben besteht nur aus Warten.
Ehemaliger Insasse der Busmantsi Haftanstalt, Bulgarien[1]

Die alte rote Lok hat runde Fenster an der Seite, wie Bullaugen bei einem Schiff.
Ich musste lachen, als ich die Nummer an der Seite sah: 007, wie bei James
Bond. Das war im März 2015, als ich am Bahnsteig in Belgrad auf den Nachtzug
nach Sofia wartete, um für Berichte über Europäer zu recherchieren, die für
den IS in den Krieg ziehen. Eine Route zog sich durch Bulgarien, sodass sie unter
dem Radar der westlichen Geheimdienste den Weg nach Syrien schaffen konnten. Nach den aufrüttelnden *Charlie Hebdo*-Anschlägen hatte sich die ungarische Regierung zum Ziel gesetzt, Migranten und Terroristen über einen Kamm
zu scheren. Ich wollte herausfinden, ob an der Sichtweise etwas dran war.

Wenngleich die Lok stabil aussah, fielen die Waggons beinahe auseinander.
Vor langer Zeit tiefblau gestrichen, schienen Schichten wabernder Graffiti sie
zusammenzuhalten.

Thins1 stand unter meinem Fenster in gelben, roten und grünen Kreisen, als
Kontrast zur Blockschrift LIEGEWAGEN, die den 2. Klasse-Komfort ausstrahlte,
wie er einst für Studenten der 70er mit Interrail-Tickets gedacht war.

Ich ging über den Bahnsteig wie ein Eisenbahnfan und machte Fotos von
der Szene. Aus dem Nachbarabteil lehnte sich ein junger Mann aus dem Fenster und beobachtete mich mit Skepsis. Auf den Fotos hat er ein eckiges, slawi-
sches Kinn. Der noch junge Frühlingsabend ließ den Bahnhof wie ein Filmset

aussehen. Fetzen von orangenem Licht flossen von den Fenstern und ertranken im Glimmen der Gleise und Bahnsteige, die Fassade des Bahnhofs gekrönt mit kyrillischen Buchstaben, erleuchtet in Habsburgergelb. Ich hatte ein Sechser-Schlafabteil ganz für mich. Das freute mich, bis ich merkte, dass das Licht nicht funktionierte. Ich dachte, dass es vielleicht angehen würde, wenn der Zug losführe. Es ging nicht an. Wie ich schnell feststellen konnte, war es in allen Abteilen dunkel.

Nach einer Weile kam ein mürrischer, alter Zugbegleiter durch den Gang mit einem Stapel gestärkter weißer Laken, dünn gebügelt wie Papier. Ich bezog mein Bett mit den rauen, modrig riechenden Decken, die ich auf der Schlafkoje über mir gefunden hatte, und war letztlich froh, dass ich nicht in die dunklen, schmutzigen Abteilecken sehen konnte. Was trieb ich hier nur, mich im ausgehenden Winter quer über den Balkan zu schleppen? Was für ein fruchtloses Unternehmen. Ich verfluchte mich dafür, dass ich nicht etwas mehr ausgegeben hatte für einen bequemen Flug mit einer österreichischen Airline von Budapest über Wien nach Sofia.

Als ich aufwachte, war es immer noch dunkel, doch der Zug bewegte sich nicht mehr. Ich hörte ein Klopfen an den Abteiltüren, eine Tür nach der anderen glitt auf und es erklangen ruppige männliche Stimmen. Wir hatten die bulgarische Grenze bei Dragoman erreicht. Ich entriegelte die Tür und zog mein Bettzeug näher zu mir, um ein Minimum an Würde zu behalten, nahm meinen Pass heraus und wartete. Die Stimmen gelangten am Nachbarabteil an, wo der Reisende mit dem eckigen Kinn schlief.

Seine Tür glitt auf. Stille. Dann ein einzelner Satz auf Englisch: „So, you have been to Syria?"

Ich saß sofort aufrecht, gebannt, die Antwort zu hören, konnte sie aber nicht verstehen. Bald darauf waren die Grenzbeamten in meinem Abteil. Sie kontrollierten meinen Pass, stempelten ihn ab und gingen. Ich überlegte, was ich mit meinem weit gereisten Waggonnachbarn anstellen könnte. Meine Suche nach Menschen wie ihm war schließlich der Grund, warum ich über diese Route reiste. Es war drei Uhr früh, draußen flogen sanft Schneeflocken am Fenster vorbei, als der Zug sich langsam weiterbewegte. Vielleicht war er Bauarbeiter dort, Ingenieur, Wachmann, vielleicht sogar NATO-Soldat des bulgarischen Kontingents im Irak. Der Zug sollte um 7.30 Uhr in Sofia ankommen. Ich beschloss, eine Unterhaltung mit ihm zu beginnen, wenn wir ausstiegen.

Als ich im Gang hinter ihm stand, mitten im langsam sich zerstreuenden Morgenlicht von Sofia, fiel mir auf, dass er kein Gepäck hatte. Er trug einen grauen Kapuzenpulli von irgendeiner nichtexistierenden Universität oder einer Sportmannschaft. Als wir am Bahnsteig ankamen, überlegte ich, eine Bemerkung über die beschwerliche Reise zu machen. Doch kaum, dass sein Fuß den Boden berührte, rannte er los. Über die Gleise bei den hölzernen Schlafwagen, hin zum Ausgang. Es ging so schnell, dass ich kaum darüber nachdenken konnte und die Idee verwarf, ihm hinterherzurennen.

Später am Morgen saß ich zusammen mit Nikolai, einem Agenten von DANS (auch SANS), der bulgarischen Behörde für Spionageabwehr, der einige Monate vorher überraschend leicht einem Treffen zugestimmt hatte. Nach einem Kaffee in meinem Hotel gingen wir, ganz im Kalten Krieg-Stil, in einem nahegelegenen Park spazieren. Er versprach, Nachforschungen über meinen Mitreisenden anzustellen, und erzählte mir währenddessen Geschichten aus seiner eigenen Dienstzeit.

„Da war ein Ausländer in Bulgarien, den wir verdächtigten. Als Westeuropäer konnte er frei reisen. Wir haben ihn beobachtet, aber es hat einen ganzen Monat gedauert, bis wir Informationen über ihn vom Geheimdienst seines Heimatlandes hatten. Können Sie sich das vorstellen? Nicht Stunden, Wochen!" Bis dahin war das Vögelchen, so wie mein Mitreisender am Bahnhof, über alle Berge. Nikolai verglich das Ergreifen potenzieller Terroristen mit Kuchenbacken. Man nimmt alle Zutaten aus der Küche und stellt dann fest, dass eine fehlt. Vanille zum Beispiel. Man wollte aber Vanillekuchen machen. Also geht man los zum Laden. Der hat aber geschlossen, weil es Sonntagabend ist.

Wenn bulgarische Sicherheitskräfte Kollegen um Informationen bitten, bekommen sie diese gewöhnlich zügig. Aber nur die. Keine Hintergründe, die mit der Person zusammenhängen und zum fehlenden Puzzlestück, der fehlenden Zutat führen könnten. Freunde, Beziehungen, Netzwerke der Person, nein – es gibt einen starken Patriotismus in den Geheimdiensten, sagt Nikolai, wenn es darum geht, sensible Informationen über ihre Bürger weiterzugeben. Es ist, als wollten sie nicht, dass ihre Landsleute alles allein ausbaden, oder zumindest nicht mehr als sie verdienten. Die Dienste sind auch neidisch aufeinander und zurückhaltend, wenn es um Informationen geht, die nicht selten auf halb legalem oder illegalem Weg erlangt wurden.

Der französische Bürger haitianischer Herkunft, Fritz-Joly Joachin, wurde am 1. Januar 2015 am Kapitan Andreevo-Grenzübergang festgenommen, der von Bulgarien in die Türkei führt, sechs Tage vor den *Charlie Hebdo*-Anschlägen. Er wollte nach Istanbul mit seinem dreijährigen Sohn. Es lag ein europaweiter Haftbefehl gegen ihn vor, ausgestellt von der Pariser Polizei, die auf Hinweise seiner Frau reagierte, weil sie befürchtet hatte, er könne den Sohn nach Syrien bringen. Fritz-Joly saß bereits in bulgarischer Haft, als die *Charlie Hebdo*-Anschläge geschahen. Ein weiterer Haftbefehl wurde verhängt, nachdem die französische Polizei herausgefunden hatte, dass er in regelmäßigem Kontakt zu Chérif Kouachi stand, einem der Attentäter, die die *Charlie Hebdo*-Journalisten erschossen haben. Nach drei Wochen Haft wurde er den französischen Behörden überstellt.[2]

Eine der Aufgaben von Nikolai im Bereich Spionageabwehr ist es, Asylsuchende in den Auffanglagern Elhovo und Harmanli an der türkischen Grenze zu befragen. „Ich kann mit Gewissheit sagen, dass 99 Prozent der Leute, mit denen wir sprechen, echte Flüchtlinge sind, Leute, die gefoltert wurden und in ihre Freiheit geflüchtet sind, oft mit ihren Familien zusammen."

Das Problem mag in dem einen Prozent liegen, oftmals Menschen aus dem Maghreb, also Algerien, Tunesien und Marokko.

Jeder Fall wurde in einem Raum mit drei oder vier Personen verhandelt: Ihm selbst, einem anderen Offizier und einem Dolmetscher. Fragen umfassten das Wissen über den Ort, aus dem die Person vorgab zu kommen, die verschiedenen Dialekte, die dort gesprochen wurden, bis hin zum Plan der jeweiligen Stadt. Die Interviewten wurden auch nach Namen ihrer Lehrer gefragt und wo sie gelernt hätten. Die Befragung dauerte fünfzehn Minuten. Wenn eine Person als verdächtig eingestuft wurde, unter ihnen gab es auch Frauen, wurden sie zum Haftlager für Asylsuchende bei Busmantsi nahe Sofia gebracht. Dort konnten sie bis zu zwölf Monate legal festgehalten werden, tatsächlich sogar in der Praxis bis zu 18 Monate lang, während mehr Informationen über sie gesammelt wurden.

Wenn keine Verbindungen zu terroristischen Vereinigungen nachgewiesen werden konnten, was in 90 Prozent der Fälle zutraf, wurden sie wieder freigelassen, erläuterte Nikolai. Diejenigen, die als ernstzunehmende Gefährder eingestuft wurden, eine Handvoll Personen, wurde an ihre Heimatländer ausgeliefert, falls die Länder einer Überstellung zustimmten.

Der Zustrom von Flüchtlingen nach Europa wurde sorgfältig dokumentiert und in vielen Fällen, auch aus politischen Gründen, vom türkischen Geheimdienst MIT unterstützt, erzählte mir Nikolai. Er nannte als Beispiel einen plötzlichen Zustrom von 10.000 Migranten auf einem Streifen von etwa 50 Kilometern der gemeinsamen Grenze im November und Dezember 2013. Es war die

Zeit, als die Türkei und die EU sich in Verhandlungen zum türkischen EU-Beitritt verrannt hatten und die türkische Regierung deutlich den Druck erhöhen wollte. Die Grenzpolizei konnte eine Gruppe von 150 Migranten bei ihrem ersten Versuch davon abhalten, ins Land zu kommen. Wenige Stunden später tauchte dieselbe Gruppe doch auf bulgarischem Territorium auf. Jemand hatte die Sache offenbar neu organisiert und die Leute an einer anderen Stelle effektiv hinübergebracht.

„Der MIT steht im Austausch mit zahlreichen anderen geheimdienstlichen Partnern im Interesse der Türkei", steht auf der Eingangsseite der häufig gestellten Fragen (FAQ) der Geheimdienst-Webseite.[3]

Ich kontaktierte einen Syrer, der gerade aus dem Hochsicherheitsgefängnis bei Busmantsi entlassen wurde, eben jenes, in welches Nikolais verdächtige Typen geschickt wurden, wenn sie in der Befragung durch ihre Antworten auffielen.

„Die Wachen wollten Disziplin durchsetzen, wie in anderen Gefängnissen auch, aber sie haben uns mit Respekt und Sorgfalt behandelt. Es war schon wie ein Gefängnis, aber ohne Gewalt und Missbrauch. In meinem Land wäre es ganz anders, nämlich viel übler gewesen", erzählte er mir in schriftlichen Antworten auf meine Fragen.

Ich hatte ihn gefragt, was für Leute er dort getroffen habe.

„Meist Flüchtlinge, die über Bulgarien nach Westeuropa kommen wollten, aber leider an der Grenze geschnappt wurden." Ihm war kein Fall eines echten Gefährders bekannt. Einige der Insassen saßen bis zu 18 Monate. Und manche von denen wollten auch gar nicht mehr raus, denn dort hatten sie Schutz und Essen und waren in Sicherheit vor den Gefahren der Welt da draußen. Die meisten Gespräche zwischen Insassen verliefen im Small-Talk, sagte er, über ihre Familien oder Angehörige, die auf sie in anderen europäischen Ländern warteten. Sie schauten oft fern, spielten Karten, rauchten oder tranken Kaffee zusammen, „aber dieser Schalter, der die Wahrheit abstellt, ist immer an."

> Das Frustrierende im Alltag dort war das Warten. Trotz aller „Vorteile", die man hat, ist man Gefangener. Du sitzt und wartest und dein ganzes Leben besteht nur aus Warten. Du weißt, irgendwann wird es zu Ende sein und an dem Tag bist du draußen, nur bis dahin kannst du nichts tun außer Warten. Beim Warten wurden einige Insassen wütend. Wütend über die langsamen Prozesse, das Hinhalten, das Verschieben und die Unsicherheit, die in der

vagen Zukunft lag. Die meisten wollen schlicht ein besseres Leben für sich und ihre Familien.

Im Park kam Nikolai von seinem Bild des Kochs oder Bäckers nun zum älteren Vergleich von der Nadel im Heuhaufen. „Eine Nadel im Heuhaufen zu finden, ist schon schwer, und es ist erst der erste Schritt. Am wichtigsten ist, was man danach macht. Wie man reagiert, denn man hat immer noch wenig Zeit und wenig Informationen."

In Sofia interviewte ich Philip Gunev, den stellvertretenden Innenminister Bulgariens. Er betonte, dass Bulgarien alles tue, was möglich sei, und wann immer ein Hinweis die bulgarischen Sicherheitsbehörden erreichte, würden die Dienste schnell und effektiv handeln. Drei Marokkaner und ein brasilianischer Bürger hatten anscheinend einen Bombenanschlag in Barcelona geplant. Sie wurden in Bulgarien festgenommen und an Spanien überstellt. Imran Khawajah, ein Brite, bereits wegen terroristischen Handlungen vorbestraft, war im Sommer 2014 durch Bulgarien gereist, nachdem er seinen Tod in Syrien vorgetäuscht hatte.[4]

„Wenn künftig ein Terrorakt irgendwo in Europa stattfindet", meinte Philip Gunev, „und der Täter einfach Bulgarien durchreisen würde, dann wäre das ein grobes Versagen der anderen europäischen Länder, den Täter zu identifizieren und uns zu informieren, und nicht so sehr ein Versagen von uns, ihn nicht aufzuhalten."

Im Mai 2015 berief die ungarische Regierung einen Nationalen Krisenstab für Einwanderung und Terrorismus ein.[5]

Das war eine Folge von Viktor Orbáns Interview im Staatsfernsehen in Paris nach den *Charlie Hebdo*-Anschlägen; ein Versuch der Regierung, in den Köpfen der Wähler die Lücke zu füllen zwischen Migration und Terrorismus. Ein einzelnes A4-Blatt mit zwölf Fragen wurde an alle ungarischen Wähler versandt. Die Fragen suggerierten bereits die erwünschten Antworten. Unter jeder Antwort gab es drei Kästchen zum Ankreuzen. Ein frankierter Umschlag war beigelegt, damit der Zettel ausgefüllt eingereicht werden könnte. Unter den Fragen waren diese:

- Stimmen Sie damit überein, dass falsche Einwanderungspolitik zur Verbreitung von Terrorismus geführt hat?

- Stimmen Sie damit überein, dass Wirtschaftsflüchtlinge die

Arbeitsplätze und Lebensweise des ungarischen Volks gefährden?

- Hat Ihrer Meinung nach die Politik in Brüssel in Sachen Einwanderung und Terrorismus versagt?

- Würden Sie die Regierung darin unterstützen, anders als Brüssel, strengere Einwanderungsgesetze zu erlassen?

- Würden Sie neue Gesetze befürworten, die es der Regierung ermöglichen, Immigranten, die illegal ins Land kommen, in Internierungslagern unterzubringen?

- Stimmen Sie mit der Regierung überein, anstatt Einwanderung zu fördern, lieber ungarische Familien und ihre ungeborenen Kinder zu fördern?

Das war freilich kein Fragebogen im klassischen Sinne, der herausfinden sollte, was die Bevölkerung denkt, gab der Regierungssprecher Zoltán Kovács gut gelaunt zu. Das war eine „politische" Umfrage, erklärte er, die zum Ziel hatte, mehr Rückhalt für die Linie der Regierung zu bekommen, wonach Migration und Terrorismus eng miteinander verwoben seien.

Es war zudem ein klassisches Beispiel der Methoden und des Stils der Fidesz-Regierung, perfektioniert durch eine kleine Gruppe von Kommunikationsexperten. Man sagt den Leuten an einem Tag, vor wem sie Angst haben sollen, und fragt sie an einem anderen Tag, wen sie denn fürchten. Und die Ergebnisse bewahrt man sich gut für die nächsten Wahlen auf, so dass man weiß, wen man ansprechen muss und wen man landesweit zur Wahl ermutigen kann. Es war die dritte Kampagne dieser Art, alle mit Anti-Migranten-Themen besetzt und von der Regierung zwischen den Wahlen von 2010 bis 2018 gestartet.

Montserrat Feixas Vihé, die UNHCR-Beauftragte in Budapest, war nicht beeindruckt: „Wir sind ernsthaft in Sorge darüber, wie die Regierung Menschen verunglimpft, die aus Kriegsgebieten wie Syrien, Afghanistan oder dem Irak geflohen sind, und dringend Hilfe und Schutz in Ungarn brauchen", sagte sie. „Das UNHCR glaubt, dass die Fragen Flüchtlinge und Asylsuchende fälschlicherweise gleichsetzen sollen mit sogenannten Wirtschaftsflüchtlingen und als Schuldige für die angeblichen Bedrohungen für Ungarn und Europa herhalten sollen." Sie fasste zusammen: „Wir sollten uns daran erinnern, dass die größten Gefahren nicht von Flüchtlingen ausgehen, sondern sich gegen sie richten."[6]

Die Justiz- und Innenminister der anderen europäischen Staaten saßen nach den Januar-Anschlägen von Paris ebenfalls nicht tatenlos herum. Bei einem Treffen in Lettland am 29. Januar 2015 veröffentlichten sie ein Statement in Riga. Anstrengungen zur Terrorbekämpfung hatten nun höchste Priorität auf nationaler und internationaler Ebene.[7]

„Die sorgfältig geplanten Anschläge haben gezeigt, welch erhöhte Gefährdung von einer fanatischen Minderheit nun für die EU ausgeht, die vom Nahen Osten aus über ein Netzwerk von Menschen verfügt, die in der EU geboren und aufgewachsen sind und sich oft innerhalb kurzer Zeit radikalisieren und gezeigt haben, dass sie bereit sind, als willige Helfer und aktive Komplizen des Terrorismus zu fungieren", schrieb Rob Wainwright, Direktor von Europol, der europäischen Polizeibehörde, ein Jahr später über das Jahr 2015.

Der Unterschied zum Ansatz der ungarischen Regierung war, dass diese keine fanatische Minderheit, sondern eine fanatische Mehrheit sah. Und wo Europol eindeutig ein Netzwerk von Menschen ausmachte, die in der EU geboren sind und sich hier in oder außerhalb von Haftanstalten radikalisiert hatten, sah Viktor Orbán Einwanderer. Im 60-seitigen Bericht von Europol über die Terrorgefahr in Europa zum Jahr 2015 (erschienen 2016) werden Migranten nur fünfmal erwähnt.[8]

> Angesichts der weiterhin steigenden Anzahl von Migranten, die unregelmäßig in die EU einreisen, unter ihnen Asylsuchende, sowie angesichts der wachsenden Schwierigkeiten ihrer Aufnahme, wird das Migrationsthema auch bis auf Weiteres Anlass für soziale Diskurse und Medienberichterstattung bleiben. Zudem ist es *wahrscheinlich, dass Rechtsextreme und andere Gruppen ihre Anstrengungen erhöhen werden, um die Asylpolitik in polarisierender Art und Weise darzustellen, um sie in ihren Debatten für ihre Zwecke zu nutzen.*
>
> (Hervorhebung durch den Autor)

Das hätte ebenso eine Beschreibung der ungarischen Regierungslinie sein können. Die Kampfansage gegen Migranten half dabei, die sinkende Beliebtheit der Fidesz-Partei wieder zu steigern. Am 22. Februar 2015 verlor die Partei ihr sichergeglaubtes Mandat in Veszprém im Westen des Landes an einen unabhängigen Kandidaten, der von der ungewöhnlicherweise vereinten Opposition unterstützt wurde. Am 12. April verlor Fidesz die Nachwahl in Tapolca an die rechtsextreme Jobbik. Immigration war kein Thema bei den Wahlen; es ging vielmehr um die drohende Schließung des Stadtkrankenhauses und die geringe Bezahlung des medizinischen Personals, was viele zum Verlassen des Landes zwang.

Die Zahl der Asylsuchenden an der südlichen Grenze fiel. Während im Januar beinahe 15.000 und im Februar 17.000 Menschen registriert wurden, waren es im März nur 6.000. Das war ein Ergebnis heftiger Maßnahmen auf kosovarischer Seite und Warnungen Deutschlands, dass man Neuankömmlinge einfach wieder nach Hause schicken würde. Unter dem starken Druck von Deutschland stimmten ungarische und serbische Behörden zu und sandten Busladungen voll von sich widersetzenden Kosovaren wieder auf eine lange, einsame Straße zurück Richtung südliche Balkanroute. Als deren Zahlen jedoch abnahmen, stieg wiederum die Anzahl vor allem von Menschen, die vor Kriegen im Nahen Osten und Afghanistan flohen. Im April reisten 8.224 Migranten in Ungarn ein. Nach ungarischem Recht stellt es jedoch ein Vergehen ähnlich einer Ordnungswidrigkeit dar, das Land ohne gültigen Pass und Stempel eines Staates im Schengenraum, zu dem Ungarn gehört, zu betreten. Das Justizministerium arbeitete an Neuregelungen, um dies sogar zu einer Straftat zu erklären.[9]

Im Mai kamen 11.606 Menschen an, im Durchschnitt 374 täglich. Die Polizei hatte nur wenige Busse zur Verfügung. Im Laufe des Frühlings 2015 waren die meisten Gesuche nach Unterstützung, um Busse von privaten Unternehmen anmieten zu dürfen, abgelehnt worden. Die Polizei entwickelte Anfang des Jahres ein System, wie sie mit den Kosovaren umgehen würde. Sie sammelten alle Einwanderer an einem Ort am Straßenrand ein und fuhren sie dann gruppenweise nach Röszke zur Registrierung. Der Hangar, den sie seit Januar angemietet hatten, konnte 500 Menschen fassen. Als er überquoll, wurden reihenweise grüne Armeezelte auf dem Feld daneben aufgestellt.

„Wir standen unter enormem Druck der Österreicher und Deutschen", erinnert sich Gizella Vas, damals Chef der Grenzpolizei in Ungarns Süden an den Grenzen zu Kroatien und Serbien. „Der österreichische Attaché kam eines Tages zu mir, sehr aggressiv, und wollte alle genommenen Fingerabdrücke sehen. Tatsächlich hatten wir gute Arbeit geleistet, alle registriert und auch ihre Fingerabdrücke genommen, zumindest bis Anfang September 2015."

Die Polizei stand also unter enormem psychologischem Druck. Viele Polizisten waren aus anderen Landesteilen versetzt worden; durch ihre geringen oder fehlenden Sprachkenntnisse viel ihnen der Umgang mit Ausländern schwer, erst recht mit Flüchtlingen. Unter diesen Umständen versuchten sie ihr Bestes.

Anfang Juni 2015 wurden überall an den Landstraßen von der Regierung bezahlte Plakate aufgehängt, die der Linie des nationalen Krisenstabs entsprachen und eine enttäuschende Antwort der Öffentlichkeit darstellen sollten. Angeblich an die Migranten gerichtet, zielten die Aussagen doch eher auf die ungarischen Bürger. Auf den Plakaten stand: „Wenn ihr nach Ungarn kommt, dann nehmt nicht unsere Arbeitsplätze weg" oder „Wenn ihr nach Ungarn kommt, müsst ihr unsere Kultur respektieren!"

Eine Welle der Verachtung lief durch die Fidesz-Partei, was den kruden Stil der Plakate anging, jedoch kamen keine Austritte oder ernsthafte Proteste in der Partei auf. Eine ähnliche Lage herrschte in den katholischen und protestantischen Kirchen. Einige Bischöfe nahmen den kreuzzugartigen Ton der Regierung auf, und so fand der Premierminister Wiederhall in Stimmen, die aufriefen, „das christliche Europa vor der muslimischen Invasion zu schützen." Der katholische Erzbischof von Veszprém, Gyula Márfi, trat dabei besonders extrem auf.[10]

Das wiederum musste dem flüchtlingsfreundlichen Papst Franziskus zu Ohren kommen. Die Beziehungen zwischen den katholischen Bischöfen Ungarns und dem Vatikan litten stärker, je länger die Flüchtlingskrise andauerte. Der Papst hatte seine Sympathie deutlich gemacht und sein eigenes Bedürfnis, Flüchtlingen nach allen Möglichkeiten zu helfen. Sein allererster offizieller Besuch außerhalb des Vatikans, direkt nach seinem Amtsantritt im Jahr 2013, führte ihn auf die italienische Mittelmeerinsel Lampedusa. Ein papstkritischer Priester, den ich nach den Beziehungen zwischen der ungarischen katholischen Kirche und dem Oberhaupt fragte, antwortete mir: „Die meisten in meiner Kirche beten dafür, dass der Papst stirbt."

Ungarns Kirchen, besonders die Calvinisten (Orbán ist Calvinist), pflegen darin eine lange Tradition, sich als Verteidiger der Nation in Zeiten der Fremdbesatzung darzustellen. Indem er den Zustrom von Asylsuchenden als Fremdbesatzung bezeichnete, zapfte Orbán eine Vene voller patriotischer Gefühle an, der die Kirchen nicht widerstehen wollten oder konnten. Gleichzeitig gab seine Regierung viel Geld für Kirchen und ihre Bildungseinrichtungen aus. „Sie haben sich die Ergebenheit der Kirchen erkauft", klagte ein griechisch-katholischer Priester.

Derweil tauchten an strategischen Punkten im Land humoristische Poster als Gegenkampagne auf. Bezahlt von der skurrilen Partei des zweischwänzigen

Hundes (MKKP) waren die meisten Botschaften auf Englisch, wie etwa: „Wir entschuldigen uns für unseren Premierminister" oder „Kommen Sie nach Ungarn! Wir haben Jobs in London!"

Als die Polizei damit beauftragt wurde, die offiziellen Poster vor Verunstaltungen durch Aktivisten zu schützen, stellte die MKKP neue her mit der Aufschrift: „Werte Polizei, es gibt keinen Grund, dieses Poster zu beschützen. Sichern Sie lieber anderswo die öffentliche Ordnung!"

In Vorbereitung auf den Weltflüchtlingstag am 20. Juni ließ der mitteleuropäische Zweig des UNHCR in Budapest eigene Poster an den Wänden der Metro aufhängen.[11] Vier erfolgreiche Einwanderer nach Ungarn wurden benannt: Begum Ali, eine Frau aus Bangladesch, die ihr eigenes Restaurant im achten Bezirk führt; Dariush, ein junger afrikanischer Mann, der als Touristenführer arbeitet, Sophie aus Togo, 31 Jahre alt, die jetzt als Erzieherin im Kindergarten arbeitete, und Zeeshan aus Pakistan, 19 Jahre alt, Führungsspieler der wenig bekannten Cricket-Nationalmannschaft. Ich ging zur Eröffnung von Begum Alis Restaurant.

Begum und Moshaid Ali flohen im Jahre 2000 aus ihrer Heimat Bangladesch, als ihr dortiger Laden bei politischen Gewaltakten niederbrannte. Begum war zu dieser Zeit im achten Monat schwanger mit ihrem ersten Sohn, Ferdoz. Er wurde bereits in Pakistan geboren, wo sie zuerst Zuflucht fanden. Ihre Tochter Lutfa, mittlerweile 17 Jahre alt, und ihr zweiter Sohn, Kalam, wurden ebenfalls dort geboren. Gewalt in Pakistan zwang sie, weiter zu flüchten, erst in den Iran, dann die Türkei und nach Griechenland, wo sie neun Jahre lang in einem Flüchtlingslager lebten, aber keinen Flüchtlingsstatus erlangten. Von den drei Kindern sprach Kalam, der Jüngste, am positivsten über seine Kindheit als Flüchtling. „Die schlimmste Erfahrung war an der griechisch-mazedonischen Grenze, als im Frühling 2013 Kämpfe ausbrachen zwischen Afghanen und Afrikanern. Da versuchten wir gerade, über die Grenze zu kommen", erzählte er mir. „Ungarn war das erste Land, wo man uns willkommen hieß, und dafür sind wir sehr dankbar."

Sie blieben zunächst mehr als sechs Monate lang im Flüchtlingslager in Debrecen im Osten des Landes. Als sie dann einen Flüchtlingsstatus erhielten, borgten sie sich Geld vom Freund der Familie, um ein kleines Restaurant zu eröffnen, das Al Modina.

Während wir sprachen, rauschte Kalams Mutter in der Küche hin und her, gab verschiedenen Currygerichten den letzten Schliff, darunter eins mit Donaukarpfen. Samosa-Teigtaschen brutzelten in einem Topf. Es gab nur sechs Tische, aber es schien ein beliebter und günstiger Ort zu sein, um in der Nachbarschaft zu essen, wo in jedem zweiten Gebäude ein Restaurant lockt.

Kalam erzählte, dass die Familie in drei Jahren nur ein einziges Mal Ziel rassistischer Beleidigungen wurde, als ein betrunkener Mann sie anbrüllte. „Aber der war halt besoffen", sagte Kalam. „Wir sind nach Ungarn gekommen, um ein besseres Leben zu finden, und das haben wir gefunden."

*

Die bulgarische Landgrenze zur Türkei zieht sich entlang rauer Felsen der südlichen Rhodopen. Anfang Juni wachsen dort überall riesige violette Disteln mit Köpfen wie Bärenfellmützen, wie sie von der königlichen Leibwache am Buckingham Palace getragen werden.

Über ihnen ragt ein hoher Stacheldrahtzaun, bedrohlich im Morgenlicht glitzernd. Der bulgarische Zaun wuchs aus demselben Samen wie der etwas niedrigere griechische in der Nähe. Dies ist die historische Region Thrakien, Tor von Asien nach Europa.[12]

Bereits im sechsten Jahrtausend v. Chr. trieben Siedler ihr Vieh in diesen schmalen Landstrich zwischen Marmara-Meer und dem Schwarzen Meer, zwischen der Donau im Norden und der Ägäis im Süden. Sie brachten auch Getreide mit, gewannen Kupfer aus den Felsen und stellten Werkzeuge, Waffen und Schmuck daraus her. Westlich von Istanbul liegt das Granitmassiv Yildiz, auch Sternenberge genannt, als flacher Ausläufer des Strandscha-Gebirges. Der Ausläufer zieht sich sanft über 300 Kilometer zum höchsten Punkt auf 1031 Meter nahe der türkischen Stadt Kirklareli. Die Wälder und Hügel sind von Buchen und Pinien bewachsen.

Jenseits von Kirklareli liegt die Stadt Edirne, einst berühmt durch die Herstellung von Trommeln, die von der osmanischen Armee bei ihren Feldzügen auf dem Balkan eingesetzt wurden. Ich hatte meinen Söhnen vor langer Zeit eine gekauft.

In vielen bulgarischen Museen sieht man Steinbilder von einem „Thrakischen Reiter", der seinen Speer bereithält. Das war vermutlich der Archetyp der späteren christlichen Bilder von St. Georg; die Christen fügten einfach einen Drachen hinzu. Der Zustrom von Migranten durch Thrakien hat nie aufgehört, sie gehen noch heute in den Fußspuren der ersten Bauern.

Der Fluss Evros ist 480 Kilometer lang, er fließt durch die Rhodopen im südlichen Bulgarien, wo er Mariza genannt wird. Auf den letzten 205 Kilometern bildet er die Grenze zwischen der Türkei und Griechenland, bevor er beim Hafen von Alexandroupoli in die Ägäis mündet. Durch die Geschichte hinweg leitete das dortige Tal einfallende Armeen, Händler und Abenteuer auf ihren Wegen zum Balkan und darüber hinaus. In der neuen Migrationskrise spielte es eine ähnliche Rolle. Zwischen 2006 und 2008 überquerten die meisten Flüchtlinge den schmalen Wasserlauf zwischen türkischer Küste und den griechischen Inseln in der Nähe. Im Sommer 2009 waren es mehr als sechzig pro Tag. Die Bedingungen, unter denen die Menschen auf den Inseln festgehalten wurden, waren oftmals grauenvoll. Die Beseitigung von Landminen, die vom griechischen Bürgerkrieg 1948 im Boden verblieben waren, eröffnete einen neuen gangbaren Weg für Flüchtlinge aus der Türkei, die vom Seeweg ernüchtert Abstand genommen hatten. Doch den Fluss Evros zu überqueren, war schon schwierig genug und das sollte noch schwerer werden.

Im Winter des Jahres 2010 fing der Fotograf Giovanni Cocco die Entschlossenheit und Verzweiflung von Migranten ein bei ihrem Versuch, die sumpfigen Flussausläufer des Evros auf ihrem Weg nach Europa zu durchqueren.[13]

Seine Fotos zeigen auch den Fluss selbst am frühen Morgen, sie zeigen Migranten aus Afrika und dem Nahen Osten, die ihre Kleidung nach dem Herüberschwimmen oder der Überfahrt in Schlauchbooten trocknen. Es gibt Fotos von Männern, die um ein Feuer herumstehen und sich im kühlen Balkanwinter wärmen. Eines der ergreifendsten Bilder zeigt kleine Erdhügel, meist ohne Namensschild, auf dem „illegalen Migrantenfriedhof" bei Sidiro, auf der griechischen Seite.

Ausländische Fotografen und Reporter waren nicht die einzigen, denen der Zustrom von Migranten auffiel. Im Jahre 2011 wurden 55.000 Menschen von der Polizei aufgegriffen beim Versuch, Griechenland über die Evros-Grenze zu erreichen. Im Januar 2012 begannen die griechischen Behörden, einen vier Meter hohen Stacheldrahtzaun am geografischen Flaschenhals bei Edirne zu errichten, an dem die meisten Migranten den Übertritt wagten, zwischen den Dörfern Kastanies und Nea Vyssa.[14]

Das war das griechische Äquivalent zu den Wäldern von Ásotthalom in Ungarn. Mórahalom in Ungarn war ähnlich wie die in der Nähe gelegene griechische Stadt Orestiades. 23 Nachtsichtkameras wurden entlang des Zauns installiert, teilweise finanziert von der EU, Frontex unterstützte griechische Patrouillen.[15]

Als Reaktion fuhren die Schlepper ihre Kunden einfach ein Stück südlich entlang der ägäischen Küste. Sie schafften sich eine Flotte von Schlauchbooten an, um sie auf die näher gelegenen Inseln zu bringen und gefährdeten oft das Leben der Passagiere durch überladene Boote. Allein über diesen Seeweg erreichten im Jahre 2014 43.500 Migranten Griechenland, dreimal so viele wie im Vorjahr. Die meisten kamen aus Syrien, gefolgt von Menschen aus Afghanistan, Somalia und Eritrea. Die Zustände der griechischen Aufnahmezentren hatten sich kaum verbessert. Im Dezemberbericht empfiehlt das UNHCR den europäischen Ländern, Asylsuchende nicht nach Griechenland zurückzuschicken. Die medizinische karitative Initiative Médicins Sans Frontières (Ärzte ohne Grenzen) dokumentierte allein in der letzten Woche des Jahres 2012 etwa 1.000 Versuche von Menschen, die griechischen Inseln zu erreichen. Am Ende des Jahres waren die Versuche, den Evros bei Orestiades zu überqueren, um 95 Prozent gesunken.[16]

In Bulgarien begann die Errichtung des Zaunes zur Türkei im Januar 2014. Zunächst bestand kein ernsthafter Plan, entlang der ganzen 288 Kilometer langen Grenze einen Zaun zu bauen, nur am empfindlichsten Streifen, den 30 Kilometern zwischen dem Kapitan Adreevo-Checkpoint und dem Checkpoint im Osten bei Elhovo. Der Zaunbau dauerte sieben Monate bis zur Fertigstellung und kostete fünf Millionen Euro. EU-Zuschüsse wurden für eine große Anzahl Nachtsichtkameras für die ganze Grenze zugesagt. Die meisten waren klein und fest fixiert, es gab jedoch auch ein oder zwei äußerst leistungsstarke Kameras mit einer Sichtweite bis zu 18 Kilometer in die Türkei hinein.

Bis zum Sommer 2015 waren weitere 100 Kilometer Zaun im Bau. Die britische Regierung bot Bulgarien 50 ehemalige Armee-Land Rover an. Auf vielen der Fahrzeuge wurden ebenfalls Kameras montiert.

Kapitan Adreevo ist ein großer moderner Checkpoint, von der EU erneuert, mit fünf Fahrspuren in jede Richtung. Von bulgarischer Seite kommend, sah man riesige Poster, die auf die historische Via Diagonalis (auch Via Militaris) hinweisen, die einst von diesem Punkt aus diagonal nordwestlich durch Bulgarien unterhalb der Stadt Widin an der Donau nach Serbien führte.

Wenn einige der Migranten genauer hingesehen hätten, wäre ihnen aufgefallen, dass die Straße ziemlich genau da entlanglief, wo auch sie hofften, hinzugelangen. Im Laufe des Jahres 2014 stellten 11.000 Menschen einen Asylantrag in Bulgarien, 5.000 Anträge wurden genehmigt, fast alle von Syrern, 3.000 Mal wurde ein „geschützter Status" vergeben, weitere 3.000 Menschen verschwanden einfach durch Serbien und Rumänien in den Westen. In den ersten drei Monaten des Jahres 2015 überquerten 4.700 Menschen die Landesgrenze und beantragten Asyl in Bulgarien.[17]

Hauptmann Aleksandar Andreev, Spitzname Chapta, war ein Guerillakämpfer gegen das Osmanische Reich im frühen 20. Jahrhundert. Aus bulgarischer Sicht ein Revolutionär, aus türkischer Sicht ein Terrorist. Auch für die Kommunisten hatte die Grenze eine große symbolische Bedeutung. Auf dem Flur des Grenzzentrums der Polizei in Elhovo hängt ein Ölgemälde. Es zeigt einen entschlossenen Soldaten mit rotem Stern auf seinem Käppi, fest im Griff den Hals eines verzweifelten jungen Mannes in Alltagskleidung, der nach einer Maschinenpistole greift, während sich ein Hund in seinen Arm verbeißt – ein Grenzwächter, der einen Guerillakrieger schnappt, der sich gegen die kommunistische Übernahme Bulgariens 1948 wehrt.

Im Hintergrund des Bildes sah man das bergige Umland mit Fetzen von Wald, das sich kaum verändert hatte – damals wie heute gaben die Bäume tausenden verzweifelten Menschen Schutz, die vor Krieg und Armut flohen, – zumindest hofften sie das.

Die Reihe von Bildschirmen im Kontrollzentrum zeigte alle Blickwinkel der 18 nächstgelegenen Kameras, sechs rundherum im Weitwinkel, drei nach unten gerichtet. Schwarzweiß-Bilder von schroffen Felsen oder vom Zaun und der Straße neben ihm waren auf allen Bildschirmen zu sehen. Die Perspektive der Weitwinkelkameras war unglaublich, die rundlichen Hügel mit dunklen Flecken von einzelnen Bäumen und Waldgebieten, sichtbar bis weit in die Ferne. Die Kamera sei so leistungsstark, sagte man mir, dass man ein Autokennzeichen auf mehr als zehn Kilometer Entfernung erkennen könne. Darunter konnte die entsprechende Stelle auf der Karte angezeigt werden.

Männer und Frauen in Tarn-Uniform standen über die Bildschirme gebeugt und suchten nach Eindringlingen. Sobald sie welche sichteten, folgten zwei Anrufe. Einer zur türkischen Armee auf der anderen Seite und einer an ihre eigene Grenzpolizei.

Mir wurde ein Video einer kürzlich erfolgten Festnahme bei Nacht gezeigt. Vier kleine weiße Schemen konnte man ausmachen, weiß, weil sie auf Nachtsichtgeräten so erschienen. Die beiden in der Mitte waren etwas größer, eine etwas weiter vorne kleiner, vielleicht eine Frau. Die schemenhafte Figur hielt die Hand eines Kindes. Alle trugen Rucksäcke, die auf dem Bildschirm schwarz erschienen. Sie gingen weiter bis der Pfad breiter wurde. Da sah man, dass die Gruppe aus sechs Personen bestand. Ein weißes Licht erschien am Horizont. Die Schemen standen nun verstreut auf dem Bildschirm. Ein Mann schien sich hinzuknien, vermutlich um ein Kind zu schützen. Ein Armee-Jeep raste den Pfad entlang, auf die Personen zu. Sie wurden alle zurück in die Türkei gebracht.

Harmanli ist eine bulgarische Stadt weiter im Landesinneren, etwa 45 Kilometer entfernt vom Kapitan Andreevo-Checkpoint. Es ist ein verschlafener Ort mit einer schönen osmanischen Brücke aus dem Jahr 1585 über den ausgetrockneten Fluss Harmanli. Auf einer Plakette an der Brückenmitte steht: „Die Welt ist eine Brücke, über die König wie Armer gleichsam gehen müssen."

Das Museum in der Stadt wurde offiziell geschlossen, aber in seinem Hof findet sich noch eine Büste von Lenin, gehauen aus grauem Granit, auf der Seite liegend. Jemand hatte wohlweislich eine Topfpflanze neben seinen Kopf gestellt. Die Pflanze wurde offenbar regelmäßig gegossen, sonst hätte sie die Junihitze nicht überstanden. Eine wohltuende, tröstliche Geste für den gefallenen Riesen des Marxismus-Leninismus, oder eine sanfte Veralberung. Eine große Touristenkarte stand auf dem Hauptplatz und warb mit Sehenswürdigkeiten der Region Chaskowo. Es gab Hinweise auf thrakische Gruften und Naturdenkmäler wie etwa die so genannten Deaf Stones, römische Straßen und orthodoxe Kirchen, benannt nach der Heiligen Jungfrau, dem Heiligen Konstantin und St. Helena.

Das Flüchtlingslager Harmanli befindet sich auf einem ehemaligen Armeegelände. Es wurde 2013 errichtet, als die ersten größeren Wellen von Migranten die bulgarischen Behörden unvorbereitet trafen. Die schrecklichen Bedingungen vor Ort zogen die Aufmerksamkeit von Menschenrechtsorganisationen an, so dass große Anstrengungen unternommen wurden, um die Zustände zu verbessern. Die rosa gestrichenen Baracken sind immer noch baufällig, aber die Zimmer und Flure inzwischen renoviert. Hütten und Zelte sind nach und nach errichtet worden, um bis zu 3.000 Menschen aufzunehmen. In einem Unterrichtsraum traf ich die Freiwillige Sadie Clesby, die hier als Englischlehrerin arbeitete, sowie ihre Mutter.[18] Sie waren für einen Monat gekommen, dann aber geblieben.

Der Unterrichtsraum war hell gestrichen, stapelweise Spiele, das arabische und das lateinische Alphabet an der Wand. Mädchen kneteten bunte, lustige Figuren, ein Junge forderte seine Schwester zu einer weiteren Fußballrunde heraus, die Sonne schien zum Fenster hinein und dankbare Mütter schlenderten vorbei, um nach ihren Kindern zu schauen. Zwei Jungs kletterten durch das Erdgeschossfenster, hinein und wieder hinaus.

Die meisten Lagerbewohner waren syrische Kurden, aber auch Iraker und Afghanen. Flüchtlingsmädchen im Teenageralter, die etwas Englisch in der Schule hatten, halfen Sadie und ihrer Mutter, mit den Kindern zu sprechen. „Die lernen so schnell, also die Kommunikation ist überhaupt kein Problem", sagte sie mir.

Wenn die Kinder ankommen, ist es, als wenn sie von Kriegsangst gepackt sind. Einige klammern sich an die Wände des Klassenraums, sie wollen nur bleiben, wenn die Eltern dabei sind. Das wäre normales Verhalten – bis man die Sorgenfalten auf ihren Gesichtern sieht. Sie tragen oftmals die sorgenvollen Züge von Erwachsenen. Als einige der älteren Flüchtlinge Feuerwerk zum kurdischen Neujahrsfest Nowruz entzündeten, verstummten die Kinder vollständig, nicht wie sonst, wenn Kinder Feuerwerk sehen. Sie klammerten sich an uns und waren völlig verängstigt. Als wir hier ankamen, gab es keine Schule, keinen Spielplatz. Wir haben einfach alles nach und nach aufgebaut, um die Kinder hier zu beschäftigen und damit sie Spaß haben können.

Die meisten Kinder im Raum kamen aus Al Hasaka. Während ich sie traf, geschah gerade ein furchtbares Drama in ihrer Heimatstadt. Der IS hatte eine Offensive gegen die Stadt eingeleitet, in der vor dem Krieg 190.000 Menschen lebten. Am 5. Juni schlossen sich kurdische Volksverteidigungs-Einheiten der YPG mit Regierungstruppen zusammen, um die schrittweise Einnahme der Stadt durch den IS zu verhindern. Zu der Zeit waren die IS-Truppen nach zweimonatigen Kämpfen bereits weitgehend zurückgedrängt, große Teile der Stadt, die Häuser der Kinder, die ich in Harmanli traf, lagen in Trümmern.[19]

In einem abseitigen Raum neben dem Unterrichtszimmer traf ich einige Erwachsene. Idris aus Afren bei Aleppo sagte, er sei seit sieben Monaten im Lager und kenne Leute, die hier seit fünf Jahren lebten. Seine Geschichte war typisch. Er war im September 2014 fünfzehn Tage zu Fuß unterwegs in Syrien, bis er die Türkei erreichte. Im Mai 2015 schloss er sich Migranten an, die auf dem Landweg durch den Balkan nach Deutschland wollten. Von Istanbul aus nahm er einen Bus nach Edirne, wo er fünf Tage blieb. Ein Schlepper erzählte ihm, wo er die Grenze nach Bulgarien gut überqueren könnte. Weitere Schlepper hatten ihn und seine Miteisenden nördlich bis an die bulgarisch-rumänische Grenze gebracht, aber dort wurden sie gefasst und erst ins Haftlager Elhovo und danach ins offene Flüchtlingslager Harmanli gebracht.

Einige Tage vor meinem Eintreffen war im Lager ein Baby gestorben, das von einer Schlange gebissen wurde, erzählten mir die Männer. Kurz darauf wurde eine andere größere Schlange gefangen und getötet. Sie nahmen mich mit, um sie anzusehen. Ein Mann hielt die harmlose, enthauptete Ringelnatter nach oben, während die Kinder herumstanden und nervös lachten. Ein Minibus der Polizei kam und spuckte neue Flüchtlinge aus, die meisten Frauen und Kinder. Eine Frau trug einen komplett geschlossenen Tschador, die anderen Frauen, vermutlich Kurdinnen, waren in westlichem Stil gekleidet mit offenem Haar auf ihren Schultern.

Die Erwachsenen schienen erschöpft, die Kinder energiegeladen und aufgeregt, an einem neuen Ort zu sein. Während dieselbe Reise ihre Eltern fast weißhaarig vor Sorge machte, erschien es vielen Kindern wie ein tolles Abenteuer.

Ich fragte die Männer, die draußen herumstanden und die Schlange ansahen, ob sie direkte Begegnungen mit dem IS hatten. Einer meinte, seine Freunde hätten ihm erzählt, dass viele Europäer für den IS in den Kampf zögen. Das konnte er nicht verstehen. Ein anderer schaltete sich ein. „Die kämpfen alle nur fürs Geld, nicht für die Freiheit oder ihre Mitmenschen. Die Kämpfer reden davon, dass sie es für den Islam machen, aber insgeheim brauchen sie doch einfach Geld."

Ich fragte, ob es im Lager Leute gab, die unter IS-Herrschaft gelebt hätten. „Ja, aber die reden nicht mit Medienleuten, weil sie Angst haben, dass ihren Familien, die noch da sind, etwas geschieht. Ein Mann hier hat mir erzählt, wie sie seinen Bruder ermordet haben. Erst haben sie ihn eine ganze zeitlang ins Gefängnis gesteckt. Es gab keine Informationen mehr über ihn. Dann fand er heraus, dass die ihn getötet hatten." Er selbst habe auch Leute vom Daesh (arabisch abwertend für IS) getroffen, als er aus Aleppo floh. Man könne denen überhaupt nicht trauen, meinte er. „Vielleicht ist da ein Typ heute sehr freundlich, nett, ein guter Mensch. Aber von einer Minute zur anderen wird er zum Killer, der dich umbringt. Keiner weiß, warum die sich so schnell wandeln."

Die Flüchtlinge in Harmanli sahen nervös auf die Dublin-Verhandlungen, einem Eckpfeiler der europäischen Asylpolitik. Sie befürchteten, dass wenn sie einmal ihre Fingerabdrücke abgegeben hätten, dann wieder nach Bulgarien geschickt würden, selbst wenn sie Deutschland erreichten.

Die Dublin III-Verordnung wurde 2013 in Kraft gesetzt als Zusatz zu bestehenden EU-Asylregulierungen, auf die man sich 2005 geeinigt hatte. Das Land, in dem ein Flüchtling zuerst registriert wurde, sollte demnach die rechtliche Verantwortung tragen, sich um diese Person zu kümmern. Wenn die Person weiterreiste in ein anderes Land, konnte sie in das Erstaufnahmeland zurückgeschickt werden.

In den Vereinbarungen zur Umsetzung von Dublin III war ebenfalls verankert, dass Asylsuchende gleichmäßig unter EU-Ländern aufgeteilt werden sollten. Diese Handhabung sollte später von Regierungen osteuropäischer Staaten harsch zurückgewiesen werden. Die Dublin-Verordnungen stießen 2015 an ihre

Grenzen, sowohl durch die große Last der Einwanderungszahlen als auch durch die Zurückhaltung und Zögerlichkeit in Westeuropa darüber, wie Asylsuchende behandelt würden, wenn man sie wieder Richtung Osten zurückschickte. Im ganzen Jahr 2014 wurden nur 80 Migranten aus Westeuropa wieder nach Bulgarien zurückgeschickt.[20]

Die Asylsuchenden in Harmanli fragten mich um Rat. Sie konnten schwerlich von Bulgarien oder einem anderen Land erwarten, sie hinein- oder durchzulassen, ohne sie zu registrieren und ihre Personalien aufzunehmen. Die meisten waren von Schleppern überredet worden, ihnen beim Grenzübertritt in die Türkei ihre Pässe und Dokumente zu geben. Andere hatten sie zerrissen oder unterwegs weggeworfen. Viele bereuten das später, wenn sie Geld transferieren oder abheben wollten, wobei man sich ausweisen musste.

In einem schlichten weißgekalkten Raum in der ersten Etage des Hauptgebäudes war ich zugelassen zu einem Sicherheitstreffen. Drei offizielle Vertreter waren anwesend, vom Geheimdienst, vom staatlichen Flüchtlingsrat und ein Dolmetscher. Die Befragung dauerte fünfzehn Minuten. Ein junger Mann, vielleicht Mitte zwanzig, hatte ein spitz zulaufendes Gesicht und Kinn, er trug ein rotes T-Shirt. Er schien ernst und von seiner Unschuld überzeugt. Die Fragenden hatten ihre Notizbücher bereit. Der Mann vom Geheimdienst stellte die meisten Fragen. Ich dachte an Nikolai und seine Nadel im Heuhaufen. Wieder in Sofia, traf ich Nikola Kazakov, Chef der staatlichen Flüchtlingsbehörde SAR. Bulgarien hat die längste EU-Außengrenze zu Lande, die direkt von der Flüchtlingskrise betroffen wäre, erklärte er beinahe stolz.

Alle fliehen vor Krieg in Syrien, Irak oder Afghanistan. Sie haben Angst vor Exekutionen und fürchten um ihr Leben. Für die meisten ist Bulgarien Transitland auf ihrem Weg woandershin. Wir wollen aber, dass sie Bulgarien als ihr Zielland ansehen. Wir wollen, dass alle, die hierbleiben wollen, sich integrieren und Teil der Gesellschaft werden. Darum hat die bulgarische Regierung gerade staatliche Strategien für Einwanderung und Integration angestoßen. Wir fordern, dass sich alle EU-Staaten ihrer Verantwortlichkeit gegenüber Flüchtlingen bewusstwerden und sie gerecht verteilen.

Im Verteilungsschlüssel der EU war Bulgarien aufgefordert, 788 Flüchtlinge aufzunehmen und hatte dem zugestimmt. Im Gegenzug hatte Bulgarien als ärmstes Land der EU um drei Arten der Unterstützung gebeten. Finanzielle

Hilfe, Experten-Unterstützung sowie eine Prüfung der Flüchtlingslage vor Ort von EU-Seite in jedem Land, um zu entscheiden, welche Ressourcen benötigt würden.

Wenn Bulgarien so einladend ist, warum sollte man dann einen Zaun bauen, fragte ich.

„Der Sinn des Zauns ist nicht nur, Leute aufzuhalten, sondern auch, sie zu anderen Checkpoints zu leiten, wo sie legal die Grenze überqueren können. Die zweite Funktion des Zauns ist, Menschenschlepper zu bekämpfen." Bis Ende April waren etwa 50 Prozent durch die offiziellen Grenzübergänge gekommen. Sie versteckten sich an Lastwagen oder auf Güterzügen.

Als wir das Interview beendeten, heulten Sirenen überall in Bulgarien. Es war der Mittag des 2. Juni, an dem die Bulgaren ihres Dichters und Revolutionskämpfers aus dem 19. Jahrhundert gedenken. Sein Name war Hristo Botev, er wurde im Kampf gegen die Osmanen im Alter von nur 28 Jahren erschossen. Der Verkehr stockte, Menschen stiegen aus und standen neben ihren Autos oder still auf den Gehwegen. Die Sirene teilte die Stadt wie Moses das Rote Meer. Dann verstummten die Sirenen und die Wasser der Stadt begannen wieder zu strömen.

Krassimir Kanev, Chef des bulgarischen Helsinki-Komitees, begann gleich damit, die Einwanderungsbeauftragten der Regierung zu loben, als wir uns auf einen Kaffee in einer ruhigen Straße bei meinem Hotel trafen: „Wir haben eine der höchsten Annahmeraten in Europa für Asylanträge."[21]

Fast allen Syrern wurde Asyl gewährt. Hinter den Zahlen verberge sich jedoch Bulgariens Absicht, die Neuankömmlinge nicht zu integrieren, sondern sie tatsächlich so schnell wie möglich wieder loszuwerden, meinte Krassimir. Je früher die Migranten ihre Dokumente erhielten, desto eher würden sie auch das Land verlassen, da sie Bulgarien sowieso vorrangig als Transitland ansähen, meinte er. Nach den Erfahrungen aus anderen Ländern war ich mir über diese Sicht nicht sicher. Die serbischen Behörden gaben den Migranten 24 Stunden, um das Land zu verlassen, während Ungarn ihnen 72 Stunden gab. Der bulgarische Zaun war zudem Streitpunkt größerer Kritik von Menschenrechtsgruppen.

„Die Regierung versucht, den Zustrom von Migranten mit allen Mitteln zu stoppen – egal, wer da hineinwill. Es gibt viele Berichte über körperliche Misshandlung, bis hin zu Tötungen unter ungeklärten Umständen", sagte mir Kanev.

Er beschrieb auch, dass die Integrationsversuche selbst für diejenigen, die bleiben wollten, höchstens halbherzig zu nennen seien. Bulgarien würde nur ein Lippenbekenntnis ablegen, wenn es um die gerechte Verteilung von Flüchtlingen nach dem vereinbarten Schlüssel gehe - Abgeordnete des Landes im Europäischen Parlament hatten dagegen gestimmt.

Ich gab zu bedenken, dass ein Zaun vielleicht zumindest dabei helfen könnte, Terrorismus zu bekämpfen, wenn dadurch ein Staat besser wisse, wer ins Land kommt.

„Nein, die Regierung will eine rechtswidrige Lage damit beenden, dass sie eine neue schafft, das aber mit mehr Risiken. Die Regierung sagt, die sollen doch zu den anderen Checkpoints gehen. Die Menschen haben aber keine Schengen-Visa und werden zurückgeschickt. Also drängt der Zaun die Menschen nur wieder in die Hände von Schleppern und schützt sie überhaupt nicht vor ihnen."

Das verdeutlichte wiederum, dass Flüchtlinge, denen es etwas besser ging und die Geld besaßen, eine größere Chance hatten, durchzuhalten. Die ärmsten, die am ehesten des internationalen Schutzes bedürften, würden nicht mal einen Fuß auf bulgarischen Boden setzen. Es wäre also an der Zeit, auf europäischer Ebene eine sensible Politik einzuführen, die eine gerechte Verteilung von Flüchtlingen durch einen Schlüssel vorsieht. In dem Punkt würde er der Regierung zustimmen.

KAPITEL 3

ORBÁNS DSCHIHAD

Das arabische Wort „jihad" wird oft mit „Heiliger Krieg" über-
setzt, aber rein sprachlich bedeutet es Leiden oder Streben. Das
arabische Wort für Krieg dagegen ist „al Harb".
Der oberste muslimische Rat von Amerika.[1]

Angesichts großer Knappheit bei der Förderung und Lücken im
Schutz von Opfern von Krieg werden Menschen im Stich gelassen,
die in Not sind und dringend Fürsorge, Hilfe und Zufluchtsorte
brauchen.
António Guterres, UN-Hochkommissar für Flüchtlingsfragen[2]

In seinem üblichen 14-tägigen Interview im staatlichen Radio sagte Viktor Orbán am 12. Juni 2015, dass alle „Möglichkeiten [Migranten aufzuhalten] geprüft
werden, darunter eine komplette Schließung der Grenze." Eine Entscheidung,
basierend auf Erkenntnissen des Innenministeriums, werde am folgenden Mitt-
woch der Öffentlichkeit bekanntgegeben.[3]

Am 17. Juni verkündete der ungarische Außenminister Péter Szijjártó in der
Pause einer Kabinettssitzung, dass Ungarn einen Zaun entlang der gesamten
175 Kilometer langen Grenze zu Serbien errichte. Der Zaun werde drei Meter
hoch und mit 70 Zentimeter breiten Stacheldrahtrollen oben versehen. Die
Pfähle würden 1,70 Meter tief im Boden verankert sein, die Bauteile von ungarischen Insassen hergestellt. Der Zaun werde errichtet von Soldaten und Bürgern innerhalb eines Arbeitsprogramms der Regierung, das die ungarischen
Steuerzahler entlaste. Der Außenminister verkündete ebenfalls, dass der Zaun
bis Ende November fertiggestellt sei. Dies wurde schnell korrigiert auf „bis

Ende August."

„Eiserner Vorhang!", lautete die Titel-Überschrift des Boulevardblattes Blikk am nächsten Morgen. Es berichtete, dass der Zaun etwa 30 Milliarden Forint, also etwa 100 Millionen Euro kosten werde, „und 125.000 Migranten pro Jahr abhalten" würde. Darunter war eine Anzeige für Reisen nach Tunesien platziert. Nicht-Europäer sollten rausgehalten werden, aber Europäer wollten bitteschön die Sonne und den Sand Nordafrikas genießen.

Tatsächlich war der Zaun keine neue Idee. Die ersten geheimen Prüfungen, ob ein Zaun entlang der Grenze machbar ist, gab das Innenministerium unter Sándor Pintér im Jahr 2013 in Auftrag. Polizeibeamte wurden versetzt, um sich bestehende Zaunabschnitte anzusehen, und ungarische Botschaften in Ländern mit Grenzzäunen wurden gebeten, Informationen über deren Wirksamkeit weiterzugeben. Viktor Orbáns Regierung zeigte jedoch zunächst kein Interesse an den Berichten. Nachdem jedoch die zwei sicher geglaubten Sitze bei den Nachwahlen für Fidesz verloren gingen, entstaubten Kommunikations-Gurus die Berichte. Jetzt plötzlich zog Orbán die Pläne wie ein Magier aus dem Hut. „Das ist keine Einwanderungswelle", behauptete er, „das ist der Verlauf einer Masseneinwanderung, von der wir erwarten können, dass sie lange anhält." Im Kern der Überlegungen der Regierung stand, dass Einwanderer, wenn sie Ungarn erreichten und nicht mit dem Flugzeug kämen, mindestens durch ein EU-Mitgliedsland gekommen sein müssten, Griechenland oder Bulgarien. Laut EU-Recht sollten sie dort um Schutz bitten. Ungarn begann nun, seine eigenen Gesetze zu ändern, um Migranten, im Einklang mit seiner eigenen Ideologie, zu kriminalisieren.

Am 1. August 2015 trat ein neues Gesetz in Kraft, das alle Länder südlich von Ungarn zu sicheren Staaten für Flüchtlinge erklärte. Das war nur eine logische Folge der Zaun-Idee. Wenn jemand durchkam, könnte man ihn so bis nach Serbien zurückdrängen. Das verstieß allerdings gegen internationales Flüchtlingsrecht, was ein solches Zurückdrängen explizit untersagte und üblicherweise mit dem französischen Begriff *refoulement* umschrieben wird.[4]

Wie sicher waren denn nun Bulgarien und Griechenland für Flüchtlinge? Im Dezember erklärte das UNHCR Griechenland für nicht sicher, und zwar aufgrund schlechter Behandlung und unzureichender Unterbringung von Flüchtlingen.[5]

Das UNHCR und andere Menschenrechtsgruppen beklagten zudem die mangelnde Bereitstellung von Hilfe für Flüchtlinge in Bulgarien.[6]

Entweder kannte die ungarische Regierung diese Berichte nicht, oder aber sie entschied sich, sie zu ignorieren. International wurde Serbien ebenfalls als unsicher für Flüchtlinge angesehen, trotz der relativ freundlichen Haltung gegenüber Migranten.

„Die Bedingungen für Neuankommende waren inadäquat angesichts der hohen Zahlen von Menschen, für bedürftige Menschen gab es nur unzureichende Hilfe … von Seiten der Polizei wiederholen sich Missbrauch und finanzielle Ausbeute von Flüchtlingen und Migranten", schrieb Amnesty International.[7]

Die Türkei war ein Sonderfall. Die Staatsführer hatten 1962 die Flüchtlingskonvention von 1951 unterzeichnet, aber 1967 eine geografische Begrenzung zum Protokoll angefügt, weil die Konvention gemäß ihrer Meinung nur auf Bürger Europas angewendet werden könne. In der Praxis bedeutete das, dass nicht ein einziger Flüchtling der kommenden Welle auf legalem Wege an die Türkei zurückgeschickt werden konnte. Am 18. Juni 2015, einen Tag nach Ankündigung des Zaunbaus in Ungarn, veröffentlichte das UNHCR in Genf seinen Jahresbericht „Global Trends".[8]

Demnach waren 2014 ungefähr 60 Millionen Menschen weltweit Vertriebene, eine Rekordzahl auch im Vergleich zum Vorjahr 2013 mit 51 Millionen und 37,5 Millionen Menschen 2003. Von den nun 60 Milionen waren 13,9 Millionen neu vertrieben. Der Bericht nannte den Ausbruch von 15 neuen Konflikten in den jüngsten fünf Jahren: acht in Afrika (Elfenbeinküste, Zentralafrikanische Republik, Libyen, Mali, Nordost-Nigeria, DR Kongo, Südsudan und Jemen), einer in Europa (Ukraine) und drei in Asien (Kirgisistan sowie Gebiete von Myanmar und Pakistan).

„Weltweit ist nun jeder 122. Mensch Flüchtling, im eigenen Land Vertriebener oder auf Asylsuche. Wenn diese Zahl einem Land entspräche, wäre es auf Platz 24 der größten Länder." Es würde zwischen Südafrika und Italien stehen in seiner Größe, eine Flüchtlingsnation.

Ehe der ungarische Zaunbau verkündet wurde, kamen ungefähr 400 Migranten durch den Flaschenhals zwischen Ásotthalom und Tiszaziget. Diese Zahl stieg nun auf über 1.000 pro Tag. Warum kommt ihr und warum jetzt, fragte ich einige, die ich Ende Juni und Anfang Juli an der Grenze traf. „Wir haben uns aufgemacht, weil wir hörten, dass es bald wesentlich schwieriger sein soll."

Der neu glänzende Stacheldrahtzaun wirkte wie ein Magnet für zehntausende Menschen, der sie eigentlich abhalten sollte. Für diejenigen, die damit haderten, die Reise nach Europa zu wagen und die Unsicherheiten und Würdelosigkeit als Flüchtling zu ertragen, waren Viktor Orbáns Neuigkeiten das

Zünglein an der Waage ihrer Entscheidung.

Andere europäische Länder reagierten schnell auf Ungarns Zaun und die neuen Gesetze. Der serbische Außenminister Ivica Dačić warnte die ungarische Regierung, sie könne so eine „menschliche Tragödie" an der Grenze verursachen, wenn sich dort Migranten praktisch stapelten, in notdürftigen Camps unterkämen und nicht mehr herüberdürften. Noch immer war unklar, wie das Zurückdrängen eigentlich in der Praxis vonstattengehen würde. Als der Zaunbau voranschritt, erkannten Beobachter, dass alle 500 Meter Lücken gelassen wurden; vermutlich, damit man die Menschen wieder herüberbringen konnte, ohne sich mit den serbischen Behörden abstimmen zu müssen. Die serbische Regierung hatte bislang eher beide Augen zugedrückt, wenn es um Migranten ging, die durch ihr Land zogen. Die serbische Polizei hatte ihre Streifenfahrten an der ungarischen Grenze beinahe eingestellt. Wenn sie auf größere Gruppen von Migranten trafen, prüften sie, ob sie genug Wasser dabei hatten und zeigten ihnen den Weg nach Ungarn. Die Parks rund um den Bahnhof und Busbahnhof zwischen Belgrad und Subotica, der nördlichsten Stadt, waren voll von Menschen, die hier Rast machten. Angeleitet von der französischen Médecins Sans Frontières mobilisierten zahlreiche Hilfsorganisationen weitere Unterstützung. Ein Fotograf der Dél Magyarország, einer regionalen Tageszeitung in Szeged, filmte serbische Polizisten dabei, wie sie an der Landstraße einige hundert Meter vor der ungarischen Grenze aus einem Bus ausstiegen; eine große Gruppe Migranten folgte ihnen. Sie gingen sofort über die Felder, über den Entwässerungskanal und betraten ungarischen Grund.[9]

Es gab drei Haupt-Grenzübergänge von Serbien nach Ungarn. Am Fluss Tisza und seinen alten Flussarmen, an einer alten, kaum genutzten Gleisstrecke, die zwischen Horgoš und Röszke durch Felder verlief, sowie nahe der kümmerlichen Wäldchen bei Ásotthalom.

Viele Migranten sammelten sich zum Ausruhen in der ehemaligen Ziegelei „Ciglana" in der Vorstadt von Subotica. Der Schornstein aus bröckligen roten Ziegeln, lange niedrige Gebäude mit Ziegeldächern, die umliegenden Felder voll Weizen und Unkraut, all dies wurde über die kommenden zwei Jahre zeitweise Wohnstatt für tausende durchreisende Menschen.

An einem frühen Juni-Abend waren die sandigen Pfade um Ásotthalom wieder einmal voller Migranten. Und da, wo ich im Februar vorrangig Kosovo-Albaner sah, waren nun vor allem Menschen aus Syrien und dem Irak sowie Afghanen zu sehen. Die Syrer hatten die neuesten Mobiltelefone und waren am besten organisiert. Im Dorf Horgoš auf serbischer Seite saß ich mit einer

Gruppe von ihnen. Sie wollten nicht gefilmt werden, aber ihre Stimmen durfte ich aufnehmen und ihre Köpfe von hinten, als sie sich auf den Weg machten an den Gleisen entlang auf den letzten drei Kilometern bis zur ungarischen Grenze. Auf ungarischer Seite war ein breiter Streifen von Bäumen und Unterholz befreit und nun zur sandigen, schlammigen Schneise geworden, so weit das Auge reichte.

Der Zaun begann als Experiment, an einigen Stellen durch Betonpfähle unterstützt, an manchen durch hölzerne, mit einem Hauptstacheldraht oben und einem unten. In regelmäßigen Abständen sah man Schilder mit dem Wort „Landesgrenze" in drei Sprachen und der ungarischen Flagge.

In einem ruhigen Augenblick verstrickte sich Mark Hewitt, der armeegediente Kameramann, mit dem ich zusammenarbeitete, mit den Soldaten, die den Zaun fertigstellten. Was wir davon hielten, fragten sie in deutlichem Stolz. „In der britischen Armee hat man uns gezeigt, wie man in drei Sekunden über so was rüberkommt", antwortete Mark. Sie waren geknickt.

Im Gras lag eine Parfümflasche mit einem silbernen Verschluss, niedergedrückt von menschlichen Körpern. Ein farbenfroh gestreifter Schal in Pastelltönen von Rot, Braun, Violett und Gelb lag in der Nähe, entweder in der Eile verloren oder aber sorgsam platziert, um anderen die einfachste Stelle zum Überqueren zu zeigen, wo der Körös-éri Kanal die ungarisch-serbische Grenze bildet.

Erst nahm ich ihn als Souvenir mit, dann dachte ich nach und legte ihn in den Morgentau zurück. Das Gras auf beiden Seiten des mit Schilf überwucherten Kanals war niedergetrampelt. Das Wasser glänzte im Tageslicht und wies den Weg. Das Wort „Patrin" wird von Roma und Sinti benutzt, um Wegmarken oder Hinweise zu bezeichnen, die anderen helfen sollen. Es bedeutet „Blatt". Hier gab es aber keine Roma und Sinti. Durch die Bäume auf der anderen Seite sah man ab und an rote Ziegeldächer der serbischen Bauernhütten. Als niemand da war, zog ich meine Schuhe und Socken aus, krempelte meine Hose hoch und watete durch das Wasser nach Serbien. Die Erde schien fruchtbarer dort und brauner, nicht wie die sandige auf ungarische Seite. Ein Sonnenblumenfeld wuchs in geordneten Reihen. Ich ging wieder zurück, illegal, mit drohender Haft, aber es gab nichts zu befürchten, nur Fliegen, die meinen Mund und Augen umschwirrten. Eine warme Brise durchstrich die hohen Grashalme.

Kekspackungen und anderer Müll, der in der Eile nach einem schnellen Imbiss liegengelassen wurde, war am Wegesrand nahe der Hauptstraße sichtbar. Verlorene Dinge auf einer langen Reise. Am Kanal raschelten die schwertförmigen Schilfblätter, Weiden lehnten sich schützend über ihn, wie um zu verbergen, was sich vor den neugierigen Augen abspielte. An einer Stelle wurde der Kanal von einer kleinen Brücke überspannt, die gerade breit genug war, dass ein Auto darüber könnte, doch die Brücke war mit alten Stahlkabeln ummantelt, die Autodiebe daran hindern sollten, hier ihre Ware in die eine oder andere Richtung zu bringen. Die Kabel waren verrostet und lagen nun wie übriggelassene Spaghetti-Schleifen auf einem Kinderteller. Jenseits vom Kanal standen weißgemalte Betonpfähle im Gras mit Metallschildern, auf der einen Seite M für Magyarország (Ungarn), auf der anderen RS für Republik Serbien. Auf einer Seite stand dann noch Kilometer 432 – 432 von irgendwo. Es gab keine Grenzsoldaten, keine Polizei, nur Geräusche von Vögeln, Fröschen und die Spuren, die die Flüchtlinge hinterlassen hatten. Weiter weg erblickte man Maisfelder, bereits kniehoch, die einen weiteren Grünton zu dieser schon vorwiegend grünen Umgebung hinzufügten. In der ungarischen Sprache heißt Mais „tengeri" und bedeutet „Meer", weil Mais aus Amerika kam, von Übersee. Andere Felder waren bereits übersät mit zylindrischen Formen von Heuballen, Winterfutter für die Tiere.

Mitten in einem schon mannshohen Sonnenblumenfeld mit Pflanzen, deren Köpfe noch fest verschlossen waren, ragte ein Wachturm wie ein Erker eines gotischen Schlosses. Auf halber Höhe des Turms sah man eine Art Gürtel wie aus Beton-Flammen. Über dem, was daraufgesetzt wie ein Haus mit Fenstern, aber ohne Türen aussah, ragte anstelle eines Schornsteins ein weiterer würfelförmiger Turm empor, der vor Antennen strotzte. Der ganze merkwürdige Bau schien aufgegeben.

Ein Labyrinth von Sandpfaden verlief in den Wäldern auf der ungarischen Seite. Nahe dem Dorf Ásotthalom fanden sich Storchennester auf Telegrafenmasten, stattliche Tiere in schwarz und weiß umsorgten ihre Jungen, während ihre Partner anmutig über die weiten Felder segelten und zwischen den Wäldern nach Nahrung suchten. Wilde Gänseblümchen wuchsen überall, sowie schlichtere lila Blumen mit ledernen Blättern, die ich nicht kannte. Die Wälder bestanden aus zumeist spindeldürren Pappeln, neben denen vereinzelt Akazienbüsche standen. Hier gab es keine hohen, starken Bäume – Ergebnis kommunistischer Forstwirtschaft, die Massenanpflanzung in Monokultur, aber auch Massenabholzung vorsah. Dreißig Jahre danach war dieselbe Praxis üblich. Nahe der Hauptstrecke wuchsen Tannen in dem Sandboden.

„Geh bloß nicht in den Wald und lass dich von Mücken auffressen. Stell dich einfach an die Hauptstraße, da kommen die Migranten von alleine zu dir", riet mir ein freundlicher Anwohner. Er bewohnte mit Frau und Töchtern einen abgelegenen Bauernhof. Auf dem Hof gab es eine Schaukel, eine blaue Plastik-rutsche und hinter dem Haus am Feldrand drei Hochstände für Jäger, direkt nebeneinander, jeweils mit acht Holztritten nach oben. Die muss es so irgendwo zu kaufen geben, dachte ich mir. Ich fragte ihn, was er von den Leuten hielt, die aus fernen Ecken der Welt kamen und hier auf den Pfaden beim Haus ent-langliefen. Sein Gesicht verfinsterte sich. „Ich bin Jäger und die vertreiben das Wild", grummelte er. Ich gab ihm meine Telefonnummer und bat ihn, mich an-zurufen, wenn er die nächste Gruppe Migranten sehen würde. „Kein Empfang hier", meinte er. Auf der Karte im Dorfgemeindezentrum von Ásotthalom hatte ich gesehen, dass diese Gegend „Heim des Fluches" genannt wurde. Verflucht, weil es hier kein Wasser gab, aber auch offenbar keinen Empfang. Auf der Rück-fahrt zur Hauptstraße kreuzten zwei Rehe meinen Weg, beinahe träge. Dann be-obachteten sie mich durch Akazien, offenbar unbeirrt von Männern mit Waffen.

Ein Schild verriet mir die Anwesenheit weiterer Säugetiere. Es gab offenbar drei Murmeltierarten in der Gegend (spalax leucodon), das transsilvanische, das ungarische und Exemplare aus der Familie der ungarischen südlichen gro-ßen Tiefebene. Letzteres sei am meisten bedroht, da von ihm nur noch 300 Ex-emplare übrig seien. Auf dem Schild sah es aus wie ein kleiner Otter, 15 bis 25 Zentimeter lang, bräunlich-grau mit flachem Kopf. Komplett blind und ohne Ohrläppchen oder Schwanz lebt es unter der Erde. Aufforstung und tiefes Pflü-gen sowie das Mähen der Grasflächen, unter denen sie ihre flachen Höhlen haben, tilgen sie vom Erdboden. Es gab sogar Bemühungen, die Tiere vor dem Aussterben zu schützen. Wer immer ein Tier sähe, solle sofort einen Mitarbei-ter des Nationalparks anrufen.

Abseits von einem der sandigen Pfade sah eine Frau mittleren Alters arg-wöhnisch von ihrer Veranda und beantwortete in kurzen Sätzen meine Fragen. Sie hatte ihr ganzes Leben in dieser Gegend verbracht, hatte einen 26-jährigen Sohn und eine 16-jährige Tochter.

> Die Lage ist schlimm. Nachts höre ich sie klopfen an der Tür. Ich lasse meine Tochter abends nicht mehr raus. Manchmal rufen sie nach ihr, einmal warfen sie Steinchen. Ich habe mehr Angst um sie als sie selbst. Das geht nun schon ein Jahr so. Meistens sehen wir sie in der Dämmerung. Manche fragen nach Wasser. Andere gehen einfach vor unserem Tor entlang. Ich lasse sie nie herein und gebe ihnen nichts.

Im März und April patrouillierten die Grenzer hier, die Migranten hielten sich zurück. Nun war die Polizei verschwunden und mehr und mehr Migranten kamen. Meist in Gruppen von fünf oder sechs jungen Leuten, am Morgen gegen fünf Uhr. Heute hatte sie bereits drei Gruppen gesehen. Sie hätten an ihrem Tor gerüttelt, sie hätte sich aber drinnen versteckt. Sie riefen um Wasser und „Police". Ihr Hund, wie alle der umliegenden Höfe, bellte seit dem frühen Morgen. Würde hier ein Zaun helfen?

„Den brauchen wir", sagte sie, „der wird uns schützen … aber wir müssen auch die Grenzarmee wieder einsetzen." Derzeit übernahm die gewöhnliche Polizei Aufgaben der früheren ungarischen Grenzarmee an diesem Streifen. Keine Lösung schien in Sicht. Die Frau wollte einfach, dass keine Migranten mehr kommen.

Ich brauchte wirklich nicht lange warten, um Flüchtlinge zu finden. Einige ruhten schon an der Straßenseite, als ich ankam. Fast alle aus der ersten Gruppe stammten aus Afrika. Die ungarischen Polizisten in ihren schicken blauen Uniformen und roten Mützen bewachten sie wie Pfaue, die wilde Zugvögel aufhalten. Es gab nur keinerlei Sehnsucht nach Flucht. Sie hatten erreicht, was sie erhofft hatten, das gelobte Land, Ungarn. Und sie waren sehr, sehr, sehr erschöpft.

Eric, 21, kam aus einem Dorf nahe Kinshasa in der Demokratischen Republik Kongo. Er war während vier Monaten über die Türkei, Griechenland, Mazedonien und Serbien gewandert. Er trug ein rot-weißes Basecap, kurze Jeans und eine graue Kapuzenjacke. Sein kurzer Bart half ihm, etwas älter auszusehen.

In Istanbul schloss er sich einer Gruppe von etwa 50 Leuten an, mit denen er auch jetzt noch zusammen war. „Wir gehen hier alle zusammen." Sie durchquerten die Türkei und kamen mit einem kleinen Schlauchboot bis zur griechischen Insel Kos – er zeigte mit seinen Händen, wie klein es war. Die Bootsfahrt war zu hart. „Wie der Tod selbst", ergänzte sein Mitreisender. Das französische Wort für Tod, la mort, prallte wie ein Ball auf einer Tischtennisplatte. Von der Insel Kos brachte sie ein Schiff zum griechischen Festland in den Hafen von Piräus in Athen, dann ging es zu Fuß weiter nördlich. Eric hatte ein Flüchtlingszertifikat des UNHCR aus der Türkei.

> Gerichtet an zuständige Stellen. Dieses Zertifikat bestätigt, dass der Genannte durch den Hochkommissar für Flüchtlingsfragen der Vereinten Nationen gemäß seinem Amte als Flüchtling angesehen wird. Als Flüchtling genießt Genannter besondere Aufmerksamkeit durch den Rat des UNHCR und soll beschützt

werden vor dem Zwang, in das Land zurückzukehren, wo ihm Gefahren gegen seine Freiheit und sein Leben drohen. Jegliche Hilfe, die dem genannten Individuum zukommt, ist hochgeschätzt.

Das Dokument war in Ankara am 1. November 2011 ausgestellt, als Eric erstmals alleine in der Türkei ankam, ein paar Tage nach seinem 16. Geburtstag. Der letzte Satz des Schreibens erinnerte mich an das britische Kinderbuch „Paddington" von Michael Bund. Ein Bär kommt im Bahnhof Paddington in London an, aus dem „dunkelsten Peru" mit einem kleinen Koffer voller Marmeladenbrote und einem Schild um den Hals: „Bitte kümmern Sie sich um diesen Bären, danke schön." Was wusste er über Ungarn, bevor er herkam, fragte ich Eric. Was für eine Art von Willkommen hatte er erwartet. „C'est la paix, quoi", das hier ist ein Land im Frieden, antwortete er. Das reichte mir.

Er floh vor Krieg und Missbrauch durch die Behörden im Kongo, erklärte er. Als wir redeten, erwachten die Funkgeräte der Polizisten zum Leben. Die südliche ungarische Dämmerung brach herein. Das Fernlicht der Polizeibusse wurde angeschaltet und die Afrikaner wie auf einer Bühne ausgeleuchtet. An einem Funkgerät berichtete ein Beamter, wie viele Menschen in dieser Gruppe seien, ein Kollege erwiderte, wie viele anderswo festgesetzt wurden.

Der Ton, in dem sie über die Migranten redeten, war nicht rassistisch, eher pragmatisch. Zwanzig hier, zehn da, eine herumstreunende Gruppe von sechs oder sieben an einem weiteren Ort. Alle wurden an der Straße gesichtet und sanft gebeten, sich hinzusetzen und zu warten. Sie hätten ebenso leicht weglaufen können, die Beamten waren voll ausgelastet und zwei oder drei hätten niemals dreißig oder vierzig Migranten aufhalten können – doch sie hatten keinen Grund, wegzulaufen. Sie hatten das Gefühl, angekommen zu sein, wo man sie wirklich registrieren wollte. Tatsächlich war die erste Frage, die viele stellten: „Wo kann ich die Polizei finden?"

Der Zustrom stellte bereits ein logistisches Problem für die Behörden dar, da sie nicht genügend Busse hatten. Das Leben sei sicher immer schwierig gewesen in Afrika, meinte ich zu Eric. Was hätte ihn aber dazu bewogen, abzuhauen?

„So viele von meinen Freunden sind auf der Straße ermordet worden." Er sagte es so ruhig und sah mich an, seine Augen glänzten hell in der friedlichen europäischen Dämmerung. Ich schämte mich für meine Frage. Ein Pferdewagen rollte vorüber, ein alter ungarischer Bauer schaute von seinem Sitz herunter, verständnislos – die Asylsuchenden schien dasselbe Gefühl zu ergreifen, als er langsam davonfuhr. Waren sie wirklich aus einem Land geflohen, wo Menschen mit Pferdewagen fuhren? Ein Polizeihubschrauber flog über uns wie eine verärgerte Libelle und zog dann weiter über die Baumwipfel. Das einzige Geschnatter kam von den Vögeln, die sich zur Nacht setzten, und von den Polizisten, die sich wünschten, sie könnten dasselbe tun.

Ein anderer Mann aus dem Kongo, mit Namen Israel, sagte mir, er habe sein Land verlassen, weil er in Ruhe leben wolle. „Im Kongo gibt es so viele politische Probleme, so viele Manipulationen. Korruption und Diebstahl sind gigantisch. Die Polizei hat unsere Nachbarschaft umstellt und mich und meine Freunde als Banditen verdächtigt, aber wir waren nur Kleinhändler." Er beschrieb sein Leben in Angst und wie er sah, als viele seiner Freunde von der Polizei getötet wurden. „Darum sind wir hier, um ein Leben frei von Angst zu haben."

Ich fragte ihn, was passiert wäre, wenn er und seine Freunde im Kongo geblieben wären.

„Ich wäre gestorben. Du kannst nicht dein ganzes Leben lang Angst haben. Wenn sie dich verfolgen und dich anklagen wegen irgendwas, das du nicht gemacht hast, ist das schwer zu ertragen. Und wenn sie dich holen, verschleppen sie dich, und nur wenige überleben das." Er hatte seinen Bruder und seine Schwester in Griechenland zurückgelassen, wo er Eric und die anderen traf. Sie durchquerten das Land und schliefen im Freien, wo immer sie waren. Sie wurden von der Polizei registriert, aber nie offiziell. Es gab keine humanitären Zentren, wo sie Unterkunft oder Essen gefunden hätten. Ohne Geld hatten sie Reste aus Containern gesammelt.

„Manchmal geben wir Fingerabdrücke, manchmal nicht." Sie würden es lieber vermeiden, weil ihre Angst zu groß sei, dass sie eines Tages wieder in die armen Länder auf der Route zurückgeschickt würden, nach Ungarn oder Griechenland.

Wie die meisten Menschen im Kongo sprach er Französisch, aber ein weiterer Mann der Gruppe aus Mauretanien sprach auch Englisch. Er hatte sein Land bereits vor fünf Jahren mit dem Flugzeug verlassen und kam in die Türkei, seitdem war er zu Fuß unterwegs. Über vier Jahre verbrachte er in einem Flüchtlingslager in Griechenland, aber sein Asylantrag wurde abgelehnt.

„Jetzt ist das hier meine Familie", lachte er und legte seine Arme um einen Mann namens Issa und seine Frau Fatouma aus dem Kongo. „Wir sind zusammen aus Thessaloniki gekommen." Er war Peul, die auch Fulbe genannt werden. „In meinem Land haben die Bidhan die Macht, die weißen Mauren. Leute aus anderen Kasten wie den schwarzen Mauren, wie ich, sind von allem ausgeschlossen." Er würde im Februar 25 Jahre alt werden, erzählte er mir. Ich kam mir wie in einem Personalgespräch vor, als ich ihn fragte, ob er einen Beruf hätte. „Drei Berufe habe ich!" Er grinste. Er habe Informationstechnik, Elektriker und Klempner gelernt. Wann hatte er das letzte Mal Wasser getrunken? „Die Polizisten haben mir gleich was gegeben, als sie mich festgenommen haben. Ich war sehr glücklich." Später informierte ich mich über sein Land im Internet. Das Trinkwasser der Hauptstadt Nouakchott wird vermutlich im Jahre 2054 aufgebraucht sein.[10]

Die Volksgruppe der Fulbe zählt 40 Millionen Menschen, verteilt über West- und Zentralafrika, 13 Millionen leben als Nomaden, die größte Nomadenhirtengruppe der Welt.

Der erste Europäer, der den Kongo „entdeckte", oder zumindest die Quelle des Kongoflusses, war der Ungar László Magyar, ein Abenteurer aus Szombathely im Westteil des Landes.[11]

Er starb 1864 in Ponte de Cuio in Angola. Ein produktiver Sprachenkenner, der fünf europäische und fünf afrikanische Sprachen beherrschte. Seine Werke waren hoch angesehen wegen der Beschreibungen der Menschen, mit denen er reiste, und ihrer Bräuche. Er war als „Herr-was-ist-das?" bekannt wegen seiner unstillbaren Neugier.

Unsere Unterhaltung am Straßenrand wurde durch die Ankunft eines Polizeibusses unterbrochen. Die Kongolesen erhoben sich müde an der Straße und schoben sich vorwärts, Issa stützte seine schwangere Frau. Auf den Stufen vom Bus nahm ein Polizist mit Taschenlampe Geschlecht und Nationalität auf. 48 Kongolesen zusammen.

Während sie warteten, sprach ich mit Sefala Han, 26 Jahre alt, aus Jalalabad in Afghanistan. Er war erst nach Pakistan geflohen, wo er zwei oder drei Jahre blieb. Auch dort gab es große Probleme. Dann reiste er vier oder fünf Monate durch den Iran, die Türkei, Bulgarien und Serbien. In seiner Heimat hatte er als Verkäufer in einem Laden für Süßigkeiten gearbeitet. „Wenn euer Land mir Unterkunft gibt, werde ich bleiben", sagte er in der Annahme, ich sei Ungar. Er hatte den Kontakt zum Rest seiner Familie verloren; sie waren in eine andere Richtung geflohen. „Ich bin sehr froh, dass ich Ungarn erreicht habe, inschallah, mit Gottes Hilfe."

Neben den zahlreichen Afrikanern waren nur vier Afghanen, zwei von ihnen Kinder, die etwas auseinander standen und zu jung aussahen, als dass sie hier sein sollten, Bruder und Schwester. Salman war zwölf, Zahra fünfzehn. Ihre Mutter war schwer erkrankt in Athen zurückgeblieben. Sie hatten sich den Afrikanern irgendwo auf dem Balkan angeschlossen. Ich wollte sie weiter befragen, aber die Polizei drängte zur Abfahrt.

Ein Polizist, der Norbi gerufen wurde, verlas die Länder auf seiner Liste wie Fußballergebnisse. Pakistan 2, Afghanistan 4, Kamerun 1, Kongo 48, alle zusammen 55. Der Mauretanier war anscheinend unbemerkt als Kongolese dazugezählt worden. 36 Männer, 18 Frauen und ein kleines Kind. Zahra wurde mit 15 Jahren als Frau gezählt. Nur ihr Bruder war nun ein Kind. Die Gitterfenster des Busses wurden geschlossen. An den kleinen Öffnungen machten die Flüchtlinge Victoryzeichen mit ihren Fingern, bevor sie zum blauen Hangar und den weißen Zelten im Lager bei Röszke gebracht wurden.

Es war mittlerweile beinahe dunkel. Ich nahm mir ein Zimmer in der Pinetree Pension an der Ecke, wo die Straße von Ásotthalom auf die Hauptstraße traf. Die Pension war tatsächlich gemäß ihrem Namen umwachsen von Pinien. Hier waren im Februar die Zusatzkräfte der Polizei untergebracht, um die Kosovaren aufzuhalten. Ich war der einzige echte Gast.

Am nächsten Morgen stand ich um fünf auf. Ich wollte selbst sehen, wie die Leute ungarischen Grund betraten. Ich fuhr zurück zu den sandigen Pfaden, die ich Tags zuvor gesehen hatte, zu der mit Kabeln ummantelten Brücke am überwucherten Kanal. Spinnweben glitzerten golden in der Morgensonne. Schichten von Nebel lagen auf den Feldern wie eine feine Teigkruste. Das Gezwitscher der Vögel und Frösche war ohrenbetäubend, aber da waren keine Migranten. Es war schon zu spät. Sie kamen mit dem allerersten Tageslicht. Als die Sonne hochstand, hatten sie bereits die Hauptstraße erreicht.

Die erste Gruppe, auf die ich traf, war noch nicht von der Polizei entdeckt. Acht Afghanen – Männer, aber doch kaum mehr als Jungs, die langsam an der Straße zwischen Ásotthalom und Királyhalom entlanggingen. Sie hatten vier Tage lang nichts gegessen, sagten sie. Ich hatte sechs Melonen hinten im Auto, drei Wasser- und drei Honigmelonen. Die Augen der Afghanen leuchteten auf, als ich die großen Früchte auspackte. Einer der Jungen fragte mich, ob ich ein Messer hätte. Ich verneinte und er zuckte nur die Schultern, hob die große grüne Frucht hoch und ließ sie auf den Asphalt vor seine Füße fallen. Sie zerplatzte in fünf Stücke. Bald darauf saßen wir alle am Straßenrand und gruben unsere Gesichter in das rote, zuckersüße Fruchtfleisch mit den schwarzen Kernen.

KAPITEL 4

HEILLOSES DURCHEINANDER

Bei der Verteilung von Flüchtlingen über Landesgrenzen, dem
Bearbeiten von Asylanträgen, der Schaffung legaler Fluchtrouten
nach Europa – bei all dem sollte es paneuropäische Abstimmun-
gen geben. Stattdessen gibt es nur Häppchen für jeden wie bei
einem Hundefrühstück; nationale Alleingänge, mal mehr, mal
weniger umnachtet.

Financial Times Kolumne, 31. Dezember 2015[1]

Am 31. Juli 2015 gab der britische Premierminister David Cameron bekannt,
dass er Spürhunde und zusätzliche Technik für Sicherheitszäune in Frankreich
für hilfreich halte, um das wachsende Chaos in Calais zu verringern.[2]

Im Vorjahr war die Zahl der Migranten in wilden Zeltlagern an der Autobahn
Richtung Hafen, „Dschungel" genannt, von 800 auf 5.000 Menschen gestiegen.
In jeder Nacht versuchten Personen, auf, unter oder in Container zu gelangen,
um dann per Lkw nach Großbritannien zu kommen. Die meisten Migranten waren jung und verzweifelt genug, ihr Leben aufs Spiel zu setzen. Die Firma Euro-
tunnel regelt den Schienenverkehr unter dem Ärmelkanal, auch die Verladung
von Lkws auf Zügen. Im Laufe des Jahres hätten sie 37.000 Menschen von der
Mitfahrt nach Großbritannien abhalten müssen.

Ein Sicherheitszaun für sieben Millionen Pfund war bereits im Entstehen.
Neue Materialien wurden geliefert, um bestehende Vorrichtungen zu verstärken. Es gab keine verlässlichen Zahlen, wieviele es über den Kanal geschafft
hatten, jedoch waren laut Medienberichten in Kent – der ersten Grafschaft auf
der anderen Seite – 600 unbegleitete Minderjährige in nur drei Monaten aufgetaucht. Die Zahlen waren gering gegenüber jenen, die sich durch den Balkan
schlugen, aber psychologisch bedeutsam. Großbritannien stand ein Jahr vor
dem EU-Referendum.

Die meisten dachten dort beim Wort „Einwanderer" gar nicht an Menschen aus Syrien oder dem Irak, sie dachten an Osteuropäer, die ins Land strömten auf der Suche nach Arbeit.

Der zweifache Effekt – erstens von Polen, Ungarn, Litauern und Rumänen, die bereits legal im Land waren, sowie zweitens die Bilder von Jugendlichen aus dem Rest der Welt, die nachts die Lkws bei Calais stürmen – befeuerte die Entscheidung vieler Briten, die EU zu verlassen. Der britische Premierminister wurde wegen seiner Wortwahl „Schwarm" für Migranten scharf kritisiert.

> David Cameron hat in dieser Woche die Ströme von Flüchtlingen als „Schwarm" bezeichnet; schlimmer jedoch war die Entscheidung, Spürhunde an den Ärmelkanal zu schicken, um die Überquerung noch zu erschweren. Das ist oberflächlichste Politik der billigen Gesten, eine List, um die Presse für ein paar Tage ruhigzustellen. Wenn es Mr. Cameron an einer Vision fehlt, so trifft dies für die gesamte Europäische Union zu.

Die Lösung, schreiben die Autoren der *Financial Times*, sei komplex, aber nicht unmöglich angesichts der diplomatischen und militärischen Möglichkeiten eines Reichenklubs wie der EU. Ein Verteilungsschlüssel für die Unterbringung von Asylsuchenden aus Problemregionen wie Griechenland und der Türkei sei Teil der Lösung – eben jener Schlüssel, der von den osteuropäischen Staaten so vehement abgelehnt wurde.

Auf lange Sicht sollten diejenigen von Europa willkommen geheißen und verteilt werden, die bereits Asylanträge gestellt und die Türkei, den Libanon und Jordanien erreicht hatten. Britische und französische Militärkräfte sollten an den nordafrikanischen Häfen unterstützen, besonders in Libyen, von wo aus viele afrikanische Migranten sich übers Mittelmeer aufmachten. Weitaus mehr jedoch sollte unternommen werden, damit sich durch eine bessere wirtschaftliche Lage in Nordafrika und der Subsahara der Exodus verringert. Die *Financial Times* schloss mit den Worten:

> Regierungen investieren viel in die Hoffnung auf technische Lösungen. Eine Sicherheitsmaßnahme hier, eine Razzia gegen Schleuser da. Das wirkliche Problem ist ein strukturelles. So lange vor den Toren Europa Chaos regiert, werden Menschen ihr Leben aufs Spiel setzen, um hierher zu gelangen. Die Lösung des Migrantenproblems liegt in der Quelle.

Am 1. August 2015 trat in Ungarn ein neues Gesetz in Kraft, das illegales Betreten von ungarischem Grund von einer Ordnungswidrigkeit zur Straftat heraufstufte.[3]

Weiterhin schuf es die einseitige Möglichkeit für das ungarische Parlament, Migranten in jedes Land zurückzuschicken, welches das Parlament als sicher einstufte. Bis dahin hatten Serbien und Ungarn bilaterale Abkommen ausgehandelt, die einen Transport von bis zu 60 Personen pro Tag in beide Richtungen erlaubten. Die Übereinkunft war erfolgreich angewandt worden, so etwa für hunderte Kosovaren im Frühling. Besorgt durch den Zaun und tief bestürzt angesichts der zehntausenden von Menschen, die in Serbien feststeckten, als der Zaun fertiggestellt war, erklärte Serbien, dass es die Übereinkunft aussetzen würde. Ungarns Gerichte könnten auf der Überholspur Urteile fällen und dutzende Menschen pro Tag ausweisen; Serbien gab zu verstehen, dass das Land sie nicht aufnehmen werde.

Am 4. August waren Reporter eingeladen, die alten Dunaferr Eisenwerke an der Donau südlich von Budapest zu besichtigen. Wir wurden in die großen Fertigungshallen geführt, in der Insassen aus vier ungarischen Haftanstalten Stahlstäbe und Zaunpfähle für die neu befestigte Grenze bearbeiteten. Sie trugen grellgelbe Jacken über ihrer grauen Häftlingskleidung, blaue und orange Helme, sowie Schutzhandschuhe. Viele Roma waren darunter.

Die Gefängnisdirektoren in Ungarn geben hinter vorgehaltener Hand zu, dass mehr als die Hälfte aller Insassen Roma sind. Ungarn mit etwas dunklerer Haut passten in Viktor Orbáns Kampf gegen dunkelhäutige Flüchtlinge. Die Männer stapelten Stahlstäbe unter den wachsamen, aber nicht unsympathisch dreinblickenden Schließern mit dunklen Hosen und blassblauen Hemden. Handschellen schimmerten an ihren Gürteln wie Weihnachtsdekoration. Weitere Pfosten hingen in einer Ecke an Kabeln von der Decke, wie Solarpaneele. Die Kabel wirkten aus der Ferne wie Regen aus Stahl, der in Schäften von Sonnenlicht durch die futuristische industrielle Landschaft fällt.

Die Männer fertigten hier die Basiskomponenten des Zauns, nicht den Stacheldraht, der von einer anderen Firma hergestellt wurde. In der Werkstatt nebenan arbeiteten weitere Insassen, penibel ausgestattet mit Sicherheitskleidung; sie schnitten mit Schweißbrennern die Stahlstäbe in vorgegebene Längen. In einem weiteren Raum wurde der Stahl mit Zink galvanisiert, um ihn widerstandsfähiger gegen Rost zu machen und somit die Lebensdauer des Zaunes zu erhöhen. János Lázár, Büroleiter des Premierministers, hatte ein paar Tage zuvor verlauten lassen, dass der Zaun nur eine vorübergehende, keine dauerhafte Maßnahme sei. Die Art der Arbeit im Städtchen Dunaújváros südlich der Hauptstadt Budapest ließ aber eher die Vermutung aufkommen, dass der Zaun länger leben sollte als wir.

Die Insassen erduldeten unsere aufdringlichen Objektive. Der Grenzzaun, so schien allen, war eine politische Zirkusnummer und wir Journalisten kaum mehr als Helfer, die Teile davon mitgestalteten, oder Soldaten, die das Ergebnis ausrollen, zeigen und bewachen, alle Tiere im selben Zirkus. Draußen standen alte rostige Fässer wie ausgemusterte Toilettendeckel.

Die Dunaferr-Werke sind heute nur noch ein Schatten ihrer selbst. Das Städtchen Dunaújváros entstand auf den Feldern rund um Dunapentele während der massiven Industrialisierungsphase der kommunistischen Übernahme nach dem Zweiten Weltkrieg. 1951 bis 1961 nannte man es tatsächlich Sztálinváros, Stalinstadt. Erz, das hier in den Öfen zu Stahl schmolz, wurde über das Schwarze Meer aus der Ukraine und Russland hergebracht, dann die Donau aufwärts geschifft, in langen, flachen Barken.

Am 12. August verließ die 20-jährige Marah El Saeed die syrische Stadt Aleppo mit ihrer Mutter, ihrer Schwester und zwei jüngeren Brüdern, nach vier Jahren Krieg. Sie erzählt:

> Wir haben immer gehofft, dass es bald zu Ende geht. Wir haben
> uns gesagt, dass wir geduldig sein müssen, auch wenn der Man
> gel an Wasser, Strom und allem Nötigen unser Leben so schwierig
> machte. Unser Stadtteil wurde praktisch drei Mal täglich über drei
> Jahre bombardiert. Trotz der Bomben und dem Mangel haben wir
> versucht, ein normales Leben zu führen. Meine Schwester und ich
> gingen zur Uni und meine Brüder zur Schule. Im letzten Jahr al
> lerdings waren Gruppen vom IS und andere islamistische Truppen
> schon ganz nah in unserer Nachbarschaft.
> Sie drohten den Anwohnern, dass sie kommen und uns ganz bru
> tal töten würden. Sie sind Monster und unsere größte Angst und
> stärkster Grund, das Land zu verlassen. Wir flohen aus Aleppo
> über die libanesische Grenze. Von Beirut flogen wir in die Tür
> kei, das war der legale Teil unserer Reise. Dann, am 20. August,
> stiegen wir kurz vor Sonnenaufgang an der Westküste der Türkei
> in ein Schlauchboot. Die Fahrt dauerte genau eine Stunde übers
> Meer nach Mytilini zur griechischen Insel Lesbos. Wir nahmen ein

großes Schiff nach Athen und dann einen Bus zur mazedonischen Grenze. Nachts sind wir in einer großen Gruppe über die Grenze gegangen, überall waren Polizisten, als würden sie uns leiten. Wir überquerten die nächste Grenze nach Serbien im Zug. Die serbische Polizei wollte uns davon abhalten, einzusteigen, aber es waren nicht so viele, also sind wir an ihnen vorbeigelaufen, nach Serbien hinein.

Dann sind wir weiter mit dem Bus durch eine Gegend, hab vergessen, wie die hieß. Wir haben Schleusern was gegeben, um dort gefälschte Dokumente zu bekommen, so dass wir direkt nach Belgrad konnten, ohne vorher in ein Lager zu müssen. Von Belgrad wollten wir dann mit dem Zug nach Ungarn, aber die serbische Polizei im Zug hat uns kurz vor der Grenze zu Ungarn aufgegriffen und wir mussten aussteigen. Abends überredete uns ein Mann, dass wir mit ihm gehen sollen, weil er auch nach Deutschland wolle, also sind wir mitgegangen. Dann merkten wir, dass er log und gar kein Internet oder GPS auf seinem Handy hatte. Ich sagte meiner Mutter, dass wir lieber wieder zurückgehen sollten. Wir fanden eine Disco und sie haben ein Taxi für uns besorgt und dann sind wir zurück nach Belgrad.

Am Morgen sind wir dann mit dem Bus an die ungarische Grenze gefahren und rüber gegangen. Die Polizei auf ungarischer Seite hat uns gefunden, wie wir am Straßenrand saßen. Wir hatten in der heißen Sonne über sieben Stunden ohne Wasser ausgeharrt. Am Ende fuhren wir mit ihrem Bus zu den Lagern, aber die waren eher wie Gefängnisse. Wir wurden zwei Tage lang ganz furchtbar behandelt.

Als die Zahl der Grenzübertritte in den EU-Mitgliedstaaten stieg, wuchs gleichermaßen die Spannung zwischen Ungarn und den EU-Nachbarstaaten auf dem Balkan. Am 20. August stimmten die EU-Regierungschefs dem Plan zu, 32.000 Asylbewerber aus Griechenland und Italien zu verteilen, weniger als die von Jean-Claude Juncker zugesagten 40.000. Die meisten waren Syrer und Eritreer. „Wir sind beinahe am Ziel", sagte EU-Innenkommissar Dimitris Avramopoulos selbstbewusst. „Die restlichen 8.000 werden bis Jahresende verteilt."

Während die anderen Staaten in Europa sich mit der Frage herumplagten, wie viele Asylsuchende sie annehmen sollten, blieb die ungarische Regierung bei ihrer Haltung, nicht einen einzigen aufzunehmen. In jeder Rede bestand Orbán darauf, dass es sich nicht um Flüchtlinge, sondern Wirtschaftsmigranten handle. Die Regierung gab zudem Pläne bekannt, nach denen die beiden lange bestehenden Flüchtlingslager bei Debrecen und Bicske geschlossen und mehr Asylsuchende in Zeltlager geschickt würden.

Die ungarische Polizei und auch László Toroczkais Grenz-Sheriffs konnten kaum mit dem Zustrom bei Röszke und Ásotthalom fertig werden.

Der blaue Hangar bei Röszke war längst überfüllt durch die 1.500 Menschen, die pro Tag die Grenze übertraten, zumeist an der Gleisstrecke von Horgoš nach Röszke. Die Polizei brachte die Leute zuerst einmal dorthin, zur erstmaligen Registrierung. Das Feld neben dem Hangar war mit grünen und weißen Zelten übersät. Das Ungarische Rote Kreuz stellte ein weißes Zelt am Eingang auf. Es war ein geschlossenes Lager, von der Polizei bewacht, man konnte aber relativ einfach ins Lager oder hinauskommen. Auf der gegenüberliegenden Straßenseite bauten die Behörden ein größeres, sichereres Lager mit kleineren Zäunen.

Die Menschenschlepper hatten quasi Wandertag. Serbische, albanische und rumänische Schlepper, die für gewöhnlich ihr menschliches Transportgut bei der OMV-Tankstelle an der Landstraße von Röszke – also bereits auf ungarischer Seite – einsammelten, wurden mittlerweile von einheimischen Taxifahrern ausgegrenzt, meist Roma aus den Landkreisen um Baranya und Bordos. Schnell sprach sich herum, dass Syrer 200 Euro pro Person zahlen müssten für eine 90 Minuten lange Fahrt nach Budapest. Das Verrückte war, dass sie grundsätzlich auch die Fahrt nach Szeged für ein paar Euro und ein Intercity-Zugticket für 20 Euro hätten kaufen können. Nichtregierungsorganisationen (NGOs) und Freiwilligen-Initiativen bemühten sich, dieses riesige Vakuum, das der Staat nicht füllen wollte, auszugleichen.

In Szeged war unter der Initiative zweier Lehrer der Stadt, Balázs Szalai und Mark Kékesi, eine Freiwilligengruppe zur Solidarität mit Migranten auf 200 Helfer angewachsen. Mit Genehmigung des sozialistischen Bürgermeisters von Szeged, László Botka, hatten sie hölzerne Buden von unbestimmter Lebensdauer vor dem Bahnhof aufgestellt und Flyer verteilt, sowie Tee, Essen, Kleidung und Informationen über die weitere Reise.

Überall, wo die Flüchtlinge entlangkamen, hinterließen sie eine Fährte von Müll, die freilich wenig dazu beitrug, sie bei Einheimischen beliebter zu machen. Hier jedoch, in Szeged, einer Stadt von 160.000 Einwohnern, sorgte eine Gruppe Freiwilliger dafür, dass jeglicher Müll um den Bahnhof herum sofort in Behältern landete, bevor er überhaupt den Boden berühren konnte. Die Freiwilligen säuberten sogar die Bahnhofstoiletten, zum Erstaunen der dortigen Reinigungskraft, die vor Rührung weinte, da sie die Örtlichkeiten noch nie so sauber gesehen hätte.

Diejenigen, die sich registriert hatten und ihre Fingerabdrücke nehmen ließen – zumeist in einem der Lager in Röszke, im OIN-Büro am Hauptboulevard von Röszke oder dem neuen Lager bei Nagyfa nördlich der Stadt – wurden per Bus zum Bahnhof gebracht, in mehreren Konvois pro Tag. Jedem wurde ein A4-Blatt mitgegeben mit dem Hinweis, sich innerhalb von 72 Stunden in einem der Lager bei Debrecen, Bicske oder Vámosszabadi zu melden. Allerdings war auf dem Blatt wenig darüber zu lesen, wie man dorthin gelangt. Die Freiwilligen brachten sie hin, besorgten Übersetzer und gaben ihnen Informationen, die sie wirklich benötigten.

Die Freiwilligen malten Karten mit Hinweisen auf Arabisch, Farsi und Englisch, wie man zu den ausgewiesenen Lagern gelangte. Sie gerieten daraufhin mit einigen Taxifahrern von Szeged aneinander, die natürlich etwas gegen das verbreitete Wissen hatten, dass man günstig mit öffentlichen Verkehrsmitteln nach Budapest kommt. Einige ließen nun ihre überteuerten Tarife unter den Tisch fallen.

Bei der Polizei gab es ebenfalls einen gewissen Grad an Korruption. Ein Anwohner berichtete, wie eine Gruppe Migranten auf drei Wagen verteilt wurde und die Polizei Geld erhielt, um ein Auge zuzudrücken. Das konnte ich zwar im Konkreten nicht nachprüfen, deckte sich aber mit ähnlichen Vorgehensweisen in Bulgarien. Dort wurde das erste Auto einer Gruppe wissentlich angehalten und die korrekten Pässe der Insassen durchsucht. Währenddessen fuhr ein zweites Auto ungehindert vorbei, ein drittes gleich im Windschatten, was den Schleppern quasi den Rücken freihielt vor Polizisten, die nicht Teil des Komplotts waren.

Laut Frontex wurden in der EU allein zwischen April und Juni 2015 ganze 3.000 Schlepper festgenommen. Am 22. August reiste ich nach Szeged und kam während der kommenden drei Monate kaum einmal nach Hause. Ich fuhr jeden Morgen zum Maisfeld bei Röszke, um tägliche BBC-Morgen-Berichte von der Bahnstrecke zu liefern, sobald die Sonne herauskam und lange Reihen von Asylsuchenden aus den Mais- und Sonnenblumenfeldern auftauchten.

Es sind die flachsten und am tiefsten gelegenen Regionen in ganz Ungarn. Nicht weit von der Grenze in Gyálarét bei Tiszasziget liegt der tiefste Punkt Ungarns, nur 75 Meter über dem Meeresspiegel.[4]

In den anliegenden Moorlandschaften fanden Archäologen in den 1960ern die Venus von Lúdvár. Eine Lehmfigur, die eine Frau darstellt, schätzungsweise

7.800 Jahre alt. Sie war Zeugnis der Zivilisation, wie sie sich im unteren Donaubecken in der späten Steinzeit und im Bronzezeitalter entwickelte.

Die Zahl der Migranten wuchs im August auf über 2.000 pro Tag am 16. des Monats und erstmals über 3.000 am 25.[5]

In Deutschland hatte am 21. August 2015 die leitende Regierungsbeamtin des BAMF (Bundesamt für Migration und Flüchtlinge) eine interne Mail verfasst, die anscheinend in die Hände einer asylfreundlichen NGO namens ECRE gelangte. Die NGO veröffentlichte sie unverzüglich auf ihrer Webseite.[6]

Die E-Mail belegte, dass Deutschland das bislang obligatorische Dublin III-Verfahren aussetzte, welches syrische Asylsuchende durchlaufen mussten. Somit wäre bedeutungslos, durch welches EU-Land die Migranten zuerst den europäischen Kontinent erreicht hatten. In der Praxis hieß dies also, dass Syrer nun nicht mehr die Abschiebung in ein Erstaufnahmeland der EU befürchten mussten. Ungarn hatte am 23. Juni ebenfalls eine Aufhebung der Dublin-III-Regeln bekanntgegeben – diese Nachricht aus Deutschland jedoch schlug richtig Wellen. Deutschland als das Wunschziel vieler hatte nunmehr verkündet, dass es Syrer nicht mehr an die EU-Grenzen zurücksenden würde. Die Nachricht verdeutlichte: Jetzt seid ihr hier definitiv willkommen.

Das Dublin-Verfahren hatte funktioniert, so lange wie Migranten in handhabbarer Anzahl in der EU ankamen. Größere Zahlen machten das Verfahren jedoch schlichtweg unbrauchbar, da es EU-Länder mit Außengrenzen im Süden und Osten in eine benachteiligte Position versetzte. Die deutsche Entscheidung wirkte tatsächlich wie der Sargnagel für das ganze Verfahren[7], wenngleich sie im Original-Wortlaut „Suspendierung der Regeln" hieß, die auf syrische Flüchtlinge angewandt werden.

Das Flüchtlingsverfahren der EU war längst nicht mehr auf der Höhe der Zeit. Deutschland bat im Jahr 2014 Italien und Griechenland, 35.100 Asylsuchende nach Dublin-Verfahren zurückzunehmen. Nur 4.800 wurden tatsächlich zurückgeschickt.[8]

Zur selben Zeit riefen die Staatschefs von Frankreich und Deutschland die Staaten Italien und Griechenland auf, alle Migranten zunächst in ihrem Land zu registrieren, statt sie weiterzuschicken. Griechenland protestierte und ließ verlauten, man habe nicht genügend Maschinen, um Fingerabdrücke zu nehmen. Frontex-Mitarbeiter beklagten indes, dass Mitgliedstaaten ihren Versprechungen nach mehr Ausrüstung und Personal nicht nachkämen. Die Beschwerde machte die Runde und ließ nun das Bild vom Club der 28 Staaten entstehen, die sich schwertaten, unbeliebte Maßnahmen durchzusetzen.

Währenddessen wies das UNHCR darauf hin, dass die Nachbarstaaten Syriens – die Türkei, Libanon und Jordanien – weiterhin die Hauptlast der Flüchtlingskrise trügen und nur ein Teil der versprochenen Gelder bei ihnen ankäme, um die Lage erträglicher zu machen. Somit war es nicht verwunderlich, dass sich weiterhin viele nach Europa aufmachten, um ein weniger prekäres Dasein zu fristen.

Die NGO *Pro Asyl* nahm die Nachricht vom BAMF wohlwollend auf und forderte, die Aussetzung der Regeln auch für andere geltend zu machen.

„Leider hält man immer noch die Fiktion aufrecht, für andere als Syrer könne es funktionieren. Die Bundesregierung muss nun der Realität ins Auge sehen und das System auch für andere Flüchtlinge aussetzen. Es ist ein Verrat an Europas Werten. Ein Europa der Zäune wird nicht funktionieren."

Kurz vor Mitternacht am Dienstag, dem 11. August, sahen die beiden Cousins die Lichter des Busses in den Bahnhof von Dohuk im Nordirak hineinleuchten. Der Bus hatte über drei Stunden Verspätung, sie waren gereizt und nervös. Die Verspätung hatte ihren Verwandten noch mehr Zeit gegeben, sie zum Bleiben zu bringen. Nun konnte sie nichts mehr halten.[9]

Semian Nasser Mohammed und Nashwan Mustafa Rasoul, beide 25, stiegen in den Bus von Dohuk nach Istanbul. Beide hatten an der Seite kurdischer Peshmerga gegen den IS gekämpft, besonders intensiv in Tel Asqof, einem christlichen Dorf nördlich von Mosul. Beide waren von den Verhältnissen im Irak völlig desillusioniert und frustriert, meinte Rasouls älterer Bruder Sarbast.

Sie waren über drei Monate nicht bezahlt worden und wollten nach Europa, um ein richtiges Leben zu führen. Mustafa hatte sein Auto für 14.000 Euro verkauft, um die Reise zu finanzieren. In Istanbul trafen sie einen Mann namens Sediq Sevo, ein irakischer Kurde aus Zakho, dem sie jeweils bereits vor Reisebeginn 6.600 Euro bezahlt hatten, um direkt bis München zu kommen.

„Ich arbeite seit mehr als sieben Jahren im Schlepper-Geschäft", berichtete Sediq Sevo der Agentur Reuters, „Ich habe Leute aus Kurdistan in die Türkei und weiter nach Griechenland mitgenommen, alles zu Fuß oder mit dem Auto." Diesmal hatte er einen Transport seiner Kunden zur türkisch-bulgarischen Grenze arrangiert.

Die Cousins liefen sieben Stunden über die Berge, wo sie auf bulgarische Schlepper trafen, die sie nach Sofia mitnahmen. Nachdem sie sich einige Tage in einer Wohnung in Sofia versteckt hielten, wurden sie an die serbische Grenze gefahren, überquerten dort weitere Berge und wurden von der serbischen

Polizei bei Dimitrovgrad registriert. Ein Bus brachte sie nach Belgrad. Nach weiteren Tagen in einer Wohnung fuhren sie mit einem Auto nach Horgoš an die ungarische Grenze. In der Nacht vom 24. August folgten sie dem Pfad nach Ungarn, begleitet vom irakisch-kurdischen Schlepper namens Bewar.

Zwei Brüder, ebenfalls irakische Kurden, Hussein, 34, und Raman Khalil, 21, waren 2013 aus ihrer Heimatstadt Qamishli vor dem IS geflohen. Nach zwei Jahren in der Türkei reisten sie weiter über den Balkan nach Europa. Dort trafen sie Semian und Nashwan auf den Gleisen nahe Horgoš oder beim Treffpunkt auf ungarischem Grund. Kurz vor der Dämmerung stiegen die vier und weitere 55 Männer sowie acht Frauen und vier Kinder in einen Lkw für gekühltes Fleisch mit der Aufschrift HYZA an der Seite. Es war nur Platz genug, wenn alle standen, bis sie München erreichen würden.

Der Volvo-Lkw wurde von Mitko, einem Roma bulgarischer Nationalität gefahren, er kam aus Humata, einem Stadtbezirk von Lom im Nordwesten Bulgariens. Der reguläre Fahrer war an diesem Tag krank, so dass Mitko einsprang. Er wusste nicht, dass er die Türen halb verschlossen halten sollte, so dass noch genügend Luft hineinkäme. Er schloss unabsichtlich die Migranten im nun luftdichten Container ein.

Eine halbe Stunde nach Abfahrt an der Grenze hörten die beiden Männer in der Fahrerkabine ein Hämmern aus dem Innenraum. Sie riefen ihren afghanischen Boss an. „Ignoriert es einfach, fahrt weiter", sagte er ihnen.

Einer der beiden Bulgaren, der 29-jährige Mitko, hatte als Gebrauchtwagenhändler angefangen, er reparierte Fahrzeuge, später fuhr er Minibusse voll bulgarischer Migranten zu ihren Arbeitsorten in Westeuropa. Er war immer in Eile, sagten Leute, die ihn aus Lom kannten, immer dabei, Geld zu verdienen und wieder nach Bulgarien zu kommen. Er handelte sich in Österreich und Deutschland immer wieder Knöllchen fürs Rasen ein, bezahlte aber nie. Schließlich wurde er geschnappt und verlor seine Fahrerlaubnis. Er raubte eine Tankstelle aus, wurde wieder geschnappt und saß eine Weile im Gefängnis. Es war immer ein einträgliches Geschäft, Zigaretten über die serbische Grenze nach Bulgarien zu bringen. Als der Strom von Flüchtlingen und Migranten 2014 enorm anstieg, wechselten Mitko und seine Kumpanen ihr Geschäftsmodell auf Menschenhandel.

„In der Türkei bereiten Araber alles vor", sagte mir ein bulgarischer Schlepper einer rivalisierenden Schlepperbande. „Sie haben überall ihre Leute. Mitko kannte einen besonders gut."

Der Lkw fuhr auf die M5, die Autobahn Richtung Budapest, die M0 Ringstraße entlang, dann auf die M1 Richtung Wien. Das Hämmern hatte mittlerweile aufgehört. Die Bilder von freudigen Hennen und slowakische Schriftzüge, die Frischfleisch anboten, sowie das Z am Kennzeichen, das verriet, dass der Lkw kürzlich nach Ungarn importiert wurde, machten ihn verdächtig für die ungarischen Polizisten, die nach Minibussen und Taxis voller Migranten Ausschau hielten. Die Temperatur stieg an diesem Tag auf 35 Grad. Jeden Tag griff die ungarische Polizei Litauer, Rumänen und Serben mit Fahrzeugen auf, die voller Asylsuchender waren. Einige bereits an der Grenze, wie die im Hyza-Lkw, ohne Registrierung und Fingerabdrücke. Die meisten jedoch hatten bereits einige Stufen der Aufnahme durchlaufen.

Der Hyza-Lkw wurde am Morgen des 27. August verlassen am Rande der Autobahn nahe dem österreichischen Parndorf gefunden, 30 Kilometer von der Grenze entfernt. Arbeiter der Autobahnmeisterei hatten angenommen, dass er wohl eine Panne habe. Dann fiel ihnen eine auslaufende Flüssigkeit auf und ein furchtbarer Gestank. Sie riefen die Polizei. Der Lkw wurde an die Grenze zu Ungarn nach Nickelsdorf gebracht, wo mit der grausamen Aufgabe begonnen wurde, die Körper zu entwirren und zu identifizieren. Die Arbeit wurde sorgsam ausgeführt, so dass alle bis auf eine Person identifiziert werden konnten.

2.000 Euro in Banknoten, getränkt in menschlichen Flüssigkeiten, wurden einer Familie zugesandt. Einige Syrer und Iraker bezahlten 6.000 Euro, um die Körper in heimischer Erde bestatten zu lassen – eine vergleichbare Summe also zu der, die sie den Schleusern gaben, um sie lebend nach Österreich zu bringen.

29 Menschen der Gruppe kamen aus dem Irak, 21 aus Afghanistan und 15 aus Syrien. Die anderen 15 Opfer – meist Afghanen, deren Familien nicht genügend Geld hatten, um die Toten nach Hause zu holen – wurden auf einem muslimischen Friedhof in Wien beerdigt.[10]

Am Tag, als der Lkw entdeckt wurde, trafen europäische Regierungschefs, darunter Angela Merkel, in Wien routinemäßig zu einem EU-Erweiterungsgipfel zusammen; er wurde zu einem Gipfel über die Flüchtlingskrise. Auf die Entdeckung des Lkw bei Parndorf angesprochen, sagte Merkel vor den anderen, sie alle seien „erschüttert von der entsetzlichen Nachricht", die Mitgliedstaaten sollten nun das Thema Migration im europäischen Geist angehen.[11]

Die österreichische Innenministerin Johanna Mikl-Leitner sprach auf der Pressekonferenz am 28. August von einem „schwarzen Tag". Europa müsse gemeinsam Menschenschlepperei verhindern, sagte sie. Statt Kontrollen an den Übergängen sinnlos zu erhöhen, sollten eher Grenzraumkontrollen und Fahndungen stattfinden wie bisher. Zudem sagte sie: „Durch sichere Anlaufstellen an den EU-Außengrenzen können wir sofort den Flüchtlingen Schutz geben und der innereuropäischen Schlepperei den Nährboden entziehen."

Österreichs und Ungarns Polizei handelten schnell, um die Verantwortlichen zu fassen. Nach Hinweisen der österreichischen Polizei und des eigenen Geheimdienstes, der für Menschenschlepper an der serbisch-ungarischen Grenze zuständig war, wurden innerhalb von 24 Stunden vier Männer festgenommen. Drei Bulgaren im Alter von 28, 29 (Mitko) und 50, sowie ein Afghane, 28 – wurden am Sonntag, dem 30. August, dem Haftrichter im zentralungarischen Kecskemét vorgeführt, wo der Lkw gemeldet war.[12]

Die Männer erschienen am Gerichtshof in einem Konvoi schwarzer Polizeiwagen an einem weiteren heißen Augustmorgen. Sie wirkten verstört, als sie den Flur entlanggeführt wurden, der überfüllt war von Fotografen und Kameraleuten. Sie wurden wegen schweren Menschenhandels angeklagt. Alle plädierten auf „nicht schuldig".

Später teilte mir Polizeioberst Zoltán Boross von der staatlichen ungarischen Ermittlungsbehörde NNI noch etwas mehr Hintergrundinformationen zum Fall mit. „Für das Fahrzeug bedurfte es einer seriösen logistischen Planung mit richtig viel Geld und einer Reihe von Leuten, die die Teilaufgaben ausführten. Wir wissen, dass es nicht der erste Transport dieser Gruppe war, und auch nicht der letzte." Und tatsächlich fuhren einige Mitglieder der Bande auch nach der Parndorf-Tragödie fort mit ihrem Geschäft; das Geld, auf das sie hätten verzichten müssen, war offenbar zu verlockend.

Im Monat August stieg die Zahl derer, die Griechenland per Boot von der Türkei aus erreichten und über die Balkanroute Richtung Ungarn weitergingen, an. 50.000 Migranten kamen allein im Juni auf den fünf grenznahen griechischen Inseln an, ebenso viele wie im gesamten Vorjahr 2014. Neunzig Prozent davon waren Syrer, viele waren direkt aus Syrien geflüchtet, andere wiederum flohen vor der unsicheren Zukunft und den Verhältnissen in der Türkei oder einem der anderen Länder, die viele Flüchtlinge aufgenommen hatten. Viele entschieden sich, das Wagnis der Flucht einzugehen und dass es Zeit sei, sich ein neues Leben in Westeuropa aufzubauen.

Die Operation Poseidon in der Ägäis wurde von Frontex organisiert, um die griechische Polizei zu unterstützen, die Dienst tat an einer Außengrenze von 15.000 Kilometern – alle 200 Inseln mitgerechnet. Frontex setzte elf Patrouillenboote ein, ein größeres Hochseeschiff, zwei Helikopter und zwei Flugzeuge – alles Spenden der staatlichen Streitkräfte. Nur – was ihnen damit erlaubt war beim täglichen Aufbringen überfüllter Schlauchboote voller Migranten in den unruhigen Gewässern zwischen der Türkei und Griechenland – das war umstritten.

Das Internationale Recht für solche Fälle ist in drei Hauptdokumenten verankert, im UN-Seerechtsübereinkommen UNCLOS, im SAR-Übereinkommen sowie im SOLAS-Abkommen.[13]

Die Verpflichtungen aller Staaten waren darin recht klar dargelegt: Die zu retten, die in Seenot sind. Diesen Fakt machten sich die Schlepper zunutze; ironischerweise hatten die unsichersten Boote mit Menschen an Bord die größte Chance, ihr Ziel zu erreichen. Sie bettelten nahezu darum, gerettet zu werden. Das UN-Übereinkommen macht auch klar, dass es sich auf jeden Menschen, „any person", in Not bezieht. Demnach würde keine Unterscheidung gemacht werden zwischen „Wirtschaftsmigrant" und „Flüchtling".

Jeder Kapitän, der auf Menschen in Seenot trifft, ist rechtlich angehalten, ihnen zu helfen und sie an einen sicheren Ort zu bringen. Anders als an den EU-Außengrenzen an Land bedeutete es beim Seerecht, dass an Seegrenzen Menschen in Not eher an ihr gewünschtes Ziel gebracht würden und sie deshalb das Risiko in erbärmlichen, überladenen Schlauchbooten sowohl durch die Ägäis oder die noch wesentlich längere Route zur italienischen Insel Lampedusa im zentralen Mittelmeer in Kauf nahmen und ihr Leben aufs Spiel setzten.

Seit Mitte August wurde es, vermutlich durch Druck von Österreich und Deutschland, schwerer für Flüchtlinge, per Zug von Ungarn aus weiterzureisen. Entweder wurden sie daran gehindert, in Budapest Züge zu besteigen oder sie wurden an nachfolgenden Bahnhöfen herausgeholt. Die Polizei unternahm gleichsam Anstrengungen, sie auf halber Strecke nach Wien in Györ am Einsteigen zu hindern, selbst wenn sie im Besitz gültiger Fahrkarten waren.

Gemäß des einseitigen A4-Dokuments, das allen Migranten ausgehändigt wurde, wenn sie sich in Röszke oder Szeged registrierten, sollten sie sich binnen 72 Stunden in einem der Lager melden. Die meisten hatten bislang über Jahre eben dieses Dokument dazu genutzt, um damit nach Österreich zu gelangen. Es gab ein ungeschriebenes Abkommen bei den Behörden, dass so der Hase lief. Schließlich hatte Ungarn offiziell nur 2.000 Plätze in seinen Lagern und nur wenige Migranten wollten in Ungarn bleiben. Mit dieser Praxis aufzuhören, hätte bedeutet, dass Ungarn praktisch ein Auffangbecken für zuströmende Flüchtlinge würde, so wie andere Länder südlich der Route zum Ende des Jahres 2015. Ganz entgegen der staatlichen Mobilisierung der Ressourcen, um Migranten aufzuhalten, begannen tausende ungarische Freiwillige, sich der

Bedürfnisse der Migranten anzunehmen. Das ungarische Helsinki-Komitee, aktiv seit 1980, hatte reichlich Erfahrung darin, Asylsuchenden rechtlichen Beistand zu gewähren, sowie ungarischen Armen zu helfen.[14]

Die Initiative Menedék, „Unterschlupf", wurde 2010 gegründet, um für Bedürftige praktische Dienste zu leisten und sie mit Essen und Kleidung zu versorgen.[15]

Kalunba ist eine Gruppe christlicher Freiwilliger, die sich im Frühling 2015 zusammenfanden – gerade, als sich die reformierten Kirchenorganisationen, für die sie bislang tätig waren, dazu entschlossen, überhaupt nicht mehr für Flüchtlinge da zu sein.[16]

Im Juni gründete sich Migration Aid aus einer kleinen Gruppe Freiwilliger mit Hilfe einer Facebook-Seite.[17]

Innerhalb von Tagen fanden sich mehrere tausend Menschen, um zu helfen. Mitte Juli bat der Budapester Polizeipräsident eine der Gründerinnen von Migration Aid, Zsuzsanna Zsohár, um Hilfe und fragte, ob eine Zusammenarbeit möglich sei. Ihm folgten bald Vertreter des Stadtrates. Neue Gruppen sprossen wie Pilze aus dem Boden, vor allem in der Nähe der Lager in Debrecen, Bicske, Fót und Cegléd. Staatliche oder kirchlich organisierte Hilfsorganisationen wie die Caritas oder die Malteser handelten langsamer in der Krise und meist nur in den offiziellen Lagern, in Kooperation mit dem Ungarischen Roten Kreuz.

Die Freiwilligengruppen stellten Essen und kalte Getränke während der Sommerhitze bereit sowie Hygienebeutel für Babys und Frauen; darüber hinaus Informationen, wohin sich die Menschen wenden könnten, und Hinweise zum Reisen. Manchmal arbeiteten sie im Tandem, manchmal tatsächlich Hand in Hand, aber oft auch spannungsgeladen mit den „offiziellen" Organisationen. Die Freiwilligen beklagten oft, dass die Organisationen nur acht Stunden arbeiteten und dieselben Latexhandschuhe und Gesichtsmasken trügen wie die Polizisten, die Angst und mangelnden Respekt ausdrückten und Empathie verhinderten.

Viele Freiwillige arbeiteten die Nächte durch und hießen Flüchtlinge mit Sympathie und Hingabe willkommen. Nur eine kleine Gruppe der Migranten sah Ungarn als ihr Zielland; viele verstanden nicht, warum der ungarische Staat ihnen Stöcke zwischen die Beine warf.

„Sie marschieren durch unser Land wie Soldaten einer fremden Armee." So drückte sich der Regierungssprecher Zoltán Kovács mir gegenüber aus. Von ähnlicher Tonalität war die Berichterstattung der regierungsfreundlichen Presse über die ganze Krise.

Während die NGOs die Passivität der Regierung kritisierten, zeigte sich Jim Knies, ein Baptistenprediger, der seit 25 Jahren in Ungarn lebte, etwas dankbarer: „Der Einsatz der Freiwilligen geschieht auf recht unorganisierte Weise, die Leute kommen einfach dazu", sagte er mir in einer Unterführung von Budapests Ostbahnhof, wo über 1.000 Flüchtlinge wild campierten und von der Polizei an der Weiterreise gehindert wurden.

> Die Bedürfnisse sind wirklich überwältigend, es wäre unmöglich,
> sie alle abzudecken. Die ungarische Regierung hat tatsächlich
> eine gute Arbeit geleistet. Sie wurde in den Medien kritisiert,
> aber sie haben diese furchtbare Situation hier gut unter Kontrolle
> gebracht.
> Sie errichten jetzt Transitzonen. Neue am Bahnhof und beim Park
> hier in der Nähe. Es besteht gar keine Gefahr hier, da sind nur
> Menschen, die ein besseres Leben suchen und Ungarn hat sie
> willkommen geheißen.
> Wenn man die Politik und die öffentliche Meinung mal beiseite-
> lässt, kann man sagen: Ja, alle diese Menschen wollen ein gutes
> Leben für sich und ihre Familien, so wie Sie und ich auch, das ist
> das ganze Geheimnis.

Mit „Regierung" meinte Knies die Aktionen des Budapester Stadtrats, weniger der Regierung. In Abstimmung mit NGOs wie Migration Aid wurden Wasserhähne in der Unterführung am Ostbahnhof und in der neuen Zone am Westbahnhof installiert, Trinkwasserzugänge und Duschen. Mehr Toiletten wurden errichtet, doch es waren immer noch zu wenige.

Freiwillige organisierten Clown-Shows, Zeichenaktionen, Seifenblasen und Ballspiele mit den Kindern. Die kürzlich renovierte Unterführung am Ostbahnhof strahlte nun tagsüber einen Hauch von Karneval aus, nachts glich es einem Flüchtlingslager. Es war sehr farbenfroh, aber oftmals auch sehr spannungsgeladen und ganz sicher nicht für einen dauerhaften Zustand geeignet. Der Stadtrat begann nun, ungenutzte Seitenstreifen in der Nähe vom Bahnhof zu einem künftigen dauerhaften Platz umzubauen. Dann setzten die Regengüsse ein.

„Die Lage eskaliert, weil sich viele in dieser Woche dem starken Regen in Budapest ausgesetzt sehen und alles förmlich überflutet wird. Ich glaube, das ungarische Migrationsbüro kollabiert demnächst", sagte mir Zsuzsanna Zsohár. „Wir haben viele Leute ohne Papiere, die sich hätten registrieren sollen. Das

Computersystem im Migrationsbüro ist zusammengebrochen. Am Montag kamen 200 Leute mehr als gewöhnlich an und wir mussten ihnen Schlafplätze besorgen und Abendessen bereiten, sie zurück zu den Bahnhöfen bringen."

Nach ihrer Schätzung arbeiteten alleine für Migration Aid über 100 Freiwillige, weitere sprangen zeitweise ein oder arbeiteten bei anderen NGOs mit. Wir unterhielten uns direkt neben einem riesigen Stapel gespendeter Sachen. „Es ist chaotisch, unglaublich. Alle wollten neue Sachen, weil sie nicht waschen konnten, es gibt keine Waschmaschinen in den Lagern. Hier waschen sie alles mit der Hand."

Durch die Zusammenarbeit der NGOs mit dem Stadtrat wurde die Hygiene verbessert. Zsuzsanna Zsohár schätzte, dass 1.000 Menschen jede Nacht am Ostbahnhof schliefen, sowie einige hundert im Johannes-Paul II-Park daneben und weitere am Westbahnhof. Die vom Stadtrat eingerichteten Transitzonen unterschieden sich sehr von denen in Horgoš und Kelebia an der serbischen Grenze, die quasi in den Zaun hineingebaut wurden.

Die Zonen in Budapest waren geordnete Anlaufstellen, an denen Durchreisenden wichtigste Informationen und Hilfen zu Verfügung standen, nicht um sie in ihrer Reise einzuschränken oder einzusperren. Selbst einfache Dinge wie Trinkwasser oder Zugang zu öffentlichen Toiletten gestalteten sich als schwierig für Menschen, die sich weder mit der ungarischen Sprache noch Währung auskannten. Die Transitzonen in Budapest waren eine vorübergehende, aber recht effektive Lösung.

„Unsere Botschaft an die Regierung ist, dass sie ruhig eine Mauer bauen sollen, noch ein Dach oben drauf, so dass ja genügend Schutz da ist", meinte Zsuzsanna Zsohár zynisch. „Wenn jemand vor Krieg flieht, wenn ein Mensch zum Flüchtling wird, dann sollte er nicht wie ein Tier behandelt werden. Unser Ziel jedenfalls ist es, zu helfen."

Während die ungarische Regierung ihre Anstrengungen verstärkte, um Migranten aufzuhalten oder ihr Weiterkommen zu bremsen, stiegen die Zahlen der ankommenden Menschen immer weiter an, als sich die Gerüchte über den Zaunbau auf der Balkanroute verbreiteten. Die Nachrichten über den Zaun und die mögliche herzlichere Aufnahme in Deutschland verstärkten den Effekt. Viele Migranten sahen ihre Chance jetzt oder nie, Europa zu erreichen, ehe es unmöglich sein würde.

Ich traf Omar, 28, aus Mosul im Irak, morgens um 8.30 Uhr auf der serbischen Seite des Pfades am Gleis. Wir standen neben den weißen Grenzsteinen der ungarischen Grenze. Drei Rollen Stacheldraht lagen übereinandergestapelt beiderseits der Gleise; die ungarische Bahnbehörde jedoch legte Wert darauf, dass der Draht die Gleise nicht bedeckte. Normalerweise fuhr täglich ein Güterzug auf dieser Strecke. Nun hatten die ungarischen Behörden zugestimmt, das Gleis offen zu lassen, und der Ärger zwischen zwei ungarischen Behörden – der Polizei und dem Bahnamt, schuf mit dem Gleis den Haupteingangsweg nach Ungarn.

Omar trug einen dünnen Pullover über einem T-Shirt, Sonnenbrille, Jeans und eine Gürteltasche in Tarnfleck. Er war niedergeschlagen. Gerade hatte ein Schlepper von ihm und einem Freund je 1.500 Euro erzwungen, mit dem Versprechen, sie nach Österreich zu bringen. In der vorherigen Nacht war der Schlepper mit ihnen den dunklen Gleisweg entlang gegangen und war dann plötzlich verschwunden. Sie hatten am Gleis geschlafen.

Omar war Englischlehrer in Mosul, als IS-Truppen die Stadt im Sommer 2014 beinahe kampflos einnahmen. „Komm schnell, es wird ernst hier", sagte ihm sein Vater am Telefon. Er packte eilig seine wenigen Sachen zusammen und floh aus der Stadt gemeinsam mit seinem Uni-Freund Ahmed durch die Türkei, Griechenland, Mazedonien und dann bis Ungarn. Nach unserem Treffen versteckten sich Omar und Ahmed zwei Tage lang im Wald nahe Röszke mit anderen Flüchtlingen.

Sie wollten die Registrierung vermeiden und sich nicht die Fingerabdrücke von der Polizei abnehmen lassen, aus Angst, später wieder aus Ungarn herausgeworfen zu werden. Die Kinder der Gruppe weinten vor Durst und Hunger. In der zweiten Nacht verhandelte Ahmed mit dem Betreiber einer nahen Tankstelle, sie für 250 Euro pro Person nach Budapest zu fahren. „Wir wussten, das ist viel, aber wir hatten keine Wahl." In Budapest fanden sie ein Hotel für 50 Euro pro Person. Der Hotelbetreiber warnte sie davor, hinauszugehen, da sie von der Polizei festgenommen werden könnten.

> Als wir dann rausgingen, verfolgten uns Polizisten, aber wir waren schneller und konnten davonkommen. Dann hatten wir irgendwo ein W-Lan erwischt, vermutlich von einem Restaurant. Jedenfalls riefen wir die Nummer eines Schleppers in Ungarn an, die wir von jemandem in der Türkei bekommen hatten. Er war Libanese und hatte lange genug in Ungarn gelebt, um die Sprache zu verstehen. Wir riefen ihn an und schickten ihm unseren Standort. Er kam und nahm uns mit zu einer Wohnung. Da waren schon an die

zwanzig Leute – von allen hatten sie schon die Fingerabdrücke genommen, nur von mir und Ahmed nicht.

Der Schlepper beförderte drei von ihnen für 400 Euro pro Person in einer Audi-Limousine zur österreichischen Grenze. Sie fuhren auf der Autobahn bei Hegyeshalom am späten Nachmittag und sahen keine Polizei auf der Strecke. „Alle Polizisten waren an den Bahnhöfen und Busbahnhöfen. Wir überquerten die Grenze mit dem Auto. Dann hielt er an einem Supermarkt in Österreich. Da nahmen wir noch Flüchtlinge mit und fuhren bis Wien." Sie blieben drei Nächte in einem Hotel und kamen dann bis München, bis sie die Polizei aus einem Zug herausholte und wieder in ein Lager zurückschickte.

Wieder am Gleis bei Röszke dolmetschte ich eines Morgens zwischen einem syrischen Mann und der ungarischen Polizei. Er sprach nur Griechisch und erklärte mir, dass seine Frau und seine kleine Tochter sich im Maisfeld versteckt hielten. Am Feldrand war ein ungarischer Polizei-Skoda geparkt, bemannt mit zwei jungen Beamten, und der Mann fürchtete nun, über die Grenze zu gehen. Ich erklärte den Polizisten seine Sorgen.

„Wenn er sich unserer Präsenz wegen sorgt, fahren wir halt", sagte der Polizist ruhig und sie fuhren tatsächlich. Wenngleich die ungarische Polizei oftmals ein schlechtes Image in der Presse hatte, begegnete ich vielfach höflichen, freundlichen und mitdenkenden Beamten.

Aber es geschahen auch Tragödien. Ich traf auf eine verzweifelte syrische Frau. Sie hatte gehört, dass das Baby ihrer Freundin bei der Geburt im Lager von Kiskunhalas gestorben sei. Sie meinte, die Behörden seien ihrem drängenden Bitten um Hilfe nicht ernsthaft nachgegangen. „Die Polizisten haben sie nur ausgelacht, als sei sie eine Hündin. Sie gaben ihr stinkendes Wasser. Wir haben nur einmal am Tag Essen bekommen, das war ein schrecklicher Ort."

Die meisten Flüchtlinge hatten nur einen Rucksack mit so vielen Dingen, wie sie eben hineinquetschen konnten. Einige jedoch hatten zwei oder drei zusammengebunden, um Schwächeren der Gruppe zu helfen.

Es gab weiterhin nur zwei oder drei mobile Toiletten in der Polizeiaufnahmestelle bei Röszke. An einem frühen Morgen traf ich Haneen und Rama im Maisfeld, zwei syrische junge Frauen aus Aleppo, beide 17. Sie waren mit Haneens Vater und ihrem Onkel auf der Reise. Ich ließ Haneen meinen Laptop benutzen, um mit ihrer Tante in Aleppo zu telefonieren und Bescheid geben, dass sie in Sicherheit seien. Einige Tage später lief ich ihnen am Ostbahnhof in Budapest über den Weg. Sie hatten den Aufnahmeprozess durchlaufen und suchten nach

Wegen, um nach Deutschland zu gelangen, da nun der Bahnhof für Flüchtlinge verschlossen war.

Am selben Tag sagte mir ein alter Freund, der Jazzmusiker Viktor Bori, er würde seine Wohnung Flüchtlingen zur Verfügung stellen, das sei sein Beitrag für ihre Reise. Am selben Abend ließen Viktor und ich Haneen und ihre erweiterte Familie in eine kleine Wohnung in der Marek József Straße. Sie waren begeistert, nach etlichen Wochen endlich ein bisschen Privatsphäre zu haben sowie warmes fließendes Wasser, eine Dusche und richtige Betten. Später ging Viktor mit ihnen ein paar Sachen einkaufen. Sie blieben etwa eine Woche bei ihm.

Die Straßen der Nachbarschaft waren voller Flüchtlinge, Schlepper und Polizisten, die herumpirschten. Ich war besonders besorgt um die Mädchen und wir ersannen Wege, sie in der Wohnung zu halten. Ich konnte kaum glauben, dass ich das tatsächlich im Ungarn des 21. Jahrhunderts tun würde – Flüchtlingen helfen, sich durchzumogeln zwischen denen, die sie verschleppen und denen, die sie einsperren wollten.

Flüchtlinge wie Haneen und Rama hatten meist zwei Tage in Kiskunhalas zugebracht, bevor sie in einen Zug nach Budapest gesetzt wurden. Von dort sollten sie in ein Dauerlager bei Debrecen oder Bicske gehen. Jeden Morgen kamen Züge aus Kiskunhalas am Vorortbahnhof von Köbánya-Kispest an, vollbesetzt mit hunderten Flüchtlingen. Eigentlich sollten also alle umsteigen, um nach Debrecen zu fahren. Sie gingen jedoch an einen anderen Bahnsteig und fuhren stattdessen die kurze Strecke zum Westbahnhof, wo bereits viele ausharrten, um weiter nach Westen zu gelangen. Freiwillige warteten auf Züge und stellten Pakete bereit, die jeden Tag stapelweise von hilfsbereiten Ungarn eintrafen.

Zaid Majid, ein Mann aus Bagdad, erzählte mir, er sei mit seinen Freunden über einen Zaun gestiegen. Er sei nur einen halben Meter hoch gewesen, doch einige hatten schlimme Schnitte vom Stacheldraht davongetragen. Alle Unterführungen am Ostbahnhof waren überfüllt mit Menschen, die Ruhe und Schlaf suchten. Einige hatten Zelte aufgestellt, andere schliefen auf Matratzen oder Karton wie die Obdachlosen, die in weniger schlimmen Zeiten dort schliefen.

„Wir sind eigentlich in Syrien jeden Tag ein paar Mal gestorben", meinte Zana, eine 21-jährige Frau zu mir, „Wie kann es sein, dass die Welt dabei zusieht und nichts tut? Schauen Sie sich doch die Kinder und die Babys an!" Meeran, 21, aus Afghanistan, sagte mir, er habe zu viel Tod in seinem Land erlebt, sah seine Freunde und Brüder sterben. Er wollte nach Großbritannien oder Irland, irgendwohin, wo er in Frieden leben könne, mit Menschenrechten. Er war, wie andere auch, überwältigt von der Hilfsbereitschaft und Freundlichkeit der Freiwilligen.

Die Entscheidung der ungarischen Regierung, einen Zaun zu errichten, Flüchtlinge abzublocken und Migranten zu kriminalisieren, brachte ihr die Anerkennung einiger Regierungen in Europa ein. Ungarns junger Außenminister, der damals 36-jährige Péter Szijjártó, trat ruppig und undiplomatisch auf. Allerdings wurden seine Maßnahmen und die seiner Regierung in kurzer Folge im August sowohl vom französischen Außenminister Fabius als auch vom österreichischen Kanzler Werner Faymann scharf kritisiert; Letzterer meinte, es verstoße „gegen die europäischen Werte." In einem *Le Monde*-Interview am 30. August, das auch vom französischen staatlichen Radio und dem Fernsehsender I-Télé übertragen wurde, erklärte Fabius, die Haltung der osteuropäischen Länder gegenüber Flüchtlingen sei „skandalös".[18]

Er verurteile die Maßnahmen „in schärfster Form", vor allem die von Ungarn, „die einen Zaun errichteten, wie man ihn nicht mal für Tiere bauen würde, und schon gar nicht zur Verteidigung von Werten." Natürlich müsse der Zaun wieder abgebaut werden und die EU werde eine ernsthafte und strenge Diskussion mit der ungarischen Regierung führen. Péter Szijjártó bestellte seinerseits den französischen Botschafter ein und sagte der Presse, die Worte von Fabius hätten ihn schockiert.[19]

„Einige Menschen in Europa verstehen immer noch nicht, wie groß und dramatisch der Druck auf Ungarn momentan durch die Ankunft so vieler illegaler Migranten an den Landesgrenzen ist. Ein gutes Europa ist eines, das sich an Regeln hält", sagte Szijjártó und meinte damit eher das Schengen-Abkommen, nicht aber das Dublin-Abkommen, von dem sich Ungarn im Vormonat verabschiedet hatte.

„Anstatt einander anzugreifen, sollten wir eine gemeinsame Lösung suchen, wie wir dem Druck der Migranten standhalten können."

Ungarn würde eben seine Grenzen und die EU ihre Außengrenzen verteidigen, meinte er. Und wenn die Mitgliedstaaten, allen voran Griechenland, das auch tun würden, dann wäre ein Teil des Problems gelöst.

EU-Kommissionspräsident Jean-Claude Juncker, dessen Wahl Ungarn und Großbritannien erbittert kritisiert hatten, nahm ebenfalls die Seite der Asylsuchenden ein. „Die EU wird nie Menschen den Rücken kehren, die unsere Hilfe benötigen." Das wahre Europa zeige sich in „den ungarischen Menschen, die freiwillig Essen und Spielzeuge zu den hungrigen und erschöpften Flüchtlingskindern bringen. Europa zeigt sich in den Studenten in der deutschen Stadt Siegen, die ihre Wohnheime für Flüchtlinge geöffnet haben, im Bäcker auf der Insel Kos, der Brot an hungrige und bedürftige Menschen verteilt. Das ist das Europa, in dem ich leben will." Im Statement, das Juncker der ungarischen oppositionellen Tageszeitung *Népszabadság* gab, streute er noch mehr Salz in die Wunde, indem er hinzufügte: „Wer sich hinter Zäunen verbarrikadiert, kann sich dadurch nicht vor allen Ängsten und Leiden verstecken."[20]

Das größte Problem für Außenminister Szijjártó waren derweil nicht die Migranten selbst – diese litten unter der unheilvollen Missachtung der Regierung – sondern eher die große Lücke, die sich auftat zwischen den politischen Maßnahmen im Lande und denen Westeuropas. Die Vorstellung einer „Festung Europa", wie die Fidesz-Partei sie hegte, in der alle ausgesperrt wurden, die als „illegale Einwanderer" galten, bewegte sich auf Kollisionskurs mit den Haltungen anderer Länder – Österreich, Deutschland, Schweden und die anderen skandinavischen Länder, Niederlande sowie zum gewissen Grad auch Frankreich – die in Europa einen „sicheren Hafen" für die „echten Flüchtlinge" sahen.

Es wurde aber auch eine Diskussion um die Zeit und die Rechtslage eröffnet. Kritiker im In- und Ausland warfen der ungarischen Regierung vor, dass sie durch die Zäune, die darin integrierten Transitzonen, die schnellen Verfahren sowie durch die richterliche Anklage von Menschen, die den Zaun überqueren wollten, die UN-Flüchtlingskonvention von 1951 verletzten. Ungarische Behörden dagegen argumentierten, dass die Konvention nicht mehr zeitgemäß sei und in ihrem Land keine humanitäre, sondern eine Sicherheitskrise vorliege.

Am 28. August interviewte ich Babar Baloch, Regional-Sprecher des UNHCR, im Maisfeld von Röszke. Das wilde Campieren war bereits über die andere Straßenseite ausgeweitet worden. Während unseres Gesprächs versuchte die Polizei immer wieder, die Straße für den Durchgangsverkehr zu räumen. Stündlich fuhr ein orange-cremefarbener Bus durch, angemietet von der Polizei, und nahm Flüchtlinge auf, um sie drei Kilometer weiterzubringen zum Registrierungszentrum in der Nähe der Hauptstraße.

Die Migranten wären die drei Kilometer auch gerne gegangen, wenn man es ihnen gesagt hätte. Aber wie gewöhnlich gab es keine Kommunikation. Die Polizei war nicht mit Dolmetschern ausgestattet und somit verstand niemand, was sie sagten. Darum harrten die Menschen 24, 36 oder sogar 48 Stunden wartend in der heißen Sonne aus, ohne genügend Essen, Wasser oder Toiletten. Baloch erklärte: „Wenn verzweifelte Menschen wie Flüchtlinge keine legalen Wege sehen zum Überqueren der Grenzen, um nach Europa zu gelangen – und sie gehen die Reisepfade immer weiter dahin, wo sie Sicherheit erhoffen – gelangen sie genau in Situationen, wo sie Gefahr laufen, skrupellosen Schleppern in die Arme zu laufen, und dann passiert genau das." Babar Baloch selbst stammte aus der krisengeschüttelten pakistanischen Region Belutschistan. Ich meinte zu ihm, dass ja die Behörden doch so langsam, schmerzhaft langsam, den Zustrom in geordnete Bahnen lenken würden. Er antwortete:

> Es ist ermutigend, dass Menschen, die in Not sind, auch hineingelassen werden, klar. Aber der Zaun bereitet schon große Sorgen. Menschen krabbeln darunter hindurch oder versuchen, hinüberzuklettern. Das sollte für Asylsuchende oder Flüchtlinge nicht so sein.
> Wir fordern, nicht nur von Ungarn, sondern von allen Europäern, ein stabiles System, das diesen Menschen hilft. So gesehen ist dieses System hier dysfunktional.

KAPITEL 5

EIN FLÜCHTIGER SIEG

Das ist ein gutes Land, es ist in guter Verfassung, und es macht
mich stolz und dankbar zu sehen, wie unzählige Menschen in
Deutschland auf die Ankunft der Flüchtlinge reagieren ... die Zahl
derjenigen, die heute für Flüchtlinge da sind, die helfen ... über-
ragt die Zahl der Hetzer und Fremdenfeinde um ein Vielfaches.
Angela Merkel, 31. August 2015[1]

Der neue Eiserne Vorhang ist für uns, nicht gegen uns.
Viktor Orbán[2]

Am Montag, dem 31. August 2015, gab die deutsche Kanzlerin Angela Merkel
ihre geplante Sommer-Pressekonferenz in Berlin.[3] Eigentlich sollte sie am 17. Juli
stattfinden, wurde aber wegen Finanzabkommen mit Griechenland vertagt.

Gekleidet in einem hellpinken Hosenanzug wirkte sie erstaunlich erholt für
einen Sommer mit wenig Gelegenheiten zum Ausruhen. Mit einer Geste, die
Freunde wie Gegner überraschte, übernahm die deutsche Regierungschefin
die Führung in einer Sache, in der sich kein anderer europäischer Staatschef
traute. Wenn man sich ihre Rede nochmals anschaut, dann sieht man die Nach-
richtenbanner mit Eilmeldungen am unteren Bildschirmrand: „Kampf gegen
Schlepper: Bayern und Österreich verschärfen Grenzkontrollen", „Ungarn lässt
Flüchtlinge in Zügen Richtung Deutschland". Dann liest man auch eine merkwürdige Meldung von Pro Asyl: „Zahl der Balkan-Flüchtlinge geht stark zurück."
Die Kanzlerin war damals seit zehn Jahren im Amt und machte nun klar, dass
Deutschland Willens war, zu helfen. Allein im August waren 104.460 Asylsu-
chende in ihr Land gekommen, weitere waren auf dem Weg.

„Was sich zurzeit in Europa abspielt, das ist keine Naturkatastrophe, aber es
gibt eine Vielzahl katastrophaler Situationen", sagte sie gleich zu Anfang. Den
Tod von 71 Migranten im Fleisch-Lastwagen in Österreich aus der Woche zu-

vor nannte sie ein „unfassbares Gräuel." Sie sprach von der Erschöpfung, den verzweifelten Tränen und Traumata derjenigen, die aus Syrien geflüchtet sind, aus dem Irak oder Eritrea. Dies waren drei Länder, für welche die EU Quoten einführen würde.

Merkel betonte, dass die geschätzte Zahl derer, die Deutschland 2015 erreichen würden, bei 800.000 liege.

„Wir können stolz sein auf Grundrechte und die Humanität unseres Grundgesetzes … der zweite Grundsatz, das ist die Menschenwürde, den uns Artikel 1 des Grundgesetzes aufgibt, … wir achten die Menschenwürde jedes einzelnen", sagte Merkel. Deutschland gewähre nicht automatisch jedem Asyl, erklärte sie, sondern es werde gerechte Anhörungen geben, basierend auf deutschem Recht und dem Respekt vor der Wahrung der Menschenwürde.

Zu diesem Zeitpunkt hatte es 2015 bereits 200 Anschläge auf Flüchtlingsunterkünfte gegeben, und Merkel sprach auch die Gewalttäter an: „Wir wenden uns mit der ganzen Härte unseres Rechtsstaates gegen die, die andere Menschen anpöbeln, angreifen, die ihre Unterkünfte in Brand setzen oder Gewalt anwenden wollen … es gibt keine Toleranz gegenüber denen, die die Würde anderer Menschen in Frage stellen."

Sie rief zudem ihre Mitbürger auf, sich von den Demonstrationen fernzuhalten, bei denen sich der „Hass in den Herzen" der Menschen zeige. Der Grund dafür, warum so viele Menschen sich in Deutschland ein besseres Leben erhofften, liege darin, dass sie in ihrer Heimat „Krieg, Verfolgung und Willkür kennengelernt haben."

Sie fragte: „Was müssen wir in einer solchen Situation tun, in der wir natürlich vor einer riesigen Herausforderung stehen?"

Mehr von dem, was gerade geschah, meinte sie. Bei einem Treffen der Ministerpräsidenten im Juni habe sich die große nationale Aufgabe bereits deutlich gezeigt. Die Lösung liege nun in einer Verbindung von deutscher Gründlichkeit und deutscher Flexibilität – Qualitäten, die sich bereits bei der Bankenrettung, beim Atomausstieg und der Wende gezeigt hätten. Nun würden weitere Erstaufnahmezentren entstehen. In den kommenden drei Wochen sollte ein Maßnahmenpaket angestoßen werden, um zwischen Bund und Ländern für einen ordentlichen Ablauf zu sorgen. Die Asyl-Verfahren würden beschleunigt, ebenso wären Entscheidungen für Fälle von Rückführungen notwendig, wenn Antragssteller keine Aussicht auf Bleibe in Deutschland hätten. Das bezog sich unter anderem auf die Länder des Westbalkans, also die zehntausende von Migranten, die aus dem Kosovo und Albanien kamen, die ich auch im Februar vermehrt in Ásotthalom getroffen hatte. Die meisten von ihnen befanden sich in Deutschland und weigerten sich, zurückzureisen. Parallel dazu wurden mehr Anstrengungen unternommen, diejenigen zu integrieren, die eine „aussichtsreiche Bleibeperspektive" in Deutschland hätten. Es würden mehr Deutschlehrer gebraucht, meinte sie. Dann sprach sie die europäische Ebene an.

„Europa als Ganzes muss sich bewegen. Die Staaten müssen die Verantwortung für asylbegehrende Flüchtlinge teilen ..." Es gelte aber auch, die universellen Bürgerrechte aufrechtzuerhalten, um die europäischen Werte zu sichern. Deutschland und Frankreich einigten sich darauf, was als Nächstes zu tun sei, Verhandlungen mit anderen Staaten würden folgen.

„Merkel, die Mutige", titelte T*he Economist* kurz darauf.[4] „In der Flüchtlingsfrage zeigt sich Deutschlands Kanzlerin mutig, entschieden und gerecht." Weiter hieß es:

> Am 31. August wandte sich Frau Merkel in einem dramatischen Aufruf an alle und warnte, dass die heutige Flüchtlingskrise schlimmere Folgen zeitigen könne als die Eurokrise. ‚Versagt Europa in der Flüchtlingsfrage ... wird es nicht das Europa sein, dass wir uns vorstellen.' Sie hat recht. Die EU ist nach einem verheerenden Krieg ins Leben gerufen worden, mit der Hoffnung und dem Versprechen auf Solidarität mit den Verfolgten und Verzweifelten. Die größte Welle der Vertreibung seit 1945 ist ein Test für die europäischen Werte, die Stärke und Fähigkeit ihrer Mitgliedstaaten, zusammenzuarbeiten. Flüchtlinge aus Syrien und dem Irak brauchen eindeutig Hilfe, und diese Hilfe können die EU-Staaten auch bereitstellen, wenn sie sich in dieser Lage die Aufgaben teilen. Das bedeutet eine gemeinsame Verantwortung.
> Nur wenige andere europäische Politiker haben den Mut gehabt, die Verbindung zu europäischen Werten derart klar zu formulieren, zum gemeinsamen Interesse und hin zum mutigen Handeln für Flüchtlinge ... viele osteuropäische Politiker haben sich dem Fremdenhass hingegeben und verweigern auch kurzzeitiges Bleiben von Migranten, sogar obwohl ihre eigenen Bürger frei reisen können. Zweifellos ist Frau Merkel teilweise auch von nationalen Bedenken gesteuert ... aber ein Wunsch, die Last zu teilen, sollte nicht als Eigensinn ausgelegt werden. In einer Krise, bei

der Europa wenig hat, worauf es stolz sein kann, ist Frau Merkels Führungskraft ein glänzendes Beispiel.

Die politische Debatte darüber, wie man mit dem Zustrom der Migranten nun umgehen solle, teilte sich in zwei Pole auf, Angela Merkel und Viktor Orbán. Das war in gewisser Weise eine bemerkenswerte Errungenschaft für Orbán in einem für gewöhnlich von Deutschland, Frankreich und anderen reichen Staaten dominierten Europa. Dementsprechend zeigte sich Orbán auch als Sieger in der Frage, nicht nur gegenüber „sensiblen Menschen in Ost- und Mitteleuropa", sondern gegenüber allen Menschen in Westeuropa, denen die Ankunft so vieler Menschen aus fremden Kulturen Sorgen bereitete.

Es gab nur einen kleinen Wink der Kanzlerin in Richtung Ungarn während ihrer 90-minütigen Pressekonferenz, indem sie sagte, Deutschland begrüße es sehr, dass Ungarn Anstrengungen unternehme, alle Flüchtlinge zu registrieren. Sie wählte mehrfach das Wort Flüchtlinge in ihren Reden, wohingegen Orbán und seine Öffentlichkeitsmaschine schlichtweg stets von „Migranten" oder „illegalen Einwanderern" sprachen. Der Begriff „Migrant" wurde zusehends abwertender im ungarischen Sprachgebrauch. Im Januar 2015 sagte Merkel während eines Besuchs des türkischen Premierministers: „Der Islam gehört zu Deutschland." Orbán dagegen zeigte sich ignorant sowohl gegenüber dem Anteil, den der Islam bereits auf dem Kontinent hatte, als auch gegenüber der reichen kulturellen Diversität in einigen Ländern. Wie andere betrachtete auch er den Islam an sich als Bedrohung für das christliche Europa und wollte keine Unterschiede sehen in der Vielfalt, die es im muslimischen Glauben gab und wie viele europäische Muslime sehr wohl die europäischen Werte mit den hier Lebenden teilten.

Merkels Aussagen zu Flüchtlingen und ihre Geste des Willkommens basierten auf Daten des UNHCR und der Internationalen Organisation für Migration. Die erhobenen Daten zeigten, dass die überwiegende Mehrheit derjenigen, die aus anderen Ländern kamen, ihre Heimat verlassen hatten, weil sie unter Krieg und Verfolgung litten. Viktor Orbán dagegen gab an, dass die „große Mehrheit" Wirtschaftsflüchtlinge seien. Sein Mitstreiter, der slowakische Premier Robert Fico, trat damit an die Öffentlichkeit, dass „bis zu 95 Prozent Wirtschaftsmigranten" ankämen. Wer lag nun richtig? Dieser Frage nahm sich *The Economist* an und prüfte die Zahlen. Im ersten Quartal 2015 hatten Asylsuchende aus sieben Ländern Annahmequoten (geschützter Status) von über 50 Prozent, nämlich Bürger aus Syrien, Eritrea, dem Irak, Afghanistan, dem Iran, Somalia und dem Sudan.

The Economist schrieb weiter:

„Grob gesagt, erlangten über die Hälfte der Asylsuchenden aus diesen Ländern einen Asylstatus, nachdem sie die Anträge gestellt hatten. Doch wieviele der Menschen erreichten Europa überhaupt? Das UNHCR gibt bekannt, dass neun von zehn der etwa 250.000 Migranten, die in diesem Jahr in Griechenland registriert wurden, aus Syrien, Afghanistan und dem Irak kommen."

Derweil machten Menschen aus Eritrea, Somalia und dem Sudan „41 Prozent der 119.500 Flüchtlinge aus, die nach der Überfahrt im zentralen Mittelmeer in Italien ankamen, davon fünf Prozent aus Syrien. Das heißt also, dass Bürger aus Staaten, die sowieso mit hoher Wahrscheinlichkeit unter dem Schutz der EU stehen, 75 Prozent der diesjährigen unerlaubten Einreisefälle übers Meer ausmachen."

Gerechterweise muss man hinzufügen, dass der *Economist* auch schrieb, Migration sei eine komplexe Angelegenheit und umfasse eine weite Spanne von Motiven. Was war aber mit denjenigen, die bereits vor Krieg und Verfolgung geflohen waren und in der Türkei, dem Libanon, Jordanien oder Griechenland sicherer waren, sich dann aber doch zur Reise nach Westeuropa aufmachten, um ihre Lebensverhältnisse zu verbessern? Genau das war die Krux bei der Argumentation der ungarischen Regierung. Die UN-Flüchtlingskonvention von 1951 besagt, dass man das Recht auf Sicherheit hat, aber nicht wählen darf, in welchem Land man sicher sein möchte. Es war ebenfalls die Kernaussage in der neuen Gesetzgebung in Ungarn, nach der Serbien, Mazedonien, Griechenland und Bulgarien, neben anderen Ländern, als „sicher" galten.

Lasst sie doch da, wo immer sie auch gerade sind, war Orbáns Linie. „Wenn man die Zahlen noch weiter aufspaltet, zeigt sich, dass mindestens 81 Prozent der in Griechenland ankommenden Migranten erwarten können, einen Flüchtlingsstatus zu erhalten oder eine vergleichbare Form des Schutzes durch die EU", schloss der *Economist*.

Der Sommer neigte sich dem Ende zu und die Gemüter an den betroffenen Grenzen erhitzten sich. Am letzten August-Wochenende gab es einen 30 Kilometer langen Rückstau an der österreichisch-ungarischen Grenze bei Hegyeshalom; die österreichische Polizei hatte ihre Fahrzeugkontrollen verstärkt. Viele verärgerte Urlauber, darunter etliche muslimische Türken, die nach Deutschland zurückkehrten, schmorten in ihren aufgeheizten Autos.

An der Grenze bei Röszke wuchs der Frust unter Migranten und Polizisten, die sie geleiten sollten. Nach wie vor gab es keine großen Zelte, wenig Toiletten, wenig Busse und nicht genügend Wasser. Das UNHCR hatte auf Ungarns Regierung bereits über Monate Druck ausgeübt, damit das Aufstellen großer Zelte erlaubt wird. Die Regierung lehnte ab. Große Zelte sähen zu sehr nach einem echten Willkommen aus, wohingegen sie eher Abschreckung bevorzugten. Am letzten Augustwochenende ließ Ungarns Verteidigungsminister Csaba Hende verkünden, dass der Zaun fertiggestellt sei, zwei Tage vor Plan. Das war eine optimistische Verlautbarung. Es gab nun tatsächlich eine Art stacheldrahtbewährtes Hindernis entlang der 175 Kilometer zu Serbien. Károly Papp, der gutmütige, abgeklärte Polizeichef, sandte 3.000 zusätzliche Kräfte auf Anweisung der Regierung an die Grenze zum Patrouillieren, darunter waren einige zu Pferd, mit Hunden und in Helikoptern.

Jedoch war der instabile Bau bereits an vielen Stellen dekoriert mit zerrissenen Decken, Schlafsäcken und Kleidungsstücken, die von Flüchtlingen zurückgelassen wurden, als sie durch den Zaun, darüber oder darunter auf die andere Seite gelangten. Und selbst diese Anstrengung basierte auf einem Missverständnis oder eher Verschweigen. Weder die serbischen noch die ungarischen Behörden hatten den zehntausenden sich in nördlicher Bewegung auf dem Balkan befindlichen Menschen mitgeteilt, dass es noch immer offene Checkpoints gab.

Diejenigen, die von den offenen Stellen erfuhren, wussten es von Freunden, Verwandten oder Schleppern. Die meisten hatten keine Papiere und konnten kaum einfach durch die Checkpoints an den Landstraßen oder an die Bahnhöfe gehen. Es bestand aber eigentlich keine Notwendigkeit für das Risiko, sich beim Überqueren des Zauns zu verletzen, denn es gab noch etliche Stellen am Fluss Tisza (Theiss) und seinen Altarmen oder an der Bahnstrecke bei Röszke oder Kelebia, wo der Zaun noch nicht fertiggestellt war. Den Zaun im Ganzen innerhalb von sechs Wochen fertigzustellen, war eine logistische Herausforderung; Viktor Orbán jedoch zeigte sich nicht entmutigt. Ein paar Tage später trat der Verteidigungsminister zurück – das erste und einzige politische Opfer der Krise.

Als Angela Merkel am Montag, dem 31. August 2015, ihre Pressekonferenz in Berlin hielt, fuhr ich nach einer Woche wieder Richtung Budapest, um mir ein Bild von der Lage zu machen. An allen drei Haupteingängen des Ostbahnhofs waren große Gruppen von Flüchtlingen zu sehen. Als wir ankamen, stand die Polizei recht distanziert daneben und erlaubte hunderten, in Züge nach Österreich und Deutschland zu steigen. Dann wieder schlossen sich die Reihen der Polizisten und sie hielten jeden ab, der nach Flüchtling aussah.

Am Eingang zur Thököly-Straße fotografierte ich einen betenden Mann, der still für sich neben einem blauen Zelt saß, ein kleines Fleckchen Gras als Gebetsteppich. Als er sich hinkniete, schaute er kurz zur Seite, erblickte meine Kamera und fror förmlich ein. Ich schämte mich, ihn in der Privatsphäre seines Glaubens gestört zu haben.

Ein kleines syrisches Mädchen in einem hellrosa T-Shirt winkte zwei riesigen ungarischen Polizisten. Beide hatten Tattoos und kurzgeschorene Haare. Einer durchbrach seinen strengen Ausdruck und grinste zurück, der andere zog ablehnend die Stirn in Falten. Kameraleute mischten sich unter die Menschen. Zum ersten Mal seit 1989 war mein Land, Ungarn, wieder im Fokus weltweiter Nachrichten.

Die uns zu Verfügung stehende Technik half dabei, Zuhörer und Zuschauer mitten ins Geschehen zu bringen. Mit einer mobilen 3G W-Lan Box in der einen sowie Laptop und Mikrofon in der anderen Hand konnte ich einen Radiobericht abliefern, während ich die Hauptstraße überquerte und auf den Bahnhof zuging. Ich stand am Bahnsteig und sendete stündlich Updates für TV-Nachrichten. Während einer Live-Schalte stellte sich ein Mann hinter mich und fing an, auf Ungarisch zu fluchen und in die Kamera zu brüllen. Ich nahm ihn bestimmt an den Schultern, schob ihn aus dem Bild und beantwortete weiter Fragen.

Die Polizei formierte sich in Reihen, einige in Kampfausrüstung, aber die meisten ohne, dann lösten sie sich auf und formierten sich kurz darauf wieder. Überall wuselten Freiwillige herum, trugen Essen, Ladekabel für Telefone und Sachspenden. Manche Polizisten sahen mit ihren kastanienbraunen Käppis junger aus als die meisten Flüchtlinge. Viele trugen grünen Mundschutz und blaue Gummihandschuhe wie Chirurgen in OP-Kleidung. Die regierungsfreundlichen Medien brummten förmlich von Meldungen, welche ansteckenden Krankheiten die Migranten mitbrächten, es reichte von Aids bis Hepatitis.

Andere Polizisten, vielleicht mit etwas mehr Sympathie für die Migranten, oder zumindest welche, die sich einfachere Kommunikation erhofften, ließen ihre Masken in der Tasche. Das Gesicht eines alten Mannes mit mächtigem gelbem Bart prangte in Stein gemeißelt am Seiteneingang des Bahnhofs – Flussgott Danuvius selbst, der die Szene bestaunte – mit einer grauen Taube auf seinem Kopf.

Auf den Eingangsstufen des Bahnhofs standen männliche und weibliche Polizeikräfte mit weißen T-Shirts und dunklen Sonnenbrillen, um die Menschenmenge fernzuhalten. Eine Familie mit drei Kindern schlief zu ihren Füßen, eingehüllt in einer braunen Decke, während der Vater die Kontakte seiner Schlepper im Handy suchte und mit seiner Familie in Syrien telefonierte.

Einige Flüchtlinge waren in den Besitz eines Megafons gelangt. Es gab gelegentlich Demonstrationen in Gruppen von 50 oder etwa 100 Personen, die sich durch die Menge bewegten und „Freedom" riefen oder „Germany" oder „Angela". Eine Gruppe hatte sich ihre Landesflagge auf Pappe gemalt, Afghanistan, und trug die Trikolore von Schwarz, Rot und Grün stolz herum. So wie arme Menschen überall auf der Welt trugen sie nachgemachte Markenkleidung mit falsch geschriebenen Firmennamen. Die junge Frau, die eine Seite der Afghanistanflagge hielt, trug ein T-Shirt mit einem blau-weißen Sportschuh darauf, statt dem Markennamen Converse stand bei ihr „Convease".

Die Polizisten in gut gepolsterten Kampfuniformen schnappten sich die Helme, das Pfefferspray griffbereit. Sie gaben nur ihr Pokerface, die meisten mit eng abschließenden Sonnenbrillen, jede Emotion versteckend. Sie schienen aufgrund ihrer Größe ausgewählt; die Flüchtlinge standen mickrig und schutzlos neben ihnen.

Solche merkwürdigen Szenen wurden schnell Alltag. Im Johannes Paul II-Park nebenan traf ich einen verzweifelten 17-jährigen afghanischen Jungen, der seinen 13-jährigen jüngeren Bruder verloren hatte, mit dem er auf der Reise war. Beide telefonierten mit der Mutter in Kabul, konnten sich aber nicht finden. Es wurde immer wieder ein Wort genannt, das er nicht verstehen konnte, ich jedoch erkannte nach einer Weile, dass es „Nyugati" war, Westbahnhof. Plötzlich klärte sich alles; ich nahm eine Karte und zeigte ihm, dass sein Bruder am anderen Bahnhof war. Nach Rücksprache mit der Mutter stellte sich das als richtig heraus und ein nun sehr erleichterter Junge machte sich mit meiner Straßenkarte auf den Weg, um seinen jüngeren Bruder zu erlösen.

Zwischen Fahrradständern spielte ein kleines irakisches Mädchen in gelbem Schlafanzug mit Schafen Verstecken mit mir.

Als sich die dramatischen Zustände in Budapest zuspitzten, mietete die BBC ein Zimmer in einem kleinen, modernen Hotel in der Vergissmeinnicht-Straße direkt beim Bahnhof. So wurde für uns ein Basislager geschaffen, um Ausrüstung zu lagern, Telefone und Batterien aufzuladen und uns etwas auszuruhen, wenn uns alles zu viel wurde. Draußen traf ich auf der Straße einen älteren bekümmerten Mann aus Bayern. Sein Telefon war komplett ohne Strom, er hatte die anderen Teilnehmer seiner Reisegruppe verloren und war seit Stunden in den umliegenden Cafés und Restaurants am Bahnhof unterwegs auf der Suche nach einer freien Steckdose, um sein Handy aufzuladen. Ich nahm ihn mit ins Hotel, er bediente sich an den Steckdosen und trank ein Bier in der Lobby. Sofort ging es ihm besser.

Als ich ihn allerdings nach den Flüchtlingen fragte, fing er plötzlich an zu weinen. „Die tun mir so arg leid", meinte er, „ich war auch Flüchtling nach dem Krieg."

Am 1. September kamen rund 2.500 der meist syrischen Flüchtlinge, die in Budapest gestrandet waren, per Zug in München an, wo sie von einer klatschenden Menge mit Blumen, Bannern, Essen und Trinken empfangen wurden. Das war für viele in Deutschland, auch für die Flüchtlinge, ein Hochgefühl während der ganzen Krise, ein Moment maximaler Euphorie, der an die bejubelte Rückkehr einer siegreichen Fußballmannschaft erinnerte, die mit der frisch gewonnenen Trophäe durch ihre Stadt zieht.

Am nächsten Tag, dem 2. September 2015, traf Angela Merkel in Berlin mit Spaniens Staatschef Mariano Rajoy zusammen. Auf der gemeinsamen Pressekonferenz beantwortete sie Fragen zu ihren Aussagen vom 31. August. Sie meinte, dass syrische Flüchtlinge, die in Deutschland ankämen, „mit hoher Wahrscheinlichkeit" den Asylschutz als Bürgerkriegsflüchtlinge erhielten, was „angesichts der Lage in ihrem Land" auch wenig überraschend sei. Andere Länder sollten sich ebenso verhalten, schlug sie vor. Frontex-Chef Fabrice Leggeri wiederum brachte in einem Interview mit dem französischen Radio die Gefahr potenzieller Terroristen ins Gespräch, die durch die Einreise so vieler Menschen aus Kriegsgebieten bestehe. Der Wert von syrischen Pässen sei gestiegen, sagte er, da nun Syrer fast automatisch einen Flüchtlingsstatus in Europa erhielten. Falsche syrische Dokumente wurden offenbar in der Türkei gefertigt und in Umlauf gebracht, aber „bisher haben wir keine Hinweise auf potenzielle Terroristen, die in Europa einreisen", meinte er.[5]

Nachdem am Montag kurzzeitig der Druck am Ostbahnhof von Budapest verringert wurde, verfinsterte sich die Stimmung rapide, als Polizeikräfte alle Eingänge für Menschen abschotteten, die wie Flüchtlinge aussahen. In den umliegenden Straßen kontrollierten sie Ausweise der Menschen; Ladenbesitzer und Schlepper schauten dabei zu.

Auf den Stufen zum Bahnhof zeigte mir der 17-jährige Afghane Mohammad Omar Heydari sein einseitiges Dokument, das ihm in Szeged ausgehändigt wurde. Es war ausgestellt von der Polizeistation in Csongrad, zeigte Zeit und Datum, als er aufgegriffen wurde, 11.10 Uhr vormittags am 31. August. Alles auf dem Papier war Ungarisch. „Ich erkenne an, dass ich illegal von Serbien in Ungarn eingereist bin", hieß es im Statement. „Ich erkläre, dass ich in Ungarn einen Asylantrag stellen möchte."

Darunter hatte er IGEN (Ja) eingekreist anstatt NEM (Nein). Darunter die verschnörkelte unleserliche Unterschrift eines Dolmetschers. Flüchtlinge wie Behörden spielten also nach wie vor das Spiel, als würden die Dublin-Verfahren noch gelten.

Um binnen 24 Stunden aus Ungarn in Richtung Westen zu gelangen, hatte Mohammad angegeben, dass er in Ungarn bleiben wolle – und sowohl Polizei als auch OIN mussten ihrerseits angeben, dass sie ihn hierbehalten wollten. Auf dem Blatt stand unten in Großbuchstaben:

HIERMIT SIND SIE GEWARNT, DASS SIE SICH BINNEN
24 STUNDEN MIT DIESEM BELEG ZWINGEND
EINZUFINDEN HABEN IM FLÜCHTLINGSLAGER
SAMSON STRASSE 149 DEBRECEN

Auf der Rückseite des Blattes standen die Kontaktdaten von sieben NGOs, darunter Amnesty International, sowie die polizeiliche Beschwerdestelle.

Derweil beobachtete ich einen kleinen Flüchtlingsjungen, der aus der Obhut seiner Mutter entfleucht war und sich nun an den Eingangsstufen des Bahnhofs mit den Polizisten anfreunden wollte. Das waren die gewöhnlichen Polizisten, nicht die Kampfeinheiten. Der Kleine erklärte und zeigte etwas in seinen Worten. Ein Polizist strich über sein Kinn und versuchte zu verstehen, was er meinte. Ein anderer lächelte und schaute dann aber mürrisch weg.

Am selben Tag ging das Bild eines kleinen dreijährigen Jungen um die Welt, der in einem roten T-Shirt und dunkelblauen Hosen und Turnschuhen tot mit dem Gesicht im Sand lag.[6] Das Bild wurde vom türkischen Fotografen Nilufer Demir am Ali Hoca-Strand an der türkischen Westküste nahe Bodrum aufgenommen. Ein paar Stunden zuvor war der kleine Alan Kurdi und seine Familie in der Dunkelheit in einem überfüllten Schlauchboot aufgebrochen, um die griechische Insel Kos zu erreichen, nur vier Kilometer auf dem Wasser waren zu überbrücken. Sie werden schon die Lichter der Insel gesehen haben.

Ich war selbst einige Jahre vorher in einem kleinen Segelboot auf dieser Route gefahren. Das kleine Schlauchboot mit zwölf Personen an Bord kenterte in hohen Wellen 500 Meter vor der Küste. Der kleine Alan, sein Bruder Ghalip und die Mutter Reyhan ertranken, trotz der Rettungsversuche des Vaters

Abdullah Kurdi. Zwölf Erwachsene und Kinder von diesem und einem anderen Boot, das in der Nähe sank, ertranken bei dieser Tragödie.

Die Geschichte der Familie wurde in den Wochen und Monaten danach in den Medien erzählt; sie zeigt eindrücklich, wie dünn die Lebensfäden vieler Migranten und Flüchtlinge tatsächlich sind. Die Familie kam aus Kobane an der syrisch-türkischen Grenze, wie so viele Familien, die ich am Maisfeld bei Röszke in der Woche davor traf. Die Familie Kurdi stammte aus Damaskus und zog 2012 nach Aleppo, dann nach Kobane und schließlich 2013 in die Türkei. Anfang 2015 versuchten sie, nach Kobane zurückzukehren, flohen jedoch erneut im Juni, als der IS eine neue Offensive startete, um die strategisch wichtige Stadt einzunehmen. Nachdem sie sich wie hunderttausende in dem Jahr zur Westküste der Türkei aufmachten, gaben sie einem pakistanischen Schlepper Geld für die Überfahrt. Sie wollten nach Kanada, wo Abdullahs Schwester Tima als Friseurin in Vancouver arbeitete.

Sie hatte bereits Aufnahmeanträge für sie gestellt, diese aber waren im Juni von der kanadischen Regierung wegen Unvollständigkeit abgelehnt worden. Sie hatte ihren Angehörigen regelmäßig Geld geschickt, damit sie es irgendwie nach Europa schaffen könnten. Abdullah gab seiner Frau und den zwei Kindern das letzte Geleit zum Begräbnis in Kobane. „Ich wünschte, ich wäre mit ihnen gestorben", sagte er.

Am folgenden Morgen, dem 3. September 2015, war ich gerade mitten in einer Live-Schalte vor dem Ostbahnhof, es war 7.40 Uhr, als ich hinter mir einen Aufruhr wahrnahm. Ohne Vorzeichen öffnete sich die Polizeikette und verschwand förmlich. Ich hörte Schreie in der Menge, alle begannen in den Bahnhof zu rennen. Wieder befand sich alles im Chaos. Wir konnten die folgenden Minuten aufnehmen und live in den Bahnhof gelangen, mitten in der Menschenmenge. Auf Bahnsteig 8 stand ein grün-gelblicher deutscher Zug, der laut Anzeigetafel um 9.20 Uhr über Wien nach München fahren würde. In wenigen Augenblicken war er voll, alle Sitze und jeglicher Platz waren besetzt; die Menschen liefen Gefahr, an den Türen wieder auf den Bahnsteig zurückgedrängt zu werden. Jeder Waggon hatte 65 Sitzplätze, wie es stolz angezeigt war, aber hier waren sicher 500 Menschen in den vier Waggons.

Nach erfolglosen Versuchen, die Leute zum Aussteigen zu bewegen, setzte sich der Zug eine halbe Stunde nach planmäßiger Abfahrt in Bewegung und verließ den Bahnhof. Plötzlich herrschte eine Euphorie in der Menge, die am Bahnsteig geblieben war. Ein Zug durfte Ungarn verlassen, also würden noch mehr kommen. Ungarn würde den Weg aus dem Land hinaus sicher nicht mehr versperren, oder? Viele schwenkten ihre Tickets, die sie für mehrere hundert Euro nach München und darüber hinaus gekauft hatten. Dafür waren sie angestanden – und nun lag eine Siegesstimmung in der Luft, viele dachten, sie hätten nun die ungarische Regierung überrumpelt.

Gerade als der Bahnhof wieder geöffnet wurde, war Viktor Orbán auf dem Weg zum Flughafen. Wenn er die Tore des Bahnhofs später geöffnet hätte, wäre der Eindruck entstanden, er wäre vor Brüssel eingeknickt. Seine Haltung schien: *Ihr wollt die haben? Bitte!*

In Brüssel traf Orbán mit verschiedenen hohen Amtsträgern zusammen, mit EU-Kommissionspräsident Jean-Claude Juncker, dem Ratspräsidenten Donald Tusk, dem EU-Parlamentspräsidenten Martin Schulz sowie dem Chef der EVP, Joseph Daul. Danach wandte er sich an die Presse. Die Migranten seien ein „deutsches Problem, kein europäisches", sagte er Reportern, da das Ziel von vielen Deutschland sei.

Er fügte hinzu, dass er keine weiteren Ausreisen aus Ungarn erlaube, wenn die Menschen nicht registriert seien. Er war nach Brüssel gekommen, da ab dem 15. September eine Neuordnung der Polizeigesetze geplant war, wie er meinte. Die Regelungen, welche das ungarische Parlament beschließen würde, seien sofort für die Polizei wirksam, um Migranten beim Eintritt nach Ungarn aufzuhalten. Angeblich würde dies alles gemäß Dublin-Verfahren und Schengen-Abkommen sowie in Abstimmung mit Frontex geschehen. Laut Schengen-Abkommen war es nicht nur Ungarns Recht, sondern auch seine Pflicht, die Grenzen zu sichern und damit auch die Außengrenze des Schengenraumes.

Ungarn hätte seiner Aussage nach bislang die Einhaltung der Abkommen stets angestrebt, es sei dem Land aber nicht gelungen zu verhindern, dass nun tausende Migranten illegal ihre Grenzen überqueren. Dies könne nicht so weitergehen. „Ich habe heute alle meine Amtskollegen gefragt, ob sie denn eine bessere Idee als einen Zaun hätten. Niemand konnte darauf etwas antworten, nur dass sie die Regelungen missbilligten, also sind sie meiner Meinung."

Etwas später fragte ein deutscher Reporter, ob er den Zaun mit dem einstigen Eisernen Vorhang vergleichen würde. Er antwortete offen: „Wenn wir die beiden Dinge vergleichen, so ist der neue Eiserne Vorhang für uns, nicht gegen uns. Wir wollen hier nicht mit einer großen muslimischen Community leben, das hatten wir schon 150 Jahre lang."[7]

Am selben Morgen veröffentlichte das *Wall Street Journal* detaillierte Vorhaben der EU-Kommission zur Umverteilung von 160.000 Asylsuchenden innerhalb der EU. Die aktuell dramatische Lage in der Krise, die Dringlichkeit der Bilder wie die des kleinen Alan Kurdi und die nahezu biblischen Szenen an den Grenzen zwischen Serbien und Mazedonien sowie zwischen Ungarn und Serbien trieben die trägen Staatschefs Europas zur Tat. Angela Merkel und François Hollande stimmten sich am Telefon ab; der französische Präsident wich von seiner früheren Abwehr gegen die Quotenregelung zur Verteilung zurück, die Juncker offiziell am 9. September vorstellte. Orbán meinte seinerseits, dass bei seinen Gesprächen mit den Amtskollegen keine konkreten Zahlen genannt worden seien, er aber hätte diesen Plan sofort als Bluff abgelehnt; seiner Einschätzung nach wüssten „die Autoren des Plans selbst, dass er nicht funktioniert."

Zurück in Ungarn war der mit Asylsuchenden vollgepackte Zug unter Mühen kurz nach 10 Uhr morgens aus dem Budapester Ostbahnhof herausgefahren, aber er kam nur 27 Kilometer weit bis zum Bahnhof Bicske.[8]

Dort standen aufgereiht Polizisten in Kampfuniform, die Gleise und Bahnsteige abriegelten. Den Flüchtlingen wurde gesagt, sie sollten aussteigen, sie würden in ein Flüchtlingslager gebracht. Sie weigerten sich und so gab es eine Patt-Situation.

„Was halten Sie davon", fragte ich eine alte Ungarin, die zwischen den Fernsehteams auf der anderen Seite der Gleise stand. „Sie tun mir leid", sagte sie. Mit dieser Ansicht stünde sie recht alleine unter ihren Landsleuten, meinte ich. „Unser Arzt hier in Bicske, Dr. Ussamah, der kommt aus Syrien und wir finden ihn toll", antwortete sie.

Derweil versuchte eben dieser Dr. Ussamah Bourgla, zwischen den Polizisten und den Männern, Frauen und Kindern zu verhandeln, die sich weigerten, den Zug zu verlassen. Später erzählte er mir:

> Was ich an dem Tag gefühlt habe, wünsche ich meinem ärgsten Feind nicht. Es war eine Katastrophe. Sie alle sind in der Hoffnung vom Ostbahnhof abgefahren, bald an einem friedlichen Ort anzukommen, nach drei oder vier Jahren schrecklichen Leids. Und dann ist nach 30 Kilometern alles vorbei und die Hoffnung der Leute erlischt, die mit gültigen Tickets drin sind, die sie am Bahnhof gekauft haben.
> Als ich von einem Kollegen hörte, dass der Zug hier in meiner Stadt Bicske angekommen ist, bin ich hin zum Bahnhof und habe der Polizei meine Hilfe angeboten. Ich habe die Anordnungen des Einsatzleiters ins Arabische übersetzt – also, dass sie aussteigen

sollen, und da haben die Flüchtlinge natürlich gefragt, was dann mit ihnen geschehen wird. Die Polizei sagte mir, dass sie mit Bussen zu ihrer Sicherheit und ihrem Komfort in das nahegelegene Flüchtlingslager gebracht würden.

Das verweigerten die Flüchtlinge und bestanden darauf, dass der Zug weiterfährt, weil der ja nach Deutschland sollte laut Plan, und dass sie Fahrkarten für ihn hätten. Es war eine schreckliche Situation. Die Leute waren sehr wütend und sie dachten, man hätte sie hereingelegt.

Mittlerweile war die Gruppe derer, die aus dem Zug ausgestiegen waren und sich als Vermittler angeboten hatten, wieder auf dem Weg zurück in die Waggons, doch die Polizei versperrte ihnen den Weg. Mitten in diesem Chaos fiel eine Frau mit einem Kind auf die Gleise, oder sie wurde irgendwie geschubst. Die Polizisten versuchten nun, ihr hochzuhelfen. Einige internationale Medienvertreter gaben der Szene den Dreh, dass dies ein klassischer Fall von Polizeigewalt sei. Der Familienvater beugte sich weinend über die beiden.

Der Vorfall wurde später vom Regierungssprecher Zoltán Kovács herangezogen als typisches Beispiel dafür, wie niederträchtig westliche Medien agierten. Eigentlich war es eher ein klassisches Beispiel für den Wankelmut ungarischer Behörden, welche die Flüchtlinge im Glauben gelassen hatten, sie kämen nach Deutschland – und auch sichtbares Zeichen der Verzweiflung unter den Flüchtlingen, die herausfanden, dass sie wirklich hereingelegt wurden. Gleichsam zeigte es, in welch furchtbare Lage die ungarische Polizei gebracht wurde, mittendrin im Konflikt als Spielball zwischen Flüchtlingen und ihrer eigenen Regierung.

Die Vermittlergruppe gelangte wieder in den Zug und die Patt-Situation war wiederhergestellt. Einige traten in Hungerstreik. Ich sah, wie Polizisten ihnen Wasserflaschen wieder wegnahmen, ein Flüchtling nahm eine ganze Kiste Wasser und schmiss sie verärgert auf den Bahnsteig. Versuche, ihnen Essen wegzunehmen, ergaben dasselbe. Einige Flüchtlinge hatten sich vor den Zug aufgereiht, abgeschirmt auf dem Bahnsteig, wo hunderte TV-Reporter und Fotografen standen, und hoben Schilder mit Dankesbotschaften hoch. Ich las „Thank you journalists" und auf einem anderen „No camp, no water, no food, just freedom". Auf den langen Waggonrumpf schrieb ein Mann mit weißem Rasierschaum „No camp, no Hungary" in großen Buchstaben.

Am nächsten Tag, Freitag, dem 4. September 2015, endete die Patt-Situation mit einer Niederlage für die Flüchtlinge. Bei einem Versuch von etwa einhundert Menschen, den Zug zu verlassen, kollabierte ein 52-jähriger Bangla-descher und starb an Ort und Stelle, vermutlich durch einen Herzinfarkt. Tief demoralisiert verließen die verbliebenen Passagiere den Zug in einer langen Reihe, sie wurden bei der Bereitschaftspolizei in wartende Busse gebracht und danach zum Flüchtlingslager.

In Budapest versuchten am Donnerstagmorgen nicht mehr alle, um jeden Preis den wieder planmäßig bereitstehenden Zug zu besteigen. Viele standen einfach da, hielten die Stellung, aber wagten in Erwartung einer Falle, nicht einzusteigen. Zabihullah Sharifi aus Afghanistan war einer von ihnen. Er stand mit mir auf Bahnsteig 7 und hielt seine einjährige Tochter in den Armen. Sie wog zwölf Kilo, als sie ihre Heimat verließen, nun wog sie acht Kilo „Sie ist mei-ne Liebe, sie hält mich gesund." Er hatte mit seiner Familie drei Tage am Bahn-hof gewartet. „Wir sind sehr traurig. Wir sagen Ungarn: Bitte, macht das nicht. Das ist schlecht für das Bild eures Landes. Die deutsche Kanzlerin lädt diese Leute ein und das wissen sie auch. Es sind Ärzte unter uns, Ingenieure, gebilde-te Menschen. Bitte, Ungarn, lasst uns gehen."

Einer der gebildeten Menschen, ein Mann mit blauem Hemd und lila Pul-lover, hatte seine Frau draußen in der Unterführung bei ihren Habseligkeiten gelassen, um drinnen herauszufinden, was los war. Er sah, wie der erste Zug abfuhr, dann versuchte er, eine Fahrkarte zu kaufen, „aber der Schalterraum war für Leute wie uns nicht zugänglich." Währenddessen hatte er von der schicksalhaften Fahrt des ersten Zuges gehört, der bis Bicske gekommen war, und konnte jetzt froh sein, dass seine Familie nicht eingestiegen war. Nun woll-te er Karten kaufen, sobald das Büro für sie wieder geöffnet hatte und dann in einen Zug nach Deutschland steigen, von dem er sicher sei, dass er auch durch-fahre. „Wir wollen uns ja an die Gesetze halten", sagte er.

Gegen 1 Uhr am Freitagnachmittag sahen viele ihre Hoffnung auf einen Zug schwinden, etwa 1.200 Menschen machten sich zu Fuß auf den Weg über die Autobahn nach Wien.[9]

Die Idee dazu war schon vorher in Flüchtlingskreisen am Bahnhof kursiert. Ein weiterer Faktor, der den Entschluss eventuell beflügelte, war die Angst vor Gewalt. Gerüchte waren im Umlauf, dass fanatische ungarische Fußballfans nach dem Spiel Ungarn – Rumänien einen Angriff auf die Flüchtlinge geplant hätten.[10]

Die Gruppe machte sich Richtung Donau auf, über die Elisabethbrücke zur Autobahn M1. Es wirkte wie ein moderner Kinderkreuzzug, eindrücklich ge-filmt von Drohnen aus der Luft und hunderten Handys auf der Erde. Menschen schleppten ihre Rucksäcke und Plastiksäcke, schoben Kinderwagen und Rollstühle, einige hatten kleine Kinder auf den Schultern. Die Polizei versuchte, sie vom Verkehr zu schützen, sie gingen unbeeindruckt weiter; es waren einfach zu viele. Am Tag zuvor hatte die Polizei ein Statement dazu veröffentlicht, welchen menschlichen Ansatz ihre Leitenden in der bestehenden Lage verfolgten:

„Die Polizei wird weiterhin moderat ihre Aufgaben in der Situation wahrnehmen, die angesichts der unkontrollierten Einwanderung anstehen. Unter Berücksichtigung der jeweiligen Umstände wird dies angemessen, im rechtlichen Rahmen und professionell geschehen."

Da ich das sich entwickelnde Drama in Bicske verfolgt hatte, blieb ich mit Ernö Simon in Kontakt, Sprecher des UNHCR, der mit der großen „Wandergruppe" mitlief. Am frühen Abend hatte die Kolonne eine Raststätte bei Kilometer 23 erreicht. Ich fuhr von Bicske aus dorthin.

Eine langgezogene Reihe von Flüchtlingen schlängelte sich am Seitenstreifen der Autobahn entlang, während die Polizei an der Mittellinie patrouillierte und eine Fahrspur für den Verkehr offenließ. Ungarische Freiwillige hatten ihre Autos am Rand stehengelassen und stiegen die Böschungen hoch, um den Flüchtlingen Essen und Trinken zu bringen. Bei Einbruch der Dunkelheit war die ganze Szene erleuchtet durch die Blitzlichter der Fotografen und Scheinwerfer der TV-Kameras sowie von Fernlichtern der Polizeiwagen und vorbeifahrenden Autos. Da die schwächeren und müderen zurückblieben, hatte sich die Gruppe in eine lange ungleichmäßige Reihe auseinandergezogen, die sich über Kilometer hinzog. Ich interviewte einige auf ihrem Weg, dann ließ ich meine Kollegen an der Raststätte zurück, um meinen Beitrag zu schneiden und zu bearbeiten; ich trampte zurück nach Budapest, um mein Material zu senden. Ich sollte abends auf einem Luxusdampfer auf der Donau sprechen.

Ein Auto mit slowakischem Kennzeichen nahm mich mit in die Hauptstadt, am Steuer eine Frau und hinten ihr Sohn im Teenageralter. Sie waren Briten und den Einwanderern eher feindlich gesinnt, trotz ihrer höflichen Geste, einen Fremden mitzunehmen. Als sie gerade eine Tirade gegen die überall auftauchenden Migranten begannen, klingelte mein Telefon, am Apparat ein Journalisten-Kollege, der mir die erstaunliche Nachricht überbrachte, dass die ungarische Regierung Busse bereitstellte, um die Flüchtlinge an die österreichische Grenze zu bringen.

Kurz darauf klingelte es wieder. Es war Haneen, das syrische Mädchen, die mit ihrer Familie in der Wohnung von meinem Freund Viktor am Ostbahnhof untergekommen war. Sie war in Schwierigkeiten. In einer Serie von gedrängten, hektischen WhatsApp-Nachrichten beschrieb sie mir, was geschehen war. Gegen meinen und Viktors Rat war sie mit einem Taxi in ein Hotel am Flughafen gefahren, um dort einen Schlepper zu treffen. Er bedrängte sie und sie war weggelaufen.

Ich riet ihr, zu ihrer Familie in der Wohnung zurückzukehren. Ich verriet ihr auch, dass die Regierung Busse bereitstellen würde und sie zum Kilometer 23 an der Autobahn kommen solle. Dann rief ich Viktor an. Er bestellte zwei Taxis auf seinen Namen, um Haneen abzuholen und um ihre Familie zu fahren. Für Flüchtlinge war es immer schwerer geworden, selbst Taxis zu bestellen, weil die Fahrer nicht in den Verdacht der Schlepperei kommen wollten. Die Wagen brachten sie zur Raststätte, wo sie sich dem Ende der Schlange anschlossen.

Kurz nach Mitternacht kam eine Flotte von 105 Bussen, sammelte die etwa 2.500 Menschen entlang der Autobahn auf und brachte sie zur Grenze. Doch erst gab es Zweifel unter den Menschen, ob sie der Regierung trauen konnten. Nach dem, was in Bicske geschehen war, vermuteten viele auch hier eine Falle. Sie verweigerten, in den ersten der Busse zu steigen. Nur wenige bestiegen ihn, wie zum Test. Er fuhr daraufhin zur Grenze. Von dort sandten die Mitfahrenden SMS oder riefen an, dass die Regierung ihr Versprechen hielte und sie das Land wirklich verlassen konnten. Da stiegen auch die restlichen Menschen ein und der Konvoi fuhr zur Grenze.

Nur eine letzte Hürde gab es zu meistern. Um 3.15 Uhr schrieb mir der Regierungssprecher Zoltán Kovács. Nun war er es, der um Hilfe bat. Ich rief ihn an. Die Österreicher ließen die Leute nicht ins Land, erklärte er mir, aber die Medien würden noch immer die Ungarn beschuldigen. Ich war ja gar nicht an der Grenze, aber einige meiner BBC-Kollegen standen auf der anderen Seite. Ich gab ihm ihre Nummern. Bald schon war das Missverständnis behoben und alle – die von der Raststätte und die an der Autobahn gestrandeten sowie weitere vom Ostbahnhof Aufgelesene – konnten nach Österreich hinübergehen.

Am nächsten Morgen fuhr ich zur Autobahn; die Spur von Müll entlang der 30 Kilometer vor Budapest war noch zu sehen. Auf einem Parkplatz fanden wir fünf syrische und irakische Flüchtlinge. Sie waren vor der Hauptgruppe entlanggegangen und hatten angehalten, um in der Nacht ein bisschen Schlaf zu bekommen; schließlich hatten sie die Busse verpasst.

Die Frage, ob wir sie zur Grenze bringen sollten, stellte uns vor ein ziemliches Dilemma. Bislang waren alle in Ungarn, auch Taxifahrer, die dabei erwischt wurden, wie sie Migranten zur österreichischen Grenze brachten, wegen Schlepperei angeklagt worden. In dieser Nacht jedoch hatte die Regierung Busse bereitgestellt, um genau das zu tun – und diese armen Teufel waren nun zurückgeblieben. Entweder hatte sich die Regierung selbst zum Schlepper gemacht, oder sie hatte in den vergangenen Stunden ihre humanitäre Aufgabe erfüllt. Wir entschieden, der Regierung dabei zu helfen. Als wir in Hegyeshalom ankamen, fuhren wir die alte Straße entlang, die parallel zur Autobahn verläuft.

Als wir am Grenzbahnhof vorbeikamen, sahen wir hunderte weitere Flüchtlinge, die aus einem Zug aus Budapest stiegen. Die ungarische Bahngesellschaft MAV hatte nun den Flüchtlingen erlaubt, Züge bis zur Grenze zu nehmen, nicht jedoch Intercity/Eurocity-Züge nach Wien oder Österreich. Das sprach sich schnell herum und so waren die Regionalzüge bis zum Dach voll von glücklichen Flüchtlingen, die endlich weiterreisen durften. Wir hielten am Straßenrand und ließen unsere Passagiere sich der Menschenmenge anschließen. Dabei fotografierten uns eifrig ein paar Anwohner, die aus ihren Häusern gekommen waren. So, dachte ich mir, muss es sich angefühlt haben im Ungarn unter János Kádár, ein Leben in einem Polizeistaat.

Wir verbrachten den Tag am Grenzübergang, der sich vom alten Übergangspunkt bis zum neuen, fünfspurigen zog. Seit Ungarn am 1. Januar 2008 Teil des Schengenraums wurde, gab es eigentlich keine Grenzkontrollen mehr, doch die rostige Infrastruktur an der einst großen europäischen Grenze stand noch immer da. Toiletten, Büros, Antennen, überwucherte Randstreifen, Duty-Free-Shops – alles verlassen. Rot-weiß-gestreifte Straßensperren hielten nun niemanden mehr auf. Die streunenden Hunde liefen plündernd herum.[11]

Mitarbeiter des Ungarischen Roten Kreuzes waren mitten im Geschehen, erkennbar durch ihre rot-reflektierenden Jacken, verteilten Essen, Wasser und Kleidung. Die Flüchtlinge waren naturgemäß ein bunter Haufen. Eine Frau mit schwarzem Kopftuch, blauer Jeans und feinen Schühchen zog einen Rollkoffer vorbei, als würde sie gerade zu ihrem Flieger am Flughafen eilen. Neben ihr zwei kleine Mädchen in pinken und roten Strumpfhosen, eins hielt eine malvenfarbene Maus mit langem Schwanz und rosa Ohren fest und kicherte vor Freude. Ein paar junge Burschen alberten herum und schwangen ihre Taschen durch die Gegend.

Väter hielten die Köpfe ihrer Kinder, die mit wildem Blick dreinschauten. Menschen mit Kinderwagen und Kleinkindern, alte Menschen in Rollstühlen. Teenager-Mädchen in engen Jeans und knappen Shirts, die in meine Kamera sahen mit dem Selbstbewusstsein der Jugend, sich selbst der Tatsache gewiss, dass sie in einer Zeit aufwachsen, in der Image alles ist. Ich sah einige Männer auf Krücken mit schmerzverzerrtem Gesicht und Beinen, die sie in den Kriegen gelassen hatten, vor denen sie geflohen waren.

Ich sah eine Gruppe von fünf jungen Männern, einem alten Mann und einer alten Frau. Der Mann war weißhaarig und barfuß, er humpelte stark. Sie machten das Victoryzeichen, als sie an mir vorbeigingen. Fast alle lächelten oder lachten. Junge Paare – die sich vielleicht auf der Reise verliebt hatten so wie ungarische Freiheitskämpfer, die 1956 auf den Barrikaden kämpften – hielten schüchtern Händchen. In den tiefen Pfützen, die vom ergiebigen Regen der letzten Tage stehengeblieben waren, spiegelten sich die Menschen und die Zahl der Flüchtlinge erschien doppelt. Nun war Ungarn wie Serbien ein Durchgangsland in den Westen geworden. Und ein paar Meter neben alledem floss der stete Strom von Reisebussen und Pendelverkehr, der alltägliche Fluss der Geschäftigkeit mit Mündern, die offenstanden angesichts der ungewöhnlichen Szenerie neben ihnen.

KAPITEL 6

DER VORHANG SCHLIESST SICH

Und doch ist es gerade dieses Europa, das heute – trotz unserer Unsicherheit und unserer subjektiv wahrgenommenen Schwächen – als Ort der Zuflucht und des Exils angesteuert wird. Dieses Europa ist heute ein Leuchtturm der Hoffnung und ein Hafen der Stabilität in den Augen vieler Frauen und Männer im Nahen Osten und in Afrika. Das ist etwas, auf das wir stolz sein sollten, nicht etwas, das wir fürchten sollten.

EU-Kommissionspräsident Jean-Claude Juncker[1]
(Rede zur Lage der Union, veröff. 9. Sept. 2015)

Die politische Reaktion auf Viktor Orbáns Entscheidung, die Flüchtlinge gehen zu lassen, war enorm. Doch warum tat er es überhaupt? Orbán hatte mehrmals versucht, den österreichischen Kanzler Werner Faymann an diesem Freitag, den 4. September, anzurufen und schickte ihm auch eine offizielle Anfrage, aber er bekam von Faymanns Mitarbeitern nur als Antwort, dass er am Samstagmorgen ab 9 Uhr erreichbar sei. Die beiden sprachen letztlich um 11 Uhr an dem Abend, nachdem alle Entscheidungen getroffen waren.

Am Abend war János Lázár, Leiter der Staatskanzlei, mitten in einem Treffen des Nationalen Sicherheitskomitees im Parlamentsgebäude. Schockiert von den Bildern auf der Autobahn, dem Ostbahnhof und tagsüber in Bicske, wussten seine Leute, dass sie die Lage wieder in den Griff bekommen mussten. Den verzweifelten Migranten und Flüchtlingen Busse zur Verfügung zu stellen, war ein logischer Schritt. Lázár rief Orbán an, der in einer VIP-Box im Budapester Stadion auf den Anpfiff des Fußballländerspiels Ungarn-Rumänien wartete, um die Verantwortung abzugeben. Orbán entschied zackig: Mach! Busse sollten sie an der Autobahn einsammeln und auch die am Ostbahnhof zurückgebliebenen nach Österreich bringen.

Sein bisheriger Umgang mit den Flüchtlingen hatte ihn über Monate zur Zielscheibe der Kritik in den deutschen und österreichischen Medien gemacht. Wenn sie die Leute wollten, sollten sie sie eben haben.[2]

Die Entscheidung wurde durch seine Botschafter nach Wien und Berlin übermittelt. Ungarn gab an, dass 4.000 bis 6.000 Menschen in mehr als 100 Bussen kämen. „Ungarn ist nicht länger in der Lage, eine Registrierung aller Flüchtlinge durchzuführen", schrieb József Czukor in einer E-Mail an Merkels Kanzleramtschef Peter Altmaier sowie an Emily Haber, Staatssekretärin im deutschen Innenministerium und zuständig für Migration und Integration. Altmaier rief sofort zurück.

Derweil widmete sich Orbán wieder dem für ihn wirklich wichtigen Abendprogramm: dem Fußballspiel. Kurz vor der Halbzeit ging ein Raunen durch die Menge, als der rumänische Torwart Ciprian Tătăruşanu einen langen Volleyschuss des ungarischen Spielers Ádám Szalai abwehren und um den Pfosten lenken konnte und somit eine ungarische Führung verhindert hatte. Haneen hörte dieses Raunen, als sie mit dem Taxi am Stadion vorbeifuhr, um den Schlepper am Hotel Omnibusz zu treffen. Um 21 Uhr wies János Lázár die Budapester und landesweiten Transportunternehmen an, umgehend Busse bereitzustellen. Danach informierte er die Medien über seine Entscheidung.

Angela Merkel war derweil bei einer CDU-Veranstaltung in Köln, ehe sie nach München flog; es folgte ein bewegtes Wochenende am Telefon mit Faymann und ihren eigenen Ministern. Wenngleich Faymann nicht mit Orbán sprechen wollte, so vertraute der Sozialdemokrat doch der deutschen Kanzlerin. Österreich würde die Busse durchlassen – was wäre mit Deutschland? Rechtsberater um Außenminister Frank-Walter Steinmeier äußerten, dass laut EU-Recht ein Land so viele Asylsuchende aufnehmen könne, wie es wolle. Der deutsche Vizekanzler Sigmar Gabriel unterstützte Merkels Entscheidung ebenfalls.

Merkel telefonierte mit Faymann. Er sagte später: „Sie meinte zu mir, die Balken müssen auf, wir müssen diesen Menschen helfen."[3]

Mit den Balken waren die rot-weißen Grenzschranken an der offiziellen Grenze gemeint. Derselbe Balken wird auch im Neuen Testament bei Matthäus erwähnt, wenn man den Splitter im Auge des anderen sieht, nicht aber den Balken im eigenen. „In diesem Ausnahmefall entscheiden wir, dass die Balken aufgehen", sagte Faymann, man werde die Menschen nicht hängenlassen. Er erklärte aber auch, dass dies keine Dauerlösung sei, sondern ein Weg, um die dramatische „Notlage" in der vorherigen Nacht zu lösen. Die Polizei werde ihren Aufgaben im rechtlichen Rahmen bestehender Gesetze und mit angemessener Verhältnismäßigkeit begegnen, hieß es im Statement der österreichischen Polizei. Ein Sprecher des Innenministeriums sagte der österreichischen Tageszeitung *Die Presse*: „Wenn ein Asylantrag gestellt wird, wird er entgegengenommen", doch „eine lückenlose Kontrolle wird nicht möglich sein." Die Behörden in Wien und an der Grenze bei Nickelsdorf machten sich bereit.[4]

Letztlich reisten an diesem Wochenende 18.000 Flüchtlinge durch Österreich nach Deutschland, 10.000 von ihnen kamen am Münchner Hauptbahnhof an. Sie wurden von einer frenetischen Menge willkommen geheißen, die sich am Bahnsteig aufgereiht hatte. Viele der Flüchtlinge trugen zerknitterte Portraits von Merkel, ihrer unerwarteten Heldin. Die deutsche Bundesregierung sicherte drei Milliarden Euro an Soforthilfe für die Bundesländer zu, um die Ankunft der Menschen meistern zu können, weitere drei Milliarden Euro sollten für spätere Ausgaben wie soziale Absicherungen bereitstehen.[5]

Während die Tore nach Westeuropa nun offenstanden, sprach Österreichs Kanzler plötzlich davon, wie man sie wieder schließen könne. *Die Presse* meinte lakonisch, der Kanzler könne selbst nicht sagen, wie lange diese Ausnahmesituation noch anhielte und wie viele Flüchtlinge noch durch Österreich reisen würden.

Vom 5. September bis zum 16. Oktober registrierte Ungarn – wie um sich an Österreich und Deutschland zu rächen – zehntausende neue Flüchtlinge nicht mehr, die über die serbische und kroatische Grenze gekommen waren. Der neue Fokus der EU-Staatschefs lag nun auf Quoten. Aber sollten sie verbindlich oder freiwillig sein? Nach einer zögerlichen Zustimmung der Mitgliedstaaten zur Einführung einer freiwilligen Quote im Frühling 2015 fanden nun einige Staatschefs die Zeit für verpflichtende Maßnahmen gekommen.

Der UNHCR-Chef António Guterres sagte am 4. September: „Europa kann der Krise nicht mit Stückwerk und unzureichendem Einsatz begegnen. Kein Land kann das allein schaffen und kein Land sollte sich um seinen Beitrag drücken."[6]

Merkels Entscheidung verursachte einigen Aufruhr in Deutschland. CSU-Chef Seehofer meinte, dass keine Gesellschaft mit so etwas allein fertig werde. Er war nicht über die Entscheidungen in der Nacht informiert worden, denn er war in der schicksalhaften Nacht im Urlaub und hatte sein Telefon ausgeschaltet. Merkels Koalitionspartner, besonders die SPD-Generalsekretärin Yasmin Fahimi, stand der Kanzlerin bei: „Die Entscheidung war die einzig richtige. Wir mussten ein starkes Signal der Menschlichkeit setzen – um zu zeigen, dass Europas Werte auch in schwierigen Zeiten gelten. Das Verhalten Ungarns ist unerträglich." Die unterschiedlichen Reaktionen auf das Geschehen standen in der *Bild am Sonntag* unter dem Titel „Merkel beendet die Schande von Budapest."[7]

Merkels Schachzug traf innerhalb Deutschlands auf breite Zustimmung. Im ZDF-Politbarometer stimmten 66 Prozent mit ihrer Entscheidung überein, den in Ungarn festsitzenden Flüchtlingen Hilfe zu gewähren, 29 Prozent waren dagegen. Von den Befragten gaben 62 Prozent, dass sie glaubten, Deutschland werde mit der großen Zahl an Zuwanderern zurechtkommen, 35 Prozent glaubten das nicht.[8]

Viktor Orbán war derweil ebenfalls gefragt, unter anderem von der *Times* aus London, der AP und dem ORF, alle wollten ein Stück vom Kuchen des Geschehens, wenn dies das passende Bild ist für den zunehmend rundlichen ungarischen Staatschef. Auf die Frage, ob er seinen Streitkräften einen Schießbefehl gegen Flüchtlinge gegeben habe, antwortete er: „Das ist nicht nötig, weil es an der Grenze einen Zaun geben wird, den man nicht überwinden kann. Wer trotzdem über den Zaun will, muss verhaftet und rechtlich verfolgt werden. Es wird keine Waffengewalt notwendig werden."[9]

Er sagte dem ORF: „Wir schützen Europa gemäß den europäischen Regeln, und die besagen, dass die Grenzen nur an bestimmten Stellen und nach Registrierung überschritten werden können."

Mittlerweile hatte Ungarn aber die Registrierung von Einwanderern gestoppt. Orbán mochte vielleicht die Schlacht am Ostbahnhof verloren haben, doch er war gewillt, den „Krieg gegen die illegale Einwanderung" zu gewinnen. Der nächste Schritt wäre nun die Schließung der Lücken im ungarischen Zaun, so etwa deutlich am Bahngleis zwischen Horgoš und Röszke sowie die Umsetzung eines Maßnahmenpakets, welches vom Parlament am 4. September bestätigt wurde und am 15. September in Kraft trat. Zwei Transitzonen sollten bei Röszke und Kelebia eingerichtet werden, in den neuen Zaun hinein, so dass Flüchtlinge Ungarn immer noch um Asyl anrufen konnten und Ungarn so formell die Genfer Konvention von 1951 erfüllte. Auf internationaler Ebene stand die Quotenregelung als nächste Hürde bevor – das ersehnte Allheilmittel in der

Krise, laut EU-Kommission – war für die ungarische Führung unter Orbán jedoch keines.

„Wenn Europas Außengrenzen nicht abgesperrt sind, hat es keinen Sinn, über Quoten zu sprechen", sagte Orbán dem ORF. „Wenn die Außengrenzen abgeriegelt sind, dann können wir über Lösungen sprechen."

Hinter vorgehaltener Hand sagte Orbán meinen Kollegen, Ungarn sei offen für freiwillige Quoten, aber das von Deutschland beeinflusste Mitteleuropa sei für eine Zwangs-Quote, die nun den meisten zurückhaltenden Osteuropäern aufgedrängt werde. Der Gedanke verbitterte die Fidesz-Führung, die sich vom Westen oft von oben herab und arrogant abgekanzelt fühlte. Die EU-Quoten nahmen Form an. Frankreich sollte 24.031, Deutschland 31.443, Spanien 14.931, Polen 9.287, Rumänien 4.646 und Ungarn 1.294 Flüchtlinge aufnehmen.

Als Jean-Claude Juncker erstmals am 9. September in Straßburg eine Rede zur Lage der Europäischen Union hielt, sprach er lang, emotional – und nannte angestrebte Lösungen für die Krise.[10] Er sagte den EP-Abgeordneten:

> Es ist an der Zeit, offen und ehrlich über die großen Fragen zu
> sprechen, denen sich die Europäische Union stellen muss. Denn
> unsere Europäische Union ist in keinem guten Zustand. Es fehlt
> an Europa in dieser Union. Und es fehlt an Union in dieser Union.
> Das müssen wir ändern – und wir müssen das jetzt ändern.
>
> Wir Europäer sollten uns daran erinnern, dass Europa ein Kontinent ist, auf dem im Laufe der Geschichte fast jeder einmal
> ein Flüchtling war. Unsere gemeinsame Geschichte ist geprägt
> von Millionen von Europäern, die vor religiöser und politischer
> Verfolgung, vor Krieg, vor Diktatur und vor Unterdrückung fliehen
> mussten.

Der Kernpunkt in der Vorgabe der Kommission war die europaweite „Notregelung zur Umverteilung" von 160.000 Asylsuchenden aus Griechenland, Italien und Ungarn, im einvernehmlich solidarischen Sinne der Mitgliedsländer. Die Entscheidung sollte auf einer außerordentlichen Tagung des Rates der Innenminister am 14. September getroffen werden. Für Unwillige sollte es nun wie eine Möhre vor der Nase wirken, dass die Abschiebe-Verfahren für diejenigen beschleunigt würden, deren Asylgesuche abgelehnt wurden. Bald wolle man sich auf EU-Ebene auf eine Liste sicherer Staaten einigen, in die diese Menschen gehen könnten. Solche eine Liste umfasste alle Beitrittsländer auf dem Balkan. Weitere Schritte sollten entlang der Asylverfahren der einzelnen Länder gegangen werden. Mehr gemeinsame Anstrengungen seien vonnöten, um die EU-Außengrenzen durch Frontex abzusichern.

Eine „Diplomatie-Offensive" war nötig, um den Krisen in Syrien und Libyen zu begegnen. Weiter werde ein Nothilfe-Treuhandfond im Umfang von 1,8 Milliarden Euro eingerichtet, um die Krisen in der Sahelzone, dem Tschad sowie am Horn von Afrika und in Nordafrika zu meistern.

Am Budapester Ostbahnhof sank die Zahl der campierenden Flüchtlinge deutlich, so dass Service-Mitarbeiter die Böden säubern konnten. Einige hundert Menschen waren jedoch immer noch da. Sie waren von den südlichen Grenzen gekommen und von Flüchtlingslagern in Kiskunhalas oder Debrecen. Nun ruhten sie sich auf ihrer Durchreise in Budapest aus. Jetzt gab es keine weiteren Versuche von Ungarn mehr, sie aufzuhalten.

In der Unterführung schwang ein Mann mit Rasta-Frisur und Blumen-Shirt beidhändig einen Metallring mit Netz und entließ wunderschöne, große Seifenblasen. Einige Menschen hatten „Köszönjük Magyarok" − „Danke, ihr Ungarn" − mit Kreide auf den Boden in ein großes rosa Herz gemalt. Mädchen saßen auf dem Boden mit Stiften zum Zeichnen und Malen. Eine Frau verteilte Blumen. Ein Berg roter Sommeräpfel wurde aus einem Einkaufswagen verteilt, ein großer Stapel Schuhe in einem anderen. Ich fragte einen dünnen, traurig dreinschauenden zwölfjährigen Jungen aus Syrien, was er malt. „Ich male eine neue Flagge für mein Land. Es war eine horizontale Trikolore mit Blau oben, weiß in der Mitte und Grün unten. In der Mitte des weißen Streifens waren drei Herzen, alle mit Tränen gefüllt. Er hielt es schüchtern für ein Foto in die Höhe. *Alam* ist Arabisch für Flagge.

Die Nachricht, dass Ungarns Parlament am 4. September eine neue gesetzliche Regelung beschlossen hatte, die bald in Kraft treten würde und sich die letzten Schlupflöcher im Zaun jeden Moment schließen könnten, verbreitete sich rasant und drängte viele Flüchtlinge, die noch auf dem Balkan nördlich auf der Strecke bei Röszke und anderswo unterwegs waren, zu mehr Eile. Regierungstreue Beobachter der Szenerie drückten ihr Missfallen gegen diese Eile als „militärische" aus, dabei wurde sie gerade durch die Entscheidungen hervorgerufen.

Es schien, als würden sie auf das ungarische Schloss zurennen, kurz bevor die Fallgitter am Burgtor heruntergehen. Im gleichen Atemzug verbreiteten Behörden ihre Abscheu gegen Migranten, die ihnen angeblich mit einer neuen „Aggression" begegneten. Vielleicht nahmen sie an, die Migranten sollten sie umarmen dafür, dass sie ihnen Steine in den Weg legten, nachdem Deutschland den Weg eigentlich frei gemacht hatte und jedem eine gerechte Fallprüfung gewähren wollte. In den ersten beiden Septemberwochen stieg die Zahl der Ankommenden am Bahngleis täglich. Allein am 12. September, einem Samstag, kamen laut Polizei 4.000, aber es hatte den Anschein, dass sie nicht mehr richtig zählte oder nicht mehr gewillt war zu zählen.

Auf den letzten Drücker nahm die Infrastruktur, die vom ersten Tag an benötigt gewesen wäre, langsam Form an. Das UNHCR erhielt endlich die Genehmigung, drei große Zelte am Rande des Maisfelds aufzubauen. Das Gewächshaus eines Bauern wurde mit Plastikplanen ausgelegt und zum Lager umfunktioniert. Weitere mobile Toiletten wurden bereitgestellt, nun nicht mehr drei, sondern zwölf. Es entstand ein Versorgungsgelände für die tausenden Neuankömmlinge, die jeden Tag hinzukamen. Greenpeace konnte ein solarbetriebenes Zelt installieren, in dem Flüchtlinge ihre Telefone aufladen konnten.
Offizielle karitative Einrichtungen wie die Caritas, die Reformierten Kirchen und Baptistengruppen sowie die Malteser Hilfsdienste – all jene, die bislang nur in offiziellen Flüchtlingslagern aktiv waren, nicht aber an Auffangstellen, wo es Not tat – erschienen nun wie durch ein Wunder. Eine Woche vorher stand hier nur ein einzelnes Zelt von MigSol zwischen den hunderten notdürftig errichteten Zelten, welche die Flüchtlinge selbst mitbrachten. Und schließlich hatte auch die Polizei ausreichend Busse, um die Menschen vom Feld zum Registrierungspunkt und dem berühmten blauen Hangar zu bringen.

Der UNHCR-Sprecher sagte mir, die Regierung hätte ihm gegenüber zugegeben, dass sie zuvor daran gescheitert waren, die Lage unter Kontrolle zu bringen.
Eines Morgens bei Röszke fragte ich einen jovialen, großen Polizisten, der die ganze Nacht durch wach gewesen war, was er über seinen Einsatz hier dachte. „Naja, ist schon wie bei Monty Python, oder?", antwortete er gutgelaunt, wodurch er seine Kenntnis britischer Comedyserien bewies. Ich fragte, an welche Szene genau er hier dachte, und er meinte ohne Zögern: „Ministry of Silly Walks."[11]
Neben der Gleisstrecke war ich Anfang September zwei Männern in Zivil

begegnet, die die Szene beobachteten. Sie trugen dünne Jacken mit einer unauffälligen Aufschrift an der Seite, die sie als ungarische Polizisten auswies. Sie weigerten sich aber, mir zu sagen, welcher Einheit sie angehörten. Ich erzählte ihnen unbeeindruckt, was so los war und wie der ungarische Staat damit scheiterte, ordentlich mit den Flüchtlingen umzugehen und sogar die eigene Polizei in eine schwierige Lage brächte. Sie hörten mir höflich zu und sahen sich an. „Das sehe ich in vielen Punkten auch so", sagte einer. Nun wurde immerhin die Infrastruktur gebaut. Ungarn hatte jetzt ein, wenn auch chaotisches, aber relativ gut organisiertes Flüchtlingslager. Die Ironie war, dass der Strom drei Tage später gestoppt wurde.

Die Lage auf dem Balkan änderte sich stündlich. Die mazedonische Armee und Polizei versuchten vergeblich, 7.000 Menschen am Durchkommen zu hindern, doch letztlich durchbrach die Menge ihre Reihen. In Ungarn, wo das Registrierungssystem über die letzten Wochen und Monate mühsam aufgebaut wurde, war es teilweise zusammengebrochen. Die von der Polizei geleiteten Zentren für eine schnelle Nach-Registrierung funktionierten in Röszke noch. Dort gab es auch Maschinen zur Fingerabdruck-Sicherung. Die OIN-Zentren bei Kiskunhanhalos, Debrecen, Vámosszabadi und Bicske mit ihren längeren Prozeduren dagegen schienen nicht mehr zu existieren. Die OIN-Leiterin Zsuzsanna Végh sprach im Staatsradio davon, dass 80 Prozent der Ankommenden aus Syrien, dem Irak und Afghanistan seien und 95 Prozent von ihnen nicht länger als zwei Wochen im Land blieben, ehe sie weiterreisten.

Noch immer war ein Mangel an Kommunikation zwischen Behörden und Flüchtlingen spürbar. Nur wenige ungarische Polizisten sprechen Englisch und das Englisch vieler Flüchtlinge war nur bruchstückhaft. Es kam zu komischen Szenen.

Ein Syrer bat mich um Hilfe für seine hochschwangere Frau, die er auf die andere Straßenseite zum Ärztezelt bringen wollte. Er wurde von einer Reihe Uniformierter abgehalten, die die Straße zur Sicherheit absperrten. Ich erklärte einem Beamten sein Begehr und der willigte sofort ein, zu helfen. Die Reihe öffnete sich und der Mann und seine Frau überquerten die Straße. Dann jedoch kamen weitere 30 Personen, Frauen, Kinder und Männer, die ihm folgten. Der Beamte brüllte mich an und fragte, wer denn die Leute seien. Ich verlangte eine Erklärung vom werdenden Vater, der meinte: „Das sind alles Familienmitglieder, die müssen doch bei mir bleiben", und ich übersetzte seine Worte. Zunächst fürchtete ich, dass ich durch meine Hilfe hier eine größere Konfrontation hervorrufen würde.

Die 30 Verwandten durften jedoch alle zum Ärztezelt. Somit endete die erste Kooperation zwischen der BBC und den ungarischen Kräften der ORFK erfolgreich.

Am 8. September brachte ein Vorfall an derselben Stelle Ungarn furchtbare Publicity ein. Ein paar Dutzend Polizisten war dazu abgestellt, tausende Flüchtlinge davon abzuhalten, auf dem Feld ihrer Wege zu gehen. Sie sollten auf die Busse warten, die sie zur Registrierung fahren würden. Eine größere Gruppe von Menschen hatte genug davon, sie wollten auf dem offenen Teil des Feldes wieder in andere Richtung weiter bzw. wieder ins Maisfeld zurück. Die Polizei hielt sie auf. Mittendrin wurde eine junge Mitarbeiterin des nationalistischen Fernsehsenders N1, Petra László, dabei gefilmt, wie sie laufenden Flüchtlingen ein Bein stellte oder bewusst nach ihnen trat, darunter auch nach Osama Abdul Mohsen, der seinen Sohn trug, sowie nach einem kleinen Mädchen. Der Ausschnitt wurde von einer deutschen Journalistin auf Twitter geteilt und ging viral um die Welt.[12]

N1 veröffentlichte später eine Erklärung: „Eine Mitarbeiterin von N1TV hat heute am Auffangpunkt Röszke inakzeptables Verhalten gezeigt. Wir haben das Beschäftigungsverhältnis zu dieser Kamerafrau mit sofortiger Wirkung aufgelöst." Einige Tage später entschuldigte sich Petra László öffentlich: „Der Vorfall tut mir sehr leid, als Mutter tut es mir ebenfalls leid, dass ich ein Kind geschubst habe, das in meinem Weg stand. Ich habe das zu dem Zeitpunkt nicht erkannt. Ich hatte Panik bekommen und wenn ich den Ausschnitt anschaue, wirkt es so, als wäre das nicht ich."

Der Schaden jedoch war nicht mehr wegzuwischen. Während desselben Vorfalls sah ich Polizisten, die Flüchtlingen hinterherrannten, ihnen ein Bein stellten und sie mit eindeutiger Gewalt zum Sammelpunkt zurückzerrten. Ein behinderter Mann schluchzte währenddessen herzzerreißend. Es brauchte drei Polizisten, um ihn zu fassen und zurückzubringen. Auf seinem T-Shirt war ein Bild von einem Bären mit einem Hilfe-Schild und der Aufschrift „Live with the care, save the bear."

Die Freiwilligengruppen arbeiteten rund um die Uhr. Mark Kékesi, der Lehrer aus Szeged, war mit Freiwilligen und seinem alten braunen Mercedes überall, um Hilfsmittel aus Szeged zu besorgen. Anarchistengruppen trafen aus verschiedenen Ländern ein, erkennbar an ihren Slogans „No borders". Ein blaues Banner hing an der Seite des Transit-Bus mit einem Schmetterlings-Bild, das über dem Zaun schwebte: „Ain't no European border high enough – no papers, no fear."

Anfang September hatte ein Regionalmedium den Screenshot einer Anweisung veröffentlicht, die von Verantwortlichen des Staatsfernsehens MTVA an Mitarbeiter ausgehändigt wurde. Sie hielt die Mitarbeiter an, keine Kinder zu filmen, da das anscheinend übermäßig viel Mitgefühl bei Zuschauern erzeuge.[13]

Um die Entscheidungen der Regierung zu rechtfertigen, waren die Journalisten angewiesen, bei jeder Gelegenheit zu betonen, dass ein Großteil der „illegalen Einwanderer" alleinstehende Männer seien. Laut offiziellen Zahlen der EU waren von den 1,26 Millionen Menschen, die sich im Laufe des Jahres 2015 in einem der 28 EU-Länder registriert hatten, 365.000 unter 18 Jahre alt. Aus eigenem täglichem Erleben an der Grenze kann ich sagen, dass es recht schwerfiel, keine Kinder zu filmen, weil es schlichtweg so viele gab.

Riesige weiße Wolken zogen über den blauen Himmel der ungarischen Weite. Ich fragte einen Fotografen von *Magnum*, wonach er heute Ausschau hielte. „Einfach biblische Szenen, nur biblische Szenen", meinte er voller Passion. Davon gab es einige einzufangen. Die Frauen mit Kopftuch, die Kleinkinder, die Sommerhitze und die Kühle in der Dämmerung, sowie Polizisten als römische Zenturionen, die in ihren blauen Körperpanzern posierten, mit grüner Gesichtsmaske, Sonnenbrillen und roten Käppis.

Am Szedeginer Landgericht wurde die Verhandlung aller Strafdelikte bis auf weiteres ausgesetzt, um sich vor einer Flut gemeldeter Fälle nach dem Inkrafttreten der neuen Gesetze am 15. September zu schützen. Jeder, der auch nur einen Finger an den Zaun legte, würde demnach verurteilt werden. Der illegale Grenzübertritt wurde von einer Ordnungswidrigkeit zur Straftat hochgestuft. Der Zaun war an vielen Stellen höher geworden, 3,5 Meter mit Stacheldraht auf Bodenhöhe und oben. 3.800 Soldaten wurden versetzt, um den Polizeikräften vor Ort zu helfen, den Zaun zu bewachen. Immer mehr Hundestaffeln und Reiterstaffeln tauchten auf, neben ihnen Soldaten mit halbautomatischen Gewehren sowie Helikopter, die der Linie der Regierung Nachdruck verleihen sollten. Es gab nun keinen Zweifel mehr, dass eine massive militärische Operation bevorstand.

Der 14. September war ein Montag. Ich beobachtete einen Mann in hellblauem T-Shirt, wie sie Gefängniswärter tragen; er stand auf einer Leiter und befestigte neue Metall-Elemente am Zaun, direkt an der Gleisstrecke brachte er zusätzlichen Stacheldraht oben an. Weitere Polizeieinheiten waren zu sehen, viele mit Helm am Gürtel. Soldaten begannen ihre Patrouille mit Gefechtshelmen. An diesem Tag erreichten beinahe 10.000 Flüchtlinge Ungarn, die meisten von ihnen über die Gleisstrecke.

Am Abend tauchte ein einzelner rostroter Waggon auf, der von einer Diesellok die Gleise bei Röszke entlanggeschoben wurde. Es war wie ein Schock, tatsächlich so etwas wie einen Zug auf der Strecke zu sehen, wo wir die ganze Zeit nur Menschen auf ihr sahen. An den Rändern des Waggons war Stacheldraht befestigt, wie als groteske Dekoration. Es gab auch etwas Laub, wie zur Tarnung, um den Draht zu verstecken. Vielleicht hatte sich der Draht auch unterwegs im Gebüsch verheddert. Im Licht der TV-Scheinwerfer rollte der Waggon heran, um die Gleise zu blockieren und den Zaun abzudichten. Orbáns neuer Eiserner Vorhang war komplett. 30 Meter weiter flog wie aufs Stichwort eine Taube empor und setzte sich auf den Draht, ihre Silhouette sichtbar im schwindenden Abendlicht.

Am 16. September veröffentliche Boris Kálnoky, mein Kollege von der *Welt*, sein Interview mit Viktor Orbán.[14]

Auf die Frage, ob er nun mit dem Zaun „zufrieden" sei, antwortete Orbán, auf das englische Wort „*satisfaction*" für „Zufriedenheit" reagierend: „*Satisfaction* ist was für die Rolling Stones. Wer wäre schon so verrückt, Zufriedenheit auszustrahlen, wenn zahllose Migranten kommen und man die undankbare Aufgabe annimmt, sie aufzuhalten?" Hinter vorgehaltener Hand sagte er meinem Kollegen Boris und den anderen anwesenden Journalisten, dass Ungarn Willens sei, künftige freiwillige Quoten unter gewissen Umständen einzuhalten.

Diese Position teilten tschechische und polnische Diplomaten in den folgenden Tagen. Währenddessen wurden in Szeged die ersten ungefähr 200 Menschen wegen versuchten Grenzübertritts angeklagt. Im Gericht traf ich den 21-jährigen Ahmed aus dem syrischen Aleppo, Student der Technischen Universität Mamoun. Er wirkte erschüttert. „Ich respektiere ungarisches Recht, ich wusste nicht, dass man die Grenze nicht übertreten darf." Als nächstes wurde Aywa Taleb Suadi aus dem Irak angehört. „Wir haben ein Loch im Zaun gesehen und sind durchgeklettert. Wir waren mit acht Leuten unterwegs." Der Richter war unbeeindruckt. Er erklärte, dass die ungarischen Behörden sicher keinen Zaun errichtet hätten, damit man herüberklettern dürfe. Manche Angeklagten plauderten einiges über ihren Hintergrund aus, wie sie es derart freigiebig kaum gegenüber Journalisten getan hätten.

Aywa war mit seinem Bruder unterwegs. Sie hatten kein Geld von ihren Eltern bekommen. „Drei meiner Brüder wurden im Irak vom IS getötet, einer wurde entführt." An dem Punkt begann er zu weinen. Die Anhörung dauerte fast eineinhalb Stunden, sogar mit Hilfe von Übersetzern, von denen jeder 66 Euro die Stunde bekam, dreimal mehr als Ankläger oder Verteidiger.

Das Urteil war Wort für Wort ausgefeilt, wie ein paar Tage zuvor von einem befreundeten Anwalt aus Szeged vorhergesagt: Abschiebung und ein oder zwei Jahre Einreiseverbot nach Ungarn.

Während Ungarn die letzten Löcher im Zaun stopfte, war der Rest der Balkanroute von oben bis unten in Aufruhr. Der Bürgermeister der griechischen Insel Lesbos gab an, dass derzeit 30.000 Menschen auf seiner Insel seien. Ein Fünftel aller Seeflüchtlinge vom türkischen Festland kam in kleinen Booten über Lesbos, im Jahre 2015 waren im Ganzen 340.000 Flüchtlinge übers Meer aus der Türkei nach Griechenland gekommen.

An der österreichisch-ungarischen Grenze bei Nickelsdorf wurden zeitweise die Züge Richtung Wien gestrichen, offiziell aus Sicherheitsgründen, da zu viele Flüchtlinge einstiegen. Einige österreichische Züge fuhren bis Deutschland, aber die Linie Salzburg-München wurde unterbrochen, von Ungarn fuhr nun überhaupt nichts mehr Richtung Österreich. Das UNHCR gab an, dass sie sich derzeit um 65.000 Menschen allein in Serbien und Mazedonien kümmerten.[15]

Die größte im Raum stehende Frage war, wie die Menschen reagieren würden, da der Zaun entlang der Gleisstrecke bei Röszke nun dicht war – es schien zwei Möglichkeiten zu geben: Entweder, sie versuchten weiterhin, durchzuschlüpfen, was an einigen Stellen noch möglich war, oder sie würden künftig diesen Grenzabschnitt meiden.

Der schlimmste Vorfall bei Röszke ereignete sich am 16. September beim alten Grenzverlauf nahe der Landstraße am Übergangspunkt. Mehrere hundert Flüchtlinge hatten sich im Laufe des Tages dort versammelt, wo sie nun nicht mehr hinüberkamen. Polizisten in Kampfuniformen kamen per Bus an, darunter voll ausgestattete TEK-Anti-Terror-Einheiten. Eine Reihe von Leitplanken und Betonschikanen sollte die Flüchtlinge am Durchkommen hindern. Angebote des UNHCR, mit Dolmetschern in der Situation zu vermitteln, wurden alle von den ungarischen Behörden abgelehnt. Die Regierung wollte die „Schlacht von Rözke" zwingend gewinnen. Die Pattsituation am Zaun hielt während des Nachmittags an. „Open the fence, open the fence", riefen die Flüchtlinge immer wieder. „Niemand wird in dem Land etwas anstellen oder der Polizei etwas tun", rief Ahmed Hamed, ein Mann mit Megafon, den geschlossenen Reihen der Einsatzpolizei zu, „Bitte verstehen Sie das. Lassen Sie uns einfach durch."

Später rief er ihnen zu, sie hätten bis 2 Uhr am Nachmittag Zeit, die Tore zu öffnen, sonst würde die Menge „die Sache selbst in die Hand nehmen." Das wurde später bei der Verhandlung als Beweis angeführt, dass den Einsatzkräften Gewalt angedroht wurde. Einige Männer in der Menge, ebenfalls mit Megafon, stachelten die Leute auf, andere beruhigten sie. Reifen wurden angezündet und verbreiteten schwarzen Rauch über der Menge, das verstärkte die Untergangsstimmung. Einige frustrierte Männer begannen, Steine über die Absperrung zu werfen, die Polizei antwortete sofort mit Ladungen von Pfefferspray.

Das war die erste unnötige gewalttätige Reaktion, denn die Polizisten waren mit Helmen und Schildern gut geschützt. In der nun aufkommenden Panik wurden einige Frauen und Kinder verletzt, als sie wegliefen. Weitere Steine flogen, die Polizei setzte Wasserwerfer ein. Ein paar junge Männer hoben die abgeprallten Steine am Zaun wieder auf. Ahmed Hamed saß auf den Schultern eines Mannes und rief den anderen mit dem Megafon zu, dass sie nichts mehr werfen sollten. Ein paar jungen Männern gelang es, den ersten Zaun zu öffnen. Wir Journalisten waren durch die Polizei auf der ungarischen Seite abgeschirmt und konnten nur den aufsteigenden Rauch sehen und die Ankunft weiterer Einheiten. Die Kollegen auf der serbischen Seite konnten wesentlich mehr vom Geschehen einfangen.

„Ich habe einen syrischen Mann mit einem Kind auf den Schultern gesehen. Dem Kind schien es nicht so gut zu gehen, ich bin ihm gefolgt, bis nach vorn zur Polizei. Er bat die Polizisten, seine Tochter medizinisch zu versorgen", erzählte mir später der australische Fotograf Warren Richardson.[16]

Wie ich war er einige Wochen lang an der Grenze gewesen, doch während ich abends den Komfort eines Hotels in Szeged in Anspruch nahm, war er oft auch nachts an der Grenze in einem verlassenen Wachturm, um die besten Aufnahmen im ersten Morgenlicht zu bekommen.

Die Polizei nahm das Kind, dann schloss sich die Phalanx der Schilder wieder. Nun bat der Vater des Kindes, dass er zu seiner Tochter durchgelassen werde. „Ich bin ein Mensch, lasst uns menschlich handeln hier. Hört auf damit. Ich komme aus Syrien, einem kriegsgeplagten Land, warum benehmen sich alle so?" In diesem Moment schoben sich laut Warren Richardson die Anti-Terror-TEK-Einheiten zur Menge vor und benutzten die normale Polizei vor ihnen quasi als Schild.

> Plötzlich sah ich nur TEK-Uniformen auf die Absperrungen zurennen. Ich rannte einfach weg von der Stelle, wo wir gestanden hatten.

Die Polizisten hinter uns begannen zu schieben, immer weiter. Die TEK-Typen schnappten sich einfach Menschen, drückten sie zu Boden und falteten sie förmlich zusammen.

Ich erinnere mich, dass ich nach unten schaute und neben mir ein syrisches Mädchen sah, das weinte und schrie. Ich versuchte, sie festzuhalten, als sie sie schnappen wollten, und eine Hand griff nach meinem Hals. Ich spürte einen Schmerz an meiner linken Seite vom Schlagstock, den ein Polizist mir dort reinrammte. Ich konnte nicht ausmachen, wo er stand.

Richardson wurde zu Boden gestoßen. „Als ich mich umdrehte und dem Polizisten sagte, dass ich Journalist sei und keine Bedrohung für ihn, sah der nur zu seinem Nebenmann, der mir gegen den Kopf trat." Die Polizei versuchte dann, Richardsons Kamera zu zerstören, bevor sie ihn auf die ungarische Seite zerrten.

Das war alles koordiniert. Als ich auf die ungarische Seite gedrängt wurde, konnte ich einen guten Überblick bekommen über das, was los war. Ein Fotograf war auf dem Dach des ungarischen Zollgebäudes. Ich sah einen Typ in TEK-Uniform auf einer Erhöhung, zwei weitere Beamte schauten ebenfalls von oben drauf, der TEK-Typ sprach in ein Funkgerät.

Mir fiel ein syrischer Mann auf, er war vielleicht 60. Er krümmte sich und schien einen Herzanfall zu haben. Ich ließ meine Kamera beiseite und begann eine Reanimation. Ein TEK-Beamter brüllte mich an: „Geh verdammt noch mal weg von ihm!"

Richardson blieb bei ihm und versuchte, ihm zu helfen. „Schaum kam aus seinem Mund und sein Puls raste, mir war klar, dass mit ihm etwas wirklich nicht in Ordnung war, doch wieder schrie mich ein Beamter an: Verpiss dich!" Richardson wurde zur Polizeistation nach Szeged mitgenommen und befragt. Später wurde er freigelassen.

Die erste „Schlacht" zwischen Flüchtlingen und der ungarischen Polizei war vorbei. Elf Flüchtlinge wurden festgenommen. Zwanzig Polizisten sowie eine unbestimmte Zahl von Flüchtlingen, Mitarbeiter von Hilfsorganisationen sowie Journalisten wurden verletzt. Zwölf Monate später wurde Ahmed Hamed, der Mann mit dem Megafon, wegen „Terrorismus" schuldig gesprochen und zu zehn Jahren Haft verurteilt. Beim Berufungsverfahren im April 2017 wurde das erste Urteil mit der Begründung aufgehoben, dass wichtigen entlastenden Hinweisen nicht genügend Gewicht gegeben wurde. Eine Neuverhandlung wurde anberaumt; im Januar wurde Hamed schuldig gesprochen wegen „Beihilfe zu terroristischen Handlungen" und zu sieben Jahren Haft verurteilt. Erneut ging die Verteidigung in Berufung.

Kein Land der Welt würde einer wütenden, teilweise gewalttätigen Menge erlauben, seine Grenzen zu stürmen, das schien klar. Doch der Einsatz von Anti-Terror-Einheiten war ein klares Mittel, um der Botschaft von Viktor Orbán vom Januar Nachdruck zu verleihen und gleichsam Nachhall der sogenannten „Nationalen Beratungen" vom Mai, aus denen hervorging, dass man Migranten mit Terroristen gleichsetzte. In diesem Sinne liefen die Flüchtlinge in eine bereitgelegte Falle, die für öffentliche Zwecke genutzt wurde.

Zwei Transitzonen wurden durch die OIN bei Röszke und Kelebia errichtet. Funktionäre der OIN sagten dem UNHCR, die Zonen könnten 100 Asylbewerber pro Tag bewältigen. Die Zone in Röszke lag ein paar hundert Meter westlich der Landstraße beim Übergangspunkt und bestand aus 45 nummerierten Kabinen. Ein Drehkreuz erlaubte den Zugang von serbischer Seite. Die Migranten jedoch waren an schnellem Weiterkommen interessiert, ungeduldig, bald Deutschland zu erreichen, und hatten wenig Sinn für diese bürokratischen Lösungen. Die meisten gingen wieder zurück und wanderten über Serbien nach Kroatien. Dort wurden sie mit Bussen und Zügen an die ungarisch-kroatische Grenze befördert, wo der Zaun noch nicht vollständig stand.

Das Feld bei Röszke war 2015 Orientierungspunkt der Reise für nahezu 200.000 Flüchtlinge in Europa – nun war es in eine Geisterlandschaft verwandelt. Die großen Zelte, erst ein paar Tage zuvor errichtet, wurden abgebaut.

Städtische Angestellte und freiwillige Aktivisten versuchten, den Großteil des Mülls aufzuräumen. Die Maisfelder, in denen derart viele Menschen aufgrund fehlender Toiletten ihre Notdurft verrichtet hatten, waren verwüstet. Lumpensammler versuchten ihr Glück. Ich sah einen alten Ungarn mit einem Fahrrad, der die Sachen, Matratzen und Zelte durchwühlte, die die Flüchtlinge zurückgelassen hatten; er lud für ihn nützliche Dinge auf. In den ersten fünf Tagen nach der Abriegelung von Röszke waren 30.000 Flüchtlinge von Serbien nach Kroatien eingereist und widersetzten sich damit dem kroatischen Innenminister Ranko Ostojić, der bat, sie sollten „in Flüchtlingszentren in Serbien, Mazedonien und Griechenland" bleiben.

Die Kroaten schlossen umgehend sechs Straßenübergänge nach Serbien und versuchten, eine durchgehende Zugstrecke und eine Straßenzufahrt durchs Land nach Slowenien offenzuhalten. Die slowenische Regierung beklagte mit lautem Protest, dies geschehe ohne jegliche Rücksprache. Währenddessen fanden viele einen Weg vom nördlichen Kroatien nach Ungarn hinein, und zwar bei Beremend, sowie weiter westlich an der Drau (Drava) bei Gyékényes. Nun ließ Ungarn sie dort hinein, wenngleich sie sich bemühten, den Zaun zur kroatischen Seite dicht zu bekommen.

An der diplomatischen Front drängte die EU-Kommission auf eine Lösung im Hinblick auf die Quotenregelung. Als Schlüsseltag wurde Dienstag, der 22. September anvisiert.[17]

Der Europäische Rat hatte bei einem Treffen in Brüssel Junckers verbindlichem Plan zugestimmt, 108.000 Asylsuchende zu verteilen, ungeachtet der Entscheidungen aus Ungarn sowie der Slowakischen und Tschechischen Republik. Polen hatte sich von der Linie der anderen drei Visegrád-Staaten entfernt, die Junckers Plan zustimmen wollten. Finnland enthielt sich der Stimme.

Luxemburgs Außenminister Jean Asselborn sagte später: „Wir sind mit großer Mehrheit zu einer Übereinkunft gekommen, größer, als es für die Abstimmung nötig gewesen wäre. Einstimmigkeit wäre uns lieber gewesen und es ist nicht so, dass wir es nicht versucht hätten." Der slowakische Staatschef Robert Fico sagte trotzig: „Solange ich Premierminister bin, werden keine verbindlichen Quoten eingeführt." Ungarn und die Slowakische Republik brachten die Entscheidung vor den EuGH.

Am nächsten Tag wurde ein Sondergipfel der EU-Staatschefs einberufen. Während des Gipfels wurden die Versäumnisse fast aller EU-Länder gegenüber den Verpflichtungen des Word Food Programme (WFP)[18] veröffentlicht. Das

WPF hilft 1,3 Millionen der mehr als vier Millionen Menschen, die in der Türkei, dem Libanon, in Jordanien, dem Irak und in Ägypten als Flüchtlinge leben. Allein für die jordanischen Lager hätte ein Erfüllen der zugesagten EU-Leistungen bedeutet, dass 229.000 Flüchtlinge genug Essen hätten und nicht wie jetzt mit weniger als einem halben Dollar pro Tag auskommen müssten. Ungarn gab 2015 im Ganzen 339.000 Dollar an das WFP, während Schweden 91,2 Millionen Dollar gab. Der Gipfel endete mit einer knappen Erklärung.

> Heute haben wir uns getroffen, um zu besprechen, wie wir der beispiellosen Migrations- und Flüchtlingskrise begegnen … wir erkennen alle an, dass es keine einfachen Lösungen gibt und dass wir nur gemeinsam in Solidarität und geteilter Verantwortung die Herausforderungen meistern werden. Währenddessen müssen wir alle die bestehenden Regelungen anwenden und befolgen, darunter auch Dublin-Verfahren und Schengen-Abkommen.

Eine zusätzliche Milliarde Dollar wurde für das WFP und das UNHCR zugesichert. Die größte Hilfe sollte in die Balkanländer fließen, auch im Hinblick auf die am 8. Oktober geplante Konferenz zu den Routen des Westbalkans sowie der Valletta-Konferenz auf Malta am 11. November. Um die „dramatische Lage an unseren Außengrenzen zu sichern und Kontrollen zu verstärken", würden für Frontex, Europol sowie für das Europäische Unterstützungsbüro für Asylfragen zusätzliche Mittel bereitgestellt. „Wir alle sind gewillt, Zufluchtsorte zu schaffen", sagte Angela Merkel der Presse und fügte hinzu, dass Zäune bauen nicht Teil einer Lösung sei. Viktor Orbán antwortete: „Wenn einigen der Zaun nicht gefällt, können wir die Migranten auch einfach nach Österreich und Deutschland durchlassen." Und das tat er auch weitere drei Wochen lang.

Auf dem Gipfel setzten sich die EU-Staatschefs eine Deadline für Ende November, um in Italien und Griechenland Hotspots zu schaffen. Dort würden Lager eingerichtet, in denen Ankommende registriert und ihre Fingerabdrücke abgenommen werden könnten. Dann sollten dort anerkannte Flüchtlinge in die jeweils aufnehmenden Länder nach Quoten verteilt werden. Menschen mit abgelehnten Asylgesuchen würden wieder nach Hause geschickt. Der erste Hotspot bestand bereits in Catania auf Sizilien. In Italien sollten nun vier weitere entstehen, in Griechenland fünf, und zwar auf fünf Inseln sowie im Hafen von Piräus.[19]

Ich packte derweil angesichts der Abriegelung von Röszke meine Sachen und sah mich nun südlich von Pécs in Beremend um, direkt an der ungarisch-kroatischen Grenze. Jeden Tag kamen Busse voller Migranten an und gingen hier durch den offiziellen Übergangspunkt nach Ungarn hinüber. Auf ungarischer Seite stand eine lange Reihe blauer Busse aus Budapest, die sie zum Bahnhof brachten. Von dort wurden sie direkt an die österreichische Grenze gebracht oder zum Bahnhof Zákány-Gyékényes, von wo aus weitere Züge Richtung Grenze fuhren.

In der Nähe von Beremend beobachtete ich ungarische Soldaten und Zivilisten, die in staatlichen Arbeitsprogrammen noch mehr Stacheldraht ausrollten. Die Landschaft hier ist sanfter als die flachen Ebenen bei Röszke und Mórahalom, weniger bewaldet; ich sah hügelige Felder mit Weizen und alten Akazienhecken. Die Septembersonne schien intensiv und die Soldaten fluchten, wenn sie sich mit ihren bloßen Armen am Draht schnitten. Sie taten mir leid, ebenso wie die Wildtiere, die dem Bau der Barriere wie dem Entstehen einer tiefen Narbe in ihrer Landschaft zusahen.

Vor dem Dorf Magyarbóly erblickten wir einen rot-braunen Güterwaggon, der genau so aussah wie der an der Gleisstrecke bei Röszke. Er hatte hier dieselbe Funktion und war an den Rändern ebenfalls mit Stacheldraht dekoriert. An der Strecke fanden wir leere, große weiße Schneckenhäuser mit perfekten Rundungen, die von ihren Bewohnerinnen schon lange verlassen worden waren. Um uns den sonnigen Nachmittag zu vertreiben, zierten wir den Stacheldraht mit den Schneckenhäusern. Ein Gleisarbeiter vor Ort versprach mir, mich zu informieren, wenn der Waggon weiter rangiert würde.

Braunäugige syrische Kinder kamen mit ihren Familien in Bussen am Bahnhof Magyarbóly an. Sie winkten durch die Fenster, wenn auch etwas schüchtern, doch hatten sie wohl auf ihrer Reise Journalisten eher als Verbündete erlebt. Sie wurden in kleinen Gruppen zum Zug gelassen und gingen an Soldaten in Tarnuniform vorbei, die Gewehre schleppten.

Am Sonntagmorgen fragte ich den Priester vor Ort, ob wir in der Kirche filmen und nach dem Gottesdienst mit Gemeindemitgliedern sprechen dürften. „Nein", sagte er knapp am Telefon, „bleiben Sie weg von meiner Kirche." Auf der Grünfläche im Dorf Beremend stand ein großer Kalkfelsen mit einer schwarzen

Plakette und der Inschrift: „In Erinnerung der Einwohner von Beremend, die am 23. Juni 1950 aus ihren Häusern in die Hortobágy-Ebene getrieben wurden."

Mitten in Beremend waren hellbraune Armeejeeps mit aufmontierten schweren Maschinengewehren auf den Geschütztürmen postiert, so dass die Flüchtlinge auf ihrem Weg nach Ungarn an ihnen vorbeigehen mussten. Das Plexiglas auf den Geschütztürmen war so neu, dass noch die Montageanleitung „Beschussseite außen" zu sehen war. Bei den Anwohnern jedenfalls war die Präsenz der Armee und Polizei sehr willkommen. Auf einem großen roten, handgeschriebenen Schild in Beremend stand: „Wir danken für euer Opfer zu unserer Verteidigung."

Wir fuhren nach Zákány-Gyékényes, um die Bewegungen der Flüchtlinge zu beobachten. Dort war eine kleine Lücke im Zaun, die auf mysteriöse Weise auf kroatischer Seite offen war. Hier kamen Flüchtlinge in unregelmäßigen Schüben mit Zügen von Serbien im kroatischen Dorf Botovo an; wir fanden heraus, dass es mindestens einen vollen Zug pro Abend gab. Nachdem der Zug die Fahrgäste in die Dunkelheit entlassen hatte, wiesen kroatische Polizisten und Sanitäter mit Einsatzwagen den Flüchtlingen den Weg nach Ungarn – eine Straße entlang über eine Weide und einen Pfad hin zu einem offenen Feld und der Lücke im ungarischen Zaun.

Mittlerweile hatte Ungarn gänzlich damit aufgehört, überhaupt nur so zu tun, als würden sie wirklich die Personalien aufnehmen. Die Menschen hatten zehn Minuten Zeit, um in den Zug zu steigen, kaum genug für die ungarischen Hilfsorganisationen wie die Caritas oder Freiwillige, die von einem ungarischen Helfer aus Gyöngyös zusammengebracht wurden, um Menschen wie Babi und ihrem syrischen Mann mit Wasser und Essenspaketen zu versorgen. Der Zug fuhr ab. Wieder stand hier eine unnötig große Gruppe von ungarischen Soldaten und Polizisten an den Gleisen.

Es gab heroische Medienberichte, dass Soldaten eingeladen wurden, in den Dorf-Kindergarten zu gehen, um dort die Kinder zu besuchen. Es wäre doch viel spannender gewesen für die Kinder, mal auf syrische, irakische oder afghanische Kinder zu treffen, dachte ich mir.

Am Eingang von Gyékényes hing ein riesiges Werbeplakat, das noch vom „Nationalrat für Immigration und Terrorismus" übrig war. Das Volk hatte offenbar entschieden, dass das Land verteidigt werden müsse. Zurück in Magyarbóly ging ich nachmittags an die Grenze bei Illocska und lief einem Alten in Karo-Hemd über den Weg, der sein Fahrrad schob. Er war mit einer langen

Stange bewaffnet und wollte zu einer bestimmten Stelle mit Walnussbäumen, sagte er mir. Er hieße István Mihálovics und sei 73. Was er über die Flüchtlinge dachte, fragte ich. „Die Leute fliehen vor Krieg. Sie sollten willkommen sein und Gastfreundschaft erfahren, bis es wieder sicher ist und sie in ihre Heimatländer zurückkönnen." Er erzählte stolz, dass er ihnen an seiner Tür Wasser gab, wenn sie durch Illocska kamen. Er hatte ihnen auch seinen selbstgemachten Pflaumenschnaps angeboten, aber sie hätten zu seinem Bedauern abgelehnt.

Am 30. September sprach Viktor Orbán vor der Generalversammlung der UN in New York.

„Was uns von einer Lösung abbringt, ist ein fehlender Konsens darüber, womit wir es zu tun haben. Das ist keine Flüchtlingskrise, das ist eine Bewegung der Massenmigration, getragen von Wirtschaftsmigranten, Flüchtlingen, Asylsuchenden und auch ausländischen Kämpfern. Es ist ein unkontrollierter, ungesteuerter Prozess." Eine „unbegrenzte Zahl" von Menschen, fürchte er, sei auf dem Weg. Sie sollten in „ihr Leben und ihre Häuser" zurückkehren, meinte er, nicht neue in Europa angeboten bekommen.[20]

KAPITEL 7

DREI GRAUSAME GRENZEN

Meine Frau und beste Freundin,
so weit weg von mir.
Drei grausame Grenzen trennen uns.
Langsam wird es Herbst.
Wird selbst der Herbst mich hier vergessen?

Miklós Radnóti[1]

Am 30. September 2015 starteten russische Kampfflugzeuge vom syrischen Luftwaffenstützpunkt Hmeimim an der Küste des östlichen Mittelmeeres, südöstlich von Latakia. Angeflogene Ziele waren sowohl IS-Stellungen als auch Kräfte der Freien Syrischen Armee, die gegen Truppen des Präsidenten Bashar Assad kämpften. Die Berichte darüber waren niederschmetternd für die syrischen Flüchtlinge, die auf der kurzen Strecke vom kroatischen Bahnhof Botovo über die Grenze nach Ungarn gingen.

Ein Mann sagte mir: „Die Amerikaner, Briten, Franzosen, Jordanier, Saudis – alle werfen Bomben auf uns und sagen dennoch, dass sie uns helfen." Ich versuchte, mit ihm Schritt zu halten. „Und jetzt bombardieren uns auch die Russen, und die behaupten auch, dass es nur zu unserem Besten ist."

2015 war ein Jahr heftiger Kämpfe in Syrien, der IS konnte sich einige Vorteile herausarbeiten. Noch im Januar hatten es kurdische Peschmerga-Kämpfer an der syrisch-türkischen Grenze geschafft, IS-Truppen aus Kobane zu drängen.[2] Kurdische Kinder im Maisfeld von Röszke sangen für mich Lieder über die Helden von Kobane, während sie um ihre Lagerfeuer saßen. Ihre Väter und auch manchmal ihre Tanten und älteren Schwestern waren daheimgeblieben, um zu kämpfen. Erstmals unterstützten US-Militärs Bodentruppen in diesem Konflikt. Im Mai des Jahres hatten IS-Truppen die alte Stadt Palmyra erobert und die meisten der schönen Gebäude in die Luft gejagt. Khaleed Asaad, ein 82-jähriger Gelehrter und Chefarchäologe der antiken Stätten, wurde öffentlich hingerichtet.[3]

Er war seit 1963 verdienstvoll in der Stadt tätig. Kurz vor der Einnahme hatte er sich um die Evakuierung zahlreicher Kunststücke aus Damaskus bemüht. „Die systematischen Versuche des IS, uns in die vorgeschichtliche Zeit zurückzureißen, wird scheitern", sagte sein Schwiegersohn Khalil Hariri. Der IS hatte nicht alles zerstört. Einige Artefakte, die aus der Zeit vor dem Propheten Mohammed stammten, wurden von ihnen geplündert und auf dem internationalen Schwarzmarkt angeboten. Die größte Nachfrage herrschte in Westeuropa und in den USA. Einige Stücke kamen, wie mir eine Quelle sagte, zunächst in die Türkei und dann über Schiffe ins rumänische Konstanza oder ins bulgarische Warna, später mit Taxi durch Rumänien, Ungarn und Österreich.

In die andere Richtung flossen Waffen in die Hände des IS.

„Lassen Sie uns hoffen, dass es keinen Krieg in Kroatien gibt", sagte der frühere kroatische Präsident Stipe Mesić, „denn wir haben alle unsere Waffen an die Irakis verkauft."

Vom Belgrader Flughafen aus starteten Transportmaschinen vom Typ Herkules zu ungewöhnlichen Zeiten, Flugziel Bagdad. Zehntausende Kalaschnikows, die vom Balkankrieg in den 90er-Jahren übriggeblieben waren, wurden nun unter US-Vermittlung an die irakische Armee geliefert. Beim Vorstoß von IS-Truppen fielen diese Waffen in ihre Hände. Gewehrläufe, die einst in Ostslawonien auf kroatischer Seite oder in der serbischen Krajina heißgeschossen wurden, sahen sich nun eingesetzt gegen Peschmerga-Kämpfer bei Kobane, Mosul oder Sindschar.[4]

Jeder Flüchtling, den ich traf, erzählte mir, warum er aus der Heimat geflohen war. Viele Syrer flohen vor dem IS, aber ebenso viele sagten mir, sie wollten der Brutalität des Assad-Regimes entkommen. Trotz der rhetorischen Kniffe von Barack Obama und David Cameron, der Assad als üblen Menschen beschrieb, der keinesfalls nützlich in einer politischen Lösung sei, gab es dagegen in Osteuropa wenig Bewusstsein dafür, dass Assad ein Diktator war, der einen friedlichen Aufstand niedergeschlagen hatte. Laut Amnesty International wurden in den Jahren 2011 bis 2017 etwa 13.000 oppositionelle Syrer in landeseigenen Gefängnissen getötet. Vielleicht hätte es mehr Sympathien erweckt, wenn sich manche Ungarn an ihre eigene gescheiterte Revolution von 1956 erinnert hätten. Nun waren Russen an die Seite von Assad getreten und bekämpften die Vorstöße der Assad-feindlichen Rebellen. Bis 2015 waren in vier Jahren Bürgerkrieg 200.000 Syrer getötet worden. 3,2 Millionen waren geflohen, davon 1,2 Millionen in die Türkei, ungefähr ebenso viele nach Jordanien, 620.000 in den Libanon.[5]

7,6 Millionen galten als im Land Vertriebene. Syrien zählte vor dem Krieg 23 Millionen Einwohner, wobei im Land auch viele Flüchtlinge aus anderen Konfliktregionen wie dem Irak lebten. In der Hauptstadt Damaskus hatten etwa 1,7 Millionen Einwohner gelebt, etwa so viele wie in Budapest. Aleppo war vor dem Krieg mit 2,1 Millionen Menschen sogar noch größer als Damaskus.

Im Laufe des Jahres 2015 starben weitere 100.000 Menschen. Die syrischen Regierungstruppen kontrollierten weite Teile an der Mittelmeerküste und an der libanesischen Grenze.[6]

Die Freie Syrische Armee, vorrangig von Kämpfern der Al-Nusra-Front angeführt, kontrollierte den Nordwesten des Landes. IS-Truppen hatten die Gewalt über zahlreiche Landstriche dazwischen, so dass das Land auf Karten zum Kriegsverlauf wie ein Schädel mit gekreuzten Knochen aussah. Kurdische Krieger kontrollierten weite Teile des Nordens an der türkischen Grenze, ein Gebiet, das nach ihrem Wunsch ein eigenständiges Kurdistan werden könnte. US-Truppen und Diplomaten unterstützten die Kurden, so dass es ihnen wie die größte Chance zur Erreichung ihrer territorialen Eigenständigkeit in Jahrhunderten erschien. Umso größer war die Bedrohung für diesen Traum von türkischer Seite.

Der Juni war mit mehr als 11.000 getöteten Menschen der blutigste Monat. Im Juli überstieg die Zahl der aus Syrien Geflüchteten die Marke von vier Millionen, 1,8 Millionen von ihnen waren in der Türkei untergekommen. Nach russischen Bombardements im Oktober errangen syrische Kräfte große Gebietsgewinne, unterstützt von Hisbollah-Kämpfern aus dem Libanon und dem Iran.

Im September 2015 war die Hälfte der syrischen Bevölkerung aus ihren Häusern vertrieben oder bereits aus dem Land geflohen.[7]

Nachdem die ungarischen Behörden die Gleisstrecke bei Röszke geschlossen hatten, wurden die Flüchtlinge weiter westlich am Zaun nach Kroatien gedrängt.

Kroatiens Landesfläche hat die Form eines Bumerangs oder einer Jungfrau Maria, die Bosnien umarmt wie das Jesuskind. Der obere „Arm" lehnt an Ungarn und ist etwa 100 Kilometer breit. Viele Flüchtlinge wollten nun hier über die Grenze gehen. Darauf war Kroatien aber nicht vorbereitet. Vielleicht hatten die kroatischen Politiker darauf gehofft, dass die Flüchtlinge bei Röszke die ungarischen Anlagen überwinden würden, oder sie hatten geglaubt, das Thema wenige Monate vor der Wahl im Land einfach ignorieren zu können.

Am 17. September errichtete die kroatische Armee bei Opatovac ein Flüchtlingslager, direkt an der Grenze nahe der serbischen Stadt Sid. Am ersten Tag kamen 3.000 Menschen an, am zweiten 11.000. Es gab 700 Betten. So wie an vielen Punkten der Route war es auch hier in gewisser Weise Gold wert, syrischer Herkunft zu sein; jegliche anderen Nationalitäten waren verdächtig. Afghanen und sogar Nordafrikaner, die sich als Syrer ausgeben wollten, sahen sich der Entrüstung der richtigen Syrer ausgesetzt; das führte zu einem der schärfsten Konflikte unter Flüchtlingen. Es gab Handgemenge und Streitigkeiten, was zur allgemeinen Missstimmung nach den Wochen und Monaten ihrer Reise beitrug.

Der neue geografische Flaschenhals der Flüchtlingskrise war die Tiefebene an der Donau und der Drava in der Nähe der kroatischen Städte Osijek und Vukovar, aus denen viele Flüchtlinge während der Balkankriege in den 90ern geflohen waren. Die Wände der Flüchtlingslager in Kiskunhalas, Debrecen, Bicske und Nyírbátor waren übersät von einem Graffiti-Mix aus Arabisch und Serbokroatisch.

Während des Bosnienkrieges 1993 nahm ich oft Wassermelonen auf eine Zugfahrt mit; ein Zug war proppenvoll mit bosnischen Flüchtlingen, wir fuhren in die Nähe der kroatischen Stadt Čavovek. Ein 13-jähriges Mädchen fungierte mit ihren Englischkenntnissen als Dolmetscherin für über 100 Menschen. Bei einem Kaffee mit ihr und ihrer Mutter fragte ich seinerzeit die Tochter, was sie las. *Im Westen Nichts Neues von E. M. Remarque*, die ergreifende Geschichte zwischen den Stellungen an der Front im Ersten Weltkrieg. Ihr Vater war irgendwo in den Kriegswirren von Bosnien, er kämpfte in der bosnisch-kroatischen Armee. Jahre später erfuhr ich, dass er überlebt hatte und die Familie wieder vereint war.

Im September 2015 stellten sich für den kroatischen Premierminister Zoran Milanović und seine Regierung zwei Wege dar: Entweder würde er allen Flüchtlingen die Durchreise Richtung Norden nach Ungarn gestatten, oder Richtung Westen nach Slowenien. Er entschied sich für den Durchlass nach Ungarn, was ihm den Zorn der ungarischen Regierung einbrachte.

„Anstatt den Migranten eine ehrliche Perspektive aufzuzeigen, werden sie direkt nach Ungarn geschickt. Was ist das für eine europäische Solidarität?", fragte der ungarische Außenminister Péter Szijjártó.

Der kroatische Premier antwortete feurig: „Ihre Grenze kann nur dichtgehalten werden, wenn Sie Menschen umbringen. Wir in Kroatien brüllen nicht herum, wir bauen keine Zäune und schicken keine Soldaten an die Grenze, wir machen einfach unsere Arbeit."

In der zweiten Septemberhälfte kamen 86.000 Flüchtlinge nach Kroatien, viele schliefen in den Feldern beim Lager von Opatovac, ehe sie per Zug oder Bus weiter Richtung ungarische Grenze bei Beremend und Zákány fuhren. In diesem Chaos machten sich viele einfach zu Fuß auf und durchquerten die Felder voller Mais und Sonnenblumen, sowie die Weinhänge der berühmten Region Ilok. Von hier sandte man 1953 Weißweine zur Krönung von Queen Elisabeth II.

Die Grenzschließung bei Röszke bewirkte, dass nun genauso viele Menschen Ungarn erreichten, etwa 6.000 am Tag, nur nicht über Serbien, sondern von Kroatien aus. Nun jedoch zeigten die ungarischen Behörden, wie organisiert sie sein konnten, wenn sie nur wollten. Eine Flotte blauer Stadtbusse stand bereit, um die Menschen zum nahegelegenen Bahnhof und zur österreichischen Grenze zu bringen. Die neu in Kraft getretenen Gesetze in Ungarn waren einerseits drakonisch gegen Flüchtlinge gerichtet, vereinfachten jedoch in manchen Punkten die Polizeiarbeit.

Von nun an konnte die Polizei einfacher Busse bestellen, so dass der Weitertransport der Flüchtlinge nach Österreich viel unproblematischer ablief. Ungarn hätte diesen Grenzabschnitt ebenfalls jederzeit schließen können, zögerte aber noch. Orbán stimmte sich eng mit den slowakischen, tschechischen und polnischen Staatschefs ab und schien zumindest diesmal nicht auf eigene Faust handeln zu wollen.

Ein Konsens bestand bereits zwischen den vier Visegrád-Staaten, der Orbáns politischen Ambitionen gut zupass kam. Orbán sah nun die Chance gekommen, nicht nur Lenker eines Staates zu sein, dessen Mehrheit den Zustrom als neue „muslimische Invasion" ansah, sondern Lenker aller „vernünftigen Europäer", die eine Zuwanderung von Menschen aus Nicht-EU-Staaten generell ablehnten.

Bei Gesprächen in der zweiten Septemberhälfte und Anfang Oktober zwang Orbán Deutschland und Österreich, Farbe zu bekennen. Sein Tenor war: *Wollt ihr die Leute? Dann schicken wir sie einfach durch zu euch. Oder sollen wir sie aufhalten? Dann sagt es öffentlich, dann bekommen wir nicht den schwarzen Peter dafür zugeschoben.*

Orbán hatte zudem seine Verbündeten in der deutschen CSU von der Sicht überzeugt, dass Angela Merkel persönlich für die Flüchtlingskrise verantwortlich sei. Er gab mehrere Interviews in deutschen Medien, um das auch der deutschen Öffentlichkeit beizubiegen. Das war ein simples Narrativ, aber ein schlichtweg falsches.

Es waren schon hunderttausende Migranten und Flüchtlinge in Deutschland, als Merkel Ende August und Anfang September ihre zitierten Reden hielt. Sie hatten sich bereits im Vorjahr und Anfang 2015 in großen Zahlen, wie beschrieben, aufgrund der Verschlechterung ihrer körperlichen Sicherheit aufgemacht, durch mehrere Länder über den Nahen Osten hinaus zu fliehen.

Eine in der ZEIT veröffentlichte Studie untersuchte unter anderem das Google-Suchverhalten bei Syrern, die zu Deutschland Informationen sammelten, und das veränderte sich nach Merkels Reden überhaupt nicht, es kamen gleichviele Flüchtlinge.[8]

Merkel hätte mit etwas weniger Freundlichkeit Orbán darauf hinweisen können, dass vielmehr sein Zaun zum Dominoeffekt beigetragen hatte, da es diejenigen beeinflusste, sie sich bis Ende Juni noch nicht entschieden hatten. Orbán bot aber nicht nur eine simple Erklärung für die Geschehnisse an, er schlug auch eine einfache Lösung vor: Deutschland solle einfach seine Grenzen schließen. Aber auch das basierte freilich auf einer falschen Annahme, nämlich dass Deutschland eine EU-Außengrenze hätte, was jedoch jeder Oberschüler leicht widerlegen kann – jeder Migrant, der in Deutschland ankam, hatte bereits üblicherweise fünf oder sechs Grenzen innerhalb der EU überquert.

Merkel war sofort klar, dass sich bei einer deutschen Grenzschließung umgehend in jedem Land auf der Balkanroute Migranten und Flüchtlinge stauen würden und dass daraus Chaos entstünde, und zwar eben nicht nur in Österreich, sondern bis hinunter nach Slowenien, Kroatien, Ungarn, Serbien und Mazedonien sowie Griechenland.

Merkel strebte mit ihrer Politik eine Einigung an, während Ungarn nur entlang einseitiger Handlungen unter den Mitgliedstaaten agierte. Die EU-Kommission und mit ihr der Präsident Jean-Claude Juncker zögerten; der Fokus lag weiterhin auf Verteilungsquoten. Auf EU-Ebene wäre das zu keinem Zeitpunkt beliebt und würde das drängende Problem der täglich 5.000 neu Ankommenden in der EU nicht lösen. Ohne Vorgaben aus Brüssel stand Deutschland verhalten da, eine Lösung herbeizuführen.

*

Am 7. Oktober wandten sich François Hollande und Angela Merkel gemeinsam ans Europäische Parlament – zuletzt waren im Dezember 1989 anlässlich des Falls des Eisernen Vorhangs Helmut Kohl und François Mitterand gemeinsam so aufgetreten.

„Wir dürfen in der Flüchtlingskrise nicht der Versuchung erliegen, in nationalistisches Handeln zurückzufallen ... und uns erinnern, dass nationale Alleingänge keine Lösung sind", sagte die Kanzlerin. Nun war ein Plan gefragt, und der lag auch bereit.[9]

„Alles hat mit einem Papier begonnen, das wir im September aufgesetzt hatten", sagte mir Gerald Knaus von der Europäischen Stabilitätsinitiative ESI. Der Bericht der ESI trug den Titel „Warum niemand in der Ägäis sterben muss."[10]

„Wir haben klar gezeigt, dass alles an der Türkei hängt." Der Bericht begann mit den Worten: „Die Lage an den EU-Außengrenzen am östlichen Mittelmeer ist außer Kontrolle. In den ersten acht Monaten von 2015 sind nach Schätzungen 433.000 Migranten und Flüchtlinge über den Seeweg in die EU gekommen, die meisten von ihnen, 310.000, über Griechenland." Davon waren 175.000 Syrer, die relativ sicher in Westeuropa Asyl gewährt bekämen, wenn sie denn dort ankommen konnten, nachdem sie ihr Leben aufs Spiel gesetzt hatten und vielleicht von Schleppern ausgeraubt wurden, eventuell sogar mehrmals. Es musste eine bessere Lösung geben.

Gerald Knaus hatte sieben Jahre lang in der Türkei gelebt und sich exzellente Kontakte zu deutschen, türkischen und niederländischen Diplomaten erarbeitet. Er wusste genau, was türkische Politiker wollten: Visa-freies Reisen für türkische Bürger in die EU, sowie weitere finanzielle Unterstützung, um den Millionen Flüchtlingen auch weiterhin großzügig Gastfreundschaft bieten zu können. Die Forscher der ESI standen unter dem Eindruck einer Studienreise nach Finnland im Jahre 2013 und der langen Grenze zu Russland. Dort hatten sie die Vorteile davon kennengelernt, wenn Nachbarländer die ungeregelte Zuwanderung von Migranten geringhalten. In Russland gab es zwei jeweils vier Meter hohe Zäune mit einem Pfad dazwischen – noch zu Sowjetzeiten errichtet – sowie das wachsame Auge des russischen Geheimdienstes FSB, die dazu beitrugen, die Zahlen gering zu halten. Auf finnischer Seite gab es nur einen niedrigen, weitgehend unbewachten Zaun, hauptsächlich, um die Grenze zu markieren.

Die ESI verteilte ihre Vorschläge und Einschätzungen an deutsche Journalisten, die die Kernpunkte auch enthusiastisch aufnahmen und zahlreiche lange Interviews mit Gerald Knaus führten. Weder die deutsche liberale Asylpolitik noch die ungarische Haltung (Jeder baut seinen eigenen Zaun und sperrt alle aus) versprachen eine Lösung für die steigende Anzahl der syrischen Flüchtlinge, so die ESI. Stattdessen sollte die Türkei endlich als wahrer Türhüter der

EU verstanden werden. Ein Abkommen solle her; zum damaligen Zeitpunkt sah das Gerüst dazu vor, dass Deutschland mit Hilfe des UNHCR innerhalb der kommenden zwölf Monate 500.000 Asylsuchende direkt aus der Türkei aufnehmen würde, während sich Griechenland einverstanden zeigte, alle zurückzuschicken, die ungeregelt in kleinen Booten über die Ägäis einreisten.

An der EU-Außengrenze musste wieder Ordnung hergestellt werden – in einem weiteren Prozess sollte an den Grenzen innerhalb der EU nach der gerechten und humanitären Grundlage gehandelt werden, dass ein Großteil der in Europa reisenden Migranten echte Flüchtlinge waren, denen es gemäß der Flüchtlingskonvention von 1951 zu helfen galt.

„Es herrschte ein Vakuum in Sachen europäischer Politik", sagte mir Gerald Knaus später. In den folgenden Monaten fuhr er in europäische Hauptstädte und nach Ankara, um öffentlich und privat über die Kernpunkte des Plans zu sprechen sowie Vorbehalte anzuhören. Zwei türkische Diplomaten, der EU-Botschafter Selim Yenel sowie der türkische Botschafter in Berlin, Avni Karsioglu, spielten eine wichtige Rolle darin, Ankara den Plan schmackhaft zu machen.

Büromitarbeiter von Angela Merkel sowie Außenminister Sigmar Gabriel arbeiteten daran, dass die Pläne innerhalb der deutschen Regierung auf offene Ohren stießen, und da sich Gabriel und verstärkt Merkel für diese Vorschläge der ESI einsetzten, prägten deutsche Medien bald den Begriff „Merkel-Plan."

*

Ich selbst fuhr von der kroatischen Grenze zurück zur serbischen und nahm an den Gerichtsverhandlungen in Szeged teil. Zwei separate Gerichtsräume waren in Gebrauch, einer im Hauptgericht am Széchenyi-Platz – ein massives imperiales Gebäude mit gelbem Habsburg-Anstrich – ein zweiter, modernerer, der eigens hergerichtet wurde, um die Arbeitslast zu senken. Die Schuldsprüche lauteten alle gleich: schuldig, Abschiebung. Nur bei der Dauer der Einreiseverbote variierten die Urteile – als wenn die Flüchtlinge je wieder freiwillig nach Ungarn gewollt hätten.

Anfang Oktober hatte die EU-Kommission Ungarn wegen Vergehen gegen europäische Asylverfahren gemahnt.[11]

In seinem Brief warf der Generaldirektor für Migration und Inneres, Matthias Ruete, der ungarischen Regierung vor, diejenigen zu kriminalisieren, die ihre Landesgrenze übertraten. Sie sollten in ihrer Sprache davon in Kenntnis gesetzt werden, was für Strafen ihnen drohten; zudem würden bereits durch die schiere Schnelligkeit der Verfahren ihre Rechte missachtet. Außerdem seien sie rücksichtslos bei der Versorgung der mitreisenden Kinder. Zudem warf man Ungarn vor, sie hätten Menschenrechtsorganisationen nicht in die Transitzonen gelassen. UNHCR-Sprecher Ernö Simon sagte mir: „Ein Mensch, der Asyl beantragt, muss – egal, in welchem Land – ein gerechtes und rechtlich korrektes Verfahren durchlaufen können."

> Mittlerweile sehen wir, dass alle Personen, die durch Serbien nach Ungarn gelangen und dort Asyl beantragen, ausnahmslos zurückgeschickt werden, weil sie aus einem „sicheren Drittstaat", nämlich Serbien, kommen. Das UNHCR sieht jedoch Serbien nicht als sicheres Land an. Wir raten dazu, niemanden in die Länder Serbien, Mazedonien oder Griechenland zurückzuschicken, das ist gegen unsere offizielle Haltung.

Nach einer Gerichtsverhandlung wurde ich Zeuge einer alltäglich gewordenen, beinahe schon rituellen Demütigung. Im Anschluss an seine Verurteilung wurde ein junger Mann in gelben Hosen mit Handschellen auf dem Rücken über einen der zentralen Boulevards in Szeged geleitet, bewacht von drei großen Polizisten. Ich ging in sicherer Entfernung hinterher. Er hatte Schwierigkeiten, Schritt zu halten und seine Sportschuhe anzubehalten, da seine Schnürsenkel bereits entfernt waren. Die Bürger von Szeged schauten weg und kümmerten sich nur um ihre Angelegenheiten. Mädchen mit Haar so blond wie Löwenzahn in der Herbstsonne, junge Kerle, die ihre Fahrräder schoben. Eltern mit Kindern auf dem Fahrradsitz, die so taten, als sei alles normal, während der junge Mann ins Hauptquartier der Einwanderungsbehörde auf dem Szegediner London Boulevard geleitet wurde, vor dessen eckigem Gebäude eine blaue EU-Flagge wehte.

Samer Kayssoun war ein Antiquitätenhändler, er stammte aus Syriens drittgrößter Stadt Homs. Er hatte zwei Jahre im Libanon gelebt und dann ein paar Monate in der Türkei, bevor er sich nach Europa aufmachte.
Nun saß er mit seinem 17-jährigen Neffen wegen illegalem Grenzübertritt vor Gericht. „Wir waren in der Türkei sicher", sagte er dem Richter, „aber wir durften nicht arbeiten. Ich habe zehn Familienmitglieder zurückgelassen und

mich nach Europa durchgeschlagen. Wir bauchten zehn Tage bis nach Serbien. In Griechenland bekam ich Hilfe von Schleppern, sie brachten uns an die serbisch-ungarische Grenze. Sie zeigten uns den Weg, dann sahen wir den Zaun."

Er, sein Neffe und einige andere waren durch den Zaun oder über ihn geklettert und dann hatten sie nach der Polizei gesucht, berichtete er. Die Schlepper hatten ihnen erzählt, dass die ungarische Polizei ihnen helfen würde, nach Österreich zu kommen. Stattdessen wurden sie umgehend verhaftet und einem Richter vorgeführt. In seinem großen Anorak gab Samer eine merkwürdige Figur im Gerichtssaal ab, seine Kapuze war von Pelzimitat umrandet, die Schnürsenkel aus seinen Schuhen entfernt, um ihn am Selbstmord in der Zelle zu hindern. Wären die Schlepper etwas netter gewesen, hätten sie ihm den Weg der tausenden anderen durch die Felder Richtung Kroatien gewiesen. Das Wissen um diese Alternative machte die Lage nun umso schmerzhafter.

Ich sah dem unausweichlichen Treiben bis zur Urteilsverkündung zu und sprach danach kurz mit dem Richter. Ich fragte ihn, ob es ihn nicht störe zu wissen, dass die gerade gefällte Strafe sicher nicht vollstreckt werden könne. Da Serbien das beidseitige Abkommen zur Abschiebung ausgesetzt hatte, konnten nur wenige der bereits am Szegediner Gericht verurteilten 600 Menschen offiziell abgeschoben werden. Die ungarischen Behörden wussten gar nicht, was sie mit ihnen tun sollten. Einige landeten in Haftanstalten, manche wurden still und leise entlassen und setzten schlichtweg ihre Weiterreise nach Österreich fort. Auf meine Nachfragen hin erfuhr ich, dass allein im Gefängnis Vác westlich von Budapest 90 Migranten auf ihre Abschiebung warteten.

Er habe mit dem Vollzug der Strafe nichts zu tun, sagte der Richter, als wir in seiner Mittagspause auf dem Gang sprachen. Samer und sein Neffe wurden in Polizeizellen geführt. Wir folgten ihnen den Gang hinunter zum Gerichtsgebäude, so weit wir filmen konnten. Ich dachte, auch sie müssten für Wochen oder Monate ins Gefängnis. Wie ich aber viel später herausfand, schliefen sie nur eine Nacht im Gewahrsam, bevor sie entlassen und in ein offenes Lager gebracht wurden. Samer rief einen Freund in Wien an, der sofort nach Ungarn fuhr und sie mit dem Auto abholte. 36 Stunden nach der demütigenden Szene im Gerichtssaal von Szeged konnte er eine warme Dusche in einem guten Wiener Hotel genießen. So absurd waren die Widersprüchlichkeiten der ungarischen Justiz. Wie in einer ausgefeilten Theateraufführung, in welcher der ungarischen Öffentlichkeit Sicherheit vorgespielt wurde und man den Migranten Angst einjagte.

Allein von Mitte September bis Ende Oktober 2015 gab die ungarische Justiz 300 Millionen Forint, also eine Million Euro nur für Dolmetscher aus. Bei solchen Summen war es klar, dass man leicht auf 60 Euro pro Stunde kam. Die armen Anwälte erhielten nur 50 Euro für die drei Stunden, die sie im Gericht verbrachten oder die Fälle vorbereiteten. Somit verweigerten einige Szegediner Anwälte, sich an dieser Scharade zu beteiligen.

*

In Deutschland verschärfte sich der Konflikt zwischen der Kanzlerin Angela Merkel und Horst Seehofer, dessen CSU-Parteiklausur Viktor Orbán Ende September 2015 mit seiner Anwesenheit gesegnet hatte. Seehofer wollte Merkel dazu bringen, einer Obergrenze für tägliche, monatliche und letztlich absolute Zuwanderung zuzustimmen.

Gegenüber der BILD sprach Seehofer von „Maßnahmen der Notwehr zur Begrenzung der Zuwanderung, wie etwa Zurückweisungen an der Grenze zu Österreich." Merkel wies dies zurück. Die Süddeutsche kommentierte darauf hin, dass Seehofers Gerede von „Notwehr" wie ein Schelmenstück klänge, „wenn es nicht so ernst gemeint wäre."[12]

Der junge Flügel der CSU sprach sich für eine jährliche Obergrenze von 250.000 Flüchtlingen aus, während die AfD die Kanzlerin sogar wegen Schlepperei anklagte.[13]

Stephen Dünnwald vom bayerischen Flüchtlingsrat kommentierte die Situation so: „Wenn Bayern anfängt, Leute an der Grenze abzuweisen, ist klar, dass Österreich dasselbe an der ungarischen Grenze tun wird ... Ungarn macht das gegenüber Serbien schon. Es ist eine Kettenreaktion und wir sehen, dass der Schengenraum so sehr schnell zusammenfallen kann."[14]

Deutschland war somit in Aufruhr und jede neue Richtung schien die vorherige zu widerlegen. Die BILD behauptete, dass 90 Prozent ihrer Leser Seehofers Haltung – „Nein, wir schaffen das nicht mehr" – unterstützten und sich nunmehr gegen Merkels „Wir schaffen das" stellten. Laut einer Forsa-Umfrage aus dem SPIEGEL jedoch hatten 44 Prozent der Befragten im laufenden Jahr aktiv Flüchtlingen Hilfe zukommen lassen, entweder durch Spenden oder freiwilliges Anpacken.

Am 22. Oktober kam die EVP in Madrid zu einem Jahreskongress zusammen. Vertreter von 75 konservativen Parteien aus 40 Ländern trafen sich, wie ein Reporter der Deutschen Welle es formulierte, „in einem fensterlosen Betonbunker in der Nähe des Flughafens."

Orbán wurde fotografiert, wie er Merkels Hand an seinen Mund führte und einen Kuss andeutete; die Kanzlerin in scharlachrotem Jackett und mit einer bernsteinfarbenen Kette schaute ihn voller Skepsis an, als wolle er sie beißen.[15]

Merkel sagte den Delegierten:

> Jeder, der Europa betritt, hat das Recht darauf, wie ein Mensch behandelt zu werden. Wir haben die Grundrechtecharta nicht dafür erfunden, dass wir Menschen von anderswo nicht menschlich behandeln ... Wir müssen uns die Last und die Aufgabe ... fair untereinander teilen, jeder nach seinen Fähigkeiten, seinen Möglichkeiten und dem, was er einbringen kann. Das ist Europa immer gewesen und das ist das Erfolgsrezept. Und deshalb werde ich nicht aufhören, dafür zu kämpfen, zu sagen: Auch diese vielleicht größte Herausforderung der Migration in den letzten Jahrzehnten, die werden wir solidarisch meistern.

Orban antwortete in seiner Rede: „Heute ist Europa reich und schwach zugleich, das ist die gefährlichste mögliche Mischung." Er rief dazu auf, Flüchtlingen keine Versprechen zu machen, die man nicht halten könne, wodurch er Merkel offen angriff. So vielen Muslimen die Einwanderung zu erlauben, werde „die europäische Gesellschaft fundamental verändern", und „dafür haben wir kein Mandat", meinte er.

Der CSU-Mann Manfred Weber, Fraktionschef der EVP im EU-Parlament, neigte eher Merkels Position zu als Orbáns: „Wenn Jordanien, wenn der Libanon, bitterarme Länder, in der Lage sind, seit Jahren Menschen aus Bürgerkriegsgebieten zu versorgen und unterzubringen, dann muss auch dieser reiche Kontinent Europa dazu in der Lage sein, diesen Menschen zu helfen." Weber rief dazu auf, die Partnerländer dabei zu unterstützen, die Außengrenzen zu sichern; das dürfe jedoch innerhalb Europas nicht zu mehr Zäunen und mehr geschlossenen Grenzen führen.

*

Am 15. Oktober gab der ungarische Minister János Lázár bekannt, dass der Zaun zur kroatischen Grenze komplett geschlossen sei und laut Orbán alle Zugänge „innerhalb einer Stunde" dichtgemacht werden könnten.

Am Freitagmorgen, mittlerweile der 16. Oktober, beobachtete ich die Frauen der Caritas in ihren kurzen Röcken und hochhackigen Schuhen, die den Busfahrern Tee servierten, bevor diese zum letzten Mal Flüchtlinge transportieren würden.

Den letzten von ihnen war der Grenzübertritt noch erlaubt, jeweils in Gruppen von zwanzig. Dann schlossen sich um Mitternacht die Barrieren geräuschvoll.

Der kroatische Innenminister gab an, dass von nun an Flüchtlinge nach Slowenien geleitet würden.

Ich zog nun, da es in Beremend und Zákány nichts mehr für mich zu tun gab, nach Lendava in Slowenien, um dort über die ankommenden Flüchtlinge zu berichten. Angela Merkel war derweil zu Gesprächen mit Präsident Erdoğan und Premierminister Davutoğlu in die Türkei gefahren.[16]

„Wir wollen Umstände herbeiführen, bei denen Flüchtlinge näher an ihren Heimatorten leben können", sagte ihr Davutoğlu.

„Unsere Priorität ist es, ungeregelte Einwanderung zu verhindern und die Anzahl der Grenzübertritte zu verringern. Dahingehend hatten wir in der EU sehr fruchtbare Gespräche."

Der sogenannte „Türkei-Deal" sah ein Volumen von sechs Milliarden Euro vor. Merkel wollte sich auf keine konkrete Obergrenze festlegen für Flüchtlinge, die Deutschland aufnehmen würde.

Die andere Option jedoch, für die sich die deutsche Kanzlerin nun eifrig erwärmte, war, die Türkei dazu zu bringen, die Flüchtlinge aufzuhalten, bevor sie überhaupt weiterreisten. Die europäischen Politiker waren sich nun zumindest in dem Punkt einig, dass die Zahlen auf die eine oder andere Weise sinken sollten.

Als wir erstmals in Lendava ankamen, waren die Zeltlager noch leer. Lange exakte Reihen von grünen Armeezelten standen in einem Warenhaus mitten in der Stadt. Über Nacht wurde daraus eine Nahost-Abteilung, die vor Kindern nahezu überquoll. Alle schienen ein Mitglied ihrer Familie im Regen und Matsch von Serbien und Kroatien verloren zu haben. Die häufigsten Nationalitäten hier waren Syrer, Iraker und Afghanen. Wir bauten unsere Kameras auf, die Leute kamen und setzten sich scheu um uns herum. Da wir in einer Ansammlung von Technik standen mit all unseren Kameras und Laptops, Satellitenempfängern und Kabeln, wäre es brutal gewesen, den Menschen den Zugang zu Kommunikationsmitteln zu verweigern, die sie dringend brauchten, und so ließen wir sie unsere Handys benutzen.

In Kroatien hatte man viele Männer in andere Busse gesetzt als ihre Frauen und Kinder; jetzt versuchten alle, ihre Familien zu finden. Viele waren erschüttert von ihrer Behandlung durch die Kroaten. Ein Mann suchte nach seiner schwangeren Frau und seinen drei Kindern. „Warum bist du nicht bei ihnen geblieben?", fragte ihn ein Mann. „Wir wurden von der Polizei getrennt", antwortete er.

Delshan war niedergeschlagen und schaute nach ihrem alten Vater. Ein anderer Vater versuchte seinen Sohn zu überzeugen, dass er seine Mutter „morgen sicher" wiedersehen würde. Immer wieder „morgen". Sie versuchten zu verstehen, dass Slowenien, Kroatien und Serbien eigenständige Länder waren, die unterschiedliche SIM Codes für die Mobiltelefone erforderten. Viele waren erschöpft von einem 60 Kilometer-Marsch durch die Felder in Kroatien. Am frühen Morgen begann meine Nase in der Kälte zu laufen. Ein kleiner Junge bemerkte das und reichte mir ein Taschentuch aus einer kleinen Packung. Zögerlich nahm ich eins der fünf – zwanzig Prozent seines weltlichen Besitzes. Islamische Gastfreundlichkeit. Die Kirchturmuhr aus der Nähe schlug sieben Uhr morgens.

An einem Abend waren wir in unserem Hotel in Lendava, als der Mitarbeiter einer Hilfsorganisation aus Österreich anrief. Hassan, ein afghanischer Flüchtling, der nun sicher im österreichischen Neudorfl war, suchte nach seiner Mutter, seiner Tante und seinen Schwestern. Eine von ihnen hatte das Handy meiner Kollegin Orsi benutzt und wollte Hassan erreichen, sie hatte ihn aber verpasst. Hassan schickte Orsi ein Foto der Frauen. Orsi ging zurück ins Lager in Levanda, um nach ihnen zu suchen. Alles, was sie hatte, war ein Vorname und ein Foto. Sie ging von einer Gruppe zur nächsten, niemandem kam das Foto bekannt vor.

Es hatte einen schnellen Belegungswechsel gegeben, die effizienten Slowenen hatten die vorherigen Flüchtlinge an die österreichische Grenze nach Šentilj-Spielfeld gebracht. Orsi wollte schon aufgeben, als sie hörte, wie jemand auf sie zulief. Sie wurde in eine Gruppe von aufgeregten Frauen neben einem weißen Zelt gezogen. Das Telefon wurde herumgereicht. Hassans Mutter, eingewickelt in eine riesige Decke, begann, Orsi zu umarmen. Eine Explosion der Freude mitten in der kalten slowenischen Nacht. Orsi fotografierte die Familie und schickte Hassan das Bild. Dann folgte ein Moment der Traurigkeit, denn Sediqe, seine 15-jährige Schwester, wurde immer noch vermisst – die junge Frau auf dem Foto.

Wir sahen bei einem improvisierten Fußballspiel von Flüchtlingen zu, Reifen dienten als Pfosten. Ich versuchte herauszufinden, ob dort Afghanistan gegen Syrien spielte, oder ob die Teams gemischt waren. Niemand schien das mit Sicherheit zu wissen, sie zählten nicht mal die Tore. Alle Anspannung und aller Frust der Reise flossen nun in den Asphalt. Die Torwarte zögerten, sich auf dem harten Untergrund hinzuwerfen und eine Verletzung zu riskieren, nachdem sie nun so viel auf ihren Reisen überstanden hatten. Es fielen einige Tore an diesem Nachmittag. Für einen Augenblick wirkte die ganze Flüchtlingskrise auf mich wie ein Fußballspiel.

Reiches Europa – Die Armen der Welt 2:3. Aber wie lange konnte sich so ein Spiel ziehen? Können wir in einem Team spielen und sie in unserem? Wer ist Schiedsrichter? Was bedeutet ein Sieg für die jeweilige Seite?

Ich traf Elyassin, der vor seinem Zelt stehend in weite Ferne zu schauen schien. Er sei erst fünfzehn, sagte er, sah aber wesentlich älter aus. Mit Hilfe eines Übersetzers erzählte er mir seine Geschichte. Er stammte aus der afghanischen Minderheit der Hazara Shi'a, seine Familie floh noch vor seiner Geburt aus Angst vor Verfolgung in den Iran.

Mit 14 wurde er in eine Fabrik zum Arbeiten geschickt. Nach ein paar Monaten wurde er von jungen Kämpfern der Revolutionsgarden eingekreist; sie erzählten ihm, dass sie nach Syrien geschickt würden, um in einer der iranischen Einheiten für Präsident Assad zu kämpfen.

Sie drohten ihm auch geradeheraus – wenn er sich weigern sollte, würde seine ganze Familie sofort nach Afghanistan abgeschoben werden. Nach einem Monat rudimentärer militärischer Grundausbildung wurde er direkt an die Frontlinien geschickt, quasi als Kanonenfutter. Jeden Morgen wurde den jungen Burschen Heroin injiziert, bevor man sie in die Stellungen schickte. Sie kämpften praktisch, als stünden sie neben sich. Nach drei Monaten in dieser Hölle wurde ihnen ein Kurzurlaub in den Iran gestattet, um an religiösen Feiertagen teilzunehmen. Elyassin floh in die Türkei und begann seinen langen Weg nach Europa. Nun saß er in der Sonne von Slowenien und versuchte, sich vorzustellen, wie sich ein Kind fühlen sollte. Er war jetzt 15 und hatte das Lächeln bereits verlernt.

Um unsere Kameras hatten sich lachende, knabbernde Kinder versammelt, die von Mitarbeitern der Hilfsorganisationen riesige Äpfel bekommen hatten. Sie waren glücklich und endlich in Sicherheit. Unter den strengen Augen der slowenischen Polizei und Armee konnten das Rote Kreuz sowie Mitarbeiter und Freiwillige der Wohltätigkeitsinitiative ADRA warmes Essen ausgeben. Hier trug niemand Gesichtsmasken und schwarze Sonnenbrillen. Waren die Leute hier weniger beeinflusst, seit die ungarischen Behörden aus dem Spiel waren? Im Gegensatz zum ermüdenden Dienst der Nato-Einheiten in Ungarn, die Maschinenpistolen herumschleppten, trugen die slowenischen Soldaten überhaupt keine Waffen. Ich sah ein kleines Mädchen in pinken Hosen und einem gestreiften grünen Top und Gummistiefeln, die einen Teddy trug und sich mit wippenden Bewegungen über die Reflexionen in den Pfützen freute, die von den Regengüssen des Vortags noch standen.

Daneben wurde aus einem Armeetruck heraus Essen entpackt. In Bapska, einem großen nahegelegenen Lager an der kroatisch-slowenischen Grenze, fanden wir Freiwillige aus Deutschland, Australien, Argentinien und der Schweiz, die lachend Gemüse schnippelten. Sie kochten in einem riesigen Kessel für die Neuankommenden, die in den UNHCR-Zelten unterkamen. „Wir glauben, dass alle Grenzen absurd sind. Wir machen Kohlsuppe für Menschen an zwei Grenzübergängen. Wir wissen nie, wie viele Menschen kommen, also kochen wir einfach weiter Mahlzeiten, die wir dann ausgeben können."

Es waren „no border"-Aktivisten, eine lustige Truppe von Anarchisten, die sich an den Frontlinien des 21. Jahrhunderten beim fröhlichen Gemüseschnippeln nützlich machten. Sloweniens Ansatz zur Bewältigung der Flüchtlingskrise war, so vielen Menschen wie möglich zu erlauben, sich zu registrieren und unterzukommen. Oft gab es lange Staus auf kroatischer Seite, da die Slowenen neue Gruppen zum Warten aufforderten. Während sich viele Balkanländer bemühten, Ankommenden Unterkunft zu verschaffen, waren sie doch weniger mit denen befasst, die weiterwollten.

Der Regen war zu einem Hauptproblem geworden; er durchnässte Flüchtlinge, Entwicklungshelfer, Polizisten und Soldaten gleichermaßen. Die einseitigen Kopien, mit denen die Flüchtlinge wedelten und die sie bei Aufnahme in der Türkei, Griechenland oder Serbien von irgendjemandem bekamen, der irgendwie bestätigte, dass es sie gab, gingen nun oftmals im Matsch verloren.

Die Menschen wurden durch die in der Dunkelheit abfahrenden Busse und Züge getrennt. Durch den Wunsch der Länder, ihrer Polizei- und Armeeeinheiten nach Ordnung wurden auch immer wieder Frauen und Männer getrennt. Mohammed Skerek erinnert sich an zwei Tage, die er an der kroatisch-serbischen Grenze verbrachte, „ohne Essen, ohne Trinken, Decken, kein Rotes Kreuz irgendwo, nur Regen."

Ein Bus benötigte nur eine Stunde auf der Autobahn von Lendava zur österreichischen Grenze nach Šentilj. Normale Personenzüge waren auf der Strecke ausgesetzt, um für die Neuankommenden bereitzustehen. Die Behörden wollten die absolute Kontrolle behalten. „Slowenien ist ein Transitland, wir legen Wert auf Sicherheit und Ordnung, damit unser Land ordentlich funktioniert", sagte Premierminister Miro Cerar.[17]

Es gab jedoch auch Vorkehrungen für den Moment, an dem Österreich und Deutschland „Stopp" sagen würden. „Wenn die Zielländer strengere Maßnahmen anwenden, werden wir das auch tun." Alle Länder entlang der Route fürchteten den Tag, an dem die Länder weiter „flussaufwärts" die Grenzen dichtmachten wie die Ungarn, und wollten verhindern, dass ihr eigenes Land zu einem Sammelbecken menschlichen Leids würde. Allen auf der Route war klar, dass der Winter bevorstand. Was würde passieren, wenn die gleiche Anzahl Menschen im Regen und Schnee ankäme? Mehr als 400.000 Flüchtlinge waren allein zwischen dem 5. September und dem 15. Oktober in Deutschland über Österreich eingereist.[18]

Jeden Tag fuhren wir nach Šentilj, um die Flüchtlinge zu sehen, die in „den Westen" einreisten. Zwei weiße, aufgeheizte Zelte waren am Grenzpunkt von Šentilj und Spielfeld auf der österreichischen Seite aufgestellt; sie boten 2.000 Flüchtlingen Platz. Wie in allen Lagern in Slowenien war es uns als Journalisten auch hier gestattet, die Bedingungen drinnen anzusehen. Trotz ihrer Vorkehrungen hatten auch die Slowenen einige Mühe damit, die große Anzahl der Ankommenden zu bewältigen; derzeit waren es 8.000 am Tag. Lange Schlangen hatten sich am Grenzübergang gebildet.

Die österreichischen Behörden signalisierten schubweise, durch Tag und Nacht, dass sie wieder bereit seien, 150 weitere Menschen aufzunehmen. Auf beiden Seiten schienen die Behörden gewillt und in der Lage, die Abläufe zu koordinieren.

An der kroatisch-slowenischen Grenze lag die Sache anders; die Kroaten schienen nicht in der Lage zu sein, den Slowenen zu verraten, wann der nächste Bus oder Zug ankäme, oder aber sie hatten keine Lust. Das hatte zur Folge, dass Züge gestoppt wurden und die Leute darin noch länger ausharren mussten. Neue Grenzübergänge wurden über Nacht geöffnet und erwischten die Slowenen auf dem falschen Fuß. Slowenien und Österreich waren jedenfalls beide Mitglieder des Schengenraumes. Zu gewöhnlichen Zeiten gab es in Šentilj keine Grenzkontrollen.

Der 20. Oktober war ein Montag. Gegen Mitternacht standen wir unter Scheinwerfern und hörten das Röhren der Generatoren; wir betrachteten

2.000 Neuankommende, die von Šentilj nach Spielfeld die Grenze überschritten. Der Regen der vergangenen 48 Stunden war vorbei, aber er hatte doch bei den Flüchtlingen Spuren hinterlassen. Hier war eine große Menge mitgenommener Menschen, eingehüllt in bunte Decken, die ihre kleinen Taschen mit Besitztümern an sich klammerten. Viele hatten seit Tagen nicht geschlafen. Die österreichische Polizei gestatte ihnen nun, in Gruppen von 50 herüberzukommen und registriert zu werden, sobald Dolmetscher da waren. Jemand rief das Wort „Farsi!" durch einen Lautsprecher; eine weitere Gruppe von 50 schob sich vorwärts. Viele der kleinen Kinder schliefen auf den Schultern der Eltern.

Safah war 23 Jahre alt und aus Syrien. Sie reiste mit ihrer Mutter und ihrem Bruder. Sie hatte es bereits einmal nach Deutschland geschafft, war dann aber in die Türkei zurückgekehrt, wo ihre Familie im vergangenen Jahr gelebt hatte und von wo sie nun Mutter und Bruder mitnahm. Sie hatten in keinem Lager gelebt, sondern in einem Haus, sagte sie mir. Aber sie hatte ihre Familie überzeugt, mit ihr nach Deutschland zu kommen. Die letzten Tage, sagte sie, waren „tödlich". Mazedonien sei das schlimmste Land, durch das sie gekommen seien. „Die mazedonische Polizei hat uns schlecht behandelt."

Sie hätten ihr zugerufen, sie solle sterben.

„Sie riefen uns zu, wir sollten drübenbleiben und woanders sterben. Ich habe geantwortet: Sterben? Ja, hier sterben wir, wir können kaum atmen. Wir haben kleine Kinder und Schwangere in unserer Gruppe."

Die Familie war nun fünf Tage und Nächte unterwegs, sagte sie, ohne Pause. In Kroatien und Serbien war es besser, denn „die Behörden haben mit uns kooperiert." Aber auch dort gab es nicht genügend Decken. „Es war so kalt, wir haben noch nie so ein Wetter erlebt, so nass und neblig, einfach tödlich."

Wir fragten sie, ob sie angesichts des Wetters und der Strapazen bereuten, dass sie die Reise auf sich genommen hatten. „Nein!", lachte sie, „Ich möchte so gerne meinen Vater wiedersehen."

Ob sie sich vorstellen könne, wieder nach Syrien zurückzukehren, fragte ich. Da wurde ihre Stimme leise, das Röhren der Generatoren schwoll an, das Rascheln der Anoraks und der Leute, die sich voranschoben, das Husten der Kinder und Eltern – und daneben ihre Stimme beinahe nicht zu hören.

„Niemals", sagte sie, „ich habe meinen Bruder dort verloren." Vor Trauer konnte sie kaum sprechen. „Jetzt will ich ein neues Leben anfangen, ein Leben, das wir verdienen."

Auf der anderen Seite der Grenze machten sich die Österreicher bereit, sowohl die Behörden als auch die Freiwilligen. Zwischen den Polizisten gingen Männer und Frauen mit der Aufschrift „Dolmetscher" herum. Es gab regelmäßige Durchsagen in Arabisch, Farsi und Pashtun. Busse wurden bereitgestellt, um die Menschen zum nächsten Flüchtlingslager in Salzburg zu bringen, alles unter den wachsamen Augen der österreichischen Polizei. Es konnte sich der Eindruck aufdrängen, dass der österreichischen Grenze eine erschöpfte Masse gedrängter Menschen aufgebürdet wurde. Alle wurden registriert, einige zum ersten Mal seit der Türkei. Dennoch lag die Priorität bei humanitären Aspekten. Sie wurden wie Flüchtlinge behandelt, die Hilfe brauchten, mit einer Berechtigung, hier zu sein, und nicht als Wirtschaftsmigranten.

Petra Leschantz, eine Arabisch sprechende Anwältin aus Salzburg, hatte eine Gruppe Freiwilliger zusammengebracht, ihre Plattform heißt *Border Crossing Spielfeld*.[19]

Ich traf sie am 21. Oktober. „Es gibt hier so viele Aufenthalte, so viele Sammelpunkte auf der Route", sagte sie. „Es stimmt, viele Menschen haben sich auf dem Weg hierher verloren, aber sie finden sich wieder. Das Rote Kreuz hilft da sehr viel."

Im Laufe des folgenden Monats wurde *Border Crossing Spielfeld* einer der motiviertesten, bestorganisierten Akteursgruppen auf der ganzen Route, die Menschen nach Österreich hineinbrachte und sich um Flüchtlinge kümmerte, wenn sie ankamen, oder die sich auf den Weg nach Deutschland machten; aber sie fochten auch Kämpfe aus bei vielen Rückschlägen vor Gericht, als Österreich begann, Flüchtlinge wieder nach Slowenien und Kroatien abzuschieben. Aber das begann später.

„Die Weinernte ist längst abgeschlossen", schrieb ich in einem Bericht, „und unter den Migranten entlang der Balkanroute spricht sich herum, wo sie durchkommen, was sie wo erwartet und wer ihr Heimatland gerade bombardiert; Nachrichten und Gerüchte verbreiten sich entlang der Route. Viele merken, dass sich Westeuropa nun doch schwerer damit tut, weitere Migranten aufzunehmen. Sie sind in Eile und wollen die Burg Europa erreichen, ehe die Zugbrücke hochgeht und die Bogenschützen auf den Zinnen erscheinen."

Für mich war es Zeit, mich in Budapest auszuruhen. Seit dem 21. August hatte ich kaum eine Nacht zuhause verbracht. Ehe ich Slowenien verließ, bat mich Gergö Somogyvári, ein Freund und Dokumentarfilmer, mit dem ich schon zusammengearbeitet hatte, eine kurze Videobotschaft für seine Freundin Sara aufzunehmen, die bald Daniel, einen Pariser Journalisten der *Le Monde*, heiraten würde. Wir filmten im Stil einer Nachrichtensendung vor einer Polizeistation in Maribor und schickten es an das glückliche Paar. Am kommenden Wochenende wurde es zwischen anderen Botschaften auf ihrer Hochzeit gezeigt, was Gergö verpasste, da er mit mir arbeitete.

*

Am 25. Oktober trafen die Staatschefs der Balkanländer in Brüssel zusammen; es war ein Mini-Gipfel mit Österreich, Bulgarien, Kroatien, Deutschland, Griechenland, Ungarn, Rumänien und Slowenien.[20]

Ein 17-Punkte-Plan wurde verabschiedet; er beschrieb Maßnahmen, die verhindern sollten, dass die Länder sich gegenseitig die Schuld in die Schuhe schieben. Als zählbare Ergebnisse sollten weitere Auffang- und Flüchtlingslager entlang der Balkanroute errichtet werden, unter Aufsicht des UNHCR. Am Vorabend des Sondertreffens hatte der bulgarische Premierminister Bojko Borisov angekündigt, dass „Bulgarien, Rumänien und Serbien ihre Grenzen schließen werden, wenn Österreich und Deutschland das auch tun."

Am 29. Oktober gab der österreichische Innenminister bekannt, dass ein kleiner Zaun bei Spielfeld auf beiden Seiten des Grenzüberganges errichtet werden würde, um die Einreise besser zu kontrollieren. Kanzler Faymann und Außenminister Sebastian Kurz rückten innerhalb sehr kurzer Zeit von Angela Merkels Linie ab und näher an die von Viktor Orbán.

*

Der 13. November war ein Freitag. Zwanzig vor zehn Uhr am Abend stand Daniel, der Bräutigam, für den wir das Hochzeitsvideo aufgenommen hatten, am Fenster in seiner Pariser Wohnung im zweiten Stock und schaute auf die Konzerthalle Bataclan unter sich. Er bemerkte, dass eine Menge Leute schreiend aus den Notausgängen gerannt kam. Er vermutete eine Prügelei, aber seinen journalistischen Instinkten folgend, begann er, mit seinem Handy zu filmen.[21]

Er hörte Schüsse aus dem Inneren. Draußen rannten viele Menschen, manche brachen in der engen Straße zusammen. Er sah, wie Leute denjenigen am Boden zu Hilfe kamen. Er rief aus dem Fenster: „Was passiert da?", aber niemand antwortete. Er rief einen Kollegen der *Le Monde* an, der ihm sagte, der

Club Bataclan sei von bewaffneten Männern eingenommen worden.

„Erst da begriff ich, dass es keine Kneipenschlägerei war, sondern etwas Furchtbares. Ich ging hinunter und öffnete die Haustür, damit sich Leute in Sicherheit bringen konnten. Aber niemand wollte dableiben, sie rannten einfach weg.“

Das Schießen schien aufgehört zu haben, einige Körper lagen auf der Straße. In seiner Nähe lag ein Mann in rotem T-Shirt mit dem Gesicht nach unten und stöhnte. Ein weiterer Mann in schwarzen Sachen ging zu ihm. Daniel und der Mann zogen den Verwundeten weg, hinter die Eingangstür seines Wohnblocks. Als er drinnen war, ging Daniel zurück, um die Tür zu schließen. Die Straße sah nun verlassen aus.

„Dann hörte ich etwas, das wie Feuerwerk klang und an meinem Arm explodierte. Ich hatte keinen Schuss gehört. Ich merkte aber, dass ich getroffen war. Jemand schoss auf mich, aber ich konnte ihn nicht sehen. Ich spürte einen furchtbaren Schmerz in meinem Arm, von dem nun Blut strömte.“

Später begriff er, dass ihn jemand angeschossen hatte, der aus dem Bataclan kam und zwei Leute sah, die einem Verletzten halfen, und der nun alle drei töten wollte. Die Kugel hatte seinen linken Arm durchschlagen und war im digitalen Klingelschild des Hausflurs stecken geblieben.

Er zog sein Shirt aus und versuchte, sich den Arm damit oberhalb der Wunde abzubinden, um die Blutung zu stoppen.

Dann ging er zum anderen verletzten Mann. Der Mann in schwarzen Sachen, der ihm geholfen hatte, war verschwunden.

Ein Nachbar half Daniel mit dem Verletzten im roten T-Shirt, der eine Kugel im Bein hatte, in die Wohnung zu kommen. Während der Krankenwagen auf dem Weg war, riefen sie einen Arzt an und fragten ihn um Rat, wie man die Wunden behandeln sollte.

„Es dauerte sehr lange, die Polizei hatte die Straßen gesperrt. Es fühlte sich furchtbar an, mitten in Paris zu sein und zu verbluten und niemanden zu haben, der einem hilft.“ Im Zimmer nebenan schlief ein kleines Kind während des ganzen Dramas. Nachbarn versuchten, es Daniel und dem Mann im roten Shirt, einem Amerikaner namens Matthew, bequemer zu machen.

Um 21.30 Uhr waren drei schwer bewaffnete Männer in den Bataclan-Club gegangen und eröffneten das Feuer auf 1.500 Menschen, die zu einem Konzert der angesehenen kalifornischen Rockband mit dem ironischen Namen *Eagles of Death Metal* gekommen waren. Die Menschen, die Daniel zuerst fliehen sah, konnten sich links von der Bühne retten. Ein Video eines Fans zeigt, wie der

Gitarrist Eden Galindo plötzlich zu spielen aufhört, als Kugeln in die Menge flogen. Ein Zeuge verfolgte das Konzert von der Empore darüber; er meinte, die Menschenmenge wurde weggewischt „wie ein Windstoß im Weizenfeld."

89 Menschen wurden getötet, hunderte verletzt. Die drei Schützen nahmen dann etwa 100 Konzertbesucher als Geiseln. Kurz nach Mitternacht stürmten französische Anti-Terror-Einheiten das Gebäude und die drei Schützen zündeten ihre Sprengstoffgürtel.

Der Anschlag auf das Bataclan war Teil einer koordinierten Serie in Paris an diesem Abend. Alles begann, als einem Selbstmordattentäter um 21.16 Uhr der Eintritt ins Stade de France verweigert wurde, wo gerade ein Fußballspiel zwischen Frankreich und Deutschland stattfand. Er sprengte sich draußen in die Luft und tötete einen Menschen. Dem Plan nach sollte er sich im vollen Stadion in die Luft sprengen und eine Massenpanik auslösen, während zwei weitere Terroristen an den Eingängen warteten. Drei andere Täter eröffneten zur selben Zeit das Feuer in verschiedenen Cafés im Zentrum von Paris.

Insgesamt wurden an diesem Abend 130 Menschen ermordet und 368 verletzt – der größte Verlust an Menschenleben in Frankreich seit dem Zweiten Weltkrieg. Alle neun Täter hatten in Syrien gekämpft.[22]

Der mutmaßliche Chef des Rings war der in Belgien geborene 28-jährige Abdelhamid Abaaoud; sein Vater war 1975 aus Marokko nach Frankreich emigriert. Er war drei Mal wegen Gewalttaten inhaftiert gewesen. Saleh Abdeslam, 27 Jahre alt, war ebenfalls in Belgien geboren und hatte marokkanische Eltern, die in den 1960ern nach Frankreich gekommen waren.

Die beiden waren Freunde und hatten sich im Gefängnis kennengelernt, beide hatten im weitgehend von Migranten bewohnten Viertel Molenbeek in Brüssel gewohnt.

Abdelslam war Inhaber einer Bar namens *Les Béguines*; er war bekannt dafür, dass er Drogen nahm, Motorrad fuhr und ein Schürzenjäger gewesen sei.

Laut ungarischen und belgischen Presseberichten, die einige Monate nach den Angriffen veröffentlicht wurden, war Abdelslam Anfang und Mitte September 2015 zwei oder drei Mal mit einem Mietwagen in Ungarn, um andere Mittäter abzuholen, die mit falschen Pässen auf der Balkanroute unterwegs waren.[23]

Omar Mostefai, Samy Amimour und Foued Mohamed-Aggad kamen anscheinend vom 9. bis 16. September im Grand Park Hotel im Budapester Stadtteil Zugló unter; sie nutzten die Namen Jamal Salah, Fooad Moosa und Husein Alkhlf.

Abdelslam kam am 17. September an, ruhte sich ein paar Stunden im Hotel 30 am Grand Park aus und fuhr dann mit den drei Männern im Auto über Österreich und Deutschland nach Belgien. Die Geschichte wurde in den ungarischen regierungstreuen Medien erwartungsgemäß als Argument benutzt, um ungeregelte Migration mit Terrorismus gleichzusetzen.[24]

Die Ironie hierbei war, dass die Täter unerkannt reisten, gerade weil Ungarn mit der Registrierung aufgehört hatte, um auf Deutschlands Aussetzung des Dublin-Verfahrens zu reagieren.

Omar Ismail Mostefai war ein 29-jähriger Franzose, dessen Eltern aus Algerien stammten. Er war einer der Schützen vom Bataclan, der sich in die Luft gesprengt hatte, als die Anti-Terror-Polizei das Gebäude stürmte. Der zweite Angreifer im Bataclan war Samy Amimour, ein Franzose, der in Syrien gekämpft hatte. Im Juni 2014 hatte sein Vater das Land besucht und ihn davon überreden wollen, das Land zu verlassen, nach Hause zu kommen und sich vom IS loszusagen. Der dritte Attentäter war ebenfalls in Frankreich geboren, Foued Mohamed-Aggad war Kind marokkanischer Eltern.

Zwischen den Körpern wurde ein syrischer Pass gefunden, der auf einen Ahmad Al-Mohammed ausgestellt war, in den 90ern geboren. Die griechischen Behörden bestätigten, dass sie einen Mann mit diesem Namen registriert hatten, der mit 198 anderen am 3. Oktober auf einem Schlauchboot ins Land kam. Die französische Justizministerin Christiane Taubira war der Ansicht, dass die Dokumente entweder gefälscht waren oder es seien echte Pässe mit falschen Namen. Zu den Dingen, die der IS erobern konnte, gehörte auch Zubehör, um echte Pässe zu drucken. Schlepper in der Türkei ermutigten Flüchtlinge ebenfalls, ihre Pässe abzugeben, als Teil ihrer Überfahrtsgebühr.

Viele dieser Pässe wurden dann weiterverkauft, verstärkt, seit im August Deutschland bekannt gab, dass syrische Bürger sehr wahrscheinlich Asyl in ihrem Land bewilligt bekämen.

Der gängige Preis für einen syrischen Pass in der Türkei lag bei 2.000 Dollar. In Syrien selbst stellte das Assad-Regime seinen Bürgern offizielle Pässe für 400 Dollar aus. Bereits vor den Pariser Anschlägen hatten Geheimdienste mehrerer europäischer Länder eine Liste mit Seriennummern von 5.000 echten Blanko-Pässen aus Syrien erstellt, ungefähr 10.000 weitere waren im Irak in IS-Hände gefallen, als die IS-Truppen die Städte einnahmen, in denen sie gelagert wurden, nämlich in Syrien die Provinzen um Raqqa und Deir al-Zor, im Irak Anbar, Nineveh und Tikrit. Eine Quelle auf der Balkanroute verriet mir, dass Assads Geheimdienst eng mit dem deutschen zusammenarbeite und detaillierte Listen von IS-Leuten habe, die nach und aus Europa hinaus reisten. Die Liste werde ständig erneuert.

Am 20. November veröffentlichte die New York Times Profile einiger der 130 Opfer.[25] Darunter waren Kheir Eddine Sahbi, ein algerischer Violinist, der seit einem Jahr in Frankreich war und Ethnomusik an der Sorbonne studierte, sowie Amine Ibnolmobarak, ein 29-jähriger Marokkaner. Die meisten der Opfer waren junge französische Männer und Frauen. Im Bataclan starb auch Antoine Leiris' Frau Hélène, eine Make-up Künstlerin, sie hinterließ ihren 17 Monate alten Sohn Melvil.[26]

Der Vater Antoine schrieb einen offenen Brief an die Mörder auf Facebook:

> Am Freitagabend nahmt ihr das Leben eines außergewöhnlichen Menschen, die Liebe meines Lebens, Mutter meines Sohnes, aber ihr bekommt meinen Hass nicht. Ich weiß nicht, wer ihr seid und will es auch nicht wissen, ihr seid tote Seelen. Wenn der Gott, für den ihr blindlings kämpft, uns nach seinem Ebenbild geschaffen hat, so ist jede Kugel im Körper meiner Frau eine Wunde in seinem Herzen. Also – nein, ich werde euch nicht die Befriedigung geben, euch zu hassen. Ihr wollt das, aber wenn man auf Hass mit Wut reagiert, dann gebe ich derselben Ignoranz nach, die euch zu dem gemacht hat, was ihr seid. Ihr wollt, dass ich Angst habe vor euch und meinen Mitmenschen mit Skepsis in die Augen schaue, meine Freiheit für Sicherheit aufgebe. Ihr habt verloren.
>
> Ich habe sie heute Morgen ansehen können nach Tagen und Nächten des Wartens. Sie sah genau so schön aus wie an dem Freitag, als sie das Haus verließ. Genau so schön wie damals vor über 12 Jahren, als ich mich Hals über Kopf in sie verliebte. Natürlich bin ich niedergeschlagen von Trauer, den kleinen Sieg habt ihr erreicht, doch das wird ein kurzer sein. Sie wird jeden Tag bei uns sein, wir werden uns im Himmel wiedersehen, mit freien Seelen, die ihr niemals haben werdet. Wir zwei, mein Sohn und ich, werden stärker sein als jede Armee der Welt. Ich kann nicht mehr Zeit an euch verschwenden und gehe jetzt zu meinem Sohn zurück, der gerade aufgewacht ist. Er ist erst 17 Monate alt, er wird etwas essen, wie an jedem Tag, dann werden wir spielen, wie an jedem Tag – und sein ganzes Leben lang wird der kleine Junge glücklich und frei sein, denn ihr werdet auch seinen Hass

niemals bekommen.

*

Das Sonnenlicht am Februarmorgen schien durch die Fenster der Waffenfabrik in Kragujevac, mitten in Serbien. Farne und Gummibäume waren auf dem Fenstersims arrangiert. Die Blätter einer Farnpflanze umrahmten ein Foto des ehemaligen jugoslawischen Staatschefs Josip Broz Tito in seinem berühmten grauen Anzug. Vor einem der Tische, an dem eine schöne dunkelhaarige Frau an einer AK47 Kalaschnikow arbeitete, stand eine Ikone der Jungfrau Maria. Trotz Sonnenlichtw brannte eine Kerze auf ihrem Schreibtisch, nicht aus religiösen Gründen, wie der Manager erklärte, sondern um die Gewehrläufe nach Fehlern abzuleuchten.

Alle der sechs im Bataclan eingesetzten Maschinenpistolen wurden hier gefertigt, wie französische Ermittler bekanntgegeben hatten; sie hatten die Seriennummern veröffentlicht. Die meisten wurden in den 1980ern gefertigt, um in Kriegen zwischen Kroatien, Bosnien und Kosovo benutzt zu werden.

Der Manager zuckte mit den Schultern. „Wir sind nicht verantwortlich dafür, was mit ihnen geschieht, wenn sie unsere Tore verlassen."

Derzeit würden sie übrigens 1.500 Kalaschnikows pro Tag herstellen, da läge es an anderen, sie zu verfolgen, wenn sie das denn könnten.

In Schussweite der Firma wurden neue Modelle getestet; wir wurden eingeladen, mit allem zu schießen, Maschinenpistolen, Zielfernrohrgewehre für Heckenschützen. Wir lehnten höflich ab, so dass der Chefingenieur uns alles selbst zeigte, während wir filmten und Fotos schossen. Wir trugen Kopfhörer als Schutz vor dem Waffenlärm. Tatsächlich war das Klirren der leeren Patronen auf dem harten Untergrund eindrücklicher.

Ich erinnerte mich an die Zeit in Sarajewo zu Beginn des Balkankrieges, als Kugeln eine Mauer neben mir durchschlugen, nachdem ein Heckenschütze das Feuer eröffnet hatte.

Ein Polizist schrie mich an, ich solle mich hinlegen. Ich gehorchte und legte mich in eine Pfütze mitten im Regen, ein paar Meter entfernt vom sicheren Eingang des Hotels Europa.

Die Fabrik von Kragujevac hatte die angenehme Atmosphäre jeder Werkstatt; man sah die einzelnen Arbeitsschritte der Waffenherstellung, das polierte Holz, den glänzenden Stahl, die Präzisionsinstrumente und die fertigen Produkte, die fein aufgereiht zur nächsten Auslieferung bereitlagen. Unsere Versuche, die in Paris benutzten Waffen zurückzuverfolgen, brachten uns auch in die serbische Entität von Bosnien und Herzegowina, bekannt als Republika Srpska.

Die Stadt Višegrad am blauen Fluss Drina wurde bekannt durch den jugoslawischen Nobelpreisträger und Autor Ivo Andrić und sein berühmtes Buch „Die Brücke über die Drina". Die Bosniaken – bosnische Muslime – wurden während des Balkankrieges Opfer von Massakern oder aus der Stadt vertrieben. Heute ist sie trotz ihrer Schönheit eine jämmerliche Stadt. Der berühmte serbische Regisseur Emir Kusturica versuchte der Stadt ein wenig serbischen Nationalismus zu injizieren; er ließ eine Reihe von neuen Häusern am Fluss bauen und als Blickfang eine serbisch-orthodoxe Kirche.

Wandbilder verehren einen weiteren Terroristen, Gavrilo Princip, der im Juni 1914 den österreichisch-ungarischen Thronfolger Erzherzog Franz Ferdinand und seine Frau Sofia in Sarajevo ermordete, was zum Ausbruch des Ersten Weltkriegs führte.

In einem Café an der Drina trafen wir uns mit einem Veteranen der bosnisch-serbischen Armee, der offen zugab, regelmäßig Waffen nach Westeuropa zu schmuggeln. Das liefe bei ihm aber nur auf kleiner Flamme, sagte er uns. Die Serben hatten immer mehr Waffen als die Bosniaken, erklärte er, und als der Krieg 1995 zu Ende war und eigentlich gemäß dem Dayton-Friedensabkommen die Waffen abgeliefert werden sollten, wurde eine große Anzahl versteckt unter Bodenplatten in Häusern, auf staubigen Dachböden oder sorgsam in Öltuch gewickelt und eingegraben in nahen Wäldern, um wieder ausgebuddelt zu werden, wenn ein neuer Krieg gegen die Muslime begänne.

Im Laufe der Jahre wurden die Renten der Kriegsveteranen knapp oder liefen aus, und so wurden mehr und mehr Waffen auf dem Schwarzmarkt gehandelt. Der Schwarzmarkt wiederum war offen für kriminelle Netzwerke aus allen Ecken des ehemaligen Jugoslawiens und ihren Verbindungsleuten in Nord- und Westeuropa. Der Ablauf war einfach, erklärte er uns. Ein paar Waffen und Granaten im Kofferraum eines Autos, tief unten beim Ersatzrad, oder bei etwas kostspieligeren Operationen auch in speziell eingebauten Fächern. Er selbst würde Kalaschnikows für 200 Euro das Stück anbieten, wenngleich er wusste, dass sie in Frankreich mehr als 1.000 Euro pro Stück einbrächten. Der Transport musste sorgfältig organisiert werden und das Risiko, erwischt zu werden, war nicht gerade klein. Lange Gefängnisstrafen warteten auf diejenigen, die erwischt wurden. Aber was sollte er machen? Was konnte er sich mit seiner Rente von 200 Euro im Monat schon leisten? Er könnte nicht mal Feuerholz im Winter kaufen.

Ich fragte ihn: Was würde er sagen, wenn er herausfand, dass einige der

Waffen, die er verkauft hatte, von islamistischen Extremisten im Bataclan eingesetzt wurden. „Ich würde mich erschießen", sagte er und verzog sein Gesicht zu einer Grimasse von Schmerz und Wut. Dann nahm er einen weiteren Schluck von seinem Bier.

KAPITEL 8

EIN LAGER FÜR VERLORENE SEELEN

Gerade weil ich von Beruf Geburtshelfer bin, weiß ich, wie
schwer, anstrengend und auch kostspielig es ist, und wie viele
Stunden es dauert, zu gebären. Und genau darum bin ich sehr
wütend darüber zu sehen, wie viele Leben verloren gehen, im
Krieg und auf See in diesem Strom der Migranten.

Yannis Mouzalas, griechischer Migrationsminister

Der Halbmond stand tief am Himmel über den Bergen des Balkans, westlich
der bulgarischen Stadt Dragoman. Bergpfade und Wege wanden sich steil aufwärts links der Hauptstraße, hin zum Bergkamm, der die Grenze zu Serbien
markierte. Hölzerne Bienenstöcke, angestrichen in Gelb, Blau und Weiß, schimmerten in der nahenden Dunkelheit neben alten Brunnen der Bauerngärten
und ihrer Weinstöcke.

Nur in wenigen Häusern brannte noch Licht. Die Anwohner waren alt, ihre
Söhne und Töchter hatten sich in die Städte des Landes oder nach Westeuropa
aufgemacht.

Sie würden im Sommer zum Grillen auf Besuch kommen, wenn die Hügel
wieder durch menschliche Stimmen zum Leben erwachen.

Ein leichtes Verkehrsbrummen stieg von der Straße herauf und ich konnte
die Tankstelle sehen sowie die dünne Schlange von Autos am Grenzübergang
im Tal. Die Berge überragen die Thrakische Ebene und die bulgarische Hauptstadt, nur 45 Kilometer entfernt.

Die meisten Wege über die Berge waren von Herbstblättern bedeckt, aber
nach einigem Suchen fanden wir einen, der sich an den Berg anschmiegte und
immer wieder durch Pinien verdeckt war; hier entdeckten wir die Wegzeichen,
nach denen wir gesucht hatten – Müll. Warum warfen die Flüchtlinge und

Migranten, die so wenig hatten, so viel weg? Schokopapier, leere Zigaretten-packungen. Der Beweis, dass dies keine Nachlässigkeiten von bulgarischen Jugendlichen waren, zeigte sich in Telefonkarten mit Aufschriften in Arabisch und Farsi am unteren Ende; die SIM-Karten waren herausgedrückt.

An einer Stelle des Wegrandes im hohen Gras fand ich einen sorgsam geöffneten Umschlag und ein Dokument mit bulgarischen Schriftzeichen, ausgestellt am 30. Oktober von den bulgarischen Behörden in Elhovo an der türkischen Grenze. Waliullah Mohammed Hashim, geboren am 1. Januar 1997, war hier offenbar vor kurzem vorbeigekommen – vielleicht hatte das Blatt ein müder Dolmetscher geschrieben oder ein Migrant, der sein Geburtsdatum nicht genau wusste.

Er war offenbar innerhalb Bulgariens aufgegriffen worden, nachdem er den Zaun zur türkischen Grenze überquert oder umgangen hatte. Nun hatte er 18 Tage gebraucht, um Bulgarien zu durchqueren. Wir konnten Reifenspuren im Schlamm sehen, wo die Schlepper für gewöhnlich ihre Autos abstellten.

Ich war zurück auf der Flüchtlingsroute, und zwar an dem Teil, den man vielleicht den östlichen Zweig der West-Balkanroute nennen kann – über Land von der Türkei nach Bulgarien, dann Serbien, um in Belgrad auf den westlichen Zweig zu stoßen, der von Griechenland und Mazedonien nach Serbien herauf-kam. Viele Flüchtlinge gingen aus mehreren Gründen lieber über Bulgarien als über Griechenland. Ein Grund war die Angst vor dem Ertrinken. Es kursierten viele angsterfüllte Geschichten über die Ägäis. Im Jahre 2015 starben 805 Menschen auf dem kurzen Abschnitt zwischen der türkischen Küste und den fünf nächsten griechischen Inseln.[1]

Geld war ein weiterer Grund, warum Menschen diesen Weg wählten. Es kostete schlichtweg weniger, durch Bulgarien zu reisen. Das bedeutete, dass hier weniger Syrer und mehr Afghanen anzutreffen waren. Die Schlepper nann-ten die Afghanen schlichtweg abwertend „Taliban". Das war natürlich beson-ders schmerzhaft für diejenigen, die tatsächlich vor den Taliban flohen.

Als ich gegen sechs Uhr auf der serbischen Seite beim Flüchtlingslager Di-mitrowgrad ankam, machten die Polizisten gerade eine Frühstückspause. Hier sammelten sich Flüchtlinge, die über die Berge kamen. Ali Khaan war mit sei-nen zwei Freunden erst vor einer halben Stunde angekommen, nach 25 Tagen Reise aus Afghanistan. Er und seine Freunde hatten Bulgarien über einen See erreicht, wo sich die bulgarischen, griechischen und türkischen Grenzen tref-fen, vermutlich überquerten sie dort den Fluss Mariza oder die Arda. In Sofia wurden sie von der bulgarischen Polizei aufgegriffen, als sie im Freien schliefen, und mussten ihre Uhren, Handys und 500 Euro abgeben. Von Schleppern wurden sie hier an der Grenze abgesetzt, verliefen sich dann aber, ehe ein Dorfbewohner, „ein guter", ihnen den Weg über die Berge zeigte.

Auf der anderen Seite wartete ein Taxi bei einem Pinienwald. Sie bezahlten den Fahrer für die nur noch drei Kilometer bis zum Flüchtlingslager. Dort gaben Freiwillige Tee und Wärmedecken aus. Eingehüllt in Gold und Silber, sahen sie wie Engel an einem Weihnachtsbaum aus, direkt an den Lagerzaun gesteckt. Die Container, bereitgestellt, damit sich Menschen darin ausruhen konnten, waren alle voll. Die Polizisten waren die ganze Nacht im Dienst gewesen und hatten die Neuankommenden registriert; nun machten sie eine einstündige Pause.

Die Flüchtlinge wollten sich registrieren lassen, Fingerabdrücke abgeben und einen der Busse nehmen, die von der serbischen Regierung bereitgestellt wurden, um sie nach Belgrad oder Šid an die kroatische Grenze zu bringen. Die Dokumente gaben ihnen das Recht, in Serbien 72 Stunden zu bleiben, entweder Asyl zu beantragen, oder das Land zu verlassen. Die große Mehrheit entschied sich, das Land zu verlassen. Die meisten blieben nur drei oder vier Stunden in Dimitrowgrad, die Busse nach Belgrad kosteten 25 Euro pro Person. Željko Vostić, ein UNHCR-Mitarbeiter vor Ort, sagte mir, dass sich viele über die schlechte Behandlung durch bulgarische Polizisten beschwert hatten. Im Oktober wurden in einem Bericht serbischer Menschenrechtsgruppen Gewaltakte der bulgarischen Polizei gegen Migranten konkret aufgezeigt.

Ali Khaan sagte mir: „Wir wollen erst mal nach Deutschland, denke ich. Mal schauen, ob sie uns da annehmen oder abschieben, das liegt bei denen … als wir Kinder waren, herrschte schon Krieg, einer ging in den anderen über. Als Kinder sind wir dann nach Pakistan gekommen, um vor dem Krieg zu flüchten, sind dann aber wieder in unsere Heimat zurückgegangen." Er hatte in Kandahar als Logistiker einer Firma gearbeitet, die Nato-Truppen mit Treibstoff auf Flughäfen versorgte. Dort waren die Nato-Truppen seit 2003.

„Es war eine andauernde Gefahr, die von den Aufständischen ausging. Sie drohten, mich und meine Familie zu töten, wenn ich ihnen nicht helfe." Sie wollten seinen LKW. Er musste schnell handeln.

Im Gegensatz zu vielen Afghanen, die ich traf, hatte er nur positive Erinnerungen an die westliche Intervention in seinem Land.

> Sie haben Schulen wiederaufgebaut, Ausbildung für Mädchen
> gestärkt, die Geschäfte angekurbelt – aber was mir besonders
> gefiel, war, dass sie auch unsere Kultur und das Schulsystem

verbessert haben. Vorher hatten wir nur Schulen für Jungs und Männer. Sie kamen und änderten das. Als ich Kind war, habe ich mal in einem Buch gelesen, dass es einem Staat gut geht, wenn es den Müttern gut geht.

Ali meint, es sei von Shakespeare, aber tatsächlich werden diese Zeilen Napoleon zugeschrieben.[2]

Die Taliban gewinnen wieder an Macht und es ist schwer, dort jetzt zu überleben. Also hauen die ab, die können, meistens die jungen. Die Regierung kann uns nicht schützen. Das ist echt hart und traurig. Ich fühle mich schlecht, aber das Leben ist wichtiger, man muss leben.

Ich fragte ihn, ob er wieder zurückgehen würde. „Sobald ich mich dort sicher fühlen würde, könnte ich mir vorstellen, eines Tages zurückzugehen. Wenn meine Kinder ohne Angst zur Schule gehen. Oder wenn meine Schwestern zur Schule gehen können, ohne Angst in ihren Herzen, wenn wir nicht getötet werden oder ihnen Säure ins Gesicht gekippt wird."

Das hatten religiöse Fundamentalisten mit Mädchen getan, die sie morgens auf dem Schulweg sahen, erklärte er mir. Also gingen seine Schwestern nicht mehr dorthin. Seine Eltern hatten ihm zuhause das beigebracht, was sie wussten, aber das war nicht dasselbe. Er hatte seine Eltern, seinen älteren und den jüngeren Bruder sowie seine Schwestern in Kandahar zurückgelassen. Er fürchtete, dass sie zum Ziel der Taliban würden, wenn die herausfänden, dass er weg war. Er hatte wenige Informationsfetzen über die Anschläge in Paris gehört, als er sich vor der bulgarischen Polizei in Sofia versteckte, aber nicht die ganze Geschichte.

Schrecklich, was da passiert ist. Ich habe ein Selfie mit ihrer Flagge, so was Trauriges, und das geschieht überall – was kann ich da sagen?
Die Terrorristen haben keine Religion. Das könnte meine Botschaft an alle sein. Muslime wollen Frieden haben, unsere Schrift handelt von Liebe. Der wahre Islam respektiert das Leben. Wir glauben, dass man mit einem Mord die ganze Menschheit auslöscht und wenn man einen Menschen rettet, dass man dann die

ganze Menschheit rettet. Ich bin moderner Muslim und folge den religiösen Gesetzen, nicht aber den Predigern oder den Taliban oder den Alten.

Meine Familie hat mir immer beigebracht, dem nicht zu trauen. Der Schrift folgen, das ist das Richtige. Ich glaube schon, dass einige Täter im Strom der Migranten gekommen sind, denn auch wir sind den ganzen Weg hierhergekommen und niemand hat uns kontrolliert, nicht ein Mal. Da kann ich auch die Menschen verstehen, die Angst haben vor so vielen Flüchtlingen in ihrem Land. Unter den Flüchtlingen gibt es viele Analphabeten, ungebildete Leute aus unterschiedlichen Kulturen, die jetzt in eine andere Umgebung kommen – klar verursacht das erst einmal Durcheinander, das glauben wir alle. Aber ich bin der europäischen Gemeinschaft dankbar, dass man so viele Flüchtlinge aufnimmt. Alle verlassen ihre Heimatländer, weil sie müssen.

Die Leute sind nicht einfach in der „Stimmung", nach Europa zu kommen, sondern weil sie nicht anders können. Natürlich gibt es Leute, die einfach in Europa leben wollen, und als Menschen verdienen alle ein gutes Leben. Da kann man nicht einfach sagen: „Ich bin Europäer, also kann ich ein gutes Leben haben, aber ihr seid nicht von hier, also geht das nicht." Ein gutes Leben ist für alle da. Wir müssen uns helfen, die Religionen beiseitelassen, auch wenn wir sie respektieren – aber wir sind Menschen und wir müssen in Menschlichkeit miteinander leben, eine gute Bruderschaft.

Am selben Tag wurde Abdelhamid Abaaoud von 110 Anti-Terror-Polizisten bei seiner Wohnung in Paris-Saint-Denis umzingelt. Seit den Anschlägen vom 13. November hatte die Polizei jeden Stein umgedreht, und nun konnten sie dank eines Hinweises die Wohnung umstellen, in der sich der Täter mit seiner Cousine Hasna Aitboulachen und weiteren Männern versteckte.[3]

Abaaouds Familie stammte aus Sous im Südwesten Marokkos, aus dem fruchtbaren Flusstal zwischen Hohem Atlas und den Bergen des Antiatlas. Der Fluss Sous fließt bei Agadir ins Mittelmeer. Mohammed Awzal, ein Sufi-Dichter und Autor von „Ozean der Tränen", starb 1749. Er war der berühmteste Sohn der Gegend, noch vor Abaaoud.[4]

Die Sufis gehörten in vielen Ländern zu den ersten Zielen extremer religiöser, IS-naher Gruppen, von Afghanistan bis nach Mali. Sufis verachten die

Dschihadisten als Ketzer, da sie vorgeben, Gottes Willen zu kennen und behaupten, der würde ihnen zum Beispiel Sprengstoffanschläge auftragen. Die IS-Salafisten wiederum halten die Sufis für Ketzer, vor allem wegen ihrer mystischen Ansätze im Umgang mit den Gruften der Scheichs, die der IS überall dort zerstörte, wo er an die Macht kam. Nach Auffassung der Sufis sehen die Anschläge des IS wie ein Angriff gegen den Westen aus, es seien aber eigentlich Angriffe gegen ihre muslimischen Brüder, der Westen sei nur ein Nebenkriegsschauplatz.

Bei der Razzia zur Festnahme von Abaaoud wurden mehr als 5.000 Schuss Munition von der Polizei abgegeben. Abaaoud zündete seine Sprengstoffweste, seine Cousine kam dabei ums Leben. Acht andere Personen wurden festgenommen, darunter der Besitzer der Wohnung, Jawad Bendaoud. Er hatte sie an zwei Belgier vermietet, um einem Freund einen Gefallen zu tun, sagte er Reportern. Als er den Mietern sagte, dass es keine Matratzen gäbe, meinten sie, das sei kein Problem, sie bräuchten nur Wasser und einen Raum zum Beten. Der IS bekannte sich zu den Pariser Anschlägen; sie seien eine Vergeltung für die französischen Luftangriffe in Syrien und im Irak.

*

Wieder in Dimitrowgrad hatte die dortige Polizei Neuankommende registriert. Einer von ihnen war Erdhad Tanha Sadaat, ein Radio-Journalist aus Jalalabad in Ostafghanistan an der Hauptstraße von Kabul zur pakistanischen Grenze am Chaiber-Pass. Während andere Afghanen unter den Taliban litten, waren Jalalabad und die umliegenden Dörfer immer wieder Ziel des IS. Im April 2015 waren bei einem Selbstmordanschlag 35 Menschen getötet und mehr als 100 verletzt worden; eine Bombe war in einer Bank explodiert, als sich dort Leute anstellten, um ihren Lohn abzuheben. Sogar die Taliban verurteilten die Tat.

> Der Daesh drängte mich, als Journalist aufzuhören und für sie zu
> arbeiten. Das sind keine guten Menschen und sie wollen Leute
> töten. Sie wollen keinen Frieden in Afghanistan oder irgendwo
> auf der Welt. Jeden Tag bringen sie in der Nangahar-Provinz zehn,
> fünfzehn Menschen um. Ich will nach Europa und Deutschland,
> weil Deutschland Afghanen willkommen heißt. Wir wollen nach
> Deutschland, weil dort Frieden herrscht, es gibt dort gute Men-

schen und eine gute Regierung.

Seine erste Erfahrung mit Deutschen in Dimitrowgrad war definitiv gut. Martin war ein Freiwilliger, der im normalen Leben eine mobile Bäckerei betrieb und in Deutschland auf Wochenmärkten sein Brot verkaufte.

„Ich halte es für eine Art Verpflichtung, herzukommen, denn in Deutschland haben wir ein sicheres Leben, genug Zeit, und hier leiden die Menschen. Da habe ich keine Wahl. Mein Herz sagte mir, dass ich herkommen soll zum Helfen."

Während das UNHCR und das Serbische Rote Kreuz nach Feierabend ihre Sachen packten, blieben er und andere Freiwillige die Nacht über wach, gaben warmes Essen aus und Tee für Neuankommende wie Ali Khaan und Tanha Sadaat. Einen Monat zuvor war er an der kroatisch-serbischen Grenze. „Was für ein Desaster. Wir haben für zweitausend Leute am Tag gekocht. Dann kam das Rote Kreuz und meinte, sie würden nun übernehmen."

Sie arbeiteten zwei Stunden lang und fuhren wieder ab. Martin und seiner Gruppe aber war es verboten, weiter Essen auszugeben, also waren sie hierhergekommen. Martin war sehr kritisch gegenüber „offiziellen" Hilfsorganisationen. „Die stehen der Regierung zu nahe", meinte er. Während unserer Unterhaltung schob ein älterer Mann mit rosa Mütze sein Fahrrad die Straße entlang und hielt an, um die Neuankommenden anzuschauen. Ich glaubte, hier von der Bevölkerung eine Behutsamkeit im Blick zu erkennen, keine Feindseligkeit gegenüber den Flüchtlingen.

Eine weitere Deutsche unter den Freiwilligen war Wiebke; sie verteilte Kleidung aus dem Heck eines roten Vans heraus. Die Sachen kamen aus einem riesigen Lagerhaus in Preševo, wo das größte serbische Flüchtlingslager an der serbisch-mazedonischen Grenze lag. Auch sie war genervt angesichts der vielen Leute, die sich drängelten, um Hosen auszusuchen, oder Jacken und Schuhe, die passen könnten. Einige Flüchtlinge kamen barfuß an, teilweise mit Erfrierungen. Ihre leichten Schuhe waren auf der langen Reise irgendwann auseinandergefallen.

Wiebke gefiel Merkels Flüchtlingspolitik, als konservative Politikerin mochte sie sie jedoch nicht. Es traf zu, die Stimmung begann sich gerade zu drehen, gegen die Flüchtlinge, meinte Wiebke. Doch es gäbe immer noch eine große Solidarität. Hier in Dimitrowgrad war derzeit eine Gruppe deutscher und tschechischer Freiwilliger tätig. Anfangs halfen die meisten von ihnen in „wilden Camps". Mittlerweile waren sie organisierter und auch sie mussten sich bei den Behörden melden. Das und die vielen Arbeitsstunden sorgten oft für Spannungen.

„Ich finde, alle Menschen sollten das Recht haben, da zu leben, wo sie wollen", meinte Wiebke. „Wir tragen so viel zu alldem bei auf der Welt. Deutschland ist auch Waffenexporteur. Ein Grund für das gute Leben ist, dass wir die anderen Menschen anderswo in der Welt arm halten."

Wie sieht sie das mit Paris, frage ich.

„Viele sagen jetzt wieder, dass alle Araber Terroristen sind. Vielleicht ist einer von hunderttausend Flüchtlingen Terrorist. Für mich gibt es keine Verbindung zwischen Flüchtlingen und Terrorismus."

Die meisten Freiwilligen hier waren junge, hübsche Frauen aus Deutschland, die immer lächelten und Tee und warmes Essen ausgaben, bei Tag und Nacht. Die meisten Flüchtlinge hier waren afghanische Männer, um die zwanzig Jahre jung. Die Frauen erzählten mir, dass sie nicht ein einziges Mal sexuell belästigt worden seien.

Ein serbischer Bus mit Kennzeichen der nahegelegenen Stadt Zaječar startete den Motor, um die Flüchtlinge zu ermutigen, ihre Plätze einzunehmen. Eine jesidische Familie aus dem irakischen Sindschar-Gebirge zeigte mir Fotos auf ihrem Telefon vom Sindschar nach den IS-Angriffen, eine Straße nach der anderen mit Häusern in Schutt und Asche. Ihre Reise durch Bulgarien war beschwerlich gewesen. Fünf Tage lang waren sie in Polizeigewahrsam an der Grenze, dann in einer Gruppe mit 17 Personen von Schleppern in einem einzelnen kleinen Raum festgehalten worden.

In Sofia bestritt der stellvertretende Innenminister Bulgariens, dass Afghanistan im Chaos versinke, so wie es mir viele Flüchtlinge beschrieben, die ich an der Grenze traf. Er meinte:

Die Berichte und Sicherheitshinweise, die uns aus Afghanistan und dem Irak vorliegen, zeigen, dass dort ein fröhliches Durcheinander herrscht. Das ist eine einmalige Gelegenheit, das Land zu verlassen und nach Westeuropa zu ziehen. Jeden Tag machen sich tausende von Kabul aus auf, um Pässe zu erhalten und das Land zu verlassen.
Einige haben sogar gefälschte Drohbriefe der Taliban, um zu beweisen, dass sie aus Provinzen kommen, die unter einem internationalen Schutz stünden.
Im Irak ist die Lage ähnlich. Wir haben dort drei Millionen Menschen, die innerhalb des Landes vom IS geflüchtet sind. Eine große Anzahl der Leute merkt nun, dass es eine Möglichkeit gibt, nach Westeuropa auszuwandern. Türkische Fluglinien haben die

Anzahl ihrer Flüge aus dem Irak und der Türkei aufgestockt. Das führt zu veränderten Mustern in der Migrationsbewegung und zu mehr Flüchtlingen aus Afghanistan und dem Irak.

Zum bulgarischen Umgang mit Flüchtlingen äußerte er sich eher zurückhaltend.

> Wir haben im September einen Trend beobachtet, als unsere Asylzentren leerer wurden. Seit August nahm die Zahl erstmals seit zwei Jahren ab. Eindeutig fühlten sich die Leute eingeladen, nach Westeuropa zu gehen. Nun aber ist es sehr schwer, die Leute hierzuhalten, wir bieten ihnen internationalen Schutz und nehmen ihre Fingerabdrücke. Wir sind sicher eines der wenigen Länder an den Front-Linien, die es ernst meinen und jeden registrieren und die Fingerabdrücke nehmen, anders als auf dem Westbalkan, wo der ganze Strom unkontrolliert durchläuft.

Er zeigte sich überrascht zu hören, wie ernst auch die serbischen Kräfte, die ich bei Dimitrowgrad traf, die Sache mit den Fingerabdrücken nahmen. Mittlerweile waren auch die Abdrücke von einem der Pariser Verdächtigen aufgetaucht; sie waren am 7. Oktober auf der griechischen Insel Leros genommen worden, was bewies, dass die Behörden ihre Arbeitsabläufe verbessert hatten.

Gunev bestritt jegliche systematische Gewalt von bulgarischen Behörden gegen Migranten; er gab jedoch zu, dass es „Einzelfälle" innerhalb der Polizei seines Landes gebe, die mit Korruption und Gewalt zu tun hätten: „Die bulgarischen Grenzpolizisten handeln so, wie sie es bei EU-zertifizierten Weiterbildungen gelernt haben. Innerhalb der letzten anderthalb Jahre jedoch mussten wir, wie andere Länder auch, Kräfte einsetzen, die nicht diese Weiterbildung durchlaufen haben. Migranten werden darum überall im Land verhaftet."

Innerhalb Bulgariens wurden 2015 zehn Mal so viele Migranten festgenommen wie im Vorjahr, 30.000 hatten Asyl beantragt. Einige Beamte arbeiteten in 20-Stunden-Schichten. Die Kräfte waren gefordert bis zur Grenze der Belastbarkeit. Eines der Probleme war – die Flüchtlinge waren in Eile, weil sie das Land ja verlassen wollten – dass sie keine Vorfälle anzeigten. Und selbst wenn, wollten sie nicht monatelang dableiben, um vor Gericht gegen die betreffenden Beamten auszusagen. Vier Beamte waren zu dem Zeitpunkt selbst angeklagt und sahen sich nun Erpressungsvorwürfen gegenübergestellt, sagte er.

„Die exzessive Kraftanwendung bei einem Vorfall ist eine Sache, Vorwürfe wegen Diebstahl etwas anderes. Wir brauchen keine ausgebildeten Beamten, die stehlen!"

Der Tod eines afghanischen Migranten durch einen Querschläger, der sich am 13. Oktober ereignete, als der Migrant sich der Festnahme entziehen wollte, sei ein Unfall gewesen, meinte er. Auch in dem Fall hatten alle Zeugen bereits das Land verlassen. Ich ließ meinen Kontaktmann Nikolai die Vorwürfe prüfen; er war für den bulgarischen Geheimdienst DANS tätig gewesen.

> Meiner Erfahrung nach sind das Leute, die schon in der Türkei
> von dortigen Sicherheitskräften ausgeraubt wurden. Von den
> 200 Flüchtlingen, die ich verhört habe, hatten 99 Prozent keine Papiere mehr. Die meisten hatten sie türkischen Schleppern oder der
> Polizei überlassen. Bei 50 Personen, die wir durchsuchten, hatte
> nur einer mehr als 5.000 Euro bei sich. Die türkische Polizei hatte
> ihnen alles abgenommen. Die Schlepper organisieren dort alles,
> sie zahlen auch an Leute, die die Schlepperkanäle offenhalten.

Nikolai war ebenso genau und kritisch gegenüber dem Versagen der westlichen Geheimdienste, die Pariser Anschläge zu verhindern.

> Die türkischen Behörden haben den Franzosen mitgeteilt, dass
> der Anführer, Abdelhamid Abaaoud, nicht mehr in Syrien war. Nur
> informierten sie die Behörden nach den Anschlägen, nicht davor!
> Es gibt eine Liste mit allen möglichen Hinweisen, die Nadeln sind
> da, mitten im Heuhaufen. Aber es gibt auch eine mangelnde
> Erfahrung bei Beamten, um die Daten zu analysieren und ihre
> Aufmerksamkeit auf große Terrorzellen wie diese zu lenken, von
> der wir wissen, dass sie aus mehr als 20 Leuten bestand.

Ich fragte ihn, ob der IS die Flüchtlingswelle nutze, um Leute in Europa einzuschleusen, oder eher traditionelle Mittel wie vertauschte Identitäten und Rundflüge in verschiedene Hauptstädte zum Beispiel.

> Beides. Aber jetzt ist es leichter für sie, sich in dem Strom der
> Flüchtlinge zu verstecken. Operationen zum Verändern des Aus-

sehens sowie das Erstellen falscher Pässe sind einfacher geworden. Das Problem ist, dass sie nicht nur diese Kanäle nutzen, um Kämpfer in ihre Heimatländer zurück zu senden. Sie nutzen die Kanäle auch, um Geld durchzuschleusen, um für Anschläge Vorbereitungen treffen zu können; die Organisation solcher Anschläge wie in Paris ist sehr kostspielig.

Die Franzosen konnten für sich beanspruchen, vier Anschläge im Jahr 2015 verhindert zu haben, sagte er, aber den fünften hatten sie verschlafen. Eine Misserfolgsquote von 20 Prozent war ziemlich desaströs.

Die einzige Art, mit der Flüchtlingskrise zurechtzukommen, aber auch mit dem Terror, läge in der Wurzel, meinte er. 30 Staaten weltweit unterstützten den IS, darunter Saudi-Arabien, ein zentraler westlicher Verbündeter. Und auch für die Flüchtlinge ließe sich ein besserer Umgang finden. Wenn man ihnen erlauben würde, über fünf oder sechs Routen ohne Hektik zu kommen, könnten sie alle ordentlich registriert, überprüft werden und die Verfahren kämen ins Rollen. Der Mangel an Koordination zwischen den Ländern, die einander die Schuld gaben, endete darin, dass Menschen mit schrecklichen Vorhaben einfach durch das Netz schlüpfen konnten.[5]

*

Mitte Dezember 2015 fuhr ich erstmals nach Griechenland, um vor Ort über die Lage der Flüchtlinge zu berichten. Nicht jedoch auf die Inseln oder an die mazedonische Grenze, sondern nach Athen und an den Hafen von Piräus, wo große Passagierschiffe von den Inseln ankamen. Für Flüchtlinge gab es beunruhigende Neuigkeiten aus dem Norden. Am 23. November hatte der mazedonische Außenminister Nikola Poposki angekündigt, dass nur noch Flüchtlinge aus Syrien, dem Irak und Afghanistan ins Land dürften.[6]

Einige Tage später begann die mazedonische Armee damit, einen ersten Zaun bei Gevgelija zu errichten, direkt neben dem Haupt-Grenzpunkt.

Einige Migranten, die auf der griechischen Seite bei Idomeni gelandet waren, hatten sich aus Protest ihre Lippen zugenäht. Die mazedonische Entscheidung war eine Reaktion auf ähnliche Handlungen der Regierungen in Österreich, Slowenien, Kroatien und Serbien – ein Domino-Effekt. Auf der griechischen Seite entstand umgehend ein menschlicher Stau bei Idomeni. Seit Menschengedenken waren der Vardar-Fluss und sein Tal Durchgangsgebiet auf den Balkan, auch für griechische Eindringlinge. Neben dem Fluss lag ein Gleis und eine Straße drängte sich im engen, fruchtbaren Tal nordwärts Richtung Veles und Skopje, der Hauptstadt Mazedoniens. Der Vardar ergießt sich westlich von Thessaloniki in die Ägäis.

Athen lag im Sonnenlicht des beginnenden Winters und sah schäbiger aus, als es je auf mich gewirkt hatte. Viele Geschäfte waren mit Bretterwänden vernagelt, Graffiti überall. Viele Flüchtlinge und Migranten schliefen auf den Straßen und Plätzen, besonders in Omonia und Victoria. Fast täglich gab es Demonstrationen gegen die Sparmaßnahmen. Erst fanden sie umgehend Widerstand, dann wurden sie zögerlich durch die Regierung von Alexis Tsipras eingeführt, auf Geheiß des IWF und der Europäischen Kommission.

Am Tag meiner Ankunft hatte der Finanzminister Euclid Tsakalotos angekündigt, dass er den weiteren Reform-Schritten zustimmen würde, die Griechenland die nächste Mrd.-Tranche „Rettungsgeld" zusicherten. Mehrere Staatsbetriebe, darunter Energiehersteller und Energieversorger, sollten verkauft werden; die Einnahmen davon sollten in einen neu geschaffenen Privatisierungsfond fließen. Gelder aus dem Fond würden dann dazu benutzt, Griechenlands massive Schulden zu senken und ausländische Investoren anlocken.

Das Taekwondo Stadion im Bezirk Palaio Faliro hatte schon bessere Zeiten gesehen. Es wurde ein paar Tage vor den Olympischen Spielen 2004 eröffnet und war Heimstätte für Handballspiele, später dann auch für Taekwondo, einen koreanischer Kampfsport, der Karate mit hohen, spektakulären Kicks verbindet. Ein Bericht des *Guardian* vom August 2014 zeigte in einer Fotogalerie die nun halb-ruinösen Sportstätten, nur zehn Jahre nach den großen Wettkämpfen.[7]

Jetzt war wieder Leben in die Hütte gekommen. 2.500 Flüchtlinge wurden allein innerhalb der letzten 24 Stunden mit Bussen von der griechisch-mazedonischen Grenze hierhergebracht. Währenddessen erreichten täglich zwei oder drei Schiffe den Hafen von Piräus mit bis zu 700 Migranten von den Inseln an Bord. Die Entscheidung der Regierungen auf dem Balkan zur Verminderung des Zustroms verwandelte Griechenland in den letzten verbleibenden Flaschenhals entlang der Route, oder wie es Tsipras poetisch formulierte, zu einem „Lager für verlorene Seelen."[8]

Die Griechen versuchten am Tag meiner Ankunft recht spät, diejenigen zu versorgen, die von der Grenze zurückgeschickt wurden und sie auf das Taekwondo-Stadion und Elleniko zu verteilen, den ehemaligen internationalen Athener

Flughafen – nun ein windiger, verlassener Ort im Nirgendwo.

Reporter hatten zum Stadion keinen Zutritt. Ein iranischer Flüchtling filmte jedoch die Zustände für mich mit seinem Telefon. Überfüllte Flure, Schmutz und Chaos in den Waschräumen, es fehlten Decken und Matratzen. Am Haupttor kam es täglich zu Protesten der Flüchtlinge, viele meiner Gesprächspartner dort kamen aus dem Iran, Pakistan und Nordafrika. Sie hielten Schilder hoch mit Aufschriften wie „Hilfe, wir leiden hier!", „Wir brauchen eine Lösung, wir sterben hier in Zeitlupe", „Öffnet die Grenze, wir sind auch Menschen!"

Die sich hier auf dem Asphalt in langen, ordentlichen Schlangen für Essen anstellten, waren meist Männer, aber unter ihnen auch viele Frauen und Kinder. Das Lager war nicht geschlossen, jeder konnte es verlassen und die meisten taten das auch. Viele nahmen ihre kleinen Rucksäcke und Plastikbeutel mit allen Sachen, die sie auf dem Weg fanden, und machten sich auf zum Busbahnhof im Zentrum von Athen.

Eine Frau mit eierschalenfarbener Mütze und Jacke trug ein Klemmbrett und ging durch die Menge mit einem Dauergrinsen; sie stellte Fragen. Wir Reporter bauten unsere Kameras draußen auf oder führten ein Interview nach dem anderen, setzten uns dann in ein Café in der Nachbarstraße und schnitten unser Material zurecht, bevor wir es an unsere Redaktionen schickten.

Tagsüber war es noch warm, aber nachts wurde es schon ziemlich kalt. Ein paar Jungs lagen erschöpft auf dem Rasen und legten ihre Köpfe auf blauen Schlafsäcken mit UNHCR-Logo ab. Sie schienen tief in ihre Gespräche und ihre Handys vertieft. Sie wollten einen Weg nach Norden finden, durch Mazedoniens Schutzanlagen.

Majid war 38, er kam aus dem Iran und reiste mit seiner Frau und zwei Kindern. Er war den Tränen nahe, als griechische Soldaten sie an der Grenze bei Idomeni wieder auf Busse verteilten, 600 Kilometer zurück, nach Athen. Es wäre aber als Familienoberhaupt schändlich gewesen, zu weinen, sagte er mir. Sie hatten die Nacht zuvor im Stadion verbracht, mit zwei Decken für die vierköpfige Familie.

Alles sei besser als in Feldern zu schlafen, meinte der griechische Migrationsminister, und machte denjenigen, die nun in Griechenland waren – täglich kamen 3.800 neu ins Land – ein Angebot. Asylantrag im Land, oder ein Flugticket in die Heimat, bereitgestellt von der Internationalen Organisation für Migration. Ich traf einen Iraner, der entschied, nun aufzugeben und nach Hause zu fliegen – Hamed, 32. Er hatte den Iran verlassen, weil er die Möglichkeit vermisste, sich frei bewegen und frei denken zu können. Und er hatte genug von Korruption.

„Alles, alles wird durch Kontakte arrangiert, oder mit Geld, nicht aufgrund von Fähigkeiten. Sie zwingen uns dazu, die ganze Zeit drinnen zu hocken und Drogen zu rauchen. Das macht dich passiv, dann stellst du nichts an."

Auf der Suche nach einem besseren Leben in Schweden war er von Teheran nach Istanbul geflogen, als Iraner brauchte er kein Visum für die Türkei. Er war dann einen Monat lang unterwegs, vier Tage in Istanbul, dann brachten ihn Schlepper an die Küste bei Izmir. Er setzte um 6 Uhr morgens mit einem Boot über und kam in Mytilene auf Lesbos an. Die Reise von Teheran nach Athen hatte ihn bislang 3.000 Euro gekostet. Ihm gefiel der Gedanke nicht, nun zurückzufliegen, aber er wollte nicht versuchen, den immer länger werdenden Stacheldrahtzaun nach Mazedonien zu überqueren und immer wieder zurückgeschickt zu werden, bis es ihm vielleicht doch einmal gelänge. Er hatte bereits in der iranischen Botschaft einen neuen Pass beantragt. Dort war eine Schlange von mehr als eintausend Menschen mit derselben Idee. Ob er daheim bestraft würde, weil er das Land verlassen hatte? Das hatte er sich schon überlegt. „Sobald wir ankommen, werden wir zum Verhör geladen, drei oder vier Stunden lang werden sie uns befragen. Wo wir den Pass verloren haben und so was. Und wenn man dann keine Polizeiakte hat, lassen sie einen gehen. Die iranische Regierung will nicht brutal gegenüber ihren Bürgern aussehen."

Sein Flug war für abends um 21.20 Uhr vorgesehen. Er freute sich darauf, seine Familie wiederzusehen, aber brütete auch darüber, warum die Reise schiefgegangen war und warum er so viel Geld verloren hatte.[9]

Wir gingen die Treppen hinunter zum Ruheraum. Wir waren in einem ehemaligen Hotel, das von griechischen Anarchisten besetzt war und nun zum sicheren Hafen – safe house – für Flüchtlinge geworden war. Es war bis zum Rand voll, die Leute in den oberen Etagen schliefen auf Matratzen, in einzelnen Räumen. Es gab Essen, Wasser, Waschräume und medizinische Versorgung, alles umsonst bereitgestellt. Die Anarchisten schauten zwar argwöhnisch auf uns Journalisten, duldeten unsere Präsenz aber für eine Weile.

Ein weiterer Mann, den ich traf, der 28-jährige Hasan, meinte, er würde wohl lebenslänglich bekommen, wenn er zurückginge. Er hätte für die Geheimpolizei PAVA gearbeitet und „meist als Bodyguard für wichtige Leute". Er meinte, er würde eher gehängt werden, da er viele Staatsgeheimnisse kannte und man ihm bei einer Rückkehr sicher nicht abnahm, dass er diese nicht ausgeplaudert hatte.

Stattdessen würde er sicher gefoltert und dann umgebracht werden. Angesichts der ruhigen, gefassten Art, in der er sprach – ein Dolmetscher übersetzte sein Farsi in einer Mischung aus Respekt und Angst – wirkten seine Aussagen glaubwürdig. Er war aus dem Iran mit einem Besuchervisum für den Irak herausgekommen. Von dort war er in die Türkei geflogen. Er hatte seine Papiere, die seine Identität bezeugten, bei einem Schlepper in Istanbul gelassen, dem er vertraute. Er wollte verhindern, dass sie ihm abgenommen würden oder sie auf dem Weg verlorengingen.

Die Papiere waren sein Pfand, um irgendwo politisches Asyl zu beantragen, so hoffte er. Er hatte auch iranische Dokumente bei sich, doch als Iraner war ihm ein Grenzübertritt zur Türkei von Griechenland aus verboten; nun wollte er in Athen gefälschte irakische oder syrische Dokumente besorgen.

Der Victoria-Platz war zum Drehkreuz für Migranten in Athen geworden. Hier befand sich eine U-Bahnstation mit Zügen vom Hafen Piräus und wieder zurück. Es gab Cafés und kleine Restaurants in der Nähe, die Seitenstraßen waren voller Wechselstuben und Reisebüros, von denen aus oft Schlepper arbeiteten, sowie Handyläden.

In den günstigen Hotels kosteten Zimmer 20 oder 30 Euro pro Nacht, es ließen sich bescheidene Zimmer finden, wenn die Betreiber nicht die Nase voll hatten vom Zustrom der Migranten und alle gleich wegschickten. Am Victoria-Platz waren auch viele griechische und internationale Hilfsorganisationen tätig. Die niederländische Organisation „Boat Rescue Service" war besonders aktiv. Die Flüchtlinge sammelten sich in Gruppen nach Nationalität – Afghanen, Pakistanis, Iraner und Marokkaner. Kinder fütterten die Tauben mit altem Brot, kleine Jungs spielten mit einem Fußball ohne Luft. Erschöpfte Männer schauten auf ihre Handys oder verschwanden in Seitenstraßen, um mit Schleppern zu reden.

Man sah aber auch griechische Männer mittleren Alters, die junge Migranten oder sogar Jungs um Geld anbettelten. Mit etwas Glück bekamen sie zehn Euro für Sex mit ihnen, üblicherweise an Bäumen in einem heruntergekommenen Park in der Nähe oder einem Zimmer in einem schäbigen Hotel. Mitten auf dem Platz stand eine Bronzestatue von Theseus in dramatischer Geste, wie er gerade Hippodameia vom Zentauren Eurytion gerettet hatte. Die Statue wurde 1906 vom deutschen Bildhauer Johannes Pfuhl geschaffen.[10]

Der wütende Zentaur fasst mit einem Arm um Hippodameias Hüfte, in seiner anderen Faust hält er einen Stein, mit dem er auf Theseus' Kopf zielt. Theseus umklammert einen Dolch, vor ihm der sich windende Zentaur, Theseus will den Dolch in den Hals des Tieres stoßen. Eine junge Dame in dem Ensemble, die eigentlich eine Hochzeitsszene darstellt, liegt halb nackt auf dem Boden. In der griechischen Sage waren die Zentauren – halb Mensch, halb Pferd – von Peirithoos zu dessen Hochzeit mit Hippodameia eingeladen. Die Zentauren betranken sich fürchterlich und versuchten, sowohl die Braut als auch ihre Entourage zu entführen. Theseus und seine Leute verteidigten ihre Ehre, und so entspann sich eine ewige Fehde zwischen Menschen und Zentauren. Homer legt die Geschichte an als Warnung vor einem Übermaß an Wein.

Die meisten von J. Pfuhls Statuen wurden in den beiden Weltkriegen zerstört, aber sein Abbild des deutschen Mystikers Jakob Böhme steht noch immer in einem Park seiner Heimatstadt Görlitz, der östlichsten Stadt Deutschlands.

Sie Szene der Statue auf dem Victoria-Platz, eingefroren mitten im Versuch der Entführung, wirkte dennoch ruhig unter den Gruppen von Flüchtlingen, ein Ruheplatz für die Tauben der Gegend, die sich auf den Köpfen, Knien und Brüsten der Figuren niederließen.

Ganz in der Nähe traf ich Hooman, seine Frau Naghmeh und ihren sechsjährigen Sohn Arian; sie kamen aus Teheran. Sie waren vom Islam zum Christentum übergetreten. Es gebe eigentlich recht viele Christen im Iran, erklärte Hooman, aber normalerweise würden sie nicht verfolgt, wenn sie sich still verhielten und niemanden missionieren wollten. Einen aktiven Übertritt jedoch vom Islam zum Christentum, das würde der iranische Staat nicht tolerieren.

Hooman hatte einen guten Job als Grafikdesigner, Naghmeh war Softwareingenieurin. Sie besaßen eine große, komfortable Wohnung, Arian hatte sein eigenes Zimmer mit viel Spielzeug. Dann jedoch erfuhr Naghmehs Vater von ihrem Übertritt. Er war ein einflussreicher Mann innerhalb der Revolutionsgarden und wütend, dass seine Tochter ihn auf diese Art und Weise hintergangen habe. Bei einer Gelegenheit hatte er Hooman die Finger gebrochen. Die kleine Familie hatte dann zu dritt die Lage besprochen und sogar der kleine Arian war der Meinung, dass es das Beste sei, den Iran zu verlassen, trotz der vielen Gefahren, die ihnen auf der Reise begegnen könnten.

Ein Jahr zuvor hatten sie bereits mit dem Papierkram angefangen und Asyl in den USA beantragt; doch das dauerte erfahrungsgemäß drei Jahre und es gab keinerlei Garantie, dass das Verfahren positiv beschieden würde. Also machten sie sich auf den Weg, durch die Türkei, drei Wochen vor unserem Treffen. Besonders die Bootsfahrt über die Ägäis war schrecklich. „Anfangs sang Arian noch, am Ende weinte er, so wie alle an Bord."

An Bord waren 25 Menschen. Das Boot hatte ein großes Leck, als sie die Küste von Lesbos sahen. „Ich habe versucht, für mein Kind alles zu tun, er trug eine

Schwimmweste, aber letztlich konnte ich nur auf Gott vertrauen, mehr nicht."

Die Freiwilligen am Strand bei Mytilene wateten durchs Wasser, um ihnen zu helfen, darunter einige aus Manchester. Nach einigen Tagen ließen sich die Flüchtlinge mit richtigem Namen und Nationalität registrieren, sie durften weiter ans Festland. Aber anstatt im Stadion zu bleiben, hatte Hooman ein Einzelzimmer nahe dem Victoria-Platz für drei Personen um 35 Euro pro Nacht bekommen. Die Reise und die Flüge sowie die Schlepper hatten die drei bisher 10.000 US-Dollar gekostet, sagte er. Jetzt hatten sie nur noch 500 und mussten sich allmählich in ein Flüchtlingslager begeben. Als wir sprachen, lächelte Arian heiter und drückte seinen Teddy an die Brust, den er den ganzen Weg von Teheran bis hierher mitgenommen hatte. Ich fragte ihn, ob der Teddy einen Namen habe – er meinte, Abri, Persisch für Tiger.

Hooman wollte irgendwo Geld beschaffen und wieder Schleppern etwas geben, aber er entschied sich nun gegen das Risiko. Wenn er allein sei, ginge es vielleicht, aber nicht mit Frau und einem kleinen Kind. Als Grafikdesigner war er sehr geschickt darin, Dokumente zu erstellen. Er sagte, dass er schon versucht sei, neue syrische oder irakische Dokumente für sie zu machen, aber auch dagegen hatte er sich entschieden, denn die Gefahr, ins Gefängnis zu gehen, oder noch schlimmer, in Mazedonien oder Serbien bleiben zu müssen, wollte er nicht eingehen. Mein griechischer Kollege rief im Flüchtlingslager Eleonas an; dort gab es Container, in welchen die Familie bleiben könnte und etwas Privatsphäre hätte. Zu ihrem Glück wurde im Laufe des Tages ein Container frei, wir bezahlten ein Taxi, damit sie dorthin gebracht würden.

Tariqs Anspruch auf einen Flüchtlingsstatus irgendwo in Europa war deutlich schwächer. Er war 37 Jahre alt und ein ansehnlicher Mann mit fein frisiertem Bart; in Marokko hatte er eine gute Stelle als Elektroingenieur, spezialisiert auf Wasseranlagen und Pumpen. Einst hatte er mehrere tausend Euro pro Monat für eine große internationale Firma verdient, und nun saß er in einer Bar am Victoria-Platz und trank Tee.

Er hatte Marokko verlassen, weil er das Leben dort zu unterdrückend fand, keine wirkliche Demokratie, keine Freiheit, sich Luft zu machen. Er liebte Europa und wollte hier eine Weile leben, zumindest ein paar Jahre, und in Marokko Urlaub machen.

Auf Facebook hatte er eine Seite gefunden, die von Schleppern betrieben wurde und mit Reisen nach Europa warb. Er rief an und buchte einen Flug nach Istanbul. Er wurde mit ein paar anderen von Schleppern am Flughafen abgeholt und in ein sicheres Versteck gebracht. Nach einer Nacht in Istanbul wurden sie in einer Gruppe von acht Leuten mit einem Van nach Izmir an die Küste transportiert. Zwei Stunden lang warteten sie in den Wäldern unweit des Strandes, ehe ein Boot ankam und sie mitnahm. Der Steuermann sei gerade frei, erklärten die Schlepper. Nach einer Stunde auf See stockte plötzlich der 15 PS-Motor und ging nicht mehr an.

Dreieinhalb Stunden trieben sie auf dem Meer, dann hielten sie ein türkisches Fischerboot an, das sie zum Festland zurückzog. Auch das nächste Boot fiel aus, diesmal nur 200 Meter von der türkischen Küste entfernt. Sie fuhren zurück ins Versteck nach Istanbul. Drei Tage später wurden sie wieder an die Küste gebracht, diesmal erreichten sie Lesbos in einem Konvoi von 60 Booten. Auf dem Weg wies man sie an, ihre Papiere und Pässe zu zerreißen und über Bord zu werfen. Sie verbrachten drei Tage auf Lesbos, wurden registriert, die Fingerabdrücke wurden genommen – „Ich habe meinen richtigen Namen angegeben", sagt Tariq – und gab dann 45 Euro aus für eine 18-stündige Fährfahrt nach Piräus. Von Piräus zahlte er eine Busfahrt nach Idomeni an die mazedonische Grenze. Dort schloss er sich einer Gruppe von vier marokkanischen Männern und einem Mädchen an; sie erhielten Ratschläge von einem Taxifahrer, wo sie über die Grenze kämen und wo keine Soldaten seien.

> Gegen sechs Uhr abends sind wir ganz normal über die Grenze gekommen, da war kein Zaun, nichts. Auf der anderen Seite sahen wir Gleise und folgten ihnen; wir gingen nicht an der Straße, weil einen dann die Polizei leicht findet. Wir gingen bis vier Uhr morgens, dann machten wir eine kurze Rast, schliefen zwei Stunden, dann gingen wir weiter.

Gegen acht Uhr morgens kamen zwei Männern in Kampfuniform aus dem Wald, einer trug ein Gewehr. Sie gaben vor, Polizisten zu sein, aber Tariq wollte ihnen nicht glauben. Zuerst forderten sie 100 Euro, damit alle weitergehen könnten. Sie handelten die beiden Männer auf 25 Euro herunter, wollten dann aber doch nichts geben und meinten, all ihr Geld sei von Schleppern zuvor gestohlen worden. „Wir haben dann einen Bahnhof gefunden, wo sich viele Leute in den Wäldern drum herum versteckten und darauf warteten, auf vorbeifahrende Züge aufspringen zu können. Plötzlich kam die Armee, 30 Soldaten liefen herum und nahm eine große Gruppe Pakistanis fest. Uns fanden sie aber nicht und wir gingen weiter am Gleis, die ganze Nacht lang, dann überquerten wir den Berg."

Als sie an einem anderen Bahnhof eine Fahrkarte kaufen wollten, verweigerte der Mann am Schalter den Verkauf, als sie zugaben, dass sie aus Marokko kämen. Also stiegen sie ohne Fahrkarte in den Zug und wurden von der Polizei am nächsten Bahnhof herausgeworfen. Sie kamen bis nach Veles.

Nachdem sie die Brücke am Vardar überquert hatten, ging Tariq mit einem seiner Mitreisenden in eine Tankstelle, um Essen zu kaufen, die anderen gingen ohne sie weiter. Die beiden waren nun allein unterwegs und wurden wieder aufgehalten, wieder von bewaffneten Männern. Unter vorgehaltener Waffe gaben sie den Männern den Großteil des Geldes, das sie noch hatten. Das Telefon bekamen sie jedoch glücklicherweise nicht. Schließich erreichten sie die mazedonische Hauptstadt Skopje, wo sie von Polizisten geschnappt wurden – fünf Minuten, ehe sie der Zug an die serbische Grenze gefahren hätte. Die Polizei beförderte sie den ganzen Weg zurück nach Gevgelija an die griechische Grenze.

„Sie brachten uns einen Kilometer vor den Hauptgrenzübergang; da waren viele Marokkaner und Pakistanis. Soldaten schlugen uns mit Stahlkabeln, noch als wir am Boden lagen."

Dann wurden sie zurück durch den Grenzzaun gedrängt, sie wurden getreten und geschlagen. Tariqs erster Aufenthalt in Mazedonien dauerte sechs Tage, er ruhte sich im stets wachsenden Lager von Idomeni aus. Dann wurden sie eines Morgens gegen sechs Uhr grob geweckt und von griechischen Polizisten mit Bussen zurück nach Athen gebracht.

Jetzt bereitete er den nächsten Versuch vor, zur Grenze zu kommen. Wir verabredeten uns ein paar Tage später auf ein Bier. Ich fragte ihn, was er an einem Sonnabend in seiner Heimat machen würde. „So ziemlich dasselbe", sagte er lächelnd, „Bier trinken, vielleicht in eine Disco gehen."

Ich fragte ihn, ob es für ihn infrage käme, aufzugeben und mithilfe der Internationalen Organisation für Migration zurück nach Marokko zu reisen.

„Auf keinen Fall, ich habe 3.000 Euro ausgegeben, ich habe schon mehr als die Hälfte des Weges nach Deutschland geschafft." Er hatte noch 470 Euro übrig und noch mehr Geld, das ihm von seinem Cousin in Schweden überwiesen wurde. Doch ohne echte Dokumente würde keine Reisebank, Western Union oder MoneyGram ihm Zugang gewähren zu dem Geld, das da auf ihn wartete. Die einzige Möglichkeit war, die Überweisung rückgängig zu machen; der Geldgeber müsste die Summe einer Person überweisen, die noch einen Pass hatte und der dann einen Anteil davon bekäme.

„Jetzt suche ich nach Leuten, die uns nach Europa mitnehmen, ich habe gehört, dass uns welche für 1.500 Euro mit dem Auto durch Mazedonien und Serbien bis Österreich bringen würden." Er müsse nur erst einen Schlepper dieser Art finden, dem er auch vertrauen könnte. „Du packst dein Geld hier in ein Schließfach und merkst dir den Zahlencode. Wenn du in Österreich ankommst, gibst du dem Schlepper die Kombination durch."

„Und wer sind die Schlepper?", wollte ich wissen. „Meistens Mafialeute aus Nordafrika, Ägypten, Algerien, Syrien. Sie bestechen die Polizisten und nehmen dich in normalen Autos mit. Man zahlt weniger für einen Bus, aber mehr für ein Auto mit vier anderen. An jeder Grenze steigt man aus und geht so rüber, das Auto fährt durch und holt dich an einem vorher vereinbarten Ort im Wald auf der anderen Seite ab."

Während wir sprachen, war er plötzlich euphorisiert durch die Whats-App-Nachricht eines marokkanischen Freunds, der es gerade bis nach Serbien geschafft hatte, nachdem er einem Schlepper der genannten Sorte Geld gegeben hatte. Wenn der sich als verlässlich zeigen würde und er Zugang zum Geld von seinen Verwandten hätte, dann wollte Tariq es bald wieder versuchen.

Am 14. Dezember verkündete die EU die Schaffung einer neuen Küsten- und Grenztruppe, eine Art aufgepeppte Frontex. Sie sollte 1.500 Beamte bekommen.[11]

Eine Schwäche von Frontex war bislang ihre völlige Abhängigkeit von mehreren Staaten, die immer wieder darin versagten, ihnen Polizeikräfte zu schicken. Nun wollte die neue Frontex-Truppe dafür werben, dass sie in Ausnahmesituationen die Entscheidungsgewalt an Ländergrenzen habe. Das ging den Griechen und einigen anderen Staaten entschieden zu weit. Am 15. Dezember interviewte ich den griechischen Migrationsminister Yannis Mouzalas. Er machte eine etwas komische Figur für einen leitenden Angestellten des Innenministeriums – runde Brille, unrasiert, in zerknittertem Jackett – so dass man ihn auch für einen Pariser Künstler vom linken Seine-Ufer oder einen tschechischen Dissidenten halten konnte. Er begann damit, dass er eine neue stärkere Frontex-Truppe grundsätzlich begrüße. „Wir müssen ihnen die Kontrolle über einige Teile unserer Souveränität überlassen" – aber nicht über zu viele.

Den griechischen Behörden wurde vorgeworfen, von den 500.000 Migranten, die zwischen dem 20. Juli und dem 30. November ihr Staatsgebiet durchquert hatten, nur 121.000 registriert zu haben. „Hier liegt die Verantwortung auch in Europa. Wir sind nicht mit genügend Maschinen für Fingerabdrücke ausgerüstet, wenngleich wir darum bitten. Als die Maschinen eintrafen und wir mehr von ihnen bekamen, konnten wir besser auf alles reagieren, Abdrücke nehmen und die Aufnahme-Prozesse wurden besser und besser."

Eine dieser Maschinen konnte 100 Personen pro Tag erfassen, erklärte er, und über sechs Monate hätten sie nur zehn solcher Maschinen besessen. Nun hatten sie fünfzig und wollten einhundert haben. Zwei der Terroristen der Pariser Anschläge, die sich als Flüchtlinge ausgaben, wurden von den griechischen Behörden erfasst, erklärte er.

Mit Blick in die Zukunft, angesichts der Spannungen am Taekwondo-Stadion und am ungenutzten alten Flughafen sowie mit Blick auf diejenigen, die an der mazedonischen Grenze festsaßen, erklärte er den genauen Plan: 20 000 Menschen seien entweder in privaten Haushalten untergebracht, in leeren Wohnungen oder bei Gastfamilien. Tatsächliche Flüchtlinge sollten innerhalb Europas verteilt werden, Wirtschaftsmigranten nach Hause geschickt werden, entweder durch freiwillige Rückführung oder durch Abschiebung. Das Stadion und der Flughafen seien nur „temporäre Lösungen", um Leute davon abzuhalten, mitten in Athen im Freien zu schlafen.

> Kern unseres politischen Ansatzes ist es, den Zustrom von
> Migranten von der türkischen Küste in den Griff zu bekommen.
> Europa muss sich auf Umsiedlungen fokussieren. Flüchtlinge
> sollten direkt aus der Türkei, dem Libanon und Jordanien nach Eu-
> ropa umgesiedelt werden. Dadurch würden nicht so viele Schlep-
> pern zum Opfer fallen und in der Ägäis ertrinken. Das kann der
> derzeitigen Lage ein Ende setzen, in der Europa den Zustrom von
> Migranten nicht kontrollieren kann.

> Einige Staatschefs in Europa beschreiben Griechenland als einen
> Weinberg, unsere Grenzen seien offen und jeder könne hinein-
> kommen. Unsere Landesgrenze mit der Türkei am Evros ist sicher.
> Da gibt es keinen Zustrom, nur über das Meer. An den Seegren-
> zen müssen wir schlichtweg die Gesetze der UN und der Genfer
> Konvention befolgen, neben europäischen und griechischen Ge-
> setzen – und die Leben der Menschen auf See retten. Wir werden
> die Leute nicht in die Türkei zurückdrängen, wir versenken keine
> Flüchtlingsboote.

Mouzalas war ein Geburtshelfer, wie ich herausfand. Ich fragte ihn, ob er nun das Gefühl habe, Geburtshelfer eines neuen Europas zu sein, oder ob er eher einem Begräbnis beiwohne.

Gerade weil ich von Beruf Geburtshelfer bin, weiß ich, wie schwer, anstrengend und auch kostspielig es ist, und wie viele Stunden es dauert, zu gebären. Und genau darum bin ich sehr wütend darüber zu sehen, wie viele Leben verloren gehen, im Krieg und auf See in diesem Strom der Migranten. Und ich bin auch wütend darüber, dass tausende Kinder in dieser Krise ihrer Kindheit beraubt werden. Das ist wirklich tragisch. Wir werden Zeuge der Geschichte hier. Niemand weiß, wie es ausgeht.

KAPITEL 9

DAS EU-TÜRKEI-ABKOMMEN

Ich möchte gerne Arzt werden. Meine Schwester hat mir gesagt,
dass unsere Mutter nicht gestorben wäre, wenn sie die nötigen
Medikamente bekommen hätte. Und da ich in meinem Leben
schon viel gelitten habe, möchte ich das Leiden anderer mildern.

Eric Ozeme, Flüchtling
aus der Demokratischen Republik Kongo.

Am Abend des 31. Dezembers 2015 waren mehrere hundert Männer aus
Nordafrika und dem Nahen Osten unter den Feiernden vor dem Kölner Dom.
Die Silvester-Feierlichkeiten waren in vollem Gange und einige hatten sich zuvor auf Facebook darauf verständigt, sich hier zu treffen. Viele kamen auch mit
dem ausgesprochenen Ziel, Frauen zu begrapschen.

Das Phänomen war einigen bekannt als *Taharrusch dschama'i*, das im Laufe
des Arabischen Frühlings unter anderem auf dem Tahir-Platz in Kairo auftrat,
wo viele einheimische und ausländische Frauen belästigt wurden.[1]

Einige der Männer vor Ort waren als Einwanderer nach Köln gekommen
und hatten bereits einen Asylantenstatus in Deutschland oder Belgien. Sie kamen aus Städten wie Brüssel oder Aachen. Andere waren noch nicht so lange
dort, darunter einige, die seit Wochen in Unterkünften für Asylsuchende lebten oder in der Nähe der Stadt. Mitternacht rückte näher und angeheizt durch
stundenlanges Trinken nahm die organisierte „Jagd" auf Frauen rund um den
Hauptbahnhof ihren Lauf.

Feuerwerkskörper wurden in die Menge geworfen, was Panik und Verwirrung
auslöste und die 300 Polizisten zusätzlich ablenkte. Mitten im Getümmel begann-
nen die Männer, Frauen einzukreisen, sie zu begrapschen und ihre Portemonnaies
und Telefone zu stehlen. Die Opfer waren meist Deutsche, aber auch Frauen aus
anderen europäischen Ländern sowie Frauen und Mädchen, die selbst gerade als
Flüchtlinge aus Ländern wie Afghanistan und Syrien ins Land gekommen waren.

Die Täter stammten zumeist aus Nordafrika und dem Nahen Osten, aber es waren auch Deutsche darunter. Einige Syrer in der Menge, die sahen, was geschah, versuchten aktiv, Frauen zu beschützen. Die Polizei war überfordert. Im Laufe der folgenden Tage gingen 1.092 Anzeigen ein, darunter 446 Verdachtsfälle von sexuellen Übergriffen, in drei Fällen Vergewaltigung. Sowohl Polizei als auch Medien wollten eine stereotypische ethnische Zuschreibung der Täter verhindern. Doch die Meldungen in den sozialen Medien verbreiteten sich rasch und die Rede war von Tätern, die hauptsächlich „wie Einwanderer" aussähen.

Erst als Angela Merkel am 5. Januar anrief, wurde der Kölner Oberbürgermeisterin Henriette Reker klar, wie ernst die Situation war. Vorfälle wie in dieser Nacht, die sich nicht nur in Köln, sondern in weniger dramatischem Ausmaß in acht weiteren deutschen Städten abspielten, brachten der „Willkommenskultur" einen weitaus größeren Schaden bei als alle anderen Geschehnisse.[2]

Im Gegenteil erwiesen die Täter der bemerkenswerten Bereitwilligkeit vieler Deutscher, Ankommenden einen sicheren Hafen zu bieten, einen Bärendienst.

Innerhalb Deutschlands, aber auch quer durch Europa und bis in die USA, hagelte es harsche Kritik an Merkels Politik der offenen Tür, gepaart mit Rachsucht und Schadenfreude. Jetzt hatten die Deutschen, was sie verdienten, hieß es nun. Wie naiv waren sie, solche „Tiere" in ihrem Land willkommen zu heißen. Selbst diejenigen, die bislang Flüchtlingen offen gegenüberstanden, mussten nun ihren Glauben überdenken an ein Deutschland und ein Europa, das die Neuankommenden integrieren könnte. Waren das Anzeichen dafür, dass es eine genetische Schwäche bei Männern aus nicht-europäischen Kulturen gab? Waren die Terroranschläge in ihrer Zerstörung, gleichsam wie der Einsatz von Kalaschnikows und Sprengstoffgürtel, wie geschaffen, um Deutschlands guten Willen gegenüber Muslimen zu prüfen – oder waren das nur krasse Fälle von Männern, die sich furchtbar benahmen, da sie glaubten, mit ihren Taten davonzukommen in einem Moment, als sich die Polizei überfordert zeigte, zeitnah zu reagieren?

Die Propaganda von IS und Al-Qaida hielt an; es kursierten Behauptungen, dass Christen einen immerwährenden Kreuzzug gegen den Islam führten. Unabhängige Studien von Forschern aus Nordrhein-Westfalen dazu wurden am 7. April 2017 veröffentlicht.[3]

„Die Übergriffe der Silvesternacht 2015/2016 hätten zumindest weitgehend verhindert werden können, wenn schon bei den ersten Straftaten frühzeitig und entschlossen durchgegriffen worden wäre." Für solch ein Vorgehen, so der Bericht, fehlten jedoch Überblick und die nötigen Kräfte. Das Versagen der Polizei, die nicht von Beginn an intervenierte, habe laut einem Experten zu einem „Schneeballeffekt" geführt, bei dem Männer glauben konnten, mit jeglichen Taten davonzukommen. Die Entscheidung, Polizeikräfte in der Neujahrsnacht abzuziehen und im ganzen Land die Präsenz herunterzufahren, wurde harsch kritisiert.

Die Kommunikation auf Seiten der Einsatzkräfte sei zudem „falsch und irreführend" gewesen. Der Bericht erhellte jedoch auch einiges vom Grad der Organisation und den Motiven der Täter. Der Psychologe Rudolf Egg untersuchte mehr als tausend Übergriffs-Fälle und fand keinen Nachweis für organisierte kriminalisierte Handlungen. Auch er gab der Polizei die Schuld, die den Tätern den Eindruck vermittelt hatten, dass sie mit diesen Übergriffen durchkommen würden.

Sechzehn Monate nach den Geschehnissen wurden nur fünf Männer verhaftet, der 26-jährige Hassan T. aus Algerien wurde zu einem Jahr Gefängnis verurteilt.

*

Savigny-sur-Orge ist eine Kleinstadt mit 23.000 Einwohnern, 19 Kilometer südlich von Paris. Einst eine Ansammlung von Häusern rund um ein Schloss, entwickelte sie sich durch den Anschluss an die Eisenbahn im späten 19. Jahrhundert zu einem Vorort der französischen Hauptstadt und schließlich zu einer Trabantenstadt. Nun war sie Heimatstadt von Eric Ozeme aus dem Kongo geworden, den ich in Ásotthalom im Juni 2015 getroffen hatte.

Er erwartete mich am Bahnhof, nachdem mein Zug aus Paris-Austerlitz eingetroffen war. Er trug denselben grauen Pullover, den er acht Monate zuvor an der serbischen Grenze anhatte. Sein Gesicht war entspannter; ihm gefiel es, in Frankreich zu leben und die Franzosen waren umgänglich mit ihm, erzählte er, als wir vom Bahnhof zu seiner Wohnung im dritten Stock eines Wohnblocks gingen. Diese wurde ihm und seinen Mitbewohnern, alle aus Afrika, vom Französischen Roten Kreuz bereitgestellt.

Die Wohnung war klein – ein Schlafzimmer, eine Wohnküche und ein Bad – klein, aber sauber und einladend. Er hatte das oberste Stockbett im Raum, den er sich mit vier anderen Asylsuchenden teilte. Es gab eigentlich genügend Platz, doch keiner von ihnen hatte viele Sachen oder Besitz, um ihn auszufüllen. In Ungarn hatte ich einen kurzen Audiobeitrag mit Eric am Straßenrand aufgenommen; er war mit einer Gruppe von etwa 30 Leuten unterwegs, die meisten Kongolesen. Sie waren den größten Teil der Strecke von Athen aus zusammen gegangen. Nun hatte ich erstmals Gelegenheit, etwas von seiner Geschichte zu erfahren.

Eric kam aus Matita in der Nähe von Kinshasa, wo er im Oktober 1995 geboren wurde. Seinen Vater hatte er nie kennengelernt, er war vor seiner Geburt gestorben. Seine Mutter, die als Kleinhändlerin Kaffee und Maniokwurzeln auf den Straßen von Kinshasa verkaufte, starb, als er sieben war. Er hatte mit seiner älteren Schwester und dem größeren Bruder zusammengewohnt, ging drei Jahre zur Schule, ehe er im Alter von elf selbst auf der Straße arbeiten musste und Kleinkram verkaufte, um zu überleben.

Im Februar 2011 war Eric 16 Jahre alt, die Polizei stürmte am frühen Morgen in ihr Haus in Ngaba, einem Vorort von Kinshasa. Sein Freund Jean-Luc wurde verhaftet, da er vorhätte, den Präsidenten Joseph Kabila umzubringen. Das zumindest wurde Eric gesagt und er selbst als mutmaßlicher Komplize verdächtigt. Es gab keine Medienberichte oder Hinweise zu einem geplanten Anschlag auf den korrupten Präsidenten. Er wurde im Dezember 2011 wiedergewählt in einer Wahl, bei der Wahlurnen aus 2.000 Wahlbüros von Bezirken verschwanden, in denen der rivalisierende Kandidat viel Unterstützung hatte.

Kongo ist in Sachen Bodenschätze eines der reichsten Länder der Welt. Nur durch den Export von Gold kommen pro Jahr eine Milliarde Dollar ins Land. Zudem gibt es umfangreiche Vorkommen an Kupfer, Kobalt, Mangan und Diamanten. Kongos Reichtum hat die Gier der Weltmächte angezogen, damals wie heute, und die seiner afrikanischen Nachbarn. Kongo ist der zweitgrößte Kupfer-Lieferant nach Chile. In einem modernen Auto stecken zwölf Kilogramm Kupfer, in einem besonders teuren Modell 25 Kilogramm.[4]

Aufgrund seiner guten Leitfähigkeit wird das Metall für Bremsen, elektronische Antriebsregelung, Getriebe sowie Klimaanlagen verwendet. Als Eric im Sommer 2015 durch Ungarn ging, führte sein Weg nur knapp vorbei an den Fabriken, die eine halbe Million Mercedes-, Suzuki- und Opel-Modelle herstellen – jedes mit hunderten Metern Kupferdraht, die vermutlich aus seinem Heimatland kamen. Die skrupellose Ausbeutung Afrikas und seiner Mineralien, sowie der Missbrauch der herrschenden Elite, die Gewinne aus dem Wohlstand einzuheimsen – damals wie heute – ist Hintergrund für Erics Reise und Schicksal vieler Millionen anderer in den letzten Jahrzehnten.

In Ungarn, Rumänien, Bosnien, Bulgarien, Frankreich sowie Spanien hatte ich Roma gesehen – Europas „Fremde" – die ihre Karren von Tür zu Tür schoben, um Schrott einzusammeln. Kupfer ist unter den Metallen das wertvollste, noch vor verdrilltem Aluminium und Eisen. Auf den schmucklosen Recyclinghöfen an Stadträndern, die von den Roma und ihren Karren frequentiert werden, zahlt man für Kupfer pro Gramm, nicht nach Kilo.

Am Rohstoff Kupfer zeichnen sich gewissermaßen die Linien von Wohlstand und Armut entlang der Kapital-Straßen Europas. Wir betrachten uns in Kupfer-Spiegeln, unser deformiertes Antlitz suchend.

Eric war 16 Jahre alt, Waise und ihm stand wahrscheinlich ein Todesurteil bevor, wie seinem Freund Jean-Luc, für ein Verbrechen, das sie nicht begangen hatten – bis das Glück hinzukam. Ein Gefängniswärter hatte Mitleid mit ihm. „Hast Du keine Freunde mit Geld?", fragte er ihn in den verließartigen Zellen unterhalb der Polizeistation von Ngaba, wo er nervös auf sein Schicksal wartete. Das war am Abend des 28. Februars 2011. Er kannte nur einen Mann, den Freund seines Bruders, den er um Geld fragen konnte. Ein Menschenrechtsaktivist. Der Mann wurde gerufen und erschien nach Einbruch der Dunkelheit. Ein Haufen kongolesischer Franc wechselte den Besitzer, bedruckt mit dem Bild des Okapis, gestreift wie ein Zebra und Symbol des Landes, sowie einer Maniokfrucht, wie sie seine Mutter einst in den Straßen verkauft hatte.

Mit Hilfe seines Freundes floh Eric zunächst nach Masina, einem Bezirk von Kinshasa, dann in einem kleinen Kanu über den Kongo nach Brazzaville. Der Staat Kongo ist zweigeteilt in die Demokratische Republik Kongo mit seiner Hauptstadt Kinshasa, sowie in die kleinere Republik Kongo mit der Hauptstadt Brazzaville. Die beiden Städte, Kinshasa mit elf Millionen und Brazzaville mit 1,4 Millionen Einwohnern, befinden sich gegenüber am Kongo-Fluss. Als Hauptstädte, die sich weltweit am nächsten liegen, bieten sie Flüchtlingen der jeweils anderen Seite Unterschlupf. Eric versteckte sich drei Monate lang bei der Familie seines Freundes Jean-Luc, von dem man nichts mehr hörte. Er wurde vermutlich von der Polizei der Demokratischen Republik Kongo getötet.

Im Mai rief ihn der Freund an, der ihn aus dem Gefängnis freigekauft hatte. Er berichtete ihm, dass die Polizei noch immer sein Zuhause observierte. Seine Schwester war nun inhaftiert, sein Bruder Patrique nach Angola geflohen. Der Freund könnte Eric mit falschen Dokumenten in die Türkei bringen. Er setzte sich wieder in ein Kanu über den Kongo. Am selben Tag war er am Flughafen und dann in einem Flugzeug nach Marokko, mit seinem Bild im Pass, aber unter falschem Namen.

In Marokko änderte er seine Pläne und flog nach Istanbul. Dort kam er mit 200 US-Dollar an. Da war niemand, den er kannte und kein Ort, an dem er bleiben konnte. Am Flughafen freundete er sich mit einem Senegalesen an, der ihn in die weit ausgedehnte Nachbarschaft von Aksaray mitnahm. Dort verbrachte er die ersten Nächte in einem Zimmer mit zwei Dutzend anderen afrikanischen Migranten. Aksaray bedeutet „weißer Palast" auf Türkisch. Es waren Migranten, die der Gegend den Namen gaben, als sie aus der gleichnamigen Stadt in Zentralanatolien von Sultan Mehmet II. ins damalige Konstantinopel umgesiedelt wurden. Er wollte die Stadt mit Menschen bevölkern, nachdem sie 1453 von Osmanen erobert wurde.[5]

Heute ist Aksaray ein raues Viertel, berüchtigt für seine blühende Prostitution, besonders durch Frauen aus ehemaligen Sowjetrepubliken. Anfang des neuen Jahrtausends, lange bevor Eric herkam, hatte ich hier versucht, mit Tschetschenen ins Gespräch zu kommen, die von hier in den Krieg gegen Russland zogen oder aus ihm kamen, bis ich gewarnt wurde, meiner Sicherheit zuliebe besser keine weiteren Fragen zu stellen.

In Aksaray fristete Eric ein kärgliches Dasein, sammelte Plastikflaschen aus Mülleimern und verkaufte sie zum Recyclen. Das reichte gerade dazu, seinen Mietanteil zu zahlen, ein wenig zum Essen und für Bustickets nach Konya, wo die türkischen Behörden ihn in ein Lager stecken wollten, da es ihm als Minderjährigem nicht erlaubt sei, ungemeldet in Istanbul zu wohnen. Sein einziges offizielles Dokument war ein Blatt vom UNHCR-Büro Ankara, das schon früher im Buch zitiert wurde.

> Gerichtet an zuständige Stellen. Dieses Zertifikat bestätigt, dass der Genannte durch den Hochkommissar für Flüchtlingsfragen der Vereinten Nationen gemäß seinem Amte als Flüchtling angesehen wird. Als Flüchtling genießt Genannter besondere Aufmerksamkeit durch den Rat des UNHCR und soll beschützt werden vor dem Zwang, in das Land zurückzukehren, wo ihm Gefahren gegen seine Freiheit und sein Leben drohen. Jegliche Hilfe, die dem genannten Individuum zukommt, ist hochgeschätzt.

Das nahm ich gleich persönlich und lud ihn zum Mittagessen ein. Derweil erzählte er mir den Rest seiner Geschichte. Viele Syrer und Iraker, die 2015 die Türkei durchquerten, fanden sich in Aksaray wieder. Seit es eine Hochburg des Menschenhandels speziell von Frauen aus Ostblock-Staaten war, hatte sich ein feines Netz für Schlepper etabliert, die Migranten in die andere Richtung brachten, durch Osteuropa in den Westen – es ließ sich wie verrückt Geld verdienen.

Für Flüchtlinge, die hierbleiben und in der Türkei etwas Geld verdienen wollten, war das kein schlechter Ort; es war relativ einfach, sich hier zu integrieren und sogar gut, um ein kleines Geschäft aufzuziehen. Zwischen 2011 und 2016 wurden 4.000 Neugründungen durch Syrer in der Türkei gemeldet. Ein Artikel der *Financial Times* im Oktober 2016 beleuchtete das Beispiel von Remo Fouad, einem 50-jährigen Bäckermeister aus Aleppo, der hier mit einem kleinen Süßwarenladen begann und sein Geschäft seitdem immer weiter vergrößert hatte.[6]

„Sie mochten uns Schwarze nicht in Aksaray, weil sie dachten, wir würden ihre Frauen vergewaltigen", erzählte mir Eric. „Wir bekamen auch viele Probleme mit Syrern und Kurden. Mein Freund aus Brazzaville wurde dort erschossen ... Aksaray war einfach furchtbar. Wenn ein Polizist sah, dass ein Weißer einen Schwarzen verprügelte, hielt er sich zurück. Aber wenn sie irgendwie glauben, dass der Schwarze etwas gemacht hat, schießen sie auf dich. Schwarze haben keinen Wert in der Türkei. Ich hatte Angst, da zu wohnen."

Im Oktober 2013, an seinem 18. Geburtstag, zog Eric ins Flüchtlingszentrum nach Istanbul-Kadikoy. Im Frühjahr 2015 war er es leid, von der Hand in den Mund zu leben. Seit er sieben Jahre alt war, hatte er ein Leben auf der Straße geführt.

> Ich habe gesehen, wie Syrer mit Taschen auf ihren Rücken durch Istanbul zogen. Zu dem Zeitpunkt hatte ich 400 Euro gespart durch Sammeln der Wertstoffe. Die Syrer erzählten, sie gingen nach Europa, also bin ich mit ihnen gegangen, zur Küste. Andere mussten 1.000 Euro zahlen, ich war aber mit einem Syrer unterwegs und bei mir reichten 300 Euro; wir setzten nach Kos über. Die Polizei kam und nahm mich mit in ein Lager und gab mir die Flüchtlingspapiere.

Eric verbrachte einen Monat auf Kos, weil er kein Geld mehr hatte. Ein anderer Syrer spendierte ihm 50 Euro für eine Fahrt mit der Fähre nach Piräus. In Athen ernährte er sich von weggeworfenem Obst und Gemüse, das er bekam, wenn die Wochenmärkte schlossen. Dann gesellte er sich zu Leuten aus dem

Kongo und Mauretanien und ging die Route nordwärts bis zur mazedonischen Grenze, 550 Kilometer.

Dann durchquerte er den größten Teil von Mazedonien und gelangte per Bus und Zug durch Serbien, ohne Fahrkarten. Schließlich erreichten sie Ungarn über Subotica. Als ich ihn seinerzeit mit seinen Leuten beim weißen Polizeibus in Ásotthalom gesehen hatte, wurde er gerade ins Aufnahmezentrum im blauen Hangar von Röszke mitgenommen, um sich zu registrieren und Fingerabdrücke abzugeben, am folgenden Tag dann ging es ins Flüchtlingslager bei Bicske.

Nun saß er in seinem Stockbett in Paris und zeigte mir seinen vorläufigen ungarischen Ausweis, Nr. 135836, ausgestellt am 1. Juli 2015 und gültig bis zum 14. Oktober des Jahres, seinem 20. Geburtstag. In Bicske hatte er sich nur einen Monat aufgehalten, dann überlegte er sich seinen nächsten Schritt. Mit einer kleinen Gruppe anderer Asylsuchender nahm er einen Zug nach Budapest und stieg dort in einen nach München, als die Polizei den Zug abschirmte und nicht in ihre Richtung sah. Das muss Anfang August gewesen sein, ehe der Bahnhof geschlossen wurde. Wie durch ein Wunder kontrollierte niemand, weder im Zug nach München noch Richtung Köln. In Köln schloss er sich wieder einer Gruppe von Flüchtlingen an und fuhr mit dem Auto nach Paris, wo er im Oktober 2015 ankam.

Eric wirkt wie ein Gewinnertyp, selbst wenn sein Los kein leichtes ist. Meist schaut er ernst, dann wieder ist sein Lächeln sehr befreiend. Es scheint leicht, sich in seiner Gegenwart zu entspannen, einfach, ihm zu vertrauen. Er aß einen Kebab – „nach algerischer Art" – in einem Imbiss beim Bahnhof, während ich einen Fruchtsaft trank. Sein Asylantrag in Frankreich wurde abgelehnt, aber er schien deshalb nicht niedergeschlagen, obwohl er laut Dublin-Verfahren nach Ungarn abgeschoben werden konnte. Er zeigte mir den Bescheid, der ihn aufforderte, sich am 19. Februar zur Abschiebung nach Ungarn in der Präfektur von Essones einzufinden. Er würde ins EU-Land abgeschoben werden, in dem er erstmals registriert wurde. Dort werde sein Asylantrag erneut „bearbeitet".

Als er tatsächlich folgsam mit seinen Sachen in einem kleinen Rucksack erschien, wurde ihm ein Schreiben ausgehändigt mit dem Hinweis, dass ein Transport nach Ungarn derzeit nicht möglich sei, „keine Flüge verfügbar".

Eine merkwürdige Aussage für die Präfektur einer Stadt, in der vier Mal täglich Flüge von Paris nach Budapest und zurück gingen; ich selbst war gerade mit einem der Flieger angekommen.

Vielleicht zögerten die Franzosen, ihn zurückzuschicken, weil Ungarn so einen schlechten Ruf hatte im Umgang mit Asylsuchenden. Deutsche und schwedische Richter hatten öffentlich erbeten, dass Asylsuchende nicht dorthin gesandt werden sollten, weil es in Ungarn keine gerechten Anhörungen gebe.

Es war jedoch in diesem Fall wahrscheinlicher, dass die ungarischen Behörden ihn schlichtweg nicht aufnehmen wollten, ein Trend, der sich verstärkte. Laut ungarischer OIN gab es in den ersten drei Monaten des Jahres 2016 ganze 133 ausgesprochene Abschiebungen nach Dublin-Verfahren, die meisten aus Deutschland. Die Behörden verweigerten die Auskunft darüber, wie viele sie abgelehnt hatten. Ungarns Feindseligkeit gegenüber Asylsuchenden wirkte sich nun zu ihrem Vorteil aus. Eric wurde ein neues Datum im April genannt, wo er wieder vorstellig werden sollte.

In der Zwischenzeit half ich ihm, einen guten Menschenrechtsanwalt zu finden. Sein Antrag wurde angenommen und er bekam eine Aufenthaltsgenehmigung für Frankreich. Als er mir einen Monat später die Neuigkeit am Telefon erzählte, wirkte er überglücklich.

„Und was sind jetzt deine Pläne?", fragte ich.

„Ich möchte gern zurück in die Schule und richtig Lesen und Schreiben lernen", erzählte er mir stolz. Erst da wurde mir klar, dass er ja praktisch Analphabet war. Er sprach weiter:

> Ich möchte gern Arzt werden. Meine Schwester hat mir gesagt,
> dass unsere Mutter nicht gestorben wäre, wenn sie die nötigen
> Medikamente bekommen hätte. Und da ich in meinem Leben
> schon viel gelitten habe, möchte ich das Leid anderer mildern.

Issa war ein weiterer Mann aus der kleinen Gruppe, die ich in Ásotthalom am Straßenrand getroffen hatte. Er war 36 Jahre alt, Sportlehrer sowie Judocoach in Kinshasa. 2010 wurde er mit anderen Sportlern in die Regierungspartei von Präsident Kabila aufgenommen (PPRD, Volkspartei für Wiederaufbau und Demokratie). Issa verließ die Partei bereits 2011, angewidert von den gewalttätigen Niederschlagungen regierungskritischer Proteste. Am Vorabend der Wahl im November 2011 nahm er selbst an einer Demonstration gegen Kabila teil.

> Wir waren viele, haben gesungen, als ich die Jeeps der Polizei
> kommen sah. Erst haben sie ein wenig für Ordnung gesorgt, dann
> sind sie auf uns herumgetrampelt. Sie warfen mich zu Boden und
> schleppten mich auf den Rücksitz eines Jeeps. Ich wurde in eine

Zelle unter der Erde eingesperrt, ohne Licht, Essen, Waser oder Toilette, ich wurde gefoltert und geschlagen.

Joseph Kabila erklärte sich im Dezember 2011 zum Wahlsieger; sein Rivale Etienne Tshisekedi jedoch beschuldigte Kabila, die Wahl gefälscht zu haben, um eine zweite Amtszeit zu erstreiten.[7]

Die kongolesischen Bischöfe sprachen von „Betrug, Lügen und Terror."

Im Januar 2015 nahm Issa an den wieder aufflammenden Protesten gegen Kabila teil, als die Polizei das Feuer eröffnete, zahlreiche Menschen tötete und verletzte. Später kam die Polizei zu ihnen nach Hause, suchte nach ihm und bedrohte seinen Vater.[8]

Issas Lebensgefährtin Fatouma wurde überfallen und von Polizeibeamten vergewaltigt, als sie sich weigerte zu sagen, wo Issa sei. Er war über den Kongo nach Brazzaville geflohen, später kam Fatouma nach. Ihr gemeinsamer Sohn war gerade fünf Jahre alt, sie ließen ihn bei Verwandten. Bis zum April 2005 verhielten sie sich still, dann nahmen sie einen Flug nach Istanbul.[9]

Nachdem ich sie an der Grenze bei Ásotthalom gesehen hatte, wurden sie von der Polizei registriert und fuhren nach Budapest. Sie nahmen einen Zug vom Ostbahnhof nach Österreich. Nachdem sie einige Male aus Zügen steigen mussten, weil sie keine Fahrkarten hatten, landeten sie einen Monat später in Brüssel. Sie schliefen wochenlang wie Obdachlose in Parks, bis ein belgisches Paar Mitleid hatte und ihnen ein Zimmer in ihrer Wohnung anbot, während sie Asyl beantragten. Nach einer Weile hatten sie den Eindruck, dass sie in Frankreich vielleicht bessere Karten hätten.

Nach ein paar Monaten wurden sie ins Lager Béziers nahe der Südküste Frankreichs geschickt. Dort wurde ihre Tochter Taslimah sicher und gesund im Krankenhaus von Carcassonne geboren, trotz der Reise-Traumata. Der Bürgermeister von Béziers gehörte dem fremdenfeindlichen Front National an. Noch schwerwiegender war, dass der Asylantrag der Familie vom französischen Amt für Einwanderung und Integration OFII Anfang 2017 abgelehnt wurde.

Sie zogen in ein überfülltes Flüchtlingslager in einem ehemaligen Hotel in Montpellier. Während dieses Buch entstand, war ihre Lage sehr prekär, sie warteten noch immer, dass ihr Aufenthaltsgesuch vom Asylgericht des Landes überhaupt angenommen wurde. Als Taslimah 18 Monate alt war, wurde ihnen nach französischem Asylrecht die Unterstützung für Milchersatz und Windeln gestrichen.

Die französische sozialistische Regierung, ähnlich wie die konservative Regierung von David Cameron, bevorzugte die Variante, Flüchtlinge direkt aus

Lagern in der Türkei, dem Libanon oder Jordanien aufzunehmen – und nicht Menschen, die über den Landweg eilig nach Europa strömten, ehe sich die Tore schlossen.[10]

Diese Menschen sollten in den Ländern, in denen sie lebten, europäische Botschaften ihres Landes anrufen, sorgfältig erfasst werden und dann nach erfolgreichem Prozess reisen dürfen – so der Plan. Solchen Menschen würde dann in den neuen Ländern alle nötige Hilfe entgegengebracht, hieß es.

Amena Abomosa, Naturwissenschaftslehrerin aus Syrien, war eine dieser glücklichen Antragstellerinnen, die im AP-Beitrag von Angela Charlton und Mirko Krivokapić im Oktober 2015 beschrieben wurden.[11]

Sie und ihre Familie waren 2012 aus Syrien nach Jordanien geflohen, nachdem ihr Mann Abdul vor ihrem Haus erschossen wurde, während er einem verletzten Kind half. Er war für keine Seite im Kriegseinsatz. Amena, ihre Mutter Hanna, ihre Teenager-Töchter Isra und Reemaz, sowie ihr zwölfjähriger Sohn Muhammad bekamen alle Flüchtlingsvisa und flogen komfortabel zum Pariser Flughafen Charles de Gaulle. Zwei Wochen verbrachten sie im Transitzentrum im Vorort Creteil, dann wurden sie in die Kleinstadt Brittany gebracht. „Irgendwas musste ich machen, ich fühlte mich verantwortlich für meine Familie", sagte Amena der AP.

„Sie brauchen das Nötigste – Essen, Unterkunft, einen normalen Alltag."

Noch immer hatte sie Narben an ihrem Bauch. Syrische Soldaten hatten die Wohnung gestürmt; sie wurde durch herumfliegendes Glas verletzt. Eines Tages würde sie gern zurückgehen, aber nur, wenn es dann sicher in Syrien sei.

*

Am 1. Januar 2016 übernahmen die Niederlande die wechselnde EU-Ratspräsidentschaft unter Bert Koenders. Angesichts der tausenden Asylsuchenden, die trotz Winterwetters von Süden über die europäischen Grenzen kamen, war klar, dass das Thema Migration die Präsidentschaft beherrschen würde.

Die Europäische Kommission war noch immer in einer Art Verwirrung gefangen. Gerald Knaus hatte sich zu Jahresbeginn mit dem Ratspräsidenten Donald Tusk getroffen und erzählte mir davon. „Es war ein Gefühl in Brüssel wie vor dem Weltuntergang. Es ging den Leuten nur darum, der Türkei schnell Geld zu geben und ja die Leute vom Einreisen abzuhalten und Wirtschaftsmigranten gleich wieder abzuschieben", sagte Knaus.

Tusk erwähnte, dass der frühere polnische Präsident Lech Wałęsa ihm einst als Witz gesagt hätte: Man muss nur einen Polen an die Macht lassen, um die EU zu Fall zu bringen.

Der niederländische Premierminister Mark Rutte hatte schon früh ein Interesse am Türkei-Vorschlag der Europäischen Stabilitätsinitiative ESI bekundet, aber es war der Parteichef der PvdA, Diderik Samsom, der den Vorschlag umsetzte und ihn auf die europäische Agenda brachte. Samsom war im Dezember 2015 zu Besuch in der Türkei. „Jemand legte eine Kopie unseres Plans in seinen Hefter. Als er ihn las, sagte er: Das machen wir sofort, wir warten nicht erst auf die Kommission", erzählte mir Gerald Knaus.

Auf europäischer Ebene war die ehemalige „Koalition der Willigen" – Länder, die eine Lösung anstreben wollten – mehr oder minder in sich zusammengefallen. Österreich hatte sich im Grunde auf Ungarns Seite gestellt, Schweden Kontrollen bereits auf der Öresundbrücke eingeführt, um den Zustrom von Einwanderern aus Dänemark einzudämmen, Dänemark wiederum die Grenzkontrollen verstärkt.[12]

Auf dem Balkan hatte Österreichs Anstrengung, die Grenzen nach Slowenien geschlossen zu halten, dazu geführt, dass sich Kroatien, Serbien und Mazedonien gezwungen sahen, ihr Militär zur Abschottung einzusetzen.

Das Schengen-Abkommen mit seinen offenen Grenzen innerhalb Europas brach zusammen. Nun lag es an den Deutschen, Niederländern und den Türken, einen Plan auszuhandeln.

„Wir sind uns einig, dass wir den Migrationsdruck verringern müssen. Wenn das System Schengen zerfällt, wird das Europa wirtschaftlich und politisch gefährden. Und darum müssen wir jetzt Milliarden in der Türkei, in Libyen und Jordanien und weiteren Staaten investieren, und zwar so schnell wie möglich und jeder mit dem, was er beitragen kann", sagte der damalige Finanzminister Wolfgang Schäuble dem *Spiegel*.[13]

Zwischen Kanzlerin Angela Merkel und dem türkischen Premierminister Ahmet Davutoğlu begannen intensive Gespräche. Es stand eine „strategische Partnerschaft" zwischen Deutschland und der Türkei im Raum.

Die türkische Regierung, so lange von der EU abgelehnt und verachtet, war nun froh über die Aufmerksamkeit, die ihr zuteilwurde. Ein gutes Abkommen würde nun der Türkei eine strategische Partnerschaft zusichern und zur Lösung der Krise beitragen. Ein Kernelement hierbei wäre die türkische Wiederaufnahme derjenigen Personen, die nach wie vor per Boot über die Ägäis reisten.

Gerald Knaus fuhr nach Washington und sprach mit Kemal Kirişci, einem einflussreichen türkischen Migrationsexperten, damals tätig in der *Brookings Institution*. Kirişci verfasste daraufhin ein Papier, dessen Kernaussage war, dass die Türkei, wenngleich unter der Führung des „illiberalen" Präsidenten Erdoğan, von großer Wichtigkeit war im Prozess, die EU liberal zu halten. Wenn die Migrationskrise zu einem Aufschwung bei europäischen extremen Rechten führe und wenn Orbáns Linie in Sachen Einwanderung sich durchsetze, dann wäre das auch für die Türkei sehr schlecht. Nun war die Zeit für Gespräche vorüber. Ein Durchbruch wurde dringend benötigt.

Deutschland hatte viele Flüchtlinge aufgenommen und große Summen für Unterbringung, Versorgung und Unterstützung bereitgestellt. Ein Großteil der Soforthilfe kam aus den zwölf Milliarden Euro an Haushaltsüberschuss. Schäubles Idee, eine extra Kraftstoffsteuer für Deutsche einzuführen, die dann genutzt werde, um Flüchtlinge zu versorgen, stieß in Deutschland nur auf wenig Begeisterung. Er war enttäuscht:

„Im Moment haben wir glücklicherweise noch einen Überschuss im Haushalt und brauchen diese Steuer nicht. Deutschland kann aber dennoch diese Aufgabe nicht alleine bewältigen, das ist ganz klar."[14]

Laut einer Studie des Kölner Instituts für deutsche Wirtschaft wären in den Jahren 2016 und 2017 ungefähr 50 Milliarden Euro nötig, um Flüchtlinge in Deutschland zu unterstützen in Sachen Unterkunft, Versorgung und Bildung.[15]

Unterkunft, Essen und soziale Absicherung würden pro Flüchtling und Jahr 12.000 Euro ausmachen; mit Integrations- und Sprachkursen und somit weiteren 3.300 Euro pro Flüchtling wären die Kosten für die Steuerzahler dann bei über 15.000 Euro. Für das Jahr 2016 ging die Studie von 800.000 neuankommenden Asylbewerbern aus, für 2017 von 500.000. Im Jahr 2016 kamen tatsächlich 718.000 Neuankömmlinge, im Jahr darauf 198.000.

Die Forscher schätzten, dass von den Neuankommenden im Jahre 2016 sich 99.000 selbst um Unterkunft und grundlegende Kosten kümmern könnten und dass diese Zahl im Jahr 2017 auf 276.000 steigen würde. Die Menschen würden immer noch auf staatliche Hilfe wie Sprach- und Integrationskurse angewiesen sein. Andererseits wären sie dann schon selbst dabei, Steuern zu zahlen und Sozialleistungen zu erbringen. Der Direktor der Bundesagentur für Arbeit sagte der *Süddeutschen*: „Wenn alles gutgeht, werden zehn Prozent der Flüchtlinge innerhalb eines Jahres Arbeit finden. 50 Prozent werden innerhalb von fünf Jahren hier arbeiten, nach 15 Jahren 70 Prozent."

*

Der 6. März 2016 war ein Sonntag. Der türkische Premierminister Ahmet Davutoğlu traf sich mit Angela Merkel und dem niederländischen Premier Mark Rutte im Büro des türkischen Botschafters Selim Yenel in Berlin; sie kamen zu einer Übereinkunft in allen Details. Die drei Regierungen einigten sich auf das, was in der Essenz der ESI-Plan war.

Als der EU-Türkei-Gipfel im Brüsseler Bergmont Palast begann, staunten die Staatschefs der EU nicht schlecht, als ihnen vollendete Tatsachen vorgelegt wurden.[16]

Sie erbaten sich eine Woche Zeit, um das weitere Vorgehen zu besprechen. Österreich und Ungarn äußerten großes Missfallen und behaupteten, dass die Sicherheit der EU zu sehr in türkischer Hand liege, aber die Mehrheit stimmte dem Plan zu und sah darin eine bessere Alternative als eine Grenze nach der anderen zu schließen.

Am 18. März trafen alle 28 EU-Staatschefs zusammen, um sich darauf zu verständigen, was dann als EU-Türkei-Abkommen bekannt wurde.[17]

Es war die bedeutendste europäische Einigung in den 18 Monaten seit dem drastischen Anstieg des Flüchtlingsstroms und wurde geschaffen, um den Zustrom von Flüchtlingen und Migranten vor allem über die Ägäis zu drosseln. Die Maßnahmen sollten auch „das Geschäftsmodell der Schleuser zerschlagen", die Flüchtlinge hereinbrächten, so der einhellige Wille der Politiker.[18]

Es gab vier Hauptpunkte. Zunächst sollten alle „irregulären Migranten", die durch die Türkei auf die griechischen Inseln gelangen wollten, wieder in die Türkei zurückgeschickt werden. Zweitens würde für jeden in die Türkei zurückgesandten Syrer einer in die EU übergesiedelt werden. Drittens sollte die Türkei Maßnahmen ergreifen, so dass sich keine neuen Seewege oder Landrouten eröffneten.

Viertens würde eine Regelung für die freiwillige Aufnahme von Flüchtlingen aus humanitären Gründen aktiviert, sobald die irregulären Grenzübertritte zwischen der Türkei und der EU merklich zurückgingen oder aufhörten.

Im Gegenzug würden sich die Visaverfahren türkischer Bürger mit Reiseziel EU vereinfachen, so dass ab Ende Juni 2016 Türken keine Visa mehr benötigten. Eine Zahlung von drei Milliarden Euro war der Türkei bereits zugesichert worden als Hilfe für die 2,7 Millionen Flüchtlinge, die sich bereits im Land befanden, die Gelder sollten nun in einem schnelleren Verfahren fließen. Weitere drei Milliarden Euro würden bis Ende 2018 folgen.

Die EU verpflichtete sich zudem, Beitrittsverhandlungen der Türkei zur EU „neu zu beleben"; die ersten Verhandlungen hatten 1963 stattgefunden. Die Türkei und die EU einigten sich zudem darauf, enger auf eine Verbesserung der humanitären Lage in Syrien hin zu arbeiten.

Die Vereinbarung sollte am Samstag, den 20. März 2016, in Kraft treten. Sie konnte jedoch nicht als rechtlich bindend angesehen werden, wie ein EU-Anwalt zwei Monate später bestätigte, hinter ihr stehe keine juristische Gewalt. Es war eher ein Presse-Kommuniqué, drückte der ungenannte Anwalt sich gegenüber Mitgliedern des Justiz-Ausschusses des Europäischen Parlaments aus.

Die Staatschefs unterzeichneten das Dokument nicht, es wurde nicht im offiziellen Magazin der EU veröffentlicht. Beim Pressefoto sieht man Donald Tusk in der Mitte, Davutoğlu zu seiner Rechten und J. C. Juncker zur Linken, sie halten das Dokument und reichen sich die Hände. Die drei Männer in ihren schwarzen Anzügen wirken vereint in geballter Übereinstimmung, ein dreifacher Handschlag. Davutoğlu trägt eine gelbe Krawatte und grinst breit. Tusk in dunkelblauem Schlips trägt nur den Hauch eines Lächelns, Juncker schaut ungewöhnlich ernst.

Der Wortlaut des Dokumentes zeigte klar die Wasserscheide zwischen denen, die die Krise deutlich aus humanitärer Sicht wahrnahmen, Flüchtlingen Sympathie entgegenbrachten und sie als „irreguläre Migranten" bezeichneten – die Mehrheit in der Europäischen Kommission – und jenen feindselig eingestellten Regierungen wie Ungarn, die in ihnen „illegale Einwanderer" sahen, die schlichtweg ein besseres Leben in Europa suchten.

Wie auch immer die Flüchtlinge bezeichnet wurden, der strittigste Punkt war der Aktionsplan, der zudem schwer umzusetzen war: Die Rücksendung der Asylsuchenden von den griechischen Inseln aufs türkische Festland. Laut Dokument sollten Menschen, „die keinen internationalen Schutz benötigen, ... rasch in die Türkei zurückgeführt werden."

Hierbei ergaben sich zwei klare Probleme, erstens der „Schutz" und das Wort „rasch". Die Neuankommenden argumentierten immer damit, dass die ein Recht auf Schutz hätten, und die griechischen Asylbehörden sprachen sich nun dagegen aus; sie konnten sich auf internationales und EU-Recht berufen.

Laut Plan sollten sich die Behörden gegen diejenigen absichern, die den Plan aus Menschenrechtsgründen kritisierten: „Es wird Gespräche geben, Einzelanhörungen und Rechtsbehelfe. Es wird keine pauschalen automatischen Rückführungen von Asylsuchenden geben."

Somit wurde auch das Wort „rasch" vage. Einzelanhörungen und Rechtsbehelfe würden natürlich Zeit in Anspruch nehmen.

Der Plan erwähnte zwei Gründe, die gegen einen Asylantrag in Griechenland sprechen sollten. Zum einen sind Menschen erwähnt, die bereits in der Türkei als Flüchtling anerkannt wurden und dort einen so genannten „ausreichenden Schutz" erfahren hätten (Erstaufnahmestaat, Art. 35 der Asylverfahrens-Richtlinie von 2013). Zweitens, wenn die Person in der Türkei keinen Schutz gewährt bekam, aber die Türkei eigentlich rechtlich dazu angehalten gewesen wäre, dies zu tun (sichere Drittstaatenregelung, Art. 38)

Einige Zusätze wurden der Einigung beigefügt. Wenn man etwa einer gefährdeten Flüchtlings-Kategorie angehörte oder Verwandte in Europa hatte, die auf eine Familienzusammenführung drängten, so sei es ein möglicher Grund, aufgenommen zu werden und die Bootsreise zurück in die Türkei zu vermeiden.

Gegen alle Ablehnungen konnte man in Berufung gehen. Migranten, die als nicht ausreisepflichtig eingestuft wurden und noch die Entscheidung abwarteten, konnten in geschlossenen Aufnahmezentren auf den griechischen Inseln festgehalten werden, wohingegen Asylanten, deren Verfahren noch liefen, in offenen Lagern auf denselben Inseln verblieben.

Um den Rückführungsplan umzusetzen, würde Frontex acht Schiffe mit einer Kapazität von je 300 bis 400 Passagieren bereitstellen. Um alle Anträge zu bearbeiten, würden 200 griechische Asyl-Sachbearbeiter Unterstützung bekommen von 400 aus der EU entsandten Asylexperten. Zudem würden 1.500 Polizeibeamte aus der EU versetzt, bezahlt und eingeteilt von Frontex. Container, die 20.000 Menschen beherbergen konnten – mehr als drei Mal so viele wie die bestehenden 6.000 – würden auf den griechischen Inseln aufgestellt. In den kommenden sechs Monaten würde Griechenland zudem 280 Millionen Euro erhalten, um die Maßnahmen der Vereinbarung umzusetzen.

Das alles verlangte von der Immigrationsmaschinerie eine Wendung. Die Hotspots auf den Inseln hatten nun nicht mehr den Fokus auf Registrierung und Rasterung der Ankommenden, ehe sie auf das Festland weitergeleitet würden. Jetzt ging es um den Fokus der Rückführung in die Türkei.

Der Aktionsplan hatte einen schwierigen Start. Am ersten Tag der Umsetzung waren 7.000 Asylsuchende auf den Inseln und 36.000 auf dem Festland.

Die türkische Regierung erklärte sofort, dass sie niemanden aufnehmen würde, weil sie die Vereinbarung so verstehe, dass nur künftig in Griechenland ankommende in die Türkei zurückgesandt würden.[19]

Der türkische EU-Minister Volkan Bozkir sagte der Nachrichtenagentur Anadolu, dass zehntausende wieder aufgenommen würden, „aber doch nicht Millionen".

Der bulgarische Premier Boyko Borisov holte sofort das Schreckgespenst von hunderttausenden Migranten hervor, die durch den unvollständigen Zaun von der Türkei herüber strömen würden, wenn die Flüchtlinge nicht mehr den Seeweg nähmen. Er wünschte sich, dass Bulgarien ebenfalls Teil der Absprachen werde – und da Bulgarien eine EU-Grenze zur Türkei hatte, verwehrte Borisov sich ebenso einer raschen Liberalisierung von Visa-Handhabungen in der Türkei.

Zypern, seit 2004 EU-Mitglied, war gegen einen baldigen EU-Beitritt der Türkei, ehe nicht die Aspekte der Teilung gelöst waren, die 1974 durch die türkische Invasion hervorgerufen wurden. Bulgarien und Zypern waren nur zwei von fünf Staaten, die heftige Kritik am EU-Türkei-Plan äußerten.[20]

Die ungarische Regierung ließ verlauten, dass sie den Deal nur akzeptieren würde, wenn es keine weiteren Umverteilungen gäbe. Mit „Umverteilung" war gemeint, dass Asylsuchende, die derzeit in Griechenland und Italien waren, auf andere EU-Staaten nach Quotenregelung verteilt würden. Der Begriff „Neuansiedlung" wiederum betraf Migranten, die in Nicht-EU-Staaten waren und innerhalb der EU aufgeteilt werden sollten.

Die ungarische Haltung zog dem Land den Zorn des italienischen Regierungschefs Matteo Renzi auf sich. Laut dem Umverteilungsschlüssel vom September 2015 sollte Ungarn 1.294 Menschen aus Italien und Griechenland aufnehmen.

Frankreich und Spanien äußerten Bedenken, dass durch den Aktionsplan Menschenrechte beeinträchtigt werden könnten. Der spanische Außenminister José Manuel García-Margallo sagte: „Wir sehen darin einen Widerspruch zum Internationalen Recht und der Genfer Konvention sowie zu den Europäischen Verträgen."

Viele Staaten drückten die Sichtweise aus, dass die Europäische Union die Türkei bestenfalls schmieren würde, um Flüchtlinge außerhalb ihrer Länder zu halten, und schlimmstenfalls damit der Türkei ein Druckmittel in die Hand gab, das sie jederzeit gegen die EU einsetzen konnte. „Ich glaube, dass sehr viel drin ist in der Kooperation mit der Türkei, aber wir dürfen uns als Europa nicht voll und ganz der Türkei ausliefern", sagte der österreichische Außenminister Sebastian Kurz am 6. März 2016 bei Anne Will.

Menschenrechtsorganisationen, darunter Amnesty International, waren strikt gegen den Plan. Sie fragten: „Wie können Flüchtlinge in ein Land wie die Türkei zurückgeschickt werden, das nicht mal die Genfer Konvention beachtet?" In ihren Augen war ein Grund-Missverständnis des Deals, die Türkei als „sicheren Drittstaat" anzusehen, denn darauf beruhten viele der Überlegungen.[21]

Die Europäische Kommission hatte ihre Nöte, den Plan zu verteidigen, meist indem sie noch mehr Hintergrunderklärungen nachschob. Nach Kommentaren aus dem Büro von Donald Tusk sollte die 1:1-Rückführung und Neuansiedlung von Flüchtlingen in die Türkei eine „temporäre, außergewöhnliche Maßnahme" sein. Die Migranten würden in der Türkei „nach internationalen Standards Schutz erfahren" – in anderen Worten rechnete die EU damit, dass die meisten Asylsuchenden tatsächlich in der Türkei bleiben würden. Angesichts der lauten Kritik blieben die türkischen Behörden überraschend gut gelaunt.

Der türkische Premier Ahmet Davutoğlu spielte den guten Mann in der Sache. Auf jedem Pressefoto strahlte sein Gesicht voller Glück, während der allmächtige Präsident Recep Tayyip Erdoğan von Ankara aus hereinzubellen schien.[22]

Anders als gewisse EU-Staaten, sagte er, würde die Türkei nicht heuchlerisch ihre Grenzen schließen, wenn es einer humanitären Katastrophe gegenüberstände. Der Kommentar trug freilich nicht zur Verbesserung der ungarisch-türkischen Beziehungen bei. „Wir müssen akzeptieren, dass Menschen vor Bomben fliehen und sie von nun an mit einer Politik der offenen Tür empfangen", sagte Erdoğan.

Nun gab es noch zwei weitere Schwierigkeiten. Am 13. März explodierte eine Autobombe in Ankara; es gab viele Tote, die meisten Opfer waren Polizisten.

Am selben Tag erlitt Merkels CDU eine herbe Niederlage bei drei Landtagswahlen; die Stimmenabgabe wurde von vielen als Antwort auf ihre flüchtlingsfreundliche Haltung gewertet. Die einstige CDU-Hochburg Baden-Württemberg wurde von den Grünen übernommen, die ebenfalls Flüchtlingen positiv gegenüberstanden; die CDU landete nur auf dem zweiten Platz. Die rechte, flüchtlingsfeindliche AfD konnte die meisten Stimmen von CDU-Wählern einheimsen und verdrängte mit 15 Prozent die SPD vom dritten Platz. Alexander Gauland, Vize-Chef der Bundes-AfD, sagte den Medien am Wahlabend: „Wir haben eine ganz klare Position in der Flüchtlingspolitik: Wir wollen keine Flüchtlinge aufnehmen."

In Sachsen-Anhalt hielt sich die CDU an der Macht, aber die AfD holte den zweiten Platz mit beinahe 25 Prozent.[23]

In Rheinland-Pfalz schnitt die AfD ebenfalls stark ab, doch CDU und SPD hatten überall die Nase vorn. Im Ganzen hinterließen die Wahlen für Merkel Wunden, doch sie war nicht geschlagen und auch nach wie vor nicht gewillt, eine Obergrenze für Migrationszahlen einzuführen, wie es die Schwesterpartei CSU so lange gefordert hatte. Das sei in ihren Worten eine „kurzzeitige Pseudo-Lösung."

„Nur ein konzertierter europäischer Ansatz" in der Frage werde die Zahlen nach unten bringen, und der Aktionsplan biete nun ihrer Meinung nach solch einen Ansatz.

Die AfD dagegen sei eine Partei, die „keine adäquaten Lösungen für Probleme" biete, sondern „nur Vorurteile und Spaltung" befeuere.

In den folgenden Monaten, sagte sie, werde sich der Erfolg des EU-Türkei-Abkommens nicht in den Details – nur wenige Asylsuchende wurden tatsächlich zurückgeschickt – sondern in seinem generellen abschreckenden Effekt zeigen, speziell auf Flüchtlinge in Syrien.

Um selbst einen Erfolg vermelden zu können und politisch zu überleben, musste für Merkel die Zahl der Neuankommenden nach Deutschland drastisch sinken; Deutschland musste die Sache in den Griff bekommen. Wenn sie sich einer Obergrenze verweigerte, wenn andere Staaten Deutschlands vorsichtige Politik nicht teilten, so könnte sie zumindest auf die Türkei vertrauen.

Was als Vorschlag der ESI begann und zum Deutschland-Türkei-Niederlande-Plan wurde, schlug Orbáns Plan zumindest um eine Nasenlänge. „Wir haben das Rennen gewonnen, aber den Sieg über das Narrativ noch nicht", sagte mir Gerald Knaus zwei Jahre später. „Noch immer glauben viele Menschen in Europa an die Legende, Merkel hätte die deutsche Grenze tatsächlich schließen können."

Angela Merkel wird weithin als Teil des Problems gesehen, wobei sie eigentlich ein wichtiger Teil der Lösung war.

KAPITEL 10

DIE STRASSE DER VIER WINDE

Ja, Europa hat christliche Wurzeln und es ist eine Verpflichtung
der Christen, sie gut zu wässern. Das muss aber im Geiste des
Glaubensdienstes getan werden, wie das Waschen von Füßen.

Papst Franziskus[1]

Während der „Türkei-Deal" in Brüssel am 18. März vorgestellt wurde, nahm die
Polizei nur fünf Kilometer davon entfernt den 26-jährigen Salah Abdeslam in
den dichten Straßen der belgischen Hauptstadt fest.

Die Verhaftung erfolgte in der Rue des Quatre-Vents, der Straße der vier
Winde. Der Ort hätte keinen treffenderen Namen haben können. Der Frühling
2016 hielt für die EU ein reichhaltiges Büffet bereit mit den vier Winden Klimawandel, Migration, Terrorismus und Populismus.

Erstmals seit ihrer Gründung gab es ernsthafte Stimmen des Zweifels, ob die
Union diesen Herausforderungen aus allen Richtungen gewachsen sei. Abdeslam verriet sich durch eine ungewöhnlich große Bestellung von Pizzen; seine Fingerabdrücke wurden drei Tage zuvor auf dem Glas in einer Wohnung des Bezirks
Forest/Vorst sichergestellt. Er trug einen weißen Kapuzenpullover und humpelte leicht wegen einer Schusswunde am Bein; Abdeslam wurde von schwer bewaffneten Polizisten aus seiner Wohnung gezerrt, als einziger der zehn Attentäter von Paris im vorigen November lebte er noch. Dass er die Anschläge und die
Versuche der Polizei, ihn zu verhaften, überlebt hatte, war eventuell nicht ganz
zufällig, wie ein Bericht des Londoner *Independent* herausfand.[2]

Die erste Meldung im Namen des IS, der sich zu den Pariser Anschlägen
bekannte, erwähnte auch eine Explosion im 18. Arrondissement der französischen Hauptstadt. Dort hatte es aber gar keine Explosion gegeben.

Eine Quelle aus französischen Polizeikreisen sagte dem Journalisten John

Litchfield vom *Independent*, Abdeslam habe aus diesem Bezirk zwei Freunde in Brüssel angerufen, ihn aus der Stadt zu holen, nachdem er dort seinen älteren Bruder Ibrahim abgesetzt hatte. Ibrahim hatte seinen Sprengstoffgürtel vor dem Café *Comptoir Voltair* gezündet und dabei lediglich einen weiteren Umstehenden verletzt.

Laut Bericht hatte Abdeslam genauso viel Angst davor, dass der IS ihn töten würde, da er seinen Auftrag nicht ausgeführt hatte, wie davor, dass ihn nun die belgische Polizei fassen könnte. Eine belgische Webseite berichtete, dass er einem Freund vier Tage nach dem 13. November gesagt habe, sie seien „zu weit" gegangen und dass er bereue, mit eingestiegen zu sein. Vier Monate lang war er nun der meist gesuchte Mann in Europa. Ein paar Wochen vor den Anschlägen ging er noch regelmäßig mit Ibrahim in eine Bar in der Rue Etiennes, um zu rauchen und zu trinken, mitten im Brüsseler Stadtteil Molenbeek – nicht gerade ein passendes Profil für religiöse Fundamentalisten.

In Italien herrschten derweil große Ängste vor dem Türkei-Deal; man fürchtete, dass nun Lampedusa sowie die raue Küste Siziliens Hauptanlaufpunkt für Migranten nach Europa werden könnten, da der Weg über die Ägäis zu schwierig geworden war.

Die Angst war begründet, da die Route über das „zentrale Mittelmeer" tatsächlich die beliebteste wurde. Die Gruppen der Ankommenden waren jedoch andere. Es war nicht so, dass Syrer, die um ihr Leben in Damaskus fürchteten, sich 2015 für die Route durch die Türkei und dann Griechenland entschieden hätten, und 2016 schlichtweg über Libyen nach Italien. Menschen flohen auf den Wegen, die sich ihnen boten und wo immer Schlepper, denen sie vertrauten, sie hinbrachten. Flüchtlinge, die von Nordafrika aus nach Italien kamen, stammten vom Horn von Afrika, speziell aus Eritrea. Des Weiteren gab es viele aus den Sub-Sahara-Gebieten im Mali, Niger, Senegal und Nigeria.

Die Afrikaner, die Libyen erreichten, hatten sich für die gefährliche Route durch die Sahara entschieden. Eine große Anzahl von ihnen starb unterwegs.[3]

Wenn sie Libyen erreichen konnten, waren sie skrupellosen Schleusern ausgesetzt in einem Land, das von bewaffneten Gangs zerrissen war, besonders seit dem Sturz des Diktators Muammar Gaddafi 2011. Danach waren sie den Stürmen des Mittelmeeres überlassen; in schäbigen, nicht gewarteten Booten oder auf großen Schlauchbooten mit bis zu 150 Männern, Frauen und Kindern.

Die kürzeste Verbindung von Libyen und der Küstenstadt Sabratha, von wo aus sich die meisten auf den Weg machten, nach Lampedusa, betrug 190 Kilometer. Das war die Distanz, gefüllt mit ihrer Verzweiflung – sie waren sich der Gefahren bewusst, sie wollten einfach ihre Heimat verlassen.

Am 15. April 2016 veröffentlichte die Internationale Organisation für Migration Zahlen, die zeigten, dass in nur drei Tagen 6.000 Migranten von Libyen nach Italien übergesetzt waren – im Vergleich dazu waren es nur 174 von der Türkei nach Griechenland. Innerhalb der ersten drei Wochen nach der Unterzeichnung des EU-Türkei-Deals wurden 325 Migranten von den Inseln in die Türkei zurückgeschickt, darunter 10 Syrer – während 79 Syrer vom türkischen Festland in Westeuropa verteilt wurden. Diese Migranten wurden zeitweise in Häuser eines neuen Lagers gebracht, die als Teil des Deals in der Stadt Kilis errichtet wurden.

Der italienische Premier Matteo Renzi beeilte sich, seinem Volk zu versichern, dass der derzeitige Anstieg von Ankommenden an den Küsten nur ein vorübergehendes, nicht dauerhaftes Phänomen sei.[4]

„Es gibt ein Problem, das uns im Land Sorge bereitet, aber das ist nicht etwa eine Invasion … die Zahl der Boote ist nur wenig höher als im letzten Jahr."

Er kannte die Zahlen; in diesem Jahr waren bis Mitte April 24.000 übers Meer gekommen, im Vorjahreszeitraum 19.000. Im gleichen Zeitraum waren es in der Ägäis 154.000, die von der Türkei übergesetzt hatten, ehe der Türkei-Deal unterzeichnet wurde.

„Wir haben eine klare Vorstellung, wie wir das handhaben werden", meinte Renzi. Die klare Vorstellung war, mit nordafrikanischen Staaten und Ländern südlich der Sahara Abkommen zu schließen, die die Menschen daran hinderten, sich überhaupt auf den Weg zu machen. Zudem wollten sie die Marine-Patrouillen vor Libyens Küste stärken und Nato-Schiffe entlang der türkischen Küste patrouillieren lassen. Die libysche Küstenwache sollte besser ausgestattet und ausgebildet werden. Das war im Fall der Türkei leichter, da sie ein Nato-Mitglied ist. Die Anarchie in Libyen dagegen bewirkte, dass es eigentlich keine richtige Regierung gab, mit der sich Vereinbarungen treffen ließen, wie beim türkischen Modell. Es gab laut Internationaler Organisation für Migration etwa eine Million Menschen in Libyen, die nicht libyscher Herkunft waren, einige Flüchtlinge, andere Angehörige verschiedener Staaten, die dort arbeiteten.

Sollte sich also die Sicherheitslage weiter verschlechtern, könnten sich noch mehr Menschen auf den Weg nach Italien machen. Währenddessen wies die italienische Regierung Behörden an, weitere 15.000 Betten zu finden, um mit dem derzeitigen Hoch an Ankommenden zurechtzukommen.[5]

Die Italiener waren nicht nur besorgt, wenn sie den Blick nach Süden richteten. Auch der nördliche Nachbar Österreich ließ den Himmel verdunkeln angesichts der wachsenden feindlichen Haltung gegenüber Migranten in Wien und der Drohung, den Brenner-Pass zu schließen, die wichtigste Route zwischen beiden Ländern. Österreich hatte angekündigt, am Brenner-Pass Ausweiskontrollen zu machen. Der Rücktritt von Kanzler Werner Faymann im Mai 2016 und die Wahl seines sozialdemokratischen Parteifreundes Christian Kern brachten eine scharfe Anti-Flüchtlings-Haltung mit sich. Auch Deutschland, Dänemark und Norwegen kündigten temporäre Kontrollen an ihren Grenzen an.

Die alten Grenzen zwischen den Staaten tauchten somit wieder inmitten des Schengenraums auf. „Wenn Gesetze gebrochen werden, können wir nicht so tun, als wäre nichts gewesen", warnte Matteo Renzi in Richtung Wien.[6]

*

Zoltán Boross war ein stur wirkender Polizist mit einem Gesicht wie aus Granit gemeißelt, aber überraschend verletzlichen braunen Augen über einem fein frisierten Schnurrbart. Sein Namensschild verriet alles: *Abteilung für Internationale Kriminalität. Einheit für Illegale Migration.* Illegal, nicht irregulär.

Er brummte eher, als dass er sprach, mischte die hölzern-bürokratische Sprache mit der eines Menschen, der passioniert seine Arbeit macht – ein typisches Produkt der ungarischen Law-and-order Politik der späten Kádár-Jahre, am Ende des sanfteren Sozialismus der 80er. Er hatte 1993 bei der Grenzpolizei begonnen und schaute nun immer nur nach vorn. Er schien nahezu versessen oder zumindest hoch emotional, wenn er von den Männern und Frauen sprach, die er verfolgte.

> Früher kamen nur Männer, jetzt kann man sie nicht mehr leicht erkennen; es sind mehr Frauen involviert. Früher waren es auch eher ungebildete, nun kommen hoch qualifizierte Schleuser mit Uni-Abschlüssen.

Im Jahr 2015 waren zehnmal so viele Schlepper aktiv wie im Vorjahr. Die Haupt-Organisatoren kamen aus den Herkunftsländern der Flüchtlinge und verdienten den Hauptanteil der ungefähr 8.000 Euro, die es durchschnittlich pro Person kostete, nach Europa gebracht zu werden.

Ihr logistisches Netz reichte durch die ganze Türkei bis nach Osteuropa, den ganzen Balkan entlang und in die begehrten Ziel-Länder. Unterwegs hatten sich Zellen etabliert, die teilweise nichts von der Existenz der nächsten wussten, um den Schaden bei einer Entdeckung durch die Polizei geringer zu halten.

Drei Zahlungssysteme wurden genutzt: Erstens Western Union, MoneyGram oder andere grundsätzlich offene, seriöse Geldtransfersysteme – zweitens das Hawala-System, bei dem Migranten auf Kredit reisen konnten, mit mehreren eingebauten Sicherheiten für Schlepper, die das Geld durch Kombinationen für Schließfächer bekommen würden, sobald ein Migrant ankam – und drittens schlichtweg durch Bargeld, was sich für die Polizei natürlich am schwersten nachverfolgen ließ.

Einige Tage zuvor war ein 29-jähriger Afghane in einer Budapester Bar festgenommen worden, da er angeblich in Verbindung stand mit acht Afghanen, die in einem Transporter auf der M1 von Budapest nach Wien entdeckt wurden.

„Klassischer Fall. Der afghanische Schleuser lebt in Ungarn, vermutlich illegal. Die Migranten waren vorher im Lager Bicske. Die haben sich dann mit einer ungarischen Frau abgesprochen; sie hat die Weiterfahrt organisiert."

Der Afghane arbeitete mit der ungarischen Frau. Sie beide gehörten nicht zu den Hauptorganisatoren. Die Spur reichte zurück bis nach Afghanistan, nur am Ende der Kette gab es sichtbare Verbindungen. Boross sagte mir, dass die internationale Zusammenarbeit der Polizei gut sei, aber durchaus besser sein könnte.

In der Türkei arbeiteten ungarische Verbindungsoffiziere. „Letztes Jahr bekamen wir gute und präzise Hinweise von der türkischen Seite." Es gab auch eine gute Zusammenarbeit mit der serbischen Polizei, seit 19 Kosovaren im Jahr 2009 an der Grenze in der Donau ertrunken waren. Durch diesen Vorfall wurde ein ganzes Netz von Schleppern aufgedeckt. Jetzt fokussierten sich die ungarischen Ermittler auf eine Zusammenarbeit mit Mazedonien. 110 Beamte arbeiteten in sechs Abteilungen für illegale Migration als Teil der staatlichen Kriminalbehörde NNI. Die erhöhte Anzahl von Kameras, die am Zaun zu Serbien montiert wurden, waren keine Raketenwissenschaft, aber ein Frühwarnsystem, sagte Boross.

„Die Hauptfrage ist, wie schnell man auf die Informationen der Kameras reagieren kann."

Sowohl bei Röszke als auch bei Bácsszentgyörgy weiter westlich sprach ich mit Leuten, die zugaben, dass ungarische Grenzpolizisten Schmiergelder annahmen, um bei Schleppern ein Auge zuzudrücken. Ich fragte Boross, ob er jemals in solch eine Lage gekommen sei.

„Das ist eine merkwürdige Frage. Es kommt immer wieder zu Versuchen, Grenzbeamte zu bestechen. Wenn wir von solchen Dingen Kenntnis erlangen, setzen wir alles daran, um die Vorgänge zu stoppen."

Solche Fälle kamen nicht oft vor, gab er zu, doch wenn Kollegen erwischt wurden, so seien sie von der Polizei ausgeschlossen worden. Für ihn war es von Ende August bis Anfang September 2015 am schwierigsten.

> Das war eine sehr schwere Zeit. Neben großen, professionellen Schleusergruppen waren auch viele Amateure vom Profit in der Sache angelockt. Die nahmen 150 Euro pro Person von Röszke nach Budapest, oder 300 Euro bis Wien. Sie packten die Leute in ihre Wagen, manchmal dreimal täglich. Private Unternehmer stiegen in die Sache ein, aus dem ganzen Land. An einem Tag nahmen wir vier Fälle hoch, insgesamt konnten wir 36 Banden fassen, ein gutes Ergebnis.

Ich fragte ihn, ob der Zaun bisher grundsätzlich ein Erfolg sei.

„Er hält jedenfalls auf. Im letzten Monat ist die Zahl illegaler Grenzübertritten auf 100 am Tag gesunken."

In den ersten vier Monaten des Jahres wurden 11.000 Personen aufgegriffen, die versucht hatten, über den Zaun zu klettern oder ein Loch hineinzuschneiden. Einige wurden in Szeged vor Gericht gestellt. Die meisten wurden in offene Lager gebracht, von wo aus sie in stiller Weise ihre Reise nach Österreich fortsetzten. Ich fragte Boross, welche Anstrengungen Ungarn aufwendete, um Flüchtlinge davon abzuhalten, nach Österreich weiterzureisen, wenn sie schon mal in Ungarn waren.

„Stimmt, jedes Land versucht die Leute eher beim Reinkommen aufzuhalten als beim Rauskommen", gab er zu.

Eine große farbige Karte von Mitteleuropa und dem Balkan hing an der Wand in seinem Büro. Ungarn war orange, Serbien, Österreich und die Ukraine grün, Kroatien purpurn, Rumänien gelb und Italien rot.

Auf der Karte waren im Zickzack mit Filzstift Routen berüchtigter Schlepper gemalt, einige dicker als die anderen, die Strichdicke stellte den Umfang des Verkehrs dar. Im Zentrum des Spinnennetzes von Routen gingen sechs Linien sternförmig aus Budapest heraus. Als wir nach einem zweieinhalb-stündigen Gespräch die Treppen hinunter und hinaus gingen, erwähnte ich, dass wir kaum über Rumänien gesprochen hatten. „Also wir haben den Eindruck, dass uns die Rumänen nicht die Wahrheit sagen über die Zahl der Leute, die durch ihr Land ziehen. Sie wollen im Schengenraum aufgenommen werden und das wäre natürlich schwieriger, wenn klar wird, dass auch sie ein Tor für illegale Immigranten sind."

Ungarische Ermittler hatten slowakische und polnische Kollegen als Kontaktmänner, um Bescheid zu geben, wenn die Zahlen an ihren Grenzen anstiegen.

Eine neue Route von Griechenland aus lief seiner Vermutung nach über Bulgarien nach Rumänien, dann in die Ukraine und entweder durch die kurze, bergreiche Grenze in die Slowakische Republik – „schwer, rüber zu kommen und voller Kameras; auf die sind die Slowaken ziemlich stolz" – oder sie gingen dann über die längere Grenze zwischen der Ukraine und Polen, die aber leichter zu bewältigen war.

Wir standen draußen, er zündete sich eine Zigarette an, wie ein Zivilpolizist. Andere standen neben uns und lungerten rauchend vor dem Eingang eines unterirdischen Parkhauses herum. Ich fragte ihn, wie er es sah mit seiner langen Erfahrung mit Schleppern und Schmugglern und denen, die ihnen so viel Geld bezahlten – waren für ihn die Migranten und Flüchtlinge Opfer oder Kriminelle?

„Ich sehe sie als Zeugen", meinte er. „Leider erzählen viele falsche Geschichten, um die Schlepper nicht zu belasten. Sie denken, wenn sie wahrheitsgemäß aussagen, wird ihnen später niemand mehr aus dem Schlepper-Netzwerk helfen, weiter zu kommen. Also schauen wir verstärkt auf Menschen, die von denen reingelegt oder sogar verletzt wurden."

„Trägt das nicht dazu bei, dass man mehr Menschen in die Hände von Schleppern treibt?", fragte ich. „Wenn Sie die Leute eher durchließen und sich auf die Transportwege fokussieren, wie Sie es letztes Jahr gemacht haben, wäre das nicht effektiver, um den Menschenhandel in Griff zu bekommen?"

„Naja, das stimmt für die eine wie für die andere Seite", meinte er. Die Polizei, wie auch die Armee, hatten allen Grund zur Freude über die Fidesz-Regierung. Ihnen wurden Anfang Mai weitere 205 Millionen US-Dollar (55,8 Milliarden Forint) aus dem Haushalt zugebilligt für die Sicherung der südlichen Grenze und zur Verbesserung der Kommunikationsausstattung. Die Anti-Terror-Einheit TEK erhielt die größte Budget-Erhöhung.

*

Mitte April reisten Papst Franziskus – geistiger Vater von 1,2 Milliarden Katholiken – und der orthodoxe Patriarch Bartholomäus, geistiger Vater von 250 Millionen Orthodoxen, zusammen mit dem griechischen Erzbischof Hieronymos II. auf die griechische Insel Lesbos.[7]

Die erste Amtsreise von Franziskus nach dem Antritt seines Pontifikats war nach Lampedusa gegangen; oft hatte er seine Sympathie gegenüber Flüchtlingen bekundet. Als Katholik aus Argentinien hatte er viele Jahre mit seinen Jesuiten-Brüdern in den Vororten von Buenos Aires mit Armen und Unterdrückten gearbeitet.

Lesbos war die Haupt-Ankunftsstelle für Flüchtlinge; allein im Jahr 2015 kamen hier 850.000 Flüchtlinge an, zehnmal so viel wie die normale Inselbevölkerung. Ehe die Organisationen und Freiwilligen kamen, hatten griechische Bürger geholfen, erschöpfte Flüchtlinge zu retten und zu versorgen, die sich den Strand heraufschleppten.[8]

Eine Gruppe Akademiker schlug die Bevölkerung von Lesbos für den Friedensnobelpreis vor. In ihrer Petition standen die Worte: „Auf entlegenen griechischen Inseln haben Großmütter verängstigte Babys in den Schlaf gesungen, während Lehrer, Rentner und Studenten über Monate Essen, Unterkunft, Trost und Kleidung für Flüchtlinge bereitstellten, die ihr Leben riskiert hatten, um Krieg und Terror zu entkommen."[9]

Die Lage der Migranten auf Lesbos verschlechterte sich nach dem EU-Türkei-Deal dramatisch. Das International Rescue Committee, die Norwegische Flüchtlingshilfe und Oxfam – die drei aktivsten Gruppen vor Ort, haderten nun damit, eher das Land zu verlassen, als mit der Politik der Abschiebungen in Verbindung gebracht zu werden. Das Lager Moria wandelte sich von einem offenen Lager, in dem Flüchtlinge sich ausruhen konnten und sich auf die Weiterreise mit größeren Fähren vorbereiteten, zu einem besseren Gefängnis. Unter den „Insassen" machten sich Düsterkeit und Verzweiflung breit.

Ein positiver Effekt des Papstbesuchs war nun, dass das Lager einem Frühjahrsputz unterzogen wurde. Wände wurden geweißt, Duschen repariert und saubere Kleidung bereitgestellt, ehe die geistigen Führer ankamen.

Der Papst wurde ein paar Tage nach seinem Besuch vom französischen katholischen Magazin *La Croix* gefragt: „Hat Europa die Kapazität, derzeit so viele Migranten aufzunehmen?"

Das ist eine faire, verantwortungsbewusste Frage, denn man kann nicht die Tore verantwortungslos weit öffnen. Die tiefere Frage ist, warum es hier so viele Migranten gibt … die eigentlichen Probleme liegen in den Kriegen im Nahen Osten und in Afrika sowie in den unterentwickelten Ländern des afrikanischen Kontinents, wo Menschen Hunger leiden. Wenn es Kriege gibt, dann deshalb, weil es Waffenhersteller gibt – die aufgrund von Sicherheitsbedenken gerechtfertigt werden – sowie Waffenhändler. Wenn die Arbeitslosigkeit so hoch ist, dann liegt das daran, dass es kaum Investoren gibt, die in Afrika Arbeit anbieten; darunter leidet Afrika sehr. Es stellt aber generell ein System der Weltwirtschaft infrage, das zur Vergötterung von Geld herabgesunken ist. Der größte Teil des menschlichen Wohlstandes ist in die Hände von wenigen gefallen. Aber zurück zum Flüchtlingsthema – die schlimmste Art von willkommen heißen ist die Ghettoisierung. Es ist im Gegenteil wichtig, die Menschen zu integrieren. In Brüssel waren die Terroristen, Kinder von Migranten, aber in einem Ghetto aufgewachsen. In London hat gerade der neue Bürgermeister [der Muslim Sadiq Khan] seinen Amtseid in einer Kathedrale geschworen und er wird auch die Königin treffen. Das zeigt, wie stark Europa wieder nach seiner Kapazität suchen muss, Menschen zu integrieren.[10]

Die geistigen Führer besuchten das Lager Moria, wo 3.000 Migranten festsaßen und auf ihre Abschiebung in die Türkei warteten, falls ihre Anträge abgelehnt würden. Die Gäste blieben fünf Stunden auf der Insel, gingen durch ein Lager und sprachen mit Migranten. Franziskus richtete tröstende Worte an die Menschen:

> Ich möchte euch sagen, dass ihr nicht allein seid. Das habt ihr auch vom griechischen Volk erfahren, das großzügig und trotz eigener Schwierigkeiten auf eure Bedürfnisse reagiert hat. So viel mehr muss getan werden! Aber lasst uns Gott danken, dass er uns in unserem Leiden niemals allein lässt. Wir hoffen, dass die Welt die Bilder dieser tragischen und verzweifelten Not sieht und auf eine Weise reagiert, die unserer gemeinsamen Menschlichkeit angemessen ist.

Die religiösen Führer sprachen Gebete für alle, die auf der Reise gestorben waren. Franziskus nahm drei Familien, insgesamt zwölf syrische Flüchtlinge, mit sich auf die Rückreise in den Vatikan – sechs von ihnen Kinder, allen drohte die Abschiebung, obwohl sie vor Abschluss des Türkei-Abkommens angekommen waren. In Italien kamen sie unter die Obhut der Sant Egidio-Gemeinschaft.

Für die tausenden, die dableiben mussten, sah die Zukunft düster aus. Nach Wochen oder Monaten des Wartens auf Anhörung bei Mitarbeitern vom EASO (Europäisches Unterstützungsbüro für Asylfragen) wurden die Asylsuchenden nicht mehr nach den Bedingungen in ihren Herkunftsländern befragt oder warum sie eigentlich geflohen waren; plötzlich waren die Mitarbeiter nur an den Bedingungen in der Türkei interessiert.[11]

Wenn die Bedingungen gut waren – und für die EU war die Türkei ja nun ein „sicheres Land" – so wurde es ihnen auch zugemutet, zurückgeschickt zu werden. Der einzige „Strohhalm" war ein langwieriger Beschwerde- und Revisionsprozess.

In den zwölf Monaten vom 20. März 2016 bis zum 20. März 2017 wurden tatsächlich nur 916 Menschen von den griechischen Inseln in die Türkei geschickt. Im Lager Moria einen solchen Prozess der Neubewertung loszutreten, war allerdings ein zweischneidiges Schwert. Die Migranten krallten sich praktisch an ihre Position am Rande, aber doch derzeit innerhalb der EU. Dennoch war ihre Lage weder stabil noch komfortabel.

Eine weitere Kritik am Abkommen der EU mit der Türkei kam vom Philanthropen George Soros, einem geborenen Ungarn.[12]

In einem Artikel der *New York Review of Books* im April 2016 nannte Soros vier Hauptschwächen des Abkommens. Es sei ein deutscher Plan, welcher der EU oktroyiert wurde, und kein gemeinschaftlich europäischer Ansatz. Es sei schlecht finanziert und arbeite mit Quoten, die viele Länder ablehnten; Flüchtlinge würden gezwungen, in Ländern zu leben, in denen sie nicht leben wollten. Schließlich mache es Griechenland zum Auffangbecken für Flüchtlinge.

Seiner Ansicht nach könnte der EU-Türkei-Deal jedoch erfolgreich sein, wenn genug Geld aufgewendet würde. Nötig sei eine Art surge-funding, also eine Druckbetankung mit Geld, die in Zeiten der Dringlichkeit frei eingesetzt werden könnte und nicht wie die derzeit kontinuierlichen, tröpfchenweise fließenden Zahlungen der EU.

Die meisten Bausteine für ein effektives Asylsystem liegen bereit, sie müssen nur mit durchdachter und klarer Politik umgesetzt werden. Hauptsächlich müssen die Länder im Nahen Osten, die Flüchtlinge aufnehmen, genug finanzielle Unterstützung bekommen, um das Leben dort zu stabilisieren und den Menschen dort ermöglichen zu arbeiten und ihre Kinder zur Schule zu schicken. Das würde den Flüchtlingsstrom auf ein Level senken, mit dem Europa klarkommt. Es kann durch eine feste, verlässliche Zahl von Flüchtlingen erreicht werden, zwischen 300.000 und 500.000 Flüchtlingen pro Jahr.

Die Flüchtlinge kämen dann durch Einladung nach Europa und würden so gar nicht den Schleppern in die Hände fallen, bei denen sie ihre knappen Ressourcen vergeudeten und die derzeit besonders brutal vorgingen.

„Die Zahlen sind groß genug, um Flüchtlingen die Sicherheit zu geben, dass sie vermutlich in Europa unterkommen, aber doch klein genug, dass die europäischen Regierungen damit im derzeitigen politischen Klima umgehen können". Soros meinte weiter:

Es gibt etablierte Verfahren zur freiwilligen Balance zwischen Bedarf und Angebot in anderen Gebieten wie etwa der Verteilung von Schülern auf Schulen oder Ärztenachwuchs auf Kliniken. Hierbei müssen Leute, die an bestimmte Orte wollen, länger warten als diejenigen, die einen Ort akzeptieren, der ihnen zugewiesen wird. Die Asylsuchenden könnten warten, während sie temporär verteilt werden. Das wäre viel günstiger und weniger schmerzhaft als das derzeitige Chaos, in dem Migranten die Hauptopfer bleiben. Diejenigen, die sozusagen in der Reihe „vordrängeln", müssen sich wieder ganz hinten anstellen.

Soros kalkulierte, dass ein so funktionierendes System 30 Milliarden Euro pro Jahr kosten würde; man könnte es dem europäischen Finanzmarkt entleihen und somit erstmals das Triple A-Rating der EU-Kredite nutzen. Die Summe wäre genug, um der Türkei und anderen Ländern an den Konfliktlinien zu helfen, ihre Unterkünfte für Flüchtlinge zu verbessern und die EU-Asylbehörde sowie Sicherheitskräfte zu finanzieren, welche die Außengrenzen bewachen. Es müssten EU-weit allgemeine Standards für die Aufnahme und Integration von Flüchtlingen etabliert werden, schrieb er. Das klänge vielleicht nach viel Geld, aber es sei günstiger als dem Schengenraum und seinem freien Handel beim Zerfall zuzuschauen.

Die Kosten eines Zerfalls wurden von der Bertelsmann Stiftung und der französischen Regierung beziffert und entsprachen 100 Milliarden Euro Verlust des Bruttoinlandsprodukts der EU.

*

Mazen kam aus Damaskus. Er wohnte in einer notdürftig errichteten Unterkunft ein paar Meter von der ungarischen Grenze entfernt im serbischen Horgoš; sein Unterstand war halb Zelt, halb Geäst, abgedeckt mit UNHCR-Decken. Ein paar Meter Stacheldraht und ein paar tausend ungarische Polizisten und Soldaten trennten ihn vom Rest seiner Familie.

Er und seine beiden Töchter, 15 und 20 Jahre alt, waren über Bulgarien nach Serbien geflohen; sie hatten die serbische Grenze 15 Tage zuvor erreicht und saßen nun seit zwei Tagen in Horgoš fest. Seine Frau und seine zwei Söhne waren vorausgereist und seit neun Monaten in Hannover. Warum, fragte ich, war er gerade hierher gekommen?

„Wie Sie wissen, ist der Grenzübertritt verboten und Schlepper zu bezahlen auch. Also habe ich den legalen Weg versucht. Ich muss diese jungen Damen zu ihrer Mutter bringen, mir bleibt kein anderer Weg."

Und somit hatte er sich mit ihnen eingereiht in die lange Schlange von Flüchtlingen und Migranten, die nach Ungarn durch die Transitzonen von Röszke und Kelebia einreisen wollten. In Syrien hatte Mazen als IT-Ingenieur gearbeitet, aber der Alltag war dort zu bedrohlich geworden.

„Syrien wurde in viele Stücke zerrissen, wir haben gar kein Land mehr … es gibt so viele verrückte Leute dort, Assad, seine Geheimpolizei, der IS … ein Desaster."

Als Familienoberhaupt fühlte er nun die Verpflichtung, seine Töchter in Sicherheit zu bringen. „Ich kann für sie nicht die Mutter spielen", sagte er mir etwas verloren im Vertrauen von Mann zu Mann. Seine Frau bemühte sich derzeit in Deutschland um einen Antrag auf Familienzusammenführung, so dass die drei Visa für Deutschland bekämen – doch das könnte Jahre dauern. In dem Not-Camp waren neben ihnen 60 oder 70 Menschen, bewacht von ungarischer Polizei und Soldaten, die auf dem Dach der Transitzone auf und ab gingen und Ferngläser an die Augen hoben. Die serbische Polizei war weniger effektiv und schlechter ausgestattet.

Auf serbischer Seite war es ein langer Weg bis zum Dorf Horgoš. Als die Polizei im Ort war, sprachen sie zweitweise Platzverweise aus, so dass es Männern aus dem Lager nicht erlaubt war, das Lager zu verlassen und im Dorf Zigaretten oder Essen zu kaufen.

Das Schlimmste für die Menschen in der Transitzone bei Tompa – ein paar Kilometer westlich – war die Unsicherheit. Niemand wusste, ob man sie nach Ungarn hineinlassen würde. Die Bedürftigsten hatten Vorrang – zumindest theoretisch – aber manchmal endete das damit, dass Familien getrennt wurden. Also warteten viele Familien freiwillig länger, um zusammenzubleiben.

Nun wurden gerade zwischen 20 und 30 Menschen pro Tag in die Transitzone Horgoš-Röszke hineingelassen, ähnlich viele bei Tompa. Nach der Registrierung war es Familien dann erlaubt, in offene Lager nach Bicske oder Vámosszabadi zu gehen. Alleinreisende Männer wurden wesentlich länger, nämlich bis zu 30 Tage in Transitzonen aufgehalten. In jeder Zone gab es Platz für 50, die in kleinen Containern unterkommen konnten, aber es wurden stets nur ein paar Dutzend hineingelassen.

Von ungarischer Seite aus konnte man gut das Geschehen hinter den Drähten und das Leben drinnen beobachten. Das vollzog sich naturgemäß langsam wie das einer Schnecke. Es gab nur wenige Beamte; die anwesenden wirkten träge und recht unfreundlich gegenüber Medienvertretern. Es machte den Anschein, als würden sie versuchen, die Arbeit so langsam wie möglich zu erledigen. So viel also zum „schnellen Verfahren", das nach neuer Gesetzgebung in Ungarn dank der rechtlichen Nachbesserungen versprochen wurde. Während ich mit Flüchtlingen in Horgoš sprach, gingen Vertreter des UNHCR durchs Lager, sowie Mitarbeiter vom Serbischen Roten Kreuz und Ärzte Ohne Grenzen; sie verteilten Essen und boten medizinische Hilfe an. Einige Flüchtlinge wollten gern Gummihandschuhe von ihnen haben, so dass sie selbst ihren Müll wegräumen könnten.

Goran Makić arbeitete für die französische Sektion von Ärzte Ohne Grenzen.

Wir bieten diesen Menschen grundlegende medizinische Versorgung, besonders den Bedürftigen, Schwangeren, kleinen Kindern, Familien. Es gibt chronisch Kranke, Leute mit Diabetes oder anderen Beschwerden, die sie von Zuhause noch haben. Es gibt Menschen hier, die vom Krieg tief traumatisiert sind, dann wiederum gibt es Leute, die von den langen Märschen mit unzureichenden Schuhen und ohne ausreichend Essen Beschwerden haben, sowie geringe Möglichkeiten, sich um die persönliche Hygiene zu kümmern.

Médecins Sans Frontières versorgte auch 150 Migranten, die jeden Abend im nahegelegenen Subotica am Busbahnhof ankamen; sie kamen durch die Felder oder mehr als 20 Kilometer entlang der Landstraße.

Die Zahl der Ankommenden war seit September und Oktober des Vorjahres gesunken, als über 1.000 Menschen in diesen Lagern bei Subotica lebten, aber es waren immer noch etwa 250, sagte Goran. Da es ein inoffizielles Lager war, arbeiteten hier verschiedene Organisationen zusammen. Goran sagte, das Hauptproblem sei, dass die ungarischen Behörden nur so wenige Leute durchließen.

Die meisten der allein reisenden jungen Männer, die hineingelassen, dann aber wieder abgelehnt wurden, wirkten oftmals ziemlich verloren. Einige versuchten, etwas vom Lager entfernt über den Zaun zu klettern; dabei wurden sie oft erwischt und wieder zurückgedrängt. Andere gingen zurück nach Belgrad, wo sie feststellten, dass der einzige Weg für sie um weiterzukommen über Schlepper lief. Der Zaun zwang alle, die nicht zu den wenigen Glücklichen gehörten, die Einlass fanden, wieder in die Hände von Schleppern. Goran sagte mir:

> Es ist schwer, den neuen Routen zu folgen, aber es ist kein Geheimnis, dass jetzt Leute durch Bulgarien kommen. Es gibt auch noch viele Menschen in den serbischen Lagern bei Šid, Adaševci, Principovac, Preševo. Nur wenige, wie die hier, versuchen den legalen Weg nach Ungarn. Die Leute sind erschöpft, heute haben wir schon 24 Grad. Es wird furchtbar, wenn es wieder warm wird. Es gibt improvisierte Unterkünfte. Wir haben hier vier, fünf Tage hohe Temperaturen, dann Wind und Regen.

Von Jahresanfang bis Ende April waren 3.500 Menschen legal in Ungarn durch die Transitzonen eingereist. Gegen 10 Uhr morgens gab es eine plötzliche Bewegung am Zaun, am stählernen Drehkreuz, das in die Transitzone hineinführte. Mazen hörte, wie sein Name ausgerufen wurde. Er nahm seine Töchter, einen Haufen Taschen und sie begannen zu laufen. Das Drehkreuz bewegte sich mit einem Krächzen und Knarzen, Polizei-Funkgeräte knisterten, dann verschwanden sie im ersten Container. Drei von fünfzehn Menschen, die heute in Röszke eingelassen wurden.

Am Vorplatz der ersten Tankstelle auf serbischer Seite hielt ich an, um mit einem iranischen Pärchen zu sprechen, das Händchen hielt – Said und Fatima. Sie waren zum Christentum übergetretene Muslime aus Maschhad, sagten sie. Sie war 26, er 30 Jahre alt. Sie hatten über 30 Tage in der Türkei verbracht.[13]

Ihr eigentlicher Plan, über die griechischen Inseln anzukommen, wurde durch den Türkei-Deal zunichte gemacht, also waren sie vier Tage gegangen, um die türkisch-bulgarische Grenze zu überqueren. Nein, sie seien nicht verheiratet, sagten sie schüchtern. Und sie hatten die Nase voll von Thunfisch. Irgendwann hatte das UNHCR in Horgoš große Mengen an Thunfischdosen bereitgestellt, um den Muslimen gerecht zu werden, die kein Schweinefleisch aßen. Sie verspeisten ihn kalt aus der Dose oder erhitzten ihn zur Abwechslung auf Metallgittern, die sie über Feuerstellen hängten – kleine Löcher, die sie in den sandigen Boden gegraben hatten. Es war derselbe Boden, der so geeignet war für Süßkartoffeln, hier nahe Ásotthalom, der „Süßkartoffel-Hauptstadt" Ungarns. Ich gab den jungen Iranern meine Käse-Sandwiches, die ich mir morgens in Budapest als Mittag zurückgelegt hatte, aus selbstgemachtem Brot. Sie wären kaum dankbarer gewesen, glaube ich, wenn ich ihnen ein Bündel Euroscheine gegeben hätte.

Ihre Heimatstadt Maschhad ist mit 20 Millionen Besuchern pro Jahr die zweitgrößte Pilgerstätte der Welt nach Mekka. Schiiten pilgern zum Schrein des achten schiitischen Imams, Reza. Im Iran leben schätzungsweise drei Millionen Afghanen, davon 300.000 in Maschhad, das nahe an der afghanischen Grenze liegt. Die Stadt ist berühmt für ihr Edelstein-Gewerbe, besonders für wunderschöne Türkis-Steine, sowie für die Herstellung von Teppichen, die mit türkischer Knotentechnik gemacht sind, eingeführt durch Einwanderer aus Täbris im 19. Jahrhundert.

Ilona Kulcov arbeitet in ihrem Büro daran, Ungarn zu helfen, damit sie in Großbritannien Arbeit finden. Sie sagte mir:

„Es gehen immer weniger Ungarn ins Ausland, um zu arbeiten, aber immer mehr verlassen die Vojvodina, ich glaube, der steigende Fremdenhass dort ist der Grund."

Wir saßen in ihrem kleinen, ordentlichen Büro in Szeged. Sie betrieb ein ähnliches auf der anderen Seite in Serbien, in Subotica, wo eine nicht unbedeutende Anzahl Ungarn lebt. Das war völlig anders, erzählte sie. In der Vojvodina, der großen nördlichen Provinz Serbiens mit bedeutenden Städten wie Subotica oder Novi Sad, gab es ein Gemisch aus Sprachen und kulturell unterschiedlichen Gruppen, die Seite an Seite lebten. Die meisten Bäcker zum Beispiel waren Kosovo-Albaner, aber als ehemalige k. u. k.-Provinz leben dort auch Deutsche, Kroaten, Juden, Roma, Rumänen sowie andere Nationalitäten, zudem serbische Flüchtlinge aus der Krajina und dem Kosovo.

„Wenn Ungarn aus Subotica nach Großbritannien gehen, haben sie dort kein Problem, in einer multikulturellen Gesellschaft zu leben. Andere Ungarn aus dem Hauptland sind oft schockiert und haben große Probleme, dort klarzukommen … sie sind es gewohnt, in einem monokulturellen Land zu leben; Nachbarn anderer Herkunft zu haben und dass Kinder aus Asien, Afrika und der Karibik in der Schule neben ihren Kindern sitzen, ist für viele ein Schock."

Ich ging zum Flüchtlingslager in Bicske und Vámosszabadi, zumindest bis zum Haupttor, da man in Ungarn, anders als in Serbien und Bulgarien, als Journalist niemals hineindurfte. An der Straße beim Lager gab es einen Tesco Supermarkt. In der Eingangshalle standen ein paar scheue Afghanen in der Schlange vor einem Western Union-Büro für Geldtransfer. Die ungarischen Mitarbeiter hinter dem Schalter schauten gelangweilt, gaben widerwillig Geld aus oder verweigerten es, weil ein Name nicht richtig buchstabiert wurde. Ungarische Einkäufer und Sicherheitsleute betrachteten die Szene skeptisch. Zwei einheimische Teenager versuchten erfolglos, den Afghanen ein Tablet mit kaputtem Display zu verkaufen.

*

Anfang Mai 2016 veröffentlichte die Europäische Kommission ihre Pläne zur Anpassung der Asylpolitik.[14]

Ein Kernpunkt war die geteilte Verantwortung, so wie es auch in den Verträgen der EU-Mitgliedschaft verankert und von allen Staaten unterzeichnet worden war. Nun sollten alle 28 Staaten eine „gerechte Anzahl" Migranten aufnehmen, je nach Wohlstand und Bevölkerungsgröße. Die tatsächlichen Zahlen wurden durch einen Computer im EASO-Hauptquartier in Malta berechnet.

Um die Asylsuchenden zu ermutigen, in dem zugewiesenen Land zu bleiben, sollten Hilfen für Vorsorge, Unterkunft, Bildung und soziale Dienste sowie Integration nur in jenem Land bereitgestellt werden, das für sie ausgewählt wurde. Dadurch sollten frühere Bedenken gegen die Quotenregelung aufgelöst werden, besonders von osteuropäischen Staaten, die einwarfen, dass man Menschen nicht in Länder schicken könne, in die sie nicht wollten.

Die Länder konnten die Aufnahme von Asylsuchenden ablehnen, sollten im Gegenzug jedoch eine Solidaritätssteuer zahlen, und zwar 250.000 Euro pro Person. Das würde zum Beispiel für Polen eine Gesamtsumme von 1,5 Milliarden Euro bedeuten, wenn es berechnete 6.200 Flüchtlinge nicht annehmen würde, und 300 Millionen Euro für Ungarn. Am Tag der Veröffentlichung trafen sich die Außenminister der Visegrád-Staaten zu einem Gipfel in Prag. Die Empörung unter den Vertretern von Ungarn, der Tschechischen und Slowakischen Republik sowie Polen war sofort spürbar.[15]

Das sei „Erpressung", grummelte der ungarische Außenminister Péter Szijjártó. „Die Quotenregelung ist eine Sackgasse; ich rate der Kommission, sich nicht weiter zu verrennen."

Der polnische Amtskollege Witold Waszczykowski sagte: „Das klingt wie eine Idee, die zum 1. April passt."

Der tschechische Kollege Lubomir Zaoralek meinte, er sei „böse überrascht ... die Kommission kehrt zu einem Vorschlag zurück, für den es keine Zustimmung gibt. Sie sollte nichts vorschlagen, was uns spaltet."

Die osteuropäischen Staaten hatten offenbar ihren Einfluss in Europa überschätzt. Während ein Land nach dem anderen dauerhafte Grenzkontrollen einführte – mit Ausnahme des sturen Deutschlands – und Obergrenzen festlegte, versuchten sich osteuropäische Länder gegenseitig zu versichern, dass sie die besseren Argumente hätten.

Natürlich waren die politischen Zugeständnisse eher eine widerwillige Anerkennung der Grenzen, die jedem Mitgliedstaat gesetzt waren, auch Grenzen ihrer eigenen Großzügigkeit. Es waren zudem Grenzen, die eng verbunden waren mit Wahlerfolgen im eigenen Land.

Das bedeutete freilich nicht, dass die westlichen Staaten nun die demografischen, kulturellen oder sicherheitsrelevanten Argumente wohlwollend annahmen, die von den flüchtlingsfeindlichen Regierungen in Budapest, Bratislava, Prag und Warschau hervorgebracht wurden. Solche Sichtweisen blieben in der Minderheit und wurden innerhalb der Gruppe der 28 – entweder wohlwollend als egoistisch – im schlimmsten Fall als rassistisch abgetan. Der Vizepräsident der Kommission Frans Timmermans sagte: „Entweder, wir stellen uns den Herausforderungen gemeinsam, oder wir geben auf, sie anzunehmen, mit üblen Konsequenzen für alle."[16]

In Anlehnung an die Dublin-Verfahren müssten die Migranten in den jeweiligen Ländern immer noch Asyl beantragen – entweder in dem EU-Land, das sie als erstes betreten hatten, oder in dem, welchem sie zugewiesen wurden.

„Wenn ein Land über 150 Prozent der Quoten erfüllt und mehr Asylsuchende pro Jahr aufnimmt – je nach nationalem Einkommen und Bevölkerung – wird ein Effekt entstehen, weitere Anwärter in Europa zu verteilen", sagte Timmermans der *Financial Times*.[17]

Neben diesem Vorschlag gab es weniger umstrittene Pläne, die EU-Datenbanken von Fingerabdrücken, EURODAC, zu erweitern. Die EASO würde zum „Nervenzentrum" des europäischen Asylsystems mit 500 Asylexperten, die an alle künftigen Frontlinien des Migrations-Konflikts gesandt werden konnten. Und schließlich konnten die Länder, die kurzzeitig Grenzkontrollen eingeführt hatten, um mit der Anzahl der Ankommenden zurechtzukommen – darunter Deutschland, Österreich, Schweden, Dänemark und Norwegen – ihre Kontrollen weitere sechs Monate aufrechterhalten.

„Es wäre am sinnvollsten für die EU, entlang dieses gewählten Kurses langfristige Lösungen der Migrationskrise zu finden", schrieb die *Financial Times*. Weiter hieß es:

> Die Staatengruppe muss ihre Außengrenzen sichern, um künftig mit den Neuankommenden fertig zu werden. Sie sollte Maßnahmen durchsetzen, die eine Verteilung von Asylsuchenden innerhalb Europas verbessern. Wenn die EU den Flüchtlingsstrom über das Mittelmeer nach Italien verringern will, muss sie die Beziehungen zu den nordafrikanischen Staaten stärken und deren Sicherheitslage sowie wirtschaftliche Entwicklung fördern.

*

Ende Mai erfuhr ich, dass ein bulgarischer Schleuser, den ich seit langem kontaktieren wollte, endlich bereit war, mit mir zu sprechen. Es war ein langes Verhandeln durch ein Netzwerk von Kontakten, die ganze Donau entlang. In dieser Zeit gab es viele Berichte über bulgarische Bürger, die Selbstjustiz übten, Migranten aufgriffen und misshandelten – sowohl Ankommende aus Serbien als auch an der türkischen Grenze.

Der Schlepper, nennen wir ihn Vlado, traf sich mit mir in einem Café bei einem Hotel, das ich ausgesucht hatte, weil es hier von Schleppern wimmeln sollte. Man hatte einen schönen Blick auf die Löwenbrücke von Sofia.

Um uns herum waren Migranten und Flüchtlinge aus Afghanistan, Pakistan, Iran, dem Nahen Osten und vielen afrikanischen Staaten. Sie warteten in kleinen Gruppen, schauten auf ihre Telefone oder blickten verloren in die Gegend. Es war immer schwieriger, nach Westeuropa zu kommen – und sie waren sich der Entwicklung schmerzhaft bewusst, dass es für sie noch schwerer werden würde. Sie wirkten wie gefoltert von dem Gedanken daran, dass der Zug für sie abgefahren war. Für sie lag die größte Hoffnung in Leuten wie Vlado.

Wir fanden eine ruhigere Bar ein paar Straßen entfernt; dort waren mehr Touristen unterwegs, so wirkte unser Treffen nicht verdächtig. Er war jünger als ich erwartet hatte, vielleicht 28, eher mit dem Auftreten eines Filmstars als eines Mitglieds der kriminellen Bruderschaft. Ich nahm nichts auf, machte mir nur Notizen. Er sammelte seine Kundschaft an der türkischen Grenze auf, erklärte er mir, besonders in der östlichsten Ecke, südlich von Burgas, wo der Zaun noch nicht vollständig war.

Von dort nahm er sie mit nach Burgas, dann weiter nach Sofia. Warum vermied er nicht die Hauptstadt? Warum blieb er nicht nahe an der Donau und brachte sie nordwestlich durchs Land? Er schüttelte seinen Kopf. Die Netzwerke hatten sich in Sofia gebildet, sagte er mir, und in der Hauptstadt hätten sie und seine Kollegen die besten Kontakte zu Polizisten.

2015 hatte Vlado seiner Aussage nach 200.000 Euro innerhalb von drei Monaten verdient; er hatte jeden Tag 60 bis 80 Flüchtlinge durch Bulgarien gebracht, von der türkischen zur serbischen Grenze. Die Hälfte des Geldes gab er Mittelsmännern, seinen Fahrern und der Polizei. Die andere Hälfte wanderte in seine Taschen. 2015 wurden, wie ich erfuhr, 30.000 Migranten von den bulgarischen Behörden registriert. Ich fragte ihn, was er glaube, wie die tatsächlichen Zahlen waren. Er sagte mir, dass es fünf oder sechs andere Schlepperbanden wie seine gäbe, seine sei die größte. Wir rechneten die Zahlen auf einem Briefumschlag zusammen. Wir kamen auf etwa ein Viertel bis ungefähr die Hälfte derjenigen, die inoffiziell durchs Land gekommen sein mussten, also etwa 60.000 bis 120.000.

Die Konvois funktionierten folgendermaßen:

Die Polizisten wussten, dass sie immer den ersten Wagen anhalten mussten, darin saß immer nur ein Fahrer. Das zweite Auto wurde durchgewunken. Danach folgten das dritte und dann der letzte Wagen der Gruppe. Der letzte hielt Ausschau, ob nicht eigenwillige Polizisten, die nicht bezahlt waren, ihren Plan durchkreuzten. Ich fragte ihn, wer die Migranten auf der anderen Seite der Grenze in Empfang nimmt. „Wir haben die Ehre, auf der serbischen Seite mit Kontaktmännern zu arbeiten, die das machen", sagte er.

Als wir los wollten, gab ich ihm meine Karte von Nordwest-Bulgarien. Er sah sie sorgfältig an, dann markierte er mit kleinen X-Zeichen an der serbischen Grenze Punkte, wo seine Leute für gewöhnlich Menschen hinüberbrächten.

„Aber da finden Sie niemanden", lachte er, „denn wir verstehen unsere Arbeit."

Nach dem Treffen mit Vlado fuhr ich mit meinem Kollegen nach Widin an der Donau, eine Stadt, die schon bessere Zeiten gesehen hatte, aber immer noch mit ihrem Flussufer einen gewissen Charme ausstrahlt. Von hier fuhren wir nach unserer Karte den Fluss Timok entlang, Nebenfluss der Donau und teilweise Grenzfluss zu Serbien.

Vlado hatte recht. Alles, was wir sahen, waren Felder mit kleinen Sonnenblumen. Einen Quittenbaum mit Früchten, die noch klein und fest waren, aber schon voller Hoffnung. Ein schwarzer Maulbeerbaum, gerade reif und ein Fest für die Vögel und die Kinder an der bulgarisch-serbischen Grenze.

Vlado hatte auf meiner Karte bei einer Lichtung in der Nähe eines Dorfes ein X gezeichnet, ich fand dort verlassene Feuerstellen, Kekspackungen, Windeln und Zigarettenstummel – eine geeignete Stelle, wo Menschen auf die Dämmerung warten konnten, bis es dunkel war und sie über die Weinberge nach Serbien hinüberschlüpften.

In Widin lief ich eines Morgens am Fluss entlang und lernte Samet kennen, den Imam der hiesigen Moschee. Er werkelte im Garten seines Gebetshauses inmitten wunderschöner Rosen. Die Moschee wurde um 1801 erbaut, als Bulgarien noch eine kleine Pflanze im blühenden osmanischen Garten war. Auf ihrem Dach erstrahlte kein Halbmond, sondern ein Herz – die einzige in der ganzen muslimischen Welt mit dieser Ausnahme. Samet erklärte mir, dass der Architekt es dorthin zu Ehren seiner Eltern gesetzt hätte. Da war es schon wieder, das Wort „Ehre", dachte ich. Zu Ehren des Architekten und seiner Sohnesliebe ließen wir die Kamera-Drohne über das Gebäude fliegen, über die Baumwipfel. Sie filmte die Donau, die sich unten wie ein Silberband entlangschlängelte, sowie die Stadt Widin und darüber hinaus, die flachen Ebenen bis zur serbischen Grenze.

Wir schickten dem entzückten Imam eine Kopie der Aufnahmen, eine Vogelperspektive von seinem kleinen Paradies – beinahe hätte ich „Gottes Perspektive" geschrieben.

Als ich wieder in Sofia war, traf ich den stellvertretenden Innenminister Philip Gunev. Er bestätigte viele meiner Annahmen zur Schlepperei, auch das Ausmaß von Korruption bei der Polizei bis weit in die höheren Ränge. Er erzählte mir von einem aktuellen Fall, als in der Tasche eines Beamten 5.000 Euro gefunden wurden. Bald sollten Lügendetektoren bei der Polizei eingeführt werden, sagte er, wenngleich es dagegen Widerstand in den eigenen Reihen gab. Ich ging zurück ins Hotel und sah noch mal meine Gesprächsnotizen durch; ich staunte darüber, was er gesagt hatte.

Richard Helms, ehemaliger CIA-Chef, meinte einmal zu dem Thema:

„Wir haben herausgefunden, dass es Osteuropäer gibt, die jederzeit einen Lügendetektor überlisten können. Amerikaner sind nicht besonders gut darin; wir werden so erzogen, dass wir die Wahrheit sagen." Vielleicht standen den bulgarischen Kräften also weitere Prüfungen bevor.

Philip Gunev klang recht gelassen im Hinblick auf die derzeitigen Zahlen von Ankommenden, verglichen mit dem Vorjahr. Momentan, so schätzte er, seien es 50 bis 100 am Tag. Das war auch die Zahl, die er in der wöchentlichen Videokonferenz aller Innenminister der Balkanstaaten durchgab. Bei der Konferenz wirkten auch seine Amtskollegen und deren Vertreter recht entspannt angesichts der Zahlen. Nur Ungarn meinte, es sei dringend nötig und sogar möglich, die Zahl auf Null zu drücken. Gunev meinte:

> Griechenland hat eine 1.000 Kilometer lange Landgrenze zu Bulgarien, Mazedonien und Albanien; Bulgarien hat eine 300 Kilometer lange Grenze zur Türkei. Es ist völlig klar, dass immer wieder Menschen hindurchgelangen, es ist unmöglich, die Grenzen zu versiegeln. Ich glaube auch nicht, dass das jemand ernsthaft vorhat. Sogar die Ungarn merken ja, dass es keine Lösung ist, einen Zaun zu bauen. Der Zaun ist nur eines der Instrumente, um die Lage zu bewältigen. Es ist eine Maßnahme, die verhindert, dass eine große Anzahl von Wachpersonal die lange Grenze kontrollieren muss.

Laut der wöchentlichen Videokonferenz der Innenminister und Mitarbeiter von Frontex, meinte Gunev, würden derzeit täglich 200 bis 400 Migranten nach Österreich gelangen. Die Hälfte von ihnen über die Balkanroute, die andere über Italien. Etwa 50 kämen täglich von der Türkei aus in sein Land, sagte Gunev, weitere 100 von Griechenland aus durch Serbien. Das alles ergab einen Rückgang auf ein Zehntel der Zahlen vom Vorjahr. Gunev meinte weiter:

Realistisch gesehen wird es sehr schwer sein, die Zahlen noch wesentlich weiter zu senken, weil sich in den letzten Jahren bedeutende Netzwerke für organisierte Kriminalität entwickelt haben. Bislang haben wir 140 Kilometer Grenzzaun. Dieser Zaun hilft, die Zahlen für Beamte niedrig zu halten, die wir sonst aus dem ganzen Land zur Verstärkung der Kräfte an der türkischen Grenze schicken mussten. Aber das ist nur ein Instrument! Die Leute können sich hindurchschneiden oder durchklettern oder darunter durchgraben. Zäune sind eben nur ein Mittel, um Grenzen zu bewachen.

KAPITEL 11

BLEIB RUHIG UND DENK AN ENGLAND

Ihr habt die Wahl, aber ich möchte euch mit auf den Weg geben,
dass Ungarn stolz an eurer Seite stehen wird als Mitglied der
Europäischen Union.

Viktor Orbán,
Bezahl-Anzeige,
Daily Mail, 21. Juni 2016[1]

Die britische Bevölkerung entschied sich am 23. Juni 2016 für den EU-Austritt.
Die Ergebnisse kamen gegen 4.30 Uhr am Morgen ungarischer Zeit durch. Viktor Orbán war bekannt als Frühaufsteher, doch er hatte kaum Zeit, den Schock
zu verarbeiten, als er um 7.30 Uhr im Kossuth Radio sprechen sollte.

Zum ersten Mal wirkte er tatsächlich erschüttert. Einige Tage zuvor hatte er
sich per ganzseitiger Anzeige in der *Daily Mail* dem britischen Volk mitgeteilt
und geraten, die EU nicht zu verlassen.

Orbán hatte geschrieben: „Ihr habt die Wahl, aber ich möchte euch mit auf
den Weg geben, dass Ungarn stolz an eurer Seite stehen wird als Mitglied der
Europäischen Union." Die Worte waren in weißen Großbuchstaben auf blauem
rechteckigem Grund, so wie die „Keep calm" Kaffeetassen, Postkarten und
T-Shirts, die es seinerzeit in Europa gab. Das blaue Rechteck war überblendet
mit der ungarischen Trikolore, die im Wind vor einem blauen Himmel weht,
dazu weiße, harmlose Kumuluswolken. Orbáns Worte jedoch, wie die vieler mo-
derater Staatslenker Europas, fielen auf taube Ohren der 17,4 Millionen Briten,
die sich zum Gehen entschieden. Ungarn wollte, wie die anderen osteuropäischen Staaten, Großbritannien in der EU behalten als nötiges Gegengewicht zu
den föderalen Träumen französischer, belgischer, deutscher, italienischer und
skandinavischer Staatschefs. Ihnen gefiel die schrullige britische Eigenart, die
Art, mit der sie die uniforme Brüsseler Bürokratie verhöhnten, die ihnen ständig
aufgezwungen werden sollte – jedenfalls nach den britischen Klatschblättern.

Ohne das „UK" jedoch war Ungarn um einiges einsamer am EU-Tisch. Und es wurde weiter runtergereicht.

„Das Kernthema ... war wohl Immigration", sagte Orbán im Radio, als er versuchte, dem ungarischen Volk die Brexit-Entscheidung zu erläutern.[2]

Er verstand jedoch nicht, dass das Wort „Immigration" in den Ohren der Briten meist nach Osteuropa klang, worunter immer mehr Ungarn selbst fielen.

David Cameron war im Januar auf Staatsbesuch nach Ungarn gekommen und hatte bei einem seiner letzten verzweifelten Versuche, die EU zu Zugeständnissen drängen wollen, die Einwanderung nach Großbritannien unter 100.000 Personen pro Jahr zu drücken, nicht um die 300.000, die derzeit hereinkamen. Der Schlüssel dazu, meinte Cameron, läge darin, die Vergünstigungen für einfliegende Osteuropäer, darunter Ungarn, zu kürzen oder zu streichen, von denen die *Daily Mail* oder der *Daily Express* meinte, sie würden nur ins Vereinigte Königreich kommen, um den Staat auszubeuten.

Das war natürlich vollkommener Unsinn. Hunderttausende fleißiger Polen, Litauer, Ungarn und Rumänen arbeiteten in Großbritannien, meist in Jobs, für die sie hoffnungslos überqualifiziert waren, zu Mindestlöhnen und untergebracht in engen, unbequemen Unterkünften, um ihre Schulden abzuarbeiten oder für ihre Zukunft zu sparen. Somit zahlten sie einiges an Steuern und Versicherungen an den britischen Staat. Die Konservative Partei jedoch wurde von der Agenda der UKIP getrieben. Und diese UKIP, die selbst gar nicht durch Wahlen ins Parlament gekommen war, hatte erreicht, was sie immer angestrebt hatte – meine Insel unter Schreien und Treten von seiner europäischen Mutter wegzuzerren. Die Schockwelle über die Abstimmung übertrug sich auf ganz Europa. Auf den düsteren Schlachtfeldern der Industrie der Ostukraine starben junge Menschen dafür, die dunkelblaue EU-Flagge vor öffentlichen Gebäuden zu hissen.

In Serbien, Bosnien und Mazedonien war die Hoffnung, bald EU-Mitglied zu werden, vielleicht schon 2020, das Hauptargument der einfachen Bürger, den in Blöcken denkenden Nationalisten entgegenzutreten, die es darauf anlegten, neue Konflikte vom Zaun zu brechen.

Nun machte sich das „UK" bereit, die EU zu verlassen und es schien unwahrscheinlich, dass die EU sich bald wieder erweitern würde. Kroatien war wohl vorerst als letztes Land aufgenommen worden. Der Tag des Votums war ein schwarzer Tag für junge Menschen, die eine blühende europäische Idee in sich trugen, neben ihrer nationalen Identität und anderen Elementen ihrer Eigenständigkeit.

Geert Wilders sah das nicht so. Der niederländische Kopf der „Partei für die Freiheit" war glänzender Laune, als ich ihn am Morgen des Brexit-Votums in der Lobby des Budapester Gellért-Hotels traf.

„Großbritannien hat nun wieder selbst Kontrolle über sein Land, ich gratuliere dem britischen Volk zu dieser exzellenten Entscheidung", sagte er mir in der Ecke eines feinen, altmodischen Cafés, während die Kellnerin herausfinden wollte, wer dieser charmante junge Typ wohl war mit seiner komödienhaften Haartolle und dem kleinen Trupp Bodyguards. Er war privat hier, erklärte er, denn seine Frau sei Ungarin. Er sah verächtlich zu mir, als ich mir mit Tablett und Untertassen ein Stativ für meine Digitalkamera zurechtbastelte. Ich kam völlig unvorbereitet zu diesem Treffen und entschied, dass die Teller doch stabiler für meine Konstruktion waren als die exzellenten Käsekuchen des Hotels. Wilders prophezeite, dass die Niederlande Großbritannien aus der EU heraus folgen würden, falls er die Wahlen Anfang 2017 gewinnen würde, wie es Umfragen andeuteten. Ich fragte, wann sie denn hinausgingen. Er meinte, dass ein Referendum „innerhalb von zwölf Monaten" angesetzt werden könne. Es wäre allerdings nach niederländischem Recht nicht bindend. Dennoch war er zuversichtlich, dass ein Volksentscheid über den Verbleib unerlässlich sei und dies kurz nach einer ähnlichen Entscheidung und einer gewonnenen Wahl von Marine Le Pen und ihrem Front National Wirklichkeit werde.

> Es ist zu spät, die EU zu reformieren. Das Ende der EU ist nur
> eine Frage der Zeit, und das ist keine lange Zeit mehr ... die EU ist
> mehr oder weniger tot. Viele Politiker wollen es einfach nur nicht
> wahrhaben ... Wir Separatisten haben die Union nicht umge-
> bracht, das haben sie selbst gemacht, indem sie ein wirtschaftli-
> ches Projekt zu einem politischen gemacht und dabei die Bevöl-
> kerung ignoriert haben.

Ich fragte, was er zu den Bedenken sagte, die Leute wie ich hatten, wenn sie aufkeimende Konflikte in einem Europa ohne die EU sahen.

> Da würde ich antworten: Hab keine Angst. Der Krieg ist nicht
> ausgebrochen, weil so etwas wie die politische Körperschaft einer
> EU fehlte. Es geschah in den 30ern, als einige Staaten ihre Demo-
> kratie verloren. Diese Gefahr wurde seinerzeit nicht ernst genug
> genommen. Nein, ich glaube dagegen, dass die Demokratie Nati-

onalstaaten braucht. Demokratie bedeutet, dass du eine Identität hast, dass du dich um deine Flagge versammelst, dass du nationale Eigenständigkeit hast mit eigenen staatlichen Entscheidungen, Souveränität. Und wenn alle europäischen Staaten das hätten, würden sie genauso davon profitieren, miteinander zusammenzuarbeiten, wenn es um freien Handel geht, um wirtschaftliche Kooperationen oder die Bekämpfung von Terrorismus ... das Problem ist doch, dass wir nicht von Thatchers regiert werden, sondern von Camerons, Merkels und Ruttes – von Leuten, die überhaupt nicht für ihre Länder kämpfen, sondern die andauernd nationale Eigenständigkeiten weggeben, tagein tagaus.

Während die europäischen Staaten sich noch vom Schock des Referendums erholten, bereitete sich die Slowakische Republik darauf vor, ab 1. Juli den sechsmonatigen Vorsitz im EU-Rat zu übernehmen. So wie Ungarn war die Slowakische Republik nicht gerade flüchtlingsfreundlich gesinnt, obwohl praktisch überhaupt keine Flüchtlinge in ihr Land kommen wollten.

Mit einem Wink nach Österreich hatten die Slowaken ein kleines Lager bei Gabčikovo geduldet, im Schatten des großen Wasserkraftprojekts, das 1992 erbaut wurde. Das Lager war errichtet worden für Migranten, die auf die Entscheidung zu ihren Asylgesuchen im benachbarten Österreich warteten. Nur bestand die slowakische Regierung hier darauf, dass ausschließlich christliche Migranten aufgenommen würden, keine Muslime. Wie Ungarn hatte auch die Slowakei eine Anfechtungsklage gegen die EU-Kommission und ihren Plan vom September 2015 ins Rollen gebracht, um sich der Verteilung von Flüchtlingen zu erwehren.

Derzeit waren keine Urteile in diesen Fällen in Sicht. Die Slowakei hatte jedoch keine Ambitionen, die Anfechtung fallenzulassen gegenüber dem politischen Gebilde, deren Vorsitz sie nun übernahm.

Auf einer Pressekonferenz in Bratislava mit Jean-Claude Juncker klang der slowakische Premier Robert Fico jedoch versöhnlicher. Ein „flexibler Ansatz" sei in der Migration nötig, das würde den EU-Staaten ermöglichen, ihre eigenen Vorgaben zu formulieren. Im Laufe des Sommers wurde dieses Wort flexibel immer wieder genannt in den Gesprächen der vier Visegrád-Staaten-Führer, bis hin zur Veröffentlichung der Idee einer „flexiblen Solidarität", die auf ihrem Gipfel Mitte Oktober präsentiert wurde. Juncker und Staatslenker ähnlicher Gesinnung beharrten auf ihrem Standpunkt und ließen verlauten, dass die Mitgliedstaaten sich an ihre Verträge zu halten hätten und nicht Rosinen herauspicken könnten. Fico, Orbán, Zeman und Tusk betonten die Notwendigkeit, die Grenzen der europäischen Festung dichtzumachen, anstatt Zeit zu verplempern mit Diskussionen darüber, wie die zu verteilen seien, die eh schon im Schloss waren, ehe die Tore sich schlossen.

*

„Ich bin Rohullah Hassan, ich komme aus Kabul in Afghanistan. Ich bin ein Flüchtling und ich bin in einem illegalen Lager in Serbien."

Nur mit Mühe konnte ich den Eingang zum notdürftig errichteten Lager bei Horgoš auf der serbischen Seite finden, direkt an der Grenze zu Ungarn bei Röszke. Zunächst muss man die Grenze an der alten Straße bei Horgoš überqueren. Dann gelangt man zur kleinen, einstöckigen Polizeistation, umgeben von Pinien, wo freundliche Männer und Frauen der serbischen Polizei einen durchsuchen und prüfen, ob das Innenministerium in Belgrad den Besuch genehmigt hat.

Dann fährt man in einer großen Schleife im Dorf Horgoš zurück auf die Hauptstraße von Budapest in Richtung Belgrad und beinahe bis zur Kreuzung der beiden großen Hauptstraßen. Dann macht man eine eher unerlaubte Wendung, kurz vor der rot-weißen Absperrung, um auf die Kurve zurück Richtung Hauptstraße nach Belgrad zu gelangen. Bevor man jedoch die allererste Brücke erreicht, hält man sich ganz rechts; links und rechts verläuft ein Zaun, man fährt rechts entlang auf einem rauen, sandigen Weg, zurück über die Grenze.

Zur Rechten steht eine Schlange Lastwagen, die aus Ungarn herausfahren, zur Linken sind Apfelbäume sowie Mais, der noch im unreifen Zustand von den hungrigen Flüchtlingen aus entlegenen Gegenden des Krieges, Hungers und der Konflikte abgeerntet wurde. Direkt vor einem liegt ein Wirrwarr von grellen Zeltspitzen, ein notdürftiges Lager von Decken und Zweigen für eine Belegung, die immer wieder wechselte zwischen Iranern, Afrikanern und Afghanen. Die Arabisch sprechenden Migranten tendierten dazu, sich zu einem anderen illegalen Lager aufzumachen, nahe Kelebia, 30 Kilometer westlich, wie dieses hier praktisch angelehnt am ungarischen Grenzzaun.

Rohullah reiste mit seiner Frau und vier Kindern. Er sei bislang über jede Grenze illegal gekommen, die er erreicht habe. Vom Iran in die Türkei, nach Bulgarien und nun Serbien. Er sagte, er sei dankbar dafür, dass Ungarn seiner

Familie die Möglichkeit gebe, legal die Grenze zu überqueren, egal, wie lange das dauern würde.

In der Transitzone in Röszke befand sich eine lange Schlange von 50 Kabinen-artigen Containern, dunkelblau und mit Stacheldraht selbst auf den Dächern als Teil der ungarischen Grenzanlage, auch im Kleinen. Der Unterschied war nur, dass am östlichen Ende der Zone ein stählernes Drehkreuz war, dass mich an den Übergang von Israel nach Gaza erinnerte.

Einmal am Tag, gegen zehn Uhr morgens, wurden 15 Asylsuchende, 14 aus Familien und ein alleinreisender Mann, durch das Drehkreuz in die Container gerufen. Dort wurden ihre Asylanträge aufgenommen. Familien wurden dann zum Flüchtlingslager Bicske oder Vámosszabadi geschickt. Alleinreisende Männer wurden für gewöhnlich einen Monat in den Containern behalten, dann wurde entschieden, ob sie weiterreisen durften. Auf ungarischer Seite geschah alles langsam. Keine Journalisten durften in die Transitzonen, aber man konnte durch die Zäune schauen. Gelegentlich bequemte sich ein Beamter der OIN, von seinem Stuhl aufzustehen, in einen der Container zu gehen und den Journalisten einen finsteren Blick zuzuwerfen, die ihn durch den Zaun fotografierten.

Als die Zonen bei Horgoš und Kelebia im September 2015 errichtet wurden, teilte die OIN dem UNHCR mit, dass sie Anträge von 100 Asylsuchenden pro Tag bearbeiten könnten. Nun ließ man die Sache sichtbar langsam angehen, wobei die Regierung die OIN anhielt, die Anträge schneckenlangsam zu bearbeiten, um den Migranten ja nicht das Gefühl zu geben, sie seien wirklich willkommen.

Doch das pure Durchhaltevermögen von Leuten wie Rohullah Hassan und seiner Familie wurde am Ende belohnt. Sie würden, wenn nötig, lange warten, um auf der Liste weiter nach oben zu rutschen. Und schließlich kamen sie auch hinein. Wie hunderttausende vor ihnen gingen sie dann durch die Scharade eines Asylantrags in einem Land, in dem sie gar nicht bleiben wollten und das sie auch nicht aufnehmen würde, selbst wenn sie es wollten. Sie würden dann irgendwo heimlich über die Grenze nach Österreich schlüpfen und dann weiter, ehe die Zäune noch dichter und die Einheimischen noch feindseliger wurden.

Derzeit harrten etwa 700 Migranten im Lager von Horgoš aus. Die Zahl war seit dem 4. Juli angestiegen, als ein neues ungarisches Gesetz in Kraft getreten war, das der Polizei erlaubte, unverzüglich jeden Migranten abzuschieben, den sie im Abstand von acht Kilometern beim Zaun aufgriffen. Das war ungefähr die Distanz vom Zaun zur Straße 55, die westwärts von Szeged an der Donau nach Baja verlief. Mir sagten jedoch auch einige hier, dass sie tiefer im Land aufgegriffen und hierher abgeschoben worden waren. Ein Mann aus Eritrea erzählte mir, dass er mit anderen Afrikanern gesprochen hatte, die in Budapest eingesammelt und hinter die Grenze gebracht wurden, mitten in der Nacht, wo niemand hinsah.

Das Lager Horgoš war bereits vor meinem Besuch durch Polizeigewalt bekannt geworden. Ein junger Mann erzählte, Polizisten hätten ihn getreten, während er am Boden lag und überhaupt keinen Widerstand leistete, und als sie ihn zurück hinter den Zaun brachten, hätten sie ihm Pfefferspray in die Augen gesprüht, damit ihm die Lust vergehen würde, es auch nur zu versuchen, über den Zaun zu klettern. Als sich solche Berichte häuften, sammelten das ungarische Helsinki-Komitee, Human Rights Watch, Médecins Sans Frontières, und der Jesuit Refugee Service Zeugenaussagen, die mit medizinischen Berichten und Fotos abgesichert wurden.[3]

Große Blutergüsse in Form von Schlagstöcken, Hundebisse waren ebenfalls sehr häufig, obwohl die Hunde eigentlich Maulkörbe tragen sollten. Derzeit waren 51 Frontex-Beamte auf dem Balkan unterwegs in ihrer „flexiblen" Mission – drei davon, Österreicher, taten gerade Dienst an der ungarisch-serbischen Grenze, als ein Reporter der französischen *Libération* auf sie traf. Auf europäischer Ebene war die Rolle von Frontex ziemlich merkwürdig, meinte der Reporter. Ihrem Verhaltenskodex nach hatten sie die Rechte der Migranten zu wahren. Der Reporter fragte, ob sie Zeugen geworden seien von Handlungen, bei denen ungarische Kräfte in irgendeiner Weise gegen diese Rechte verstoßen hätten – wobei auch das ungarische Recht die Einhaltung forderte.

Eine Frontex-Sprecherin in Warschau, Izabella Cooper, meinte dazu: „Wir haben kein Mandat, die Arbeit von Grenzkräften zu überwachen. Wenn ein von Frontex beauftragter Beamter einen Asylbewerber antrifft, soll er ihn schlichtweg an die örtliche Polizei verweisen."

Momčilo Djurdjević, Arzt im Dienst von Médecins Sans Frontières, sah vielfach Hinweise auf exzessive Polizeigewalt auf ungarischer Seite gegen Migranten, die über den Zaun klettern wollten.

> Wir haben viele Fälle von absichtlichen stumpfen Traumata aufgenommen, die sich auf exzessive Gewalt zurückführen lassen.
> Von den Aussagen, die wir gehört haben, bekamen wir Hinweise darauf, dass viele Flüchtlinge von der ungarischen Polizei misshandelt wurden – aber nicht nur von ihnen, wir haben Menschen

behandelt, die an allen möglichen Grenzen eindeutig geschlagen wurden und Opfer behördlicher Gewalt waren. Blutergüsse, Schnitte, Hundebisse, Abdrücke von Schlagstöcken. Wir haben allerdings niemals selbst diese Handlungen gesehen, möchte ich betonen, wir haben nur Zeugenaussagen und medizinische Nachweise.

Der Jesuit Refugee Service veröffentlichte Bilder von den Verletzungen, die der Arzt beschrieb. Die ungarische Polizei wies jegliche Vorwürfe exzessiver Gewalt zurück. Der Hauptanteil der Arbeit von Momčilo Djurdjević war medizinische Hilfe.

Die medizinischen Bedürfnisse hier in Horgoš sind eng verbunden mit den Lebensbedingungen der Menschen vor Ort, schlechte Hygiene, schlechtes Essen, die Sonne, begrenzter Zugang zu sauberem Wasser. Die Gegend ist trocken und sandig, wie sie sehen, die Temperaturen können hier an manchen Tagen wie in der südlichen Sahara sein. Das alles führt zu Atemwegserkrankungen, Durchfall und Hautausschlag. Die Menschen, die zu Fuß von Mazedonien bis hierher gegangen sind, haben natürlich alle möglichen Traumata und Verletzungen an den Füßen oder ihrem Körper. Sie sind also schon erschöpft, wenn sie hier ankommen, und da die Verhältnisse, die Hygiene und die vorhandenen Unterkünfte hier so schlecht sind, verschlimmert das ihren Zustand noch weiter.

Dr. Djurdjević ärgerte – nachdem er hier beinahe zwölf Monate lang Flüchtlinge versorgt hatte, dass die ungarischen Behörden eindeutig Schuld an diesen Bedingungen hätten. Zwei Wochen zuvor waren nur 200 Flüchtlinge in Horgoš, erklärte er. Dank den Polizeiaktionen und der neuen Acht-Kilometer-Regel wurde Horgoš nun zum Flaschenhals; nun waren über 800 Migranten hier. Was wäre nun die Lösung, fragte ich, wenn jemand mit Macht ihm zuhören würde.

Es muss eine gemeinsame Strategie der Staaten entlang der Route geben, eine Art Abkommen, so dass die Bedingungen für die Menschen besser und solche Orte wie hier ordentlicher werden und klare Informationen fließen. Gerade durch diese Unklarheit ist die psychische Lage der Leute hier angespannt. Sie sind verängstigt und wissen nicht, wann sie wegkönnen und was dann geschieht, dürfen sie rüber oder nicht. Wenn viele zurückgedrängt werden und sich Gerüchte verbreiten, werden sie noch ängstlicher und verzweifelter.

Ich fragte Dr. Djurdjević, was er denen in Europa sagen würde, besonders in Ungarn, die behaupteten, dass die meisten Wirtschaftsmigranten seien und keine echten Flüchtlinge. „Es lässt sich sehr schwer nachweisen, ob jemand tatsächlich Wirtschaftsmigrant ist. Aus meiner Sicht als Arzt behandle ich viele Familien, sehr junge und ältere Menschen mit chronischen Erkrankungen. Die große Mehrzahl von ihnen kommt aus kriegsgeschüttelten Ländern."

Ich fragte ihn – da er nun seit September 2015 hier arbeitete, was sich verändert hätte.

Die größte Veränderung seit letztem September sind die Zahlen, doch mit der sinkenden Anzahl ist die Verwundbarkeit der einzelnen gestiegen. Wenn sich große Gruppen durch Serbien bewegen, werden Busse bereitgestellt. Jetzt sind hier viele Menschen seit über einem Monat, unter den Bedingungen werden immer mehr Menschen krank.

Eine freundliche Geste von ungarischer Seite und eine große Erleichterung für die in Horgoš festsitzenden Flüchtlinge – speziell im heißen Juli, wo es bis zu 37 Grad warm wurde – war die Bereitstellung von sauberem fließendem Wasser. Eine Leitung verlief von einem der blauen Container der Transitzone zu zwei Wasserhähnen. Den ganzen Tag über befüllten Frauen und Kinder hier Schüsseln und Flaschen. Frauen und Männer wuschen sich die Haare, Kinder spielten. Die beiden Wasserhähne gehörten noch zum ungarischen Gebiet, wie zwei weiße Balken anzeigten. Die ersten zwei Meter im Lager waren ungarischer Boden. Die Flüchtlinge hätten sich laut der Konvention von 1951 nur dort aufhalten müssen, in der Schlammpfütze, die sich neben den Wasserhähnen entwickelte, und laut um Asyl bitten.

Auf den Dächern der Container patrouillierten Soldaten und Polizisten. Seit dem 4. Juli musste das Leben für sie unglaublich langweilig geworden sein, da sie so wenige Migranten fassen konnten. Nur ein paar Dutzend täglich versuchten sich an dem 175 Kilometer langen Zaun. Sie standen einer Armee von Soldaten und Polizisten gegenüber, insgesamt 10.000 Einsatzkräfte.[4]

Auf der ungarischen Seite hatte ich den Eindruck, dass das ganze Land wie im Kriegsfall mobilisiert sei, ein Krieg gegen illegale Einwanderung. Auf serbischer Seite patrouillierten gelegentlich ein paar alte Lada Nivas, wie sie von László Toroczkai's freiwilligen Sheriffs in Ásotthalom genutzt wurden. Die serbischen Polizisten wollten eindeutig ein ruhiges Leben und hatten vermutlich auch nicht genug Diesel und so viel Geld zu verschwenden, um nach Flüchtlingen zu schauen. Im Lager von Horgoš wärmten einige Flüchtlinge Thunfischdosen über dem Feuer auf, andere rösteten Mais, den sie aus den benachbarten Feldern gepflückt oder im Laden in Horgoš gekauft hatten. Überall wurde Tee in schwarzen Emaille-Tassen oder -Töpfen gekocht. Wo immer ich vorbeikam, wurde ich hineingebeten in den Vorraum, ein Vorzelt, wo Matratzen auf dem Boden lagen und Decken oder Reste von Planen zwischen Pfählen aus Akazienholz, abgeschlagen aus den Gebüschen der Umgebung, um etwas Schatten zu schaffen. Besucher zogen sorgsam ihre Schuhe aus, ehe sie sich im Schneidersitz niederließen.

Einige hörten Musik in kleinen Radios oder an ihren Telefonen, um sich die Zeit zu vertreiben. Viele hatten Ladegeräte von indischen Herstellern, die aussahen wie Eieruhren oder kleine Trommeln mit genug Strom, um ein Telefon aufzuladen oder ein schwaches Licht in der Dunkelheit zu haben.

Rohullah Hassan sagte mir: „Wir brauchen sichere Orte, wo wir bleiben können, mehr Essen und mehr Toiletten."

Manchmal hielt sie die serbische Polizei davon ab, in den Supermarkt in Horgoš zu gehen, der drei Kilometer entfernt war. Sie fühlten sich gefangen zwischen zwei Ländern auf dem langen Weg nach Westeuropa.

Ich ging zu einem kleinen Teich in der Nähe des Lagers. Drei Tage vor meinem Besuch hier war ein kleiner afghanischer Junge von sieben oder acht Jahren ertrunken. Der Teich war von Schilf überwuchert und sogar nach der Tragödie spielten Kinder an dem trügerischen schlammigen Loch, ohne dass Erwachsene auf sie aufpassten. Mir wurde die Mutter des toten Jungen gezeigt; sie ging gerade vorbei, ins Gespräch mit einem UNHCR-Mitarbeiter vertieft.

Der UN-Flüchtlingsrat versuchte mit den Behörden vor Ort zu verhandeln, dass das Kind im nahegelegenen Dorf beigesetzt werden konnte. Die Mutter bestand darauf, dass sie den Leichnam mit nach Ungarn nehmen dürfte, ihr Sohn lag derweil in einer Leichenhalle in Subotica, auf serbischer Seite.

Auf einem weiß bemalten Grenzstein saß der 17jährige Heydels Mohammed aus Somalia. Er trug ein weißes T-Shirt, seine Locken waren oben gelb gefärbt. Er war seit fünf Tagen hier, und wie alle Teenager wurde er ungeduldig.

Sein Name stand auf der Liste, um nach Ungarn einzureisen, aber als alleinreisender Mann hatte er wenig Chancen, dass das bald geschehen würde.[5]

> Ich weiß nicht, was ich jetzt machen soll. Ich will nichts Unerlaubtes tun … wenn ich über den Zaun gehe, schlagen mich die Soldaten und nehmen ihr Pfefferspray, das ist so gefährlich. Mein Vater ist in Somalia gestorben, meine Mutter und Schwester sind noch dort. Es gibt einen Haufen Probleme da, Al-Shabaab, Al-Qaida, die Regierung. Wenn man für die Regierung arbeitet, tötet dich die Al-Shabaab, wenn man sich Al-Shabaab anschließt, tötet dich die Regierung!

Somalia hatte wie der Kongo 1960 seine Unabhängigkeit erlangt, das Jahr meiner Geburt. Seitdem hatte es wiederkehrende Dürren, Bürgerkriege und ausländische Invasionen durchgestanden. 2006 eroberte die Gruppe der radikal-islamistischen *Union der Islamischen Gerichte* große Teile der Landesmitte und des Südens, darunter die Hauptstadt Mogadischu, dort erklärten sie die Scharia als nun geltendes Recht. Äthiopische Truppen griffen ein, im Januar 2017 verloren die Islamisten die Kontrolle über die Hauptstadt. Zur selben Zeit gründete sich eine radikale Gruppierung der Bewegung, die als „Die Jugend" (Al-Shabaab) bekannt wurde, ähnlich dem Wortverständnis wie Taliban (talib = Paschtun für „Schüler").

Zwischen 2010 und 2012 sind schätzungsweise 260.000 Menschen durch Hungersnöte in Somalia gestorben. 2011 kämpften erstmals eigene Truppen aus Kenia gegen die Al-Shabaab. Im folgenden Jahr schlossen sich die Al-Shabaab-Truppen der Al-Qaida an. Während die Al-Shabaab-Truppen militärisch im Zaum gehalten werden konnten, verübte die Gruppe doch immer wieder Anschläge über die Grenze hinweg bis nach Kenia, darunter ein Selbstmordanschlag in Nairobi mit mindestens 60 Toten im September 2013. Im April 2017 wurden durch Al-Shabaab 147 Studenten an der Garissa Uni in Nordkenia getötet; christliche Studenten wurden ausgesucht und kaltblütig erschossen.

Im Freien vor einem weiteren Zelt näher am Grenzzaun traf ich den 18-jährigen Faisal aus Afghanistan. Er war mit Mutter, Vater, vier Schwestern und einem Pärchen mit zwei Kindern unterwegs.

> Das war schwer für uns, von Griechenland hierher zu kommen,
> so schwer … durch Mazedonien, weil es da so viele Polizisten gab.

Wir wollten vier oder fünf Mal hinüber, aber immer wurden wir gefasst und die Polizei brachte uns wieder nach Griechenland zurück. Beim sechsten Versuch hat es geklappt. Ein Schlepper in Belgrad sagte uns, er könnte uns nach Ungarn bringen, illegal, aber mein Vater hat es abgelehnt, wir sollten lieber geduldig warten.

Sie waren jetzt seit 15 Tagen in Horgoš.

Heute habe ich einen ungarischen Polizisten gefragt, auf Englisch, warum sie uns als Flüchtlinge nicht hereinlassen. Er sagte, die EU, Deutschland und andere Länder wollen, dass sie die Grenzen geschlossen halten. Ich sagte ihm, dass es überall gute und schlechte Menschen gäbe. Er fragte mich: Woher weiß ich denn, ob du ein guter bist? – Da habe ich geantwortet: Ich werde geduldig warten und versuchen, es Ihnen zu zeigen, dass ich ein guter Mensch bin. Er hat mir Glück gewünscht!

Am Tag zuvor war im Lager ein Feuer ausgebrochen; es drohte, außer Kontrolle zu geraten. Vermutlich war es ein Versehen, aber bei dem trockenen, verdorrten Gras nahmen viele an, dass es absichtlich gelegt wurde. Die Flüchtlinge konnten es selbst mit Zweigen ersticken. Hier und in Kelebia gab es informelle Listen mit Anführern, die unter den Flüchtlingen als Sprecher ausgewählt wurden. Die Listen wurden unter Vermittlung des serbischen Kommissariats für Flüchtlinge an die ungarischen Einwanderungsbehörden ausgehändigt oder per E-Mail weitergeleitet.

Von Horgoš aus fuhr ich westwärts durch Subotica nach Sombor, eine weitere ehemalige ungarische Stadt nahe der Donau, am nordwestlichen Zipfel von Serbien. Ich hatte einen Hinweis erhalten, dass an einem bestimmten Samstagabend dort 18 Taxis voller Flüchtlinge im Konvoi über die ungarische Grenze fahren würden und auf wundersame Weise durchgelassen werden sollten.
Mitarbeiter von Hilfsorganisationen sagten mir, dass sie glaubten, im Lager bei Horgoš seien aktive Schlepper unterwegs – doch alle, die ich dort dazu befragte, verneinten das. Sie hatten schon Schlepper getroffen, klar, aber die Fahrten wurden immer von Belgrad organisiert, meinten sie.
Es war nur logisch, die großen, bekannten Durchgänge bei Horgoš–Kelebia–Tompa zu umgehen und Leute still durch Orte zu schleusen, in denen wesent-

lich weniger Polizisten anwesend waren und sich Journalisten selten hin verirrten. In Sombor war es ein offenes Geheimnis, dass Flüchtlinge über die Grenze nach Ungarn geschleust wurden. Gewisse lokale kriminelle Größen, die der Polizei bekannt waren, aber zu mächtig, um sie anzutasten, waren auch hier vom Drogenhandel auf den Menschenhandel umgestiegen, weil es da mehr zu verdienen gab. Eine der bevorzugten Routen lag beim serbischen Dorf Rastina (Hadikfalva) und beim ungarischen Dorf Bácsszentgyörgy. Die Polizisten seien auf beiden Seiten gut am Geschäft beteiligt, sagte mir meine Quelle.

Als die Sonne links von mir langsam unterging, fuhr ich geradewegs die Straße entlang, vorbei an hohem Mais, frisch geerntetem Weizen und Sonnenblumen, die übermannshoch waren. Ich wollte Rastina noch vor der Dunkelheit erreichen. Einige Männer saßen draußen in einer Art Biergarten und schauten interessiert zu meinem Wagen, der an ihnen vorbeischlich. Am Ende der Straße, wo ein Pfad zum ungarischen Zaun führte, war ein serbischer Polizeiwagen abgestellt. Ich bog rechts in die Radomir Putnik-Straße ein; an ihrem Ende war ein Hügel; ein alter Wachturm aus Zeiten des Kalten Krieges kam in Sicht.

General Putnik war Chef der Serbischen Generalität im Ersten Weltkrieg und im Ersten Balkankrieg kurz davor.[6]

Er gab im Winter 1916 den Befehl für den finalen Rückzug seiner Armee über die Berge von Montenegro und Albanien. Er war schwer erkrankt und erschöpft; er musste mit einem Stuhl über die trügerischen Bergpässe getragen werden. General Putnik überlebte die Reise, starb jedoch im Jahr darauf in Frankreich.

Von der Anhöhe aus hatte man einen guten Ausblick auf den Zaun, soweit das Auge im Licht an diesem sanften dämmernden Sommerabend über die wellige Hügellandschaft reichte. Zwei Männer pflanzten etwas in der schwarzen Erde nahe der Grenze. Eine Reihe Bienenstöcke, die beinahe den Zaun berührten, leuchteten in blauen, grünen und braunen Farben. Durch die Stacheldrahtrollen konnte man deutlich sehen, wie ungarische Polizisten paarweise patrouillierten. Auf ihrer Seite stand auch etwas wie ein Armeezelt sowie gegenüber auf serbischer Seite ein heruntergekommenes Haus, dessen Dach eingefallen war.

Hinter den Feldern konnte man die grell-gelbe katholische Kirche in Bácsszentgyörgy ausmachen.

Ich schlief in Sombor und fuhr am nächsten Tag über die Grenze nach Ungarn, um mir die Gegend näher anzusehen. Am Übergang zwischen Bezdan und Baja war nichts los. Die serbischen Polizisten schienen gelangweilt, die ungarischen dagegen eifrig. Auf ungarischer Seite war viel Militär unterwegs, Soldaten kletterten von einem Laster herunter und lösten die Kameraden der Nachtwache ab.

Ich fuhr Richtung Norden und bog dann in Csatálja rechts ab. An der Wand einer Vorschule sah man ein gemaltes Fresko aus dem Jahre 1930, das einen Mann ganz in Weiß zeigte. Mit der Linken berührteer sanft eine ungarische Flagge, die von einem Soldaten in moderner Uniform gehalten wird, während er seine rechte Hand segnend über eine Gruppe Kinder und ihre Mutter hält. Das Kind ganz vorne überreicht ihm das Wappen Ungarns.

Die Szene ist angelegt zwischen den Ästen eines alten Baumes. Im Hintergrund sieht man eine Kirche mit zwei Türmen und auf der rechten Seite einen Mann mit altmodischer Frisur und Waffenrock, der zwei Pferde hält. Bei näherer Betrachtung hat der langhaarige, jugendliche fromme Mann einen Heiligenschein um seinen Kopf. Er stellt offensichtlich Sankt Stephan dar, der König und Gründer Ungarns im Jahre 1000, der verantwortlich dafür war, die Ungarn zum Christentum zu führen. Laut Webseite der Dorfgemeinde wurde die Region Bácska über anderthalb Jahrhunderte während der osmanischen Herrschaft (1541 bis 1686) von Kriegen und Krankheiten verwüstet. Im 18. Jahrhundert wurde sie durch Schwaben wiederbelebt, ermutigt von der österreichischen Kaiserin Maria Theresia, die Gegend zu besiedeln und zu bevölkern.

Sie fuhren mit langen Holzbooten auf der Donau von Ulm bis hierher. Auf dem Kriegerdenkmal des Dorfes werden 86 Männer genannt, die im Ersten Weltkrieg fielen, 138 im Zweiten Weltkrieg.[7]

Im Jahre 1941 hatte der Ort nur sechs Juden, die zusammen mit 20.000 anderen der umliegenden Kreise deportiert und im Juni 1944 in Auschwitz ermordet wurden.

Fast das ganze Dorf, 2.200 Deutsche, war 1946/47 gezwungen, während der Umsiedlungen nach dem Zweiten Weltkrieg die Gegend zu verlassen. Sie gingen alle in die von Westalliierten besetzten Zonen Deutschlands. Ihre Gebiete nahmen ungarische Szekler aus der Bukowina tief in Rumänien ein, und teilweise auch Ungarn, die ihre Häuser in der südlichen Bácska verlassen mussten, als diese unter jugoslawische Herrschaft kam.

Von den Ausläufern von Bácsszentgyörgy führte die Straße direkt nach Rastina auf serbischer Seite. Der Hügel mit dem Wachturm, auf dem ich tags zuvor gestanden hatte, war von hier aus deutlich zu sehen. Die Straße war durch den

Zaun unterbrochen und eine Gruppe Soldaten in Flecktarn beobachtete meine Annäherung mit Skepsis.

Ich sah ein altes Steinkreuz mit einer Christusfigur, die mit ausgebreiteten Armen am Kreuz hing, in Richtung Zaun blickend, sowie eine gebeugte Marienfigur zu seinen Füßen. Daneben reichte ein Feld mit Sonnenblumen, die ihre Köpfe wie zum Gebet geneigt hatten, bis hin zur Kirche.

Der Offizier vom Dienst bat mich höflich zu gehen, da in dieser Gegend Sicherheitsmaßnahmen durchgeführt würden, wie er sagte. Ich fragte, ob ich Fotos machen könne. Nur in Richtung Ungarn, meinte er. Aber ich könne doch sicher vom Christus am Kreuz eins machen … nein, keine Chance. Ich lullte ihn in ein seichteres Gespräch ein, er wurde etwas lockerer.

Ein kleiner, leuchtender Bienenfresser flog die ganze Zeit hin und her, aus Ungarn heraus und wieder herein, hin zu einer steilen sandigen Böschung an der vom Zaun unterbrochenen Straße auf der ungarischen Seite, wo er in einem Labyrinth von Löchern verschwand.

Der Offizier gab zu, dass das eines der wenigen Vergnügen seines Berufs sei, diesen Vogel beobachten zu können, der die Grenze überflog, die er zu bewachen hatte. Das erinnerte mich an Viktor Orbáns Kommentar, dass es jetzt nicht mal ein Vogel ohne Erlaubnis nach Ungarn hineinschaffen würde. Im Dorfladen holte ich mir eine Flasche Wasser und vertiefte mich in ein Gespräch mit dem Betreiber. Er sagte mir, dass man jeden Tag Migranten auf der Dorfstraße sehen könne, die irgendwie über den Zaun gekommen sein mussten und dass sicher auch Einheimische bei der Sache ihre Finger mit im Spiel hätten. Er sprach sehr abwertend von Muslimen, vom Islam allgemein.

An der Außenwand der Kirche war die Sage vom Heiligen Dominikus dargestellt. Sie erzählt die Geschichte, wie ein Häretiker ihn zu einer Feuerprüfung herausforderte. Jeder der Teilnehmer bekundete seinen Glauben auf einem Stück Papier und warf es ins Feuer, eins nach dem anderen verbrannte. Die Worte des Häretikers zerstieben sogleich zu Asche, wohingegen die des Dominikus nicht angesengt wurden, auch beim zweiten Versuch nicht, als das Experiment wiederholt wurde.

Vor dem Dorfladen stand ein Pappkarton mit dem Abbild eines Polizisten, Rudolf Sipos, und Anwerbe-Flyern der Polizei.

Zurück in Subotica kaufte ich fünf Paar Schuhe für Faisal und seine Schwestern. Sie notierten mir ihre Größen in mein Notizbuch. Ihr eigenes Schuhwerk war auf der langen Reise von Afghanistan völlig abgetragen. Ich kaufte auch Malbücher und Stifte für die Kinder, Kaffee, Tee und Datteln. Sie waren recht überrascht und froh, mich zu sehen; die Schuhe passten einigermaßen. Fast im Moment meiner Ankunft kam auch ein Mitsubishi des Serbischen Roten Kreuzes mit Brot an; eine lange Schlange bildete sich. Abseits der Schlange stand eine Frau in einem gelblich-weißen Kleid, purpurnen Kopftuch und pinken Flipflops, die anfing zu weinen und langsam auf die Transitzone zuschlurfte. Neben dem Drehkreuz sank sie zu Boden. Andere Frauen versammelten sich um sie und versuchten, sie zu beruhigen. Ihre Geduld war am Ende. Bald erschien der Lagersprecher, ein angenehmer 25-jähriger afghanischer Arzt, und konnte sie aufbauen. Ihre Begleiterinnen führten sie zurück in ihr Zelt, sie weinte noch immer.

Saboor Nadem war 25 Jahre alt, in der Ghur-Region von Afghanistan war er Reporter für Radio und Fernsehen. Er hatte auch als Sekretär in einer örtlichen Bibliothek gearbeitet. Der Stein des Anstoßes rollte heran, als die Taliban und die Provinzregierung ihn drängten und sein Leben bedrohten, wenn er nicht wohlwollend Berichte über sie schreiben würde. „Das kann ich nicht machen, als Journalist muss ich neutral bleiben", schrieb er ihnen.

Er zog mit seiner Mutter und Schwester nach Herat, dann machten sie sich auf nach Europa. Von Freunden, die vor ihm die Reise gemacht hatten, wusste er, dass er hier sicher leben und arbeiten konnte. Er überquerte die Ägäis nach Lesbos in einem kleinen Schlauchboot am 28. Februar, einige Tage vor Inkrafttreten des Türkei-Deals. Er bezahlte einem Schleuser 2.500 Euro, um ihn von Athen bis nach Serbien zu bringen. „Ich mag sie nicht, aber ohne sie kommen wir nirgendwohin", sagte er. Die Reise war jedoch wesentlich anstrengender als erwartet.

An einem Punkt rief er seine Mutter an und fragte, ob er wieder zurückkehren solle. Seine Mutter weinte am Telefon und riet ihm davon ab, da er sicher getötet werden würde. Der Schleuser meldete sich wieder bei ihm und bot ihm an, ihn an den Ort zu bringen, wo er am ehesten hinwollte – Großbritannien. Es würde jedoch weitere 2.500 Euro kosten, wurde ihm gesagt – und zwar über Italien, die Schweiz, Dänemark und Norwegen. Allein nach Deutschland würde es ihn über Horgoš 1.500 Euro kosten. Nein, er wollte jetzt den legalen Weg versuchen, auf der langen Warteliste nach Ungarn. Wenn er es bis Budapest schaffte, würde er einfach einen Zug nehmen.

Das Lager grenzt an den hinteren Teil der dunkelblauen Transitzone. An einer Blechwand hing ein vergilbtes Plakat des Ungarischen Roten Kreuzes mit Anfragen.
Suche nach meinem ... Bruder ... Sohn, Familie, Mutter, Ehemann. Hinter den

16 Fotos standen Nummern, keine Namen. Auf der langen Reise nach Europa gingen sehr viele Menschen verloren oder wurden getrennt.[8]

*

Am Freitag den 15. Juli war der türkische Präsident Recep Tayyip Erdoğan mit seiner Familie im Urlaub in einem Resort in Marmaris. Gegen halb zehn am Abend rief sein Schwager an, merklich verstört. Was denn die Panzer auf den Bosporus-Brücken machen würden, die Blockade sei doch bestimmt eine Übung?[9]

Erdoğan rief seinen Geheimdienstchef an, nur zur Sicherheit. Keine Antwort. Dann den Stabschef der Armee. Keine Antwort. In dem Moment kam Panik in ihm hoch.

In der Nacht ließen sich Soldaten, die gegenüber den Putschisten loyal waren, an Seilen aus Helikoptern im Urlaubsresort ab. Da hatte Erdoğan das Gelände gerade erst eiligst Richtung Flughafen verlassen. Er hatte seinen Piloten angewiesen, ihn nach Ankara zu fliegen. Sein Bodyguard überredete ihn, dass es klüger sei, nach Istanbul zu fliegen; dort war er jahrelang Bürgermeister gewesen und hätte dort sicher größeren Rückhalt. Erdoğan stimmte zu.

Auf dem Flug nach Istanbul soll angeblich ein F16 Kampfjet vom besetzten Stützpunkt in Akinci aus gestartet sein; er hatte die Präsidentenmaschine schon geortet und im Visier, doch der Pilot änderte anscheinend seine Meinung und Erdoğan überlebte.

Der türkische Präsident rief kurz nach Mitternacht live über FaceTime unter anderem beim Sender CNN Turk an, am anderen Ende zwei sichtlich erstaunte Reporter, um zu verkünden, dass er noch immer das Kommando habe. Er sprach auch direkt loyale Muslime an, sich bei ihren Moscheen zu versammeln und die legal gewählte Regierung zu verteidigen. Die Armee zögerte, stellte sich dann aber doch hinter das Regime, gegen die Putschisten. Gegen drei Uhr morgens saß Erdoğan wieder fest im Sattel und die Verfolgung und Bestrafung derer begann, die so wagemutig waren, ihn stürzen zu wollen. Die Flughäfen von Istanbul und Ankara waren von Freitagabend bis Sonntagmorgen geschlossen.

Ich erreichte am Samstagabend Sofia und flog dann mit einem kleinen BBC-Team in einer der ersten Maschinen. Es sah so aus, als habe Präsident Erdoğan einen Anschlag und einen Sturz seines seit 13 Jahren regierenden Kabinetts um ein Haar überlebt. Selbst meine liberalen türkischen Freunde waren erleichtert. Wenn der Putsch erfolgreich gewesen wäre, hätte es ihrer Meinung nach einen Bürgerkrieg im Land gegeben.

Eine Woche danach zeigte eine 40-seitige entschlüsselte Übersetzung der Diskussionen zwischen den Putschisten in ihrer eigenen WhatsApp-Gruppe, wie kurz davor sie waren, die Regierung zu stürzen, und wie schonungslos sie dabei vorgingen.

Ich blieb zwei Wochen in der Türkei, zum Teil in Ankara, aber größtenteils in Istanbul, um von der täglich überschäumenden Freude und Entrüstung der Erdoğan- und AKP-Anhänger zu berichten.

Die Regierungen in Europa und Nordamerika ließen sich Zeit mit der Gratulation darüber, dass Erdoğan überlebt hatte, und beeilten sich hingegen bei der Kritik über die Maßnahmen, die folgten.

Einige der Hauptfragen, die sich viele stellten, waren: Wie würden der gescheiterte Putsch und seine Schockwellen sich auf die Konflikte in Syrien und dem Irak auswirken? Wie würden sie den Konflikt der Türken mit den Kurden beeinflussen und ihren Ambitionen, endlich einen unabhängigen Staat zu bekommen mit Gebieten von der Türkei, dem Irak und Syrien? Und schließlich – angesichts der Thematik dieses Buches – wie würde es den EU-Türkei-Deal beeinflussen und die Versuche, den Flüchtlingsstrom nach Europa zu verringern?

Milat war 20 Jahre alt, er kam aus Afghanistan. Er war beinahe sechs Monate in Istanbul gewesen, aufgehalten durch den EU-Türkei-Deal. Wie die meisten Afghanen, die Istanbul erreicht hatten, war er im Bezirk Zeytinburnu untergekommen. Der Name des Stadtteils bedeutet wörtlich „Olivennase" oder „Landzunge der Oliven". Die Gegend fällt steil Richtung Meer ab, die Hauptstraßen sind gesäumt mit Läden, Restaurants und Banken; ihre Ausläufer enden bei Neubauten an der neuen, (seinerzeit) noch unfertigen Autobahn zum Flughafen. Dahinter lag der Park mit großen Pappeln und voller Wochenendausflüglern.

Als Milat das Geld ausging, zog er in den Park unterhalb des Hügels. Er und seine Freunde kauerten sich angstvoll zusammen, als an dem schicksalhaften Freitag Kampfjets über sie hinwegdonnerten. In der Stadt kursierten Gerüchte, dass es bald zu Ausgangssperren käme und Ausländer gefangen und abgeschoben würden.

Einer von Milats Freunden saß neben uns im Gras; er hatte zugehört und meinte, er habe Angst, dass der Krieg, vor dem er in Afghanistan geflohen war, in hier nun einhole. Alle drückten ihre Erleichterung aus darüber, dass der Putsch gescheitert war. Sie sprachen auch ihre Dankbarkeit gegenüber Erdoğan aus, dass der sie im Lande dulde. Sie thematisierten allerdings auch ihren Frust darüber, dass sie hier unsichtbar und illegal seien und fern jeder offiziellen Anerkennung ihrer Notlage. Syrer seien Flüchtlinge „Erster Klasse", meinten sie, und Afghanen lägen nur auf dem schwachen zweiten Platz der Flüchtlingsleiter.

Der 19-jährige Mohammed aus der afghanischen Pandschschir-Region stimmte zu. „Es gibt viele Probleme in Afghanistan, darum sind wir hier. Aber weder die türkische Regierung hier noch die UN kümmern sich um uns. Da war eine Familie, die lebte unter der Brücke, einer von ihnen war sehr krank. Keiner konnte helfen. Ohne Aufenthaltspapiere helfen einem die Ärzte hier nicht. Schließlich hat ein anderer Afghane die Person ins Krankenhaus geschafft."

Vermutlich zahlte der Afghane für die Behandlung des Kranken selbst und vermutlich hatte auch er keine Aufenthaltspapiere und durfte nicht arbeiten.

Ich fragte, warum sie nicht weiter nach Europa gingen – beim Fragen war mir fast, als hörte ich hinter mir Viktor Orbán fluchen.

> Der Seeweg ist dicht. Wir könnten leicht zur bulgarischen Grenze gelangen, die türkische Polizei lässt uns auch. Aber wir wissen, dass wir da drei, vier, fünf Mal gefangen werden von der bulgarischen Polizei, die schieben uns wieder ab. Und jedes Mal würden sie uns verprügeln. Vielleicht kommen wir beim fünften Mal durch, wir geben all unser Geld an Schlepper, die uns ausnutzen. Dann werden wir in den anderen Ländern wieder und wieder von der Polizei gefangen und verprügelt. Das wagen nur die mutigsten jungen Burschen. Wir warten lieber hier und hoffen, dass Europa die Grenzen wieder aufmacht.

Mustafa aus Kabul hatte es schon zwei Mal bis Bulgarien geschafft.

„Wir sind über die Grenze und haben uns fünf Tage im Wald versteckt. Dann hat uns die Polizei erwischt. Sie gingen sehr grob mit uns um. Sie schlugen uns und steckten uns einen Monat lang ins Gefängnis. An einigen Tagen gab es überhaupt kein Essen." Er entschied sich, es nicht nochmal durch Bulgarien zu versuchen. „Da sterbe ich vielleicht unterwegs." Und auch er wartete, dass Europa seine Tore wieder öffnen würde. Ich hatte nicht den Mut, ihm zu sagen, dass Europa das nicht tun wird.

Ein kleiner Junge, blassgrau gekleidet, er war vielleicht zehn Jahre alt, schlängelte sich durch die Wochenendausflügler im Park am Marmarameer. Frachter lagen wie faulenzend vor Anker und warteten in der langen Schlange des Seeverkehrs, um durch den Bosporus ins Schwarze Meer zu kommen.

Mutige Burschen schwammen bei den Felsen und härteten sich vielleicht ab für die lange beschwerliche Strecke vor ihnen auf dem Balkan.

Einheimische Türken und Afghanen – für mein ungeübtes Auge beinahe nicht zu unterscheiden – fächelten eifrig, um ihre kleinen Feuer anzuheizen und ihr Essen zu braten. Es roch nach gegrilltem Fleisch, Rauch zog durch den Nachmittag. An einer Stelle im Park formierten sich Schaulustige um zwei Männer, die miteinander rangen. Ein kleines Mädchen fuhr auf ihrem Dreirad vorbei, über ihr ein Bausch rosa Ballons wie Zuckerwatte.

Ein Junge wurde gerufen, „Yunus!"; er hatte ein süßes, unschuldiges Lächeln. Seine Kleidung war sauber und gebügelt, in seinen Händen trug er einen grünen Plastikkorb, bedeckt mit einem Tuch. Er könne leicht erkennen, wer im Park Afghane sei, meinte er. Er fuhr von einer Menschentraube zur nächsten und verkaufte flache Brote, eine türkische Lira das Stück, die seine Mutter jeden Abend buk. Ich fragte, ob er mich zu ihr bringen könnte. Erst, nachdem er das ganze Brot verkauft hätte, antwortete er, und er hatte gerade erst angefangen.

Wir gingen bergauf, nach Zeytinburnu hinein. Mohammed Zaman wohnte mit seiner Schwägerin, ihren zwei Söhnen und Mohammeds vier Neffen in einer Zwei-Zimmer-Wohnung. Er war an der iranisch-türkischen Grenze von seiner Frau und weiteren vier Söhnen getrennt worden, als die iranische Polizei auf sie geschossen hatte. Ihre halbe Familie hatte es noch über die Grenze geschafft und war bis nach München gekommen, während er und die anderen zurückgedrängt wurden. Sie waren den ganzen Weg nach Afghanistan zurückgekehrt. Jetzt versuchten sie wieder, bis nach Deutschland zu kommen, doch der EU-Türkei-Deal war ihnen buchstäblich in den Weg gekommen. Er hatte kein Geld mehr und der Vermieter drohte nun damit, sie hinauszuwerfen. Mohammed bat nun einen Verwandten nach dem anderen, ihm aus Afghanistan Geld zu schicken. In Afghanistan war er ein Zivilpolizist – und allein dafür wurde er von den Taliban bedroht, erzählte er.

„Meine Frau liegt in einem deutschen Krankenhaus, es geht ihr nicht gut. Die Kinder haben eine Wohnung, in der sie leben können, aber sie ist auch vor Sorge krank. Es fühlt sich an, als wäre unsere Familie wie durch eine Berliner Mauer getrennt."

Ich befragte ihn zu den Anschlägen in Deutschland, bei denen Landsleute von ihm involviert gewesen waren. Wie dachte er über die Täter? „Es gibt überall böse und gute Menschen. Menschen, die solche Anschläge verüben, haben keinen Sinn für Menschlichkeit oder Mitgefühl. Und sie machen es Leuten wie uns sehr schwer, uns Flüchtlingen."

Er fügte noch hinzu, dass es vielleicht keine Afghanen waren. Es hätten sich viele Iraner und Pakistani in Deutschland als Afghanen registrieren lassen, meinte er, um höhere Chancen beim Asylverfahren zu haben. „Man kann in Afghanistan sehr leicht und günstig an gefälschte Dokumente kommen. Leider prüfen die Deutschen die Dokumente wohl nicht so, wie sie sollten … vor langer Zeit, als ich jung war, kamen Deutsche, Briten und Amerikaner als Touristen in unser Land und genossen unsere Gastfreundschaft. Wir sind keine schlechten Menschen, die Politik hat das alles kaputt gemacht."

Mujeeb arbeitete in einem afghanischen Restaurant in Zeytinburnu, er war 26 Jahre alt und frisch verheiratet. Er sei zum Arbeiten hergekommen, sagte er, nicht als Flüchtling. Das Restaurant wurde vom Onkel seiner Braut betrieben. Er wollte in der Türkei bleiben und hier eine Familie gründen.

Ich befragte ihn zu den vielen afghanischen Flaggen, die seit dem gescheiterten Putsch verstärkt bei Parteiveranstaltungen des türkischen Präsidenten geschwenkt wurden. Er meinte:

> Präsident Erdoğan ist in Afghanistan sehr beliebt, und zwar aus zwei Gründen. Zunächst einmal entstammen wir tatsächlich derselben Rasse und sprechen ähnliche Sprachen, Usbekisch und Turkmenisch. Zweitens unterstützen ihn einige, weil sie ihn als frommen Muslim schätzen, der auch oft seine Solidarität mit Glaubensbrüdern bekundet. Die Unterstützer sagen, er ist der Beste, der einzig wahre muslimische Führer auf der Welt.

KAPITEL 12

DIE FRAUEN VON ADAŠEVCI

Leute, die nur wirtschaftliche Probleme haben, wollen nicht mehr
kommen. Aber die aus Gründen der Sicherheit und Politik fliehen,
kommen weiterhin, die haben keine andere Wahl. Niemand flieht
grundlos aus seinem Heimatland.

Ali Sadat, afghanischer Flüchtling

Diese Krise ist ein Test für unsere Menschlichkeit – entweder
verfallen wir in Skepsis und Angst und errichten Mauern, oder wir
erkennen uns im anderen.

Barack Obama, UN-Flüchtlingsgipfel, September 2016[1]

Das serbische Flüchtlingslager Adaševci liegt etwas eigenwillig mitten auf einer
Raststätte an der Autobahn von Belgrad nach Zagreb. Auf der gegenüberliegenden Seite steht ein Schild mit der Aufschrift: Preševo 480 km. Die meisten
Flüchtlinge in Serbien kamen beim Grenzübertritt von Mazedonien in Preševo
vorbei. Im dortigen Flüchtlingslager, auf dem Gelände einer ehemaligen Ta-
bakfabrik, beantragten sie für gewöhnlich erstmals Asyl in Serbien.

Das Schild war ein Zeichen dafür, wie weit sie schon gekommen waren und
wie weit sie noch reisen müssten. Nun saßen sie erst einmal in Serbien fest, an
die 10.000 Personen in 13 Lagern oder im Freien schlafend, aufgehalten oder
gebremst auf ihren Pfaden am ungarischen Zaun.[2]

Asylsuchende, Männer wie Frauen, scharten sich am Eingang des ehemaligen Motels, nun Hauptgebäude des Lagers, über ihnen dunkelgraue Wolken
und heraufziehender Regen. Nur 100 Meter entfernt befüllten Fernfahrer ihre

Wagen mit Benzin, holten sich Kaffee und Kuchen und markierten damit einen Punkt auf ihrer eigenen, leichteren Reise. Nur wenige Flüchtlinge hatten Geld, hier etwas zu kaufen.

Direkt hinter dem Hauptgebäude saß Katan, eine jesidische Frau mittleren Alters aus dem Irak, mit ihren drei Kindern auf einem Stockbett im riesigen weißen UNHCR-Zelt. Sie hatte Asthma und hohen Blutdruck.

Sie erzählte mir, dass sie auf dem Weg nach Deutschland gewesen seien, um ihren Mann zu treffen, der schon vorausgegangen war. Andere jesidische Frauen hatten ihnen geholfen, bis hierher zu kommen. Ich versuchte mir vorzustellen, wie schwer es für diese Frau sein müsste; sie konnte nur langsam und unter Schmerzen gehen, diese lange Reise von der türkisch-bulgarischen Grenze, sich andauernd verstecken vor türkischen und bulgarischen Polizisten und der bulgarischen Bürgerwehr.

Ich fragte, ob ich sie fotografieren dürfte, aber sie lehnte schüchtern ab, sie schämte sich ob ihres Aussehens, ihrer Sorgenfalten, ihrer gespendeten Kleidung. „Bitte, meine Kinder können Sie fotografieren, aber mich nicht."

Ihre Kinder saßen auf einem Dreier-Stockbett mit grünem Metallrahmen und grauen Decken und schauten in die Kamera. Keiner der Jungs lächelte. Sie sahen aus großen braunen Augen voller Hoffnung tief in meine Linse hinein. Der Junge zur Rechten hielt einen Spielzeug-Jeep fest. Das kleine Mädchen trug einen grau gestreiften Pullover mit der Nummer 32 in kleinen Sternen gezeichnet, sowie einen weißen Rock mit pinken Flecken auf ihrer roten Hose. Sie posierten nochmals am Eingang des Zelts, während es draußen heftig zu regnen begann.

Es stellten sich weitere Kinder hinzu, und so wurde der Besuch des Fremden doch noch etwas lustiger und sie begannen zu lächeln. Im Hintergrund waren ihre Mütter und ältere Schwestern zu sehen, die Flaschen mit Mineralwasser oder Mobiltelefone umklammerten.

Im Essensraum des Hauptgebäudes herrschte ein großes Gemurmel in Arabisch, Persisch und anderen Sprachen.

Ein Hauptthema war der Selbstmord eines jungen afghanischen Mannes am Vortag. Er war nur 21 Jahre alt und hatte sich im Wald auf der gegenüberliegenden Seite der Autobahn aufgehängt, weil er die langen Monate des Wartens nicht mehr aushielt, um vielleicht in Ungarn durch die Transitzonen legal einreisen zu können.

An den Wänden des Raumes hingen 20 Zettel mit Namen, gefolgt von Nationalität, Sprache und Anzahl der mitreisenden Kinder, sofern es welche gab. 25 Namen auf jedem Zettel, 500 Erwachsene und ihre Kinder – die derzeitige

Bevölkerungszahl von Adaševci. Ich las auch die Listen von Leuten, die auf den Einlass an den Transitzonen warteten. Die gefährdeten Frauen und Kinder sollten die kürzeste Wartezeit haben, alleinreisende Männer warten.

Das aber entsprach nicht den wirklichen Vorgängen hier. Die Listen waren oft zerrissen und teilweise kaum lesbar, manchmal waren Nationalität oder Sprache gestrichen oder durch eine andere ersetzt. Die Liste stellte die Schlange dar: Alle wollten vorwärts, einige überholten, andere fielen zurück.

Ein Somalier erlaubte mir, ihn an den Listen zu fotografieren. Er lief mit den Fingern die Reihen durch, er konnte seinen Namen nicht finden.

Ich erfuhr immer wieder, dass Frauen auf der Balkanroute allein mit ihren Kindern unterwegs waren und ich fragte mich, warum.

Zahra Husainy war Ende zwanzig, eine schöne Frau mit einer Ausstrahlung voller Würde und Entschlossenheit. Sie kam aus Afghanistan und entstammte der Volksgruppe der Hazara. Sie wurde im iranischen Exil geboren und hatte einen Landsmann geheiratet. Ihr Ehemann verließ sie dann und ging mit einer anderen Frau 2015 nach Europa.

Seine Familie hatte gefordert, dass sie und die Kinder mitreisen sollten. Das lehnte sie ab, sie borgte sich Geld von ihren Eltern und machte sich selbst nach Europa auf mit ihrer 13-jährigen Tochter und ihrem vierjährigen Sohn. Während ich mit ihr in einem recht komfortablen Zimmer des ehemaligen Motels sprach, rollten ihr Sohn und ich einen Ball hin und her.

„Wir sind alleine auf die Reise gegangen, aber entlang der Route haben uns nette Menschen begleitet. Im Boot von der Türkei nach Griechenland sind wir ins Meer gefallen, aber wir wurden herausgefischt. Beim zweiten Versuch klappte es, wir hatten es geschafft."

Die Familie war vier Monate lang in Griechenland, Zahra bekam noch etwas Geld von ihren Eltern, dann reisten sie weiter gen Norden.

Der schlimmste Teil der Reise war für sie der Grenzübertritt von Griechenland nach Mazedonien. Sie mussten 16 Stunden lang durch die Wälder hetzen, weil die afghanischen Schlepper sich als ihre Anführer aufspielten und ihnen Schläge androhten, wenn sie nicht schneller gehen würden. „Wir prügeln euch, bis wir in Serbien sind", riefen sie ihr zu. Ihre Tochter war krank und ihr selbst wurde schwarz vor Augen, so großen Hunger hatte sie. Auf den Gleisen in Mazedonien verloren sie alle Habseligkeiten, die sie den ganzen Weg vom Iran mitgebracht hatten. Auf dem Rest der Strecke hatten sie nichts als ihre Kleider am Leib.

Über sexuelle Gewalt wollte sie nicht sprechen. Sie sagte, zwei alleinstehende Männer wären mit ihnen nach Serbien gereist. Anfangs seien sie nett und hilfsbereit gewesen, dann hätten sie sie bedroht. Sie sollte den Behörden sagen, sie seien Verwandte. Das lehnte sie ab, aber irgendwie hatten es die beiden geschafft, ihre Namen neben ihren auf die Liste zu setzen. Das sagte sie den serbischen Behörden, aber die meinten, da könnten sie nichts machen und sie solle es den ungarischen Behörden vortragen, wenn sie die Transitzone erreicht hätten. Die Männer drohten ihr und den Kindern wieder mit Schlägen, sollte sie den Ungarn etwas verraten. Sie hatten sie bereits geschlagen und ihr an den Haaren gezogen, erzählte sie. Sie war verzweifelt.

Es gab viele Geschichten dieser Art. Der ungarische Zaun verwandelte den Norden Serbiens in eine Art Schnellkochtopf, in dem Flüchtlinge sich gegenseitig um den Platz in der Schlange bekämpften. Einige versuchten auch, die serbischen Beamten zu bestechen, um ihre Namen weiter nach oben auf den Listen zu bekommen. Ich hörte von Vorwürfen, dass Beamte solche Bestechungen sowohl aktiv einforderten, um den Betrug zu ermöglichen, aber auch stillschweigend Zahlungen akzeptierten, wenn solche Wünsche an sie herangetragen wurden.

Und da nun alleinreisende Männer so lange warten mussten, um einen Platz in der ungarischen Transitzone zu bekommen, versuchten einige, Frauen und Kinder zu bedrängen, sich als ihre Verwandten auszugeben, um schneller nach Ungarn zu kommen.

Ich fragte Zahra, was sie in Deutschland tun würde, wenn sie ankäme. Würde sie ihren Ex-Mann suchen, den Vater ihrer Kinder? „Ich kenne niemanden in Deutschland", sagte sie, „Ich habe keinen Kontakt zu ihm, weil er keinen guten Umgang mit der anderen Frau hatte."

Ali Sadat, afghanischer Flüchtling, bestätigte ihre Geschichte. Ihn fragte ich, warum nicht mehr Leute mit Schleusern durch Kroatien gingen, da das Lager doch so nahe an der kroatischen Grenze lag, anstatt an der ungarischen Grenze zu warten. Er sagte mir, dass das auch einige tun würden, aber „es wird Tag für Tag schwerer, durchzukommen. Die Zäune sind nicht das Problem, aber die Hunde, die Polizei lässt die Hunde auf dich los."

Nach seinen Erfahrungen waren die bulgarischen und ungarischen Polizisten die schlimmsten. Ali sprach Arabisch, Englisch, Urdu, Hindi, Paschtu, Farsi und Russisch – ein wenig Russisch hatte er auf der Reise gelernt – „Der Flüchtlingsweg ist eine tolle Uni", sagt er lachend.

Wegen seiner Sprachenkenntnisse wurde er viel vom serbischen Sekretariat für Flüchtlingsfragen sowie von NGOs im Lager angefragt.

Unter den anderen Flüchtlingen war er auch wegen seines guten Benehmens und seiner grenzenlosen Energie beliebt. Aus UNHCR-Decken hatte er ein provisorisches Volleyballfeld gemacht, um die langen Stunden des Wartens zu füllen. Ali reiste mit seinen vier Schwestern und war von Griechenland durch Albanien und den Kosovo gekommen. Er war der erste Flüchtling, den ich traf, der diese Route gegangen war. In den albanischen Bergen kam bei ihm das Gefühl auf, dass er es bereute, die Reise auf sich genommen zu haben.

Sie waren in einer Gruppe von 15 Leuten unterwegs, ohne Anführer, sie liefen nach den Karten auf ihren Handys. Andere entlang der Route durch Albanien hatten weniger Glück, meinte er, sie landeten für sechs Monate hinter Gittern. Ich fragte ihn, warum so viele schwangere Frauen auf der Route unterwegs seien.

„Viele werden schwanger, ehe sie sich aufmachen. Sie denken, dass wenn ihr Kind in Europa geboren wird, sie bessere Chancen haben, bleiben zu dürfen." Durch die vielen Verzögerungen in den Ländern bekamen jedoch viele Frauen Kinder auf dem Weg nach Europa, oftmals unter schlimmen Bedingungen. „Es ist sehr unfair, dass einige Länder ihre Grenzen öffneten und dann wieder schlossen, weil das viele ermutigt hat, sich aufzumachen."

Der Eindruck, dass die Route immer schwerer zu bewältigen war, sprach sich auch in den Heimatländern vieler Migranten herum. Ali meinte: „Leute, die nur wirtschaftliche Probleme haben, wollen nicht mehr kommen. Aber die aus Gründen der Sicherheit und Politik fliehen, kommen weiterhin, die haben keine andere Wahl. Niemand flieht grundlos aus seinem Heimatland."

Auf dem Bildschirm über seinem Kopf im vollen Essensraum führte Arsenal London gegen Hull 1:0.

Draußen traf ich Fasal Amin, ein junger Afghane, der es schon einmal bis Deutschland geschafft hatte. In Deutschland erfuhr er, dass seine Frau, seine Eltern und drei seiner Kinder bei einem Bombenattentat auf offener Straße in Kabul getötet wurden. Die deutschen Behörden gaben ihm die 700 Euro, die er für den Rückflug brauchte.

Er verbrachte einen Monat in seiner Heimat, beerdigte seine Liebsten und machte sich dann wieder auf nach Deutschland, tief getroffen und traumatisiert. Es gab nichts und niemanden mehr für ihn in seiner Heimat. Manchmal sprach er laut und wedelte mit seinen Händen herum, dann wieder wurde er still und seine Stimme wirkte gegen die Laster, die hinter ihm auf der Autobahn vorbeidröhnten, wie ein Wispern. Konnte so ein Mensch jemals wieder glücklich werden, nach all dem Erlebten? Es war allein das Adrenalin und der bebende Zorn in ihm, die ihn weitermachen ließen.

Von Adaševci aus ging ich zum offiziellen Flüchtlingslager, dem One Stop Centre in Subotica auf serbischer Seite. Mit 58 Jahren war Dalal Hasan eine der wenigen älteren Frauen, die ich auf der Route traf. Sie reiste mit zwei Enkelinnen, sie waren sieben und vier, sowie ihrer Schwägerin, die 30 Jahre alt war. Ihr Mann war Taxifahrer und wurde 2014 bei einem Luftangriff getötet, während er in den Straßen von Aleppo verletzte Kinder retten wollte.

Sie hatten den Fluss Evros von der Türkei nach Griechenland in einem kleinen Boot überquert. Nach ihrer Aussage war sie ohne jegliches Geld losgegangen, andere hätten bei Schleppern für sie mitgezahlt, erzählte sie.

„Wir sind arme Leute aus Syrien, eine einfache und ehrliche, warmherzige Familie. Jeder möchte uns helfen."

Der Stein des Anstoßes für sie zum Fliehen war der Hunger. „Es gab so viele Bombardierungen, wir hatten vor allem möglichen Angst, wir waren krank und hatten kein Geld mehr, Essen zu kaufen."

Schlepper in Mazedonien hatten sie in den Bergen in ein Zimmer gesperrt, die Fenster eingeschlagen und gedroht, alle umzubringen, wenn nicht jede Familie mehr Geld herausrücken würde. Nicht einmal Wasser wollten sie ihnen geben. Sie waren so durstig, dass sich ihre Haut gelb färbte, erzählte sie. Als ich fertig mit meinen Fragen war, hatte sie ein Anliegen. Sie wolle durch mich gern allen Menschen auf der Welt danken, die sich für die armen Menschen einsetzen, die ihre Heimat verloren hatten.

Ich brachte sie zu ihrem Schlafraum. Babys schrien, Flüchtlinge tapsten vorsichtig auf noch feuchtem Beton. Die Lagerärztin Rita Belić sagte mir, dass sie in Adaševci bislang drei Geburten betreut hätte. Hier saß auch die 58-jährige Dalal Hasan; sie trug pinke Plastiksandalen, die ihr Freiwillige in Belgrad gegeben hatten. Ihre eigenen Schuhe, mit denen sie aus Aleppo gekommen war, hatte sie verloren.

Gordana arbeitete bei Care International in Kelebia; sie half Flüchtlingen auf dem Weg nach Ungarn an einem kleinen Lager neben einer Straße. Gordana stammte aus Kroatien und war selbst Flüchtling; sie war im Jahr 1995 vom kroatischen Militär des Landes verwiesen worden. Viele Freiwillige in Serbien waren Flüchtlinge wie sie; sie hatten ein Verständnis dafür, wie sich das anfühlt.[3]

Die NGOs in Kelebia hatten ein kleines Fleckchen Land gemietet, damit die Kinder eine sichere Spielfläche hatten, eine Stelle, um Essen, Tee und Kleidung verteilen zu können an die vielen, die in Hütten und Zelten in der Nähe des ungarischen Zauns untergekommen waren, alle in der Hoffnung, bald in die Transitzone nach Ungarn eingelassen zu werden.

Ich fragte Gordona, ob sich die Balkanroute nun mehr oder weniger erledigt hätte.

> Menschen in Not sind wie Wasser. Sie werden immer Wege
> finden, vorwärts zu kommen. Zäune können sie nicht aufhalten,
> aber ihre Zahl verringern. Die Zahlen werden erst sinken, wenn
> die Kriege in den Ländern vorbei sind. Menschen wollen immer
> überleben und es wird immer welche geben, die nicht aufgeben.
> Die Kinder geben ihren Müttern genug Energie und Ansporn,
> weiterzumachen. Frauen werden immer für das Wohl ihrer Kinder
> kämpfen, auch wenn sie keinen Schlaf finden und nichts zu Essen
> haben. Sie gehen weiter, so lange sie das Gefühl haben, dass sie
> ihre Kinder an einen Ort bringen, wo sie sicher sind und wo sie
> vielleicht zur Schule gehen können.

*

Nach dem britischen Referendum im Juni wartete eine zweite Abstimmung auf Europa, die Abstimmung zur Einführung der Flüchtlings-Quoten in Ungarn im Oktober 2016. Die Frage lautete: „Wollen Sie, dass die Europäische Union auch ohne die Zustimmung des Ungarischen Parlaments die verpflichtende Ansiedlung von nichtungarischen Staatsbürgern in Ungarn vorschreiben kann?"

So wie die Fragen der landesweiten Befragung im Frühjahr 2015 war auch diese Quoten-Frage stark auf die Vorstellungen der Regierung ausgerichtet.

Ob die Europäische Kommission derweilen noch selbst an den Erfolg verpflichtender Quoten glaubte, war unsicher. Neben Italien und Griechenland, die direkt von der Umsiedlung von Asylsuchenden profitiert hätten, zeigte sich kein anderes EU-Land wirklich begeistert von der Idee.

Bis September 2016 waren von den 100.000 Menschen, die umgesiedelt werden sollten, nur etwa 20.000 tatsächlich an dem Zielort angekommen. Viele Staaten hatten ihre Bedenken mit Menschen, die aus ihrer Sicht ungebeten ins Land kamen.

Die Quotenregelung war eine nützliche Waffe für die ungarische Öffentlichkeit im „Kampf gegen Brüssel" und die Regierung setzte sie ein, um die Bedenken gegen Migranten aufrechtzuhalten, selbst wenn nur wenige das Land nach Fertigstellung der Zäune an den Grenzen zu Kroatien und Serbien erreicht hatten und noch viel weniger überhaupt hätten bleiben wollen, wenn sie als bleibeberechtigt angesehen gewesen wären.

Von März bis September 2016 wurden riesige Werbeplakate aufgehängt und Anzeigen im Radio, TV und im Internet geschaltet, um die Linie der Regierung in jeden Haushalt zu drücken. Die Kampagne suggerierte die Botschaft: Wir haben unsere Vordertür verteidigt, jetzt versucht die Europäische Kommission, uns illegale Wirtschaftsmigranten durch die Hintertür ins Land zu schleusen.

Die Ausstrahlungen verstärkten sich im August während der Olympischen Spiele in Rio de Janeiro. Jede halbe Stunde erschienen kurze Clips auf der Mattscheibe, in der die Bevölkerung aufgefordert wurde, bei der Abstimmung ihrer patriotischen Pflicht nachzukommen.

Es gab auch Kontroversen nach einer TV-Übertragung der Schwimmwettbewerbe, bei der die 18-jährige syrische Sportlerin Yusra Mardini für die eigens geschaffene zehnköpfige olympische Flüchtlings-Mannschaft startete und Erste wurde. Der Kommentator stellte alle Starter des Rennens vor, sie nannte er nicht. Später erklärte er, das sei aufgrund technischer Störungen geschehen und keine Absicht gewesen. Yusra Mardini hatte Deutschland im Sommer 2015 erreicht. Als der Außenbordmotor des kleinen Schlauchboots, mit dem sie über die Ägäis fahren wollte, ausfiel, schwammen sie und andere Flüchtlinge drei Stunden lang, um es an die griechische Insel zu ziehen.

Die meisten Parteien der ungarischen Opposition wollten einen Boykott des Referendums erwirken, während die Rechtsaußen-Partei Jobbik halbherzig Unterstützung zusagte.

Nur die Spaßpartei des zweischwänzigen Hundes MKKP wagte es, die Regierung auf den Arm zu nehmen. Kraft eines Crowdfundings, wofür sie in sozialen Medien trommelten, bekamen sie 100.000 Euro Unterstützung. Ihre konkurrierenden Plakate und Anzeigen karikierten die Regierungs-Botschaften sowohl in Ausdruck und Inhalt. Sie basierten auf der Fragestellung der Regierungs-Anzeigen „Wussten Sie eigentlich…" Unter den 27 satirischen Varianten waren:

Wussten Sie eigentlich, dass es in Syrien Krieg gibt?
Wussten Sie eigentlich, dass der durchschnittliche Ungar mehr

UFOs gesehen hat als Flüchtlinge?
Wussten Sie eigentlich, dass die meisten Athleten, die in Rio gegen Ungarn antreten, Ausländer sind?
Wussten Sie eigentlich, dass eine Millionen Ungarn nach Westeuropa auswandern wollen?

Der Chef der Spaßpartei Gergely Kovács sagte mir: „Wir können nichts gegen die Leute tun, die ihren Tag damit verbringen, Migranten zu hassen. Menschen, die vermutlich in ihrem ganzen Leben mehr Aliens von anderen Planeten gesehen haben als Flüchtlinge. Wir sprechen die Leute an, die von der Regierungskampagne ermüdet sind, denen möchten wir sagen, dass es nicht nur ihnen so geht."

Die Regierung verteidigte naturgemäß sowohl Kampagne als auch Referendum. Der Regierungssprecher Zoltán Kovács sagte: „Ich glaube, gesunder Menschenverstand kann nicht Xenophobie genannt werden. Menschen in der ganzen EU merken, dass etwas nicht stimmt im Umgang mit Migranten. Hier ist etwas außer Kontrolle geraten. Wir müssen an unseren Grenzen wieder Herr der Lage werden, an den EU-Außengrenzen muss Recht und Ordnung herrschen."

Umfrageinstitute nahmen in der Bevölkerung einen Trend der Sympathie in Richtung Migranten und Flüchtlinge wahr. Während es noch im Sommer des Vorjahres viel Sympathie gab und ungarische Bürger tatsächlich mit Flüchtlingen in Berührung kamen, führte nun ihre Abwesenheit und die Omnipräsenz der Regierungskampagne allerdings dazu, dass Unentschlossene wieder umschwenken ließen.

„Im September 2015 gaben zwei Drittel der befragten Ungarn an, sie seien dafür, Migranten zu helfen, ein Jahr später sind etwa zwei Drittel dagegen", sagte mir der Leiter des Publicus Instituts András Pulai. „Im September 2016 äußerten nur 21 Prozent der Befragten Sympathie oder Solidarität für sie, 78 Prozent wollen, dass keinerlei Flüchtlinge in Ungarn angesiedelt werden, auch nicht, wenn sie vor Krieg und Verfolgung fliehen."

Gergely Kovács, der Chef der Spaßpartei, meinte hingegen, solche Zahlen zeichneten das Bild von hartherzigen Ungarn, das aber so nicht stimme.

„Es ist wichtig für uns zu zeigen, dass das Land Ungarn und seine Bürger viel freundlicher und normaler sind als man das anhand der Regierungsplakate denken könnte. Es gibt Millionen, die mit der Kampagne nicht übereinstimmen."

Seine Partei rief die Bürger dazu auf, das Referendum nicht zu boykottieren, sondern ihre Stimmzettel ungültig zu machen.

*

Eine Reihe hochrangig besetzter Gipfeltreffen im September bot den europäischen Staatschefs Gelegenheit, Vorschläge zu machen oder Angebote zur Lösung der Flüchtlingskrise zu unterbreiten.

Die Slowakische Republik hatte den EU-Vorsitz am 1. Juli übernommen. Wie Viktor Orbán sprach sich auch der slowakische Premier Robert Fico gegen die Aufnahme von Asylsuchenden aus. Führende EU-Politiker kamen nun in Bratislava in einer Atmosphäre zurückhaltender Höflichkeit zusammen; noch immer lag Verunsicherung im Raum über das Festhalten an der Quotenregelung.[4]

Die ungarische Regierung hatte aufgrund ihrer eigenen kostspieligen Abstimmung ein hohes Interesse daran, dass die Regelung noch als großes Thema auftauchte. Andere EU-Staaten, darunter die Slowakei, suchten eine vernünftige Einigung und eine Abschwächung der konfliktreichen Sprache. Angela Merkel trug ihrerseits zur Findung einer gemeinsamen Sprache bei, indem sie zugab, bei der Bewältigung des Flüchtlingsthemas Fehler begangen zu haben.[5]

Sie sagte Journalisten: „Wenn ich könnte, würde ich die Zeit um viele, viele Jahre zurückdrehen, um mich mit der ganzen Bundesregierung und allen Verantwortungsträgern besser vorbereiten zu können auf die Situation, die uns dann im Spätsommer 2015 eher unvorbereitet traf."

Merkel erklärte, es sei aber nicht die Aufnahme so vieler Menschen gewesen, die problematisch gewesen sei oder die Weigerung, eine Obergrenze einzuführen, sondern die mangelnde Vorbereitung sowie das Abstimmen mit anderen Ländern – das hätte anders geschehen sollen, meinte sie. Weiter sagte sie:

> Dagegen gar nicht gut ist, wie die Europäische Union derzeit insgesamt und speziell in der Flüchtlingspolitik verfasst ist. Ich habe es mehrfach gesagt und ich wiederhole es auch jetzt: Wir haben in Europa noch immer kein gemeinsames Verständnis, die Flucht so vieler Menschen tatsächlich als das zu erkennen, was sie ist, eine globale und eine moralische Herausforderung, und wir müssen daraus die nötigen Schlussfolgerungen in Europa ziehen und dass das noch nicht gelungen ist, das beschwert auch mich.

Ihr Eingeständnis war auch eine Reaktion auf erneut schlechte Wahlergebnisse für die CDU bei den Landtagswahlen in ihrem Heimatbundesland Mecklenburg-Vorpommern. Die SPD gewann mit komfortablem Abstand, jedoch verdrängte erstmals die AfD die CDU auf den dritten Platz. Hauptthema der AfD im Nordosten war Einwanderung, wenngleich nur wenige Migranten tatsächlich in Mecklenburg-Vorpommern lebten; 2015 wurden dort nur 23.000 aufgenommen. Die Ergebnisse waren ein weiteres Warnsignal für die deutsche Kanzlerin.

Der Gipfel in Bratislava war der erste nach dem Brexit-Votum im Juni, auf dem führende EU-Politiker zu ihrem Bild eines Europas ohne Großbritannien Stellung nehmen konnten. Bei den Vorgesprächen war Viktor Orbán typischerweise sehr offen. „Jetzt gilt es, eine kulturelle Konter-Revolution ist möglich", verkündete er in Krynica, einem Ferienort in einem Ausläufer der Karpaten in Südpolen. Dort hatte Anfang September ein regionales Wirtschaftstreffen stattgefunden.[6]

„Die Bürger ändern sich nicht einfach ... die nationale und religiöse Identität hat noch immer ihren Platz ... es gibt keine ganzheitlich europäische Identität, die sie ersetzen kann."

Ganz in seinem Element erklärte Viktor Orbán weiter, das Problem in Europa läge in der Arroganz und Ideologie der europäischen Eliten. Die würden darauf bestehen, dass es „... nicht modern sei, Pole zu sein oder Ungar, Tscheche, Christ oder ein anderweitig Gläubiger; sie schlagen eine neue, eine europäische Identität vor, aber dazu haben die Briten jetzt Nein gesagt, sie wollen britisch sein."

Die Antwort darauf, so Orbán und sein Freund Jaroslav Kaczynski, Chef der polnischen Regierungspartei PiS, sei eine grundlegende Reform der EU; den nationalen Parlamenten müsse mehr Gehör verschafft werden, Föderalismus müsse abgeschafft werden. Kaczynski sprach seinerseits über die „Hegemonie" Deutschlands in EU-Fragen. Er meinte, dass ein diverses Europa durch den Aufstieg von „Popkultur und amerikanischer Kultur" hinweggewischt werde.

Bei dem Gipfel in Bratislava schlug Orbán zudem vor, die Flüchtlingswellen in großen Lagern, „Hotspots", außerhalb der EU aufzufangen, zum Beispiel in Libyen. In seiner altbekannten Widersprüchlichkeit unterstützte er allerdings plötzlich die Schaffung einer europäischen Armee, ohne darauf einzugehen, dass diese Idee natürlich mit seiner ständig eingeforderten Eigenständigkeit und nationalen Souveränität nicht vereinbar war.

Seine Vorstellung von Migration primär als Sicherheitsthema schien ihm in diesem Punkt bei der Meinungsänderung geholfen zu haben. Eine Aufgabe der künftigen Armee sah er demzufolge darin, die EU-Außengrenzen zu verteidigen. Der konservative luxemburgische Premier Jean Asselborn trug zu der kriegerischen Atmosphäre insofern bei, als dass er vorschlug, doch Ungarn aus der EU zu entlassen oder zumindest wegen der „schändlichen" Haltung seiner Regierung in der Flüchtlingskrise die Mitgliedschaft auszusetzen.

Schließlich gab es in Bratislava eine Abschlusserklärung; die Road Map, auf die man sich geeinigt hatte, war ein Kompromiss. Die Visegrád-Staaten trugen eine eigene Erklärung vor, in der sie „flexible Solidarität" einforderten. In selbiger könnten etwa Staaten, die der „Relocation" von Asylsuchenden für ihr Land nicht zustimmten, anderweitig ihre Solidarität zeigen, wie etwa beim Patrouillieren und Wacheschieben an den EU-Außengrenzen oder durch das Bereitstellen von Ausrüstung.

Das „Potenzial und die Erfahrung" jedes Landes sollten in Betracht gezogen werden. Der Vorschlag der Visegrád-Staaten wurde als konstruktiv angesehen und traf bei früheren Kritikern wie Angela Merkel und Martin Schulz auf grundsätzliche Zustimmung. In der finalen Abschlusserklärung konnten die Visegrád-Staaten den anderen EU-Ländern abringen, einen Willen zur Stärkung der EU-Außengrenzen deutlich zu formulieren.

Es sollte kein Zurück mehr geben in das Chaos des Vorjahres, waren sich alle einig. Es gab auch einen gewachsenen Konsens und eine Solidarität unter den Mitgliedstaaten – nach all den furchtbaren Querelen untereinander. Nun wurde ein breiter Konsens nötig, um eine Langzeit-Strategie für Einwanderung auf die Schiene zu bringen, sowie eine Einigung dazu, „wie künftig die Prinzipien von Verantwortlichkeit und Solidarität" umgesetzt werden könnten. Die Völker Europas sollten ein größeres Sicherheitsgefühl erlangen.

Für die ungarische Regierung stellte ein erfolgreicher Gipfel allerdings ein Problem dar, denn wenn nun die Pflicht-Quoten tot waren, wie Premier Robert Fico triumphierend verkündete, warum genau sollte man dagegen in Ungarn jetzt noch abstimmen?[7]

Am 19. September fand in New York die UN-Vollversammlung statt, erstmals mit dem Hauptthema Flüchtlinge und Migranten.[8]

Weltweit gab es nach Schätzungen 21,3 Millionen Flüchtlinge. 84 Prozent von ihnen waren in Notunterkünften in armen Ländern untergebracht, nur 16 Prozent in wohlhabenden Ländern. Das war eine Statistik, die sich gut auf einem riesigen Plakat am Straßenrand in Ungarn gemacht hätte, doch hatte dafür keiner Geld übrig.

Die Regierungen hatten lange gebraucht, um auf die drängenden Bitten der UN-Abteilungen zu reagieren, nur 19 Prozent der angepeilten Hilfen waren an den Südsudan geflossen, 22 Prozent für den Jemen und 49 Prozent nach Syrien. Russland nahm keinerlei Flüchtlinge zur Umsiedlung auf, auch die Golfstaaten nicht, wenngleich dort viele Bürger der kriegsgeschüttelten Staaten arbeiteten. Saudi-Arabien hatte die Abschiebung tausender Syrer ausgesetzt, die sie wegen abgelaufener Pässe des Landes verweisen wollten.[9]

Der ungarische Außenminister Péter Szijjártó trat ebenfalls in New York auf und gab den Aufsässigen.[10]

Er sagte der Versammlung:

> Wir haben unsere Grenzen bis jetzt verteidigt und werden auch in Zukunft keine Massenübertretung unserer Grenzen erlauben. Wir sagen klar: Derzeit gibt es überall auf der Welt Einwanderungsverfahren, die überall gescheitert sind. Politische Handhabungen, die Länder dazu zwingen, tausende Migranten gegen ihren Willen aufzunehmen, sind gescheitert.

Die Wortwahl und auch der Inhalt der Rede von US-Präsident Barack Obama war freilich ein anderer.[11]

> Wir sind hier, weil genau in diesem Moment Mütter von ihren Kindern getrennt sind, so wie etwa Mütter in Lagern in Griechenland, die sich an Fotos ihrer Familien klammern und ihre Kinder am Telefon weinen hören und sagen: „Meine Kinder geben mir Lebensmut, ich sterbe jeden Tag 10, 20, 30 Mal.“ Wir sind hier, weil Väter einfach nur ein neues Leben für ihre Familien aufbauen wollen – wie Refaii Hamo aus Syrien, der seine Frau und Tochter im Krieg verloren hat und den wir in Amerika willkommen geheißen haben, und der sagt: „Ich glaube immer noch, dass ich in der Welt einen Unterschied machen kann.“
> Wenn wir Flüchtlinge wegschicken aufgrund ihrer Herkunft, Religion oder schlichtweg, weil sie Muslime sind, dann verstärken wir damit die terroristische Propaganda, dass Länder wie meines den Islam bekämpfen, was eine schreckliche Lüge ist; das muss in all unseren Ländern als solche abgetan werden und stattdessen sollten wir die Werte von Pluralismus und Diversität hochhalten.

Diese Krise ist ein Test für unsere Menschlichkeit – entweder
verfallen wir in Skepsis und Angst und errichten Mauern, oder wir
erkennen uns im anderen.

Die New Yorker Erklärung für Flüchtlinge und Migranten wurde von Vertretern aus allen anwesenden 193 Staaten unterzeichnet.

Die Unterzeichner verständigten sich darauf, „diejenigen zu beschützen, die zur Flucht gezwungen sind und die Staaten, die sie aufnehmen, zu unterstützen, im Rahmen internationaler, gleichwertig getragener Verantwortlichkeit und Verlässlichkeit."

Die britische Oxfam war enttäuscht.[12]

„Die Welt hatte die Gelegenheit, einen humanitären ersten Schritt in dieser Sache zu machen, aber bislang haben die Regierungen nur halbherzig darauf reagiert. Das ist für uns nicht hinnehmbar", schrieb Josephine Liebl, eine speziell in Afrika engagierte Oxfam-Mitarbeiterin.

Das bedeutendste Ergebnis des Gipfels war, das UNHCR mit der Schaffung eines sogenanntes Global Compact Netzwerks für Flüchtlinge zu etablieren sowie ein eigenes für sichere, reguläre und geordnete Migration.[13]

Die ersten Komitees dazu würden Anfang 2018 zusammenkommen. Die Staatschefs der Westbalkanstaaten und Donald Tusk, Angela Merkel, der österreichische Kanzler Christian Kern sowie Ungarns Viktor Orbán trafen zum letzten Gipfel des Monats am 24. September in Wien zusammen. Donald Tusk sagte:

„Wir müssen übereinstimmen – politisch wie in Taten – dass die Westbalkanroute für irreguläre Migration dauerhaft geschlossen wird."

Kern forderte eine „massive Verstärkung" der EU-Außengrenzen. Viktor Orbán ging noch einen Schritt weiter, er forderte die Schaffung einer „riesigen Flüchtlingsstadt" an der libyschen Küste. Der EU-Migrationskommissar Dimitris Avramopoulos erinnerte die Mitgliedstaaten daran, dass alle angestrebten Lösungen der Migrationswellen in die EU humanitär und im Rahmen der Würde vertretbar sein müssten.

„Solidarität ist kein à la carte-Geschäft", meinte er. Am Tag vor dem Gipfel waren 160 Menschen ertrunken, als ihr Boot vor der libyschen Küste sank. In einem Interview mit dem österreichischen *Standard* lobte Christian Kern Ungarns Beitrag zur Minderung des Flüchtlingsstroms:[14]

Wir können nicht wegschauen, denn wir sind Nutznießer dieser
Orbánschen Politik, weil damit viel weniger Flüchtlinge nach

Österreich oder Deutschland kommen. Wir haben daher auch die Verantwortung, uns um die negativen Folgen dieses Vorgangs zu kümmern. Irgendwann werden sich diese Menschen von allein auf den Weg machen, und das Problem verschiebt sich an eine andere europäische Grenze.

Österreich hatte sich bereiterklärt, zwei Milliarden Euro für Unterkunft und Integration von Flüchtlingen im Jahr 2016 auszugeben, sagte er. Kern konnte Verständnis dafür aufbringen und sogar Ungarn in dem Punkt loben, aber er drängte das Nachbarland und andere auch, die Verteilungsquoten für Asylsuchende zu akzeptieren:

> Wenn wir dieses Problem nicht lösen können, dann stellt sich
> das europäische Projekt, das auf Solidarität und Gemeinsamkeit
> aufgebaut ist, selbst infrage. Das Problem ist so groß, dass sich
> niemand seiner Verpflichtung entziehen darf. Das wäre auf Dauer
> nicht akzeptabel.

*

In Ungarn schaute man derweil nach neuen Kräften für eine sogenannte *Grenzjäger-Einheit* innerhalb der Polizei. Der Name war natürlich unglücklich gewählt in einer Zeit, da sich die ungarischen Behörden zahlreichen Vorwürfen wegen Polizeigewalt gegen Migranten stellen mussten. Meine Kontaktleute in der Polizei versicherten mir, dass es keine angeordnete Brutalität gäbe und dass die obersten Beamten alles taten, um rechtliche und humanitäre Standards zu gewährleisten und dass neue Kräfte mit rassistischen Ansichten nicht eingestellt würden.

Diese neuen Grenzjäger, 3.000 an der Zahl und allesamt Polizisten, hatten ab Mai 2017 die Aufgabe, die südliche Grenze zu verstärken. Nun musste die modernste Rekrutierungs-Kampagne der Polizeigeschichte her, um 3.000 zusammen zu bekommen. Plakate tauchten überall im Land auf, Werbeanzeigen auf Facebook und der Webseite police.hu wurden geschaltet. Drei lächelnde Polizisten schauten in die Kamera; eine Frau, ein großer Typ, ein kleiner Typ, alle mit dunkelroten Baretts.

Bewerber sollten über 18 Jahre alt sein, ungarische Staatsbürger mit Abitur, körperlich fit und sie mussten einen psychologischen Test bestehen. Die Bezahlung wäre 484 Euro in den ersten zwei Monaten, danach 710 Euro pro

Monat. Die neuen Rekruten sollten mit Pistolen ausgestattet werden, Pfeffer-spray, Schlagstock, Handschellen und Schutzausrüstung. Nach sechsmonatiger Grundausbildung wären sie einsatzbereit.

Die Zahl der Migranten und Flüchtlinge, die die ungarische Grenze über die Westbalkanroute erreichten, war seit Jahresbeginn auf unter 200 pro Tag ge-sunken. 30 von ihnen pro Tag wurde Einlass gewährt in die Transitzonen, 15 bei Röszke, 15 in Kelebia. Die Balkanroute, entgegen Donald Tusks Worten, war also noch offen, aber nur einen kleinen Spalt.

Im Frühsommer 2016 – Mai bis Mitte Juli, kamen ungefähr 50 bis 60 Flücht-linge pro Tag auf den griechischen Inseln an. Nach dem gescheiterten Putsch am 15. Juli in der Türkei stieg die Zahl auf 112 pro Tag an und blieb im August und September auf diesem Niveau.

Die türkische Polizei hatte anderes zu tun – zum Beispiel Putschisten und verdächtige Mittäter dingfest machen, wenn sie nicht selbst verdächtigt wur-den, denn Präsident Erdoğan ließ den gesamten Verwaltungsapparat nach allen durchkämmen, die Gülen-Anhänger sein könnten. Das EU-Türkei-Abkommen, das am 20. Mai in Kraft getreten war, kam ins Stocken. Es gab sogar Hinweise darauf, dass in einigen Regionen die Polizeipräsenz an der Westküste herun-tergefahren wurde, um der EU einen Warnhinweis zu geben, dass die „Flücht-lingskarte" jederzeit wieder gezogen werden könnte.

Die Neuankommenden auf den Inseln kamen meist in heruntergekomme-ne geschlossene Lager, während die griechische Asylbehörde die Anträge be-arbeitete.

Bis September hielten sich auf den fünf Inseln etwa 14.000 Migranten auf, Mitte Juni waren es 8.450. Sie konnten die Lager leicht durch Löcher im Zaun verlassen und in die Dörfer gehen, aber da sie vorerst nirgendwo hindurften, gingen sie wieder durch dieselben Löcher in die überfüllten Lager. Es wurden keine zusätzlichen Fähren nach Piräus bereitgestellt. Ungefähr 3.000 Flüchtlin-ge kamen in diesen drei Sommermonaten dennoch über reguläre Fähren ans Festland, etwa 50 am Tag.

Es kamen Vergleiche auf zwischen Griechenland und der Pazifikinsel Nauru, wohin Australien alle Asylsuchenden hinschickt, die sich vom Seeweg nähern, während sie die Anträge bearbeiten.

Des Weiteren wurde deutlich, dass viele Aspekte des Türkei-Abkommens nicht wirksam waren, wenngleich eine deutlich verringerte Migrationsbewe-gung vom Nahen Osten nach Westeuropa zu verzeichnen war.

Die Europäische Stabilitätsinitiative ESI schrieb in ihrem September-Papier zum Abkommen, dass im Sommer 9.250 Menschen Griechenland von der Türkei aus in Booten erreicht hatten und davon nur 116 wieder zurückgeschickt wurden.[15]

Von Mitte März bis Ende September waren es insgesamt nur 578 zurückgeschickte Asylsuchende. Im September veröffentlichte die Europäische Kommission eine neue Darstellung zum Erfolg des Türkei-Abkommens, in der sie auch Schwächen eingestand. Die griechischen Asylbehörden arbeiteten demnach viel zu langsam. Menschenrechtsanwälte in Griechenland gaben zu bedenken, dass die Türkei kein „sicheres Land" sei, in welches man Flüchtlinge schicken sollte. Nahezu alle, die zurück sollten, gingen in Berufung und die meisten, deren Fälle erneut aufgerollt wurden, kamen vor ein neu errichtetes griechisches Berufungsgericht.[16]

„Die griechischen Asylbehörden können zwei Arten von Entscheidungen treffen", hieß es im Bericht der ESI.

> Zunächst wird über die Zulässigkeit der Klage befunden. Das Gericht befindet, dass die Türkei ein sicheres Land für Antragsteller ist und somit keine Asylentscheidung in Griechenland getroffen werden muss. In solchen Fällen besteht keine Zulässigkeit und der Antragsteller kann wieder in die Türkei abgeschoben werden. Wenn er syrischer Staatsbürger ist, steht ihm vorübergehender Schutz in der Türkei zu. Wenn der Antragsteller nicht aus Syrien kommt, soll er in der Türkei Asyl beantragen, anderenfalls kann die griechische Asylbehörde ein vollständiges Asylverfahren für den Fall anstrengen. Dann kann der Antragsteller nur in die Türkei abgeschoben werden, wenn er ein illegaler Migrant ist und ihm Schutz verwehrt wird. Die griechische Asylbehörde eröffnet für Nicht-Syrer wie Afghanen, Iraker, Pakistanis gar keine Verfahren zur Prüfung der Zulässigkeit, weil für diese Menschen die Türkei als sicherer Drittstaat angesehen wird.

In den sechs Monaten nach Inkrafttreten des Türkei-Abkommens waren laut vernichtender Erkenntnis der ESI nur sechs Asylanträge auf den griechischen Inseln als unzulässig angesehen worden. Ganze 16 Asylbearbeiter waren derzeit auf den Inseln aktiv, wie der Bericht aufzeigte. 41 Asylexperten aus anderen EU-Ländern waren ebenfalls vor Ort tätig. Im Bericht hieß es weiter:

Es geht im Kern des EU-Türkei-Abkommens genau darum, Menschen von irregulären Grenzübertritten abzubringen, da die meisten Ankommenden nach Begutachtung ihrer Asylanträge wieder in die Türkei abgeschoben sollen. Es ist unverständlich, dass auf europäischer Seite nicht intensiver und ernsthaft darüber berichtet wird, weshalb genau das gar nicht geschieht.

Die ansteigende Zahl derer, die auf den Inseln feststeckten, führte zu größeren Spannungen zwischen Einheimischen und Migranten, besonders auf Lesbos und Chios. Am 14. September konnte nur ein Polizeieinsatz mit Tränengas verhindern, dass aufgebrachte, gewaltbereite Einheimische ein Lager erreichten. Die griechischen Bürger hatten gegen Migranten protestiert, sie sahen deren Präsenz als Übernahme ihrer Insel an.

Am 19. September brach auf Lesbos ein Feuer im Lager Moria aus, 50 Fertigteilunterkünfte brannten nieder, mehr als 5.000 Menschen flohen aus dem Lager auf umliegende Felder. Inmitten der chaotischen Umstände versuchten Einheimische und Polizisten, die Migranten wieder ins brennende Lager zurückzudrängen.

Wie sollte man die Lage in den Griff bekommen?

Die Autoren des ESI-Berichts schlugen eine Umsetzung ihrer eigenen Ratschläge vor, aber sie äußerten Befürchtungen, dass realistischerweise die griechischen Behörden schlicht große Fähren bereitstellten und Migranten von überfüllten Inseln aufs überfüllte Festland bringen würden. Dann würde sich der Druck an der griechisch-mazedonischen Grenze erneut bis auf Äußerste erhöhen.

Wenn dann wiederum eine große Anzahl von Menschen sich den Balkan heraufbewegen würde und im regnerischen Herbst und Schneefall im Winter feststeckten, würde es Staatschefs wie Viktor Orbán Rückenwind geben. Politiker wie er hatten seit langem verkündet, dass die EU zur Sicherung ihrer Außengrenzen auch in Sachen Menschenrechte Zugeständnisse machen müsse; Leute wie er sprachen von einer „einfallenden Armee" und rieten dazu, die UN-Flüchtlingskonvention auszusetzen.

Die Situation sei laut ESI zudem geeignet, die EU an sich weiter zu destabilisieren, was sich bei nationalen Wahlen 2017 in den Niederlanden, Deutschland und Frankreich zeigen könne. Das alles würde „das derzeitige Momentum der flüchtlingsfeindlichen populistischen Rechtsaußen-Parteien" stärken.

Trotz des schlechten Rufs der bulgarischen Grenztruppen und des weiter-
wachsenden Zaunes gelangten nach wie vor etwa 100 Flüchtlinge pro Tag über
die bulgarisch-türkische Grenze. Von den 60.000 Migranten auf dem griechischen Festland schafften es durchschnittlich weitere 100 am Tag durch Mazedonien nach Serbien. Somit gab es in der Hauptstadt Belgrad täglich ungefähr
200 Neuankommende.

Dort konnten sie erst einmal durchatmen, wie Fische, die kurz an die Oberfläche kommen. Viele schliefen in selbst hergerichteten Lagern in der Nähe der
Busbahnhöfe und Bahnhöfe. Dann kamen sie in einem der 13 Lager im Land
unter, die vom Serbischen Sekretariat für Flüchtlingsfragen geschaffen wurden.
Die ESI veröffentlichte weiterhin ihre Vorschläge zur Lage. Demnach sollte die
EU die wahren Bedürfnisse und Bedenken sowohl von türkischer als auch griechischer Seite ernstnehmen und ihnen wirksame Unterstützung zusagen bei
der Hilfe von tausenden wirklich bedürftigen Asylsuchenden.

Die EU müsse darüber hinaus die Einschätzung der griechischen Asylbehörden anerkennen, die die Türkei noch nicht als sicheren Staat ansahen. Schließlich sollte die EU einen Gesandten in die Region beordern, der die Umsetzung
des Abkommens beobachten und den Kontakt mit türkischen Behörden aufrechterhalten solle.

> Die türkische Regierung will keinen aussichtslosen Kampf gegen
> Schleuser an der Ägäis führen, noch will sie mehr ertrunkene
> Kinder sehen, die an ihre Strände gespült werden. Die Türkei hat
> ein starkes Eigeninteresse daran, dass Flüchtlingsfeinde und Mus-
> lim-Feinde in EU-Mitgliedstaaten 2017 nicht noch stärker werden.

Vor allem müsse die Türkei laut ESI mit Hilfe der EU mehr dafür tun, als sicherer Drittstaat angesehen zu werden, damit die griechischen Behörden keine
Bedenken hätten, Migranten zurückzuschicken. Wenn diese Bedingung erfüllt
wäre, sollte auch die EU ihren Teil der Abmachung erfüllen und visa-freies Reisen
für türkische Bürger innerhalb des Schengenraums ermöglichen. Bei Nichterfül-
lung, so die Warnung der ESI-Autoren, stünde Europa weiteres Chaos bevor:

Die Aufnahmekapazitäten und der ganze Asylapparat in Mazedonien würden innerhalb von Wochen kollabieren, wenn mehr Menschen über die Grenzen gelangen. In Serbien wäre die Krise ähnlich. Im Winter würde der Westbalkan zu einem Schlachtfeld zwischen Migranten, Grenztruppen, Schleppern,

Soldaten und Bürgerwehren werden, was die ohnehin schon instabile Region weiter destabilisieren würde. Mehr und mehr Menschen würden weiterhin versuchen, nach Mitteleuropa zu gelangen.

*

Für die Abstimmungs-Kampagne in Ungarn wurde die letzte Woche eingeläutet. Im Parlament sprach Gábor Vona, Chef der nationalistischen Zentrumspartei Jobbik, zu Viktor Orbán.

> Wir sind froh, dass Sie uns in der Idee von einem Europa der Nationalstaaten unterstützen … In Westeuropa ist Multikulturalismus heute an der Tagesordnung. Dort stellt sich nicht mehr die Frage, ob, sondern wie man in einer solchen multikulturellen Gesellschaft leben kann. Im östlichen Mitteleuropa haben wir immer noch die Möglichkeit, das selbst zu entscheiden, und ich glaube, wir sollten das ablehnen.

Das Referendum war ursprünglich eine Jobbik-Idee, also konnten die Jobbik-Politiker nun schlecht dagegen sein. Aber Vona warnte: Wenn die Abstimmung aufgrund einer Wahlbeteiligung unter 50 Prozent ungültig sei, würde man praktisch Brüssel eine Vorlage geben, auf Ungarn einzuhauen. Stattdessen schlug er vor, einfach die Verfassung dahingehend zu ändern, dass es unmöglich werde, an derartige Verteilungs-Quoten gebunden zu sein. Im Falle einer zu geringen Zustimmung riet er Orbán zum Rücktritt. Er sprach weiter:

> Sie haben das Thema der Migrantenflut wie einen arabischen Teppich benutzt, der in den Wolken fliegt, um der ungarischen Bevölkerung die Wahrheit vorzuenthalten. Und wenn der Teppich dann irgendwo landet, kehren Sie schnell die Probleme darunter. Probleme wie Bildung, Gesundheit, Korruption. Wie ist denn da die wirkliche Lage? Herr Premierminister, die Wahrheit ist: Während Sie in Brüssel Prinz Eugen von Savoyen spielen, nehmen Ihre Fußsoldaten uns das Land zuhause weg!

Prinz Eugen war General im Dienst der Habsburger und bekannt geworden für seine Schlachten gegen die osmanischen Truppen Ende des 17. Jahrhunderts, außerdem ließ er Großteile des wunderschönen Sarajewos in Flammen aufgehen.

Robert László vom linken Thinktank Political Capital kommentierte dazu: „Das Referendum wird nicht rechtlich bindend sein, da die Frage der Abstimmung nicht im Kompetenzbereich des ungarischen Parlaments liegt … Auf politischer Ebene könnte es allerdings Konsequenzen geben, denn Viktor Orbán will nun mal als europäischer Politiker ein Schwergewicht sein, er will eine führende Figur sein beim Ausbau der Nationalstaaten in Europa."

Der Tag der Abstimmung war der 2. Oktober, ein Sonntag. Ich fuhr zu mehreren Wahlbüros in Budapest, zuletzt in Újlipótváros, einem ziemlich gentrifizierten Bezirk zwischen Donau und Westbahnhof, zudem der einzige Stadtteil, der noch von Sozialisten dominiert wurde. Es gab einen steten Strom älterer Bürger, die meisten Fidesz-Unterstützer, aber viele junge Bürger blieben der Abstimmung fern.

Nun hing alles an der Wahlbeteiligung. Bereits am frühen Abend zeichnete sich ab, dass die nötige 50 Prozent-Hürde zur Gültigkeit der Abstimmung nicht erreicht wurde. Am Ende zeigte sich, dass nur 39,8 Prozent gestimmt hatten. Für Ungarn ungewöhnlich war, dass sechs Prozent ihren Stimmzettel ungültig gemacht hatten, was in der Höhe niemand hätte voraussehen können.[17]

Nun versammelten sich Journalisten im riesigen Veranstaltungs- und Shoppingcenter Bálna (der Wal) am Pester Donauufer, um Orbáns Reaktion zum Ergebnis einzufangen. Nur Kameraleute waren im zweiten Stock erlaubt, wo Orbán ein kurzes, sorgsam eingeübtes Statement abgab:

„Die Frage war ‚Brüssel oder Budapest' und wir haben entschieden, dass dieses Thema ausschließlich in die Zuständigkeit von Budapest fällt."

Orbán kündigte trotzdem an, die Verfassung anzupassen, da das „den Willen des Volkes" wiederspiegele. „Die Waffe der Abstimmung ist auch stark genug gegen Brüssel. Brüssel kann Ungarn nicht seinen Willen aufzwingen."[18]

Ein vertrauter Mitarbeiter des Premierministers sagte mir, er sei vom Ausgang des Referendums erschüttert gewesen.[19]

Seine Berater hatten ihm eingeredet, er könne die 98 Prozent Nein-Stimmen als großen Sieg der Regierung verkaufen, da die große Stimm-Mehrheit gegen die „verpflichtende Ansiedlung von nichtungarischen Staatsbürgern in Ungarn ohne die Zustimmung des ungarischen Parlaments" votiert hatte.

Um sicher zu gehen, dass dieses Narrativ vom Wahlausgang sich weit verbreitete, verkündeten besonders Fidesz-nahe Medien und die Klatschpresse über Wochen Berichte zum „überwältigenden Sieg". Weitere riesige Werbeplakate tauchten überall im Land auf, der Slogan war: „Das ungarische Volk hat gesprochen."

Die Botschaft traf im Rest Europas auf Ungläubigkeit, aber auch bei all den Ungarn, die mit ihren Füßen abgestimmt hatten, um das Referendum zu boykottieren. Der luxemburgische Außenminister Jean Asselborn meinte: „Die Ungarn sind europäischer als ihre Regierung. Das ist kein guter Tag für Herrn Orbán und kein so schlechter Tag für Ungarn und die EU."

Die ungarische Regierung hatte 48 Millionen Euro dafür ausgegeben, ein Land dazu zu bewegen, Nein zu stimmen, das sowieso mit Nein gestimmt hätte, und damit die Fremdenfeindlichkeit weiter erhitzt für eine Bevölkerung, der von der Regierung seit Januar 2015 ohnehin keine andere Kost als Fremdenfeindlichkeit vorgesetzt worden war.[20]

KAPITEL 13

EUROPA – MÜHSAM UND ZÄH

Ja, Europa ist langsam. Es ist mühsam. Es hat tiefe Einschnitte wie
den Austritt eines Mitgliedstaats hinzunehmen. Und – ja – Europa
sollte sich auf das konzentrieren, was es wirklich besser kann als
der nationale Staat. [...]
Wo Europa – wie im globalen Wettbewerb, beim Schutz unserer
Außengrenzen oder bei der Migration – als Ganzes herausgefor-
dert wird, muss es auch als Ganzes die Antwort finden – egal, wie
mühsam und zäh das ist.

Angela Merkel, Neujahrsansprache, 1.1.2017[1]

Mitte Dezember 2016 wurde Ungarns „bestes" Flüchtlingslager bei Bicske nach
36 Jahren geschlossen; zum Teil, weil es unter der Fidesz-regierten Bevölkerung unbeliebt war, aber auch angesichts der Tatsache, dass immer weniger
Flüchtlinge nach Ungarn kamen, entgegen der Panikmache. Die letzten 60 Bewohner wurden mit nur einer Stunde Vorwarnung umgesiedelt und in alle vier
Windrichtungen verteilt; einige ins Lager Balassagyarmat, andere nach Vámosszabadi, sowie drei ins Obdachlosenheim in der Budapester Grassalkovich-Stra-
ße, das von einer baptistischen Organisation betrieben wird.

Der namengebende Antal Grassalkovich war ein ungarischer Adliger, geboren 1694 in Ürmény im heutigen südlichen Slowakien. Während der Herrschaft
von Maria Theresia machte er sich darum verdient, deutschen Einwanderern
bei der Ansiedlung in Ungarn zu helfen.

Lagerbewohner, die nach Körmend geschickt wurden, hatten das schlimmste
Los. Die Zelte, in denen sie nun untergebracht wurden, standen auf Holzfußbö-
den mit rudimentären Holzöfen in der Mitte, ohne irgendeine Dämmung.

Zoltán Németh, katholischer Priester des Ortes, lud die Bewohner ein, in seiner Pension unterzukommen. Seine Geste machte landesweit Schlagzeilen, weil sie so eine Seltenheit darstellte.[2]

Die einzige ähnliche Situation, an die man sich hierzulande erinnern konnte, war die, als Asztrik Várszegi, Erzabt im Münster von Pannonhalma, syrische Asylsuchende im September 2015 aufnahm, entgegen der Weisung des Erzbischofs Péter Erdö, der befand, dass Kirchen ihre Türen geschlossen halten sollten, da sie sich sonst mit denen gemeinmachten, die Schleppern halfen.

Anlässlich der Geste von Zoltán Németh wurde um 11 Uhr vormittags eine Pressekonferenz anberaumt. Pater Németh machte mich mit Gabriella Sári bekannt, sie arbeitete für die Sant Egidio Stiftung, eine Einrichtung katholischer Sozialarbeiter, die auch in Bicske tätig waren.

Sie war vor dem Krieg einige Monate in Syrien gewesen und hatte Ikonen in Kirchen restauriert; durch ihre Arbeit hatte sie einige derjenigen kennengelernt, die nun nach Körmend geschickt wurden. Sie kontaktierte Pater Németh und er bot ihnen umgehend Unterkunft an.

Thomas, einer der Männer in der Pfarrei, unterhielt sich mit mir in der Küche des Gästetraktes. Er kam aus West-Kamerun und war seit fünf Jahren in Ungarn, erst im Lager Debrecen, welches die Regierung Ende 2015 geschlossen hatte, dann in Bicske. Es schien, als gingen ihm langsam die Orte aus, in denen er bleiben konnte. Er war 2013 aus Kamerun mit einem Stipendium nach Kenia gekommen, um dort zu studieren. In Nairobi stellte er einen Visaantrag für Ungarn, bekam es und flog nach Budapest. Als sein Visum ablief, wurde er verhaftet und war seither von einem Lager ins nächste gekommen. Die einzige Bedingung, unter der er als Kameruner in Ungarn Asyl beantragen könnte – dies sagte ihm im Stillen ein Mitarbeiter der Einwanderungsbehörde – war, wenn er schwul sei. Thomas meinte:

> Erst letzte Woche gab es einen BBC-Bericht darüber, wie Leute regelrecht hingeschlachtet wurden, weil sie protestiert hatten. Behördenvertreter sagten mir, die Bearbeitung meines Asylantrags sei ausgesetzt, weil ich in sechs Befragungen widersprüchliche Angaben gemacht hätte. Ich konnte zwar nachweisen, dass ich immer wieder Verfolgungen ausgesetzt war, aber nichts hat sich bewegt.

Tatsächlich waren laut BBC-Webseite im November Aufstände in Bamenda im Nordwesten des Landes ausgebrochen, nachdem Behörden französischsprechende Lehrer und Gerichtsangestellte in vornehmlich englischsprachige Regionen einsetzen wollten.[3]

Kamerun war einst eine deutsche Kolonie gewesen und nach dem Ersten Weltkrieg in französische und britische Gebiete aufgeteilt worden. Englisch war immer noch Haupt-Amtssprache im Südwesten und Nordwesten an der Grenze zu Nigeria. Die anderen acht Regionen waren frankophon. Ein Protestierender beklagte, dass die zehn Millionen Englisch sprechenden Bürger des Landes seit 50 Jahren an den Rand der Gesellschaft gedrängt würden. Alle englischsprachigen Schulen wurden aufgrund der Unruhen vorübergehend geschlossen.

Ich fragte mich, in wie weit die Einwanderungsbehörden Bescheid wussten über sich ändernde Bedingungen in den Herkunftsländern. Thomas erzählte weiter:

> Das Hauptproblem im Lager in Körmend war nicht das Heizen,
> sondern dass es nicht angenehm für Menschen ist, draußen zu
> schlafen, im Zelt ist es wie draußen. Man schläft und der Wind
> pfeift einem um die Ohren. Egal, wie man heizt, man friert in der
> Nacht immer, weil das Zelt die Wärme nicht halten kann. Auch
> wenn man alle zwei Stunden Holz nachlegt, friert man da drinnen
> immer.

Ich fragte ihn, was er am liebsten tun würde. „Am liebsten? Weiter studieren, Chemie-Ingenieurwesen. Wir hoffen alle, dass die Dinge in Zukunft besser werden, in jeder Hinsicht. Ich möchte mich gern in der Gesellschaft einbringen." Thomas fühlte sich durch die Moonshot-Initiative inspiriert, die im Bereich Krebsforschung aktiv war. Präsident Obama kündigte sie in seiner Rede zur Lage der Nation im Januar 2016 an.[4]

Während er im Lager Bicske lebte, hatte Thomas am Goethe-Institut Budapest Deutsch gelernt, nun konnte er nicht mehr zum Unterricht gehen.

> Ich hoffe, hier kann ich Frieden finden. Es gibt viel Propaganda da
> draußen, Einwanderer sind dies und sind das – aber zum Glück
> haben ein paar Menschen herausgefunden: Einwanderer sind
> nicht schlecht. Mein Vater ist Baptist, meine Mutter katholisch,
> ich bin in eine Baptistenschule gegangen, aber die Botschaft ist
> dieselbe. Jesus Christus ist am Kreuz gestorben, obwohl er allen

helfen wollte. Wir sollten Muslime und Christen nicht vonein-
ander abschirmen, wie es die Regierungen tun. Wir sollten alle
Menschen gemeinsam beherbergen und unsere Ähnlichkeiten
zusammenbringen, um gemeinsam Fortschritte zu erzielen.

Neben ihm in der Küche stand Abdul. Er war 21 Jahre alt und kam aus Afghanistan. Er hatte Europa durch Griechenland, Mazedonien und Serbien erreicht, erzählte er, und war sogar schon einmal bis nach Deutschland gekommen, versteckt in einem Güterzug. Die deutsche Polizei hatte ihn entdeckt und
nach Ungarn abgeschoben, weil er hier nach dem Dublin-Verfahren erstmals
registriert wurde. Nun wusste er schlichtweg nicht weiter.

Afghanistan versank im Herbst 2016 weiter in Gewalt, in gleichem Maße
wie die EU-Staaten, allen voran Deutschland, Afghanen wieder abschoben.[5]

Laut EASO wurden ebenso viele Zivilisten durch Regierungstruppen wie
durch Aufständische getötet. Die letzten Orte mit Ansätzen von Frieden und
Stabilität fanden sich in manchen Bezirken von Kabul. Dennoch wurde am
4. Oktober der EU-Afghanistan Joint Forward Plan ins Leben gerufen, durch
den EU-Staaten leichter Flugzeuge chartern konnten, um Afghanen abzuschieben.[6]

Im Dezember schickte Deutschland die erste Gruppe mit 34 Afghanen zurück, im Januar 2017 die zweite Gruppe mit 26 Menschen. Innenminister Thomas de Maizière kündigte an, dass bis zu 11 800 abgeschoben würden.[7]

„Junge Afghanen sehen keinerlei Zukunft in ihrem Land, die meisten hängen
in Kabul fest, weil sie nicht in die Provinzen reisen können", berichtete Abdul
Ghafoor, Aktivist für Flüchtlingsrechte, der 2013 aus Norwegen abgeschoben
wurde, auf der Webseite EUobserver.[8]

Viele Afghanen kamen nur mithilfe geringer Unterstützung oder gänzlich
auf sich gestellt zuhause an, viele versuchten, wieder nach Europa zu kommen.
Es gab mindestens 2,7 Millionen afghanische Flüchtlinge in Pakistan und dem
Iran. Im Jahre 2015 war beinahe ein Fünftel der in Europa ankommenden Asylsuchenden, 178.000 Menschen, aus Afghanistan.

Bei der Pressekonferenz verteidigte Pater Németh seine Entscheidung, den
Flüchtlingen Unterkunft zu gewähren; weder Polizei noch der Kirchenrat hatten sich dagegengestellt. Die Migranten mussten sich einmal täglich im Lager

melden, das taten sie auch. In der ersten Nacht schliefen acht Menschen in der Unterkunft, in der zweiten fünf. Ihnen wurden auch Räume zum Waschen und Kochen bereitgestellt. Der Pater wollte ihnen auch ein christliches Abendessen servieren. Warum nur war einzig die Gemeinde in Körmend, unter all den christlichen Gemeinden Ungarns, der Weisung von Papst Franziskus gefolgt, Flüchtlingen Hilfe anzubieten, fragte ich.

> Wir sind nicht allein; ich glaube, dass jeder Priester dasselbe tun würde, wenn er sich in der Situation fände, an der Grenze ... viele helfen heute im Land, als Individuen.

Papst Franziskus hatte die Weisung am 6. September des Vorjahres während eines Sonntags-Gottesdienstes ausgegeben, nun schienen sich viele Menschen den Kopf zu kratzen und grübelten, was sie tun könnten.

Hier in Körmend rief ich am 9. September den Kirchenrat zusammen, um gemeinsam zu diskutieren, wie wir darauf reagieren könnten. Die Mehrheit der Anwesenden lehnte die Worte des Papstes ab. Ihre Reaktion war: „Wir müssen das sowieso nicht ernst nehmen, da hier keine Flüchtlinge herkommen." Am selben Tag jedoch begann die Regierung, hier ein Aufnahmezentrum für Flüchtlinge einzurichten.

Die serbisch-ungarische Grenze war schon im Oktober 2015 mehrere Tage lang geschlossen worden, Flüchtlinge wurden von Beremend an der kroatischen Grenze nach Körmend gebracht.

Pater Németh und seine Gemeindemitglieder halfen am Straßenrand, Tag und Nacht, ehe der größere Teil nach Szentgotthard verteilt wurde, südwestlich von Körmend.

> Ich weiß nicht, wie viele unter ihnen Terroristen waren. Ich weiß, dass wir viele dankbare Menschen antrafen, die unter schwierigen Bedingungen litten. Ich muss zugeben, dass wir Ungarn kein gutes Image im Westen haben. Vor einigen Wochen habe ich mit einem Benediktinerabt gesprochen; er hat mir erzählt, dass viele Ungarn als Flüchtlingshasser sehen. Natürlich habe ich versucht, das Bild abzuschwächen. Ich erzählte ihm, dass Ungarn Fremde nicht hassen. Vielleicht sind wir verängstigt oder voller Bedenken gegenüber den großen Strömen. In der Vergangenheit habe ich viele E-Mails bekommen von Leuten, die das unterstützen, was

wir tun und ihre Hilfe anboten. All diese Leute zeigen ihren Namen und ihre Adressen. Menschen, die ihre Zweifel und Skepsis ausdrücken, verstecken sich normalerweise in den Medien hinter ihrem Hass und bleiben anonym.

Seine Gemeinde war definitiv nicht gewillt, die Arbeit des Staates zu übernehmen, meinte er. Aber soweit ihnen bekannt war, brachen sie keine Gesetze, indem sie christliche Nächstenliebe anwandten.

Von Körmend aus fuhr ich über die österreichische Grenze nach Güssing. Auf ungarischer Seite gab es keine Grenzkontrolle. Auf österreichischer Seite winkte mich ein freundlicher Polizist durch und warf nur einen beiläufigen Blick in den Wagen. Von Körmend bis Traiskirchen sind es zwei Stunden Fahrt, zunächst durch schöne österreichische Dörfer, dann auf der Autobahn A2 nach Norden Richtung Wien. Im Radio hörte ich etwas über die neuesten Abschiebungen aus Deutschland.[9]

Das Flüchtlingslager Traiskirchen bei Wien war 1956 ein wichtiger Anlaufpunkt für ungarische Emigranten. Auf dem Gelände ehemaliger österreichisch-ungarischer Kavallerie-Baracken erinnerten mich die hohen Gebäude und niedrigen Mauern um das Gelände an das Schloss Gödöllö. Hier standen große weiße UNHCR-Zelte auf dem Hof, wo einst Pferde durch ihre Gangarten gescheucht wurden. Ein Transporter der Caritas parkte draußen auf dem Bürgersteig, daneben standen Freiwillige und gaben heiße Getränke aus.

Zuletzt hatte ich Ali Sadat im September im Motel-Lager Adaševci gesehen. Mit 28 war er Chef einer Firma, die Telekommunikations-Masten aus Russland nach Afghanistan importierte. Die Firma existierte noch, aber er war angesichts der Drohungen gegen ihn und seine Familie – von Seiten der Regierung wie der Aufständischen, wie er meinte – zur Flucht gezwungen, wenn er kein Schutzgeld zahlte. Er entschied sich zur Flucht mit seinen vier älteren Schwestern, alle hatten Uni-Abschlüsse.

Ali wollte sich in Österreich sicher niederlassen und dann nach Afghanistan zurückgehen, um die Firma abzuwickeln und ein ähnliches Geschäft hier in Europa aufzubauen. Da Ali sich gerade um drei kleine Kinder kümmerte, die unbegleitet reisten, machte ich mich auf, die Stadt zu erkunden. Ich sah die kleine St. Nikolaus-Kirche aus dem 15. Jahrhundert, einen guten Buchladen sowie einige Cafés, ein indisches Restaurant und eine Pizzeria, nicht viel mehr. Der

Schnee hatte die Wanderpfade zugedeckt, die bis nach Wien reichten. Die Asyl-suchenden im Lager waren frei zu gehen oder zu bleiben; man sah sie um das Lager herumspazieren, aber im Zentrum des Städtchens waren sie kaum sicht-bar. Auf dem Hauptplatz im Zentrum verkaufte ein Mann Weihnachtsbäume.

Ali begrüßte mich enthusiastisch am Haupttor und zeigte dem Wachdienst seinen laminierten Pass, um herauszukönnen.

Es war halb sechs, aber bereits dunkel auf den winterlichen Straßen. Wir fuhren in die Stadt zum Pizzaessen. Hier wirkte er dynamischer als in Serbien. Endlich hatte er das Ziel seiner Reise erreicht, sein Telefon klingelte alle paar Minuten, da er den Leuten um sich herum half, ihr Leben zu organisieren. Sein Weg hierher von Serbien durch Ungarn spiegelte die unterschiedlichen Schick-sale so vieler Migranten entlang der Route wider, und wie etwas Glück oder Zufall den Verlauf der Reise radikal verändern konnten.

Ali wurde bereits in Afghanistan von BBC-Kollegen angesprochen, ehe er sich auf den Weg machte, und er hatte einen großen Teil der Reise mit der Go-Pro Kamera gefilmt, die ihm meine Kollegen gegeben hatten. Somit wurde er Teil der BBC-Doku *Exodus*.[10]

Im Lager von Adaševci machte er sich nützlich in der Zusammenarbeit mit den Behörden, so dass er bald zum Lagerleiter in Horgoš wurde, quasi als Ver-mittler zwischen serbischen und ungarischen Einwanderungsbehörden, der die Entscheidungen mit ausfeilte, wer in die Transitzonen hineingelassen wurde. Er war 28 Tage in Horgoš als Lagerleiter, während seine Schwestern im Flüchtlings-aufnahme-Zentrum von Subotica warteten. Ihm machte die Kälte in Horgoš zu schaffen, auch der Mangel an Infrastruktur, der Dauerregen. Dennoch gelang es ihm durch Verhandlungen, bessere Decken, besseres Essen und vor allem leich-ten Einlass für dutzende nach Ungarn zu ermöglichen, während er dort war.

Er erinnerte sich: „Es war wie in einer Wüste." Er überraschte mich auch mit Geschichten dazu, wie viele Flüchtlinge es tatsächlich durch den ungarischen Zaun geschafft hatten, ohne erwischt zu werden, trotz der massiven Polizei- und Armeepräsenz.

Nach seinen Schätzungen schafften es ein Drittel der Leute hindurch. Der Zaun ließ sich leicht aufschneiden und Schleuser gingen mit ihnen hindurch. Wenn sie erwischt wurden, gaben sie einfach vor, ebenfalls Flüchtlinge zu sein. Einige wurden Nacht für Nacht wieder hinübergebracht.

„Die Schleuser und die Kriminellen sind der Polizei immer einen Schritt vor-aus, und sie sind sehr clever."

Wie viele Flüchtlinge, mit denen ich sprach, kannte auch er Geschichten über die Brutalität ungarischer Polizisten, doch zu ihm und seinen Schwestern waren sie netter, wofür er dankbar sei, wie er mir sagte. Sie wurden nur vier Stunden lang in der Transitzone aufgehalten, dann in den Bus zum offenen Lager Vámosszabadi in der Nähe von Györ gebracht.

„Ich glaube, die ungarischen Behörden wollten, dass ich Asyl beantrage, weil sie dachten, sie könnten mich noch gut brauchen."

Er wollte aber gar nicht bleiben. „So wenige erhalten Asyl in Ungarn, da hatten wir sowieso wenig Chancen. Außerdem zeigt Ungarn keinen Respekt gegenüber Flüchtlingen. Ich wollte in ein Land, wo man gut mit Asylsuchenden umgeht."

Nach ein paar Tagen in Vámosszabadi fuhr er mit seinen Schwestern im Bus nach Györ und kaufte Zugfahrkarten nach Wien. Polizisten sahen sie am Bahnhof und prüften ihre Dokumente, die Polizisten sagten ihnen, dass sie den Zug nicht nehmen dürften.

Sie schauspielerten, taten so, als würden sie aufgeben und verließen den Bahnhof, rannten dann aber wieder hinein und stiegen in den Zug. Diesmal hielt sie niemand auf, auch die ungarischen Grenzpolizisten im Zug ließen sie in Ruhe. Als sie bereits auf österreichischem Gebiet waren, fiel einem Polizisten auf, dass eine seiner Schwestern nicht die korrekten Dokumente hatte. „Da haben wir alle wirklich aufgegeben", erzählte er mir. „Die Österreicher waren die ersten freundlichen Polizisten, die wir auf der ganzen Reise von Afghanistan getroffen haben."

Sie verbrachten eine Nacht in einer Polizeizelle, dann wurden sie nach Traiskirchen gebracht. Es war eigentlich ein Durchgangslager, doch Ali und seinen Schwestern wurde erlaubt, länger zu bleiben, weil er wegen Lungenbeschwerden medizinische Überwachung benötigte. Ali war auch zu Ohren gekommen, dass Deutschland nun die Abschiebungen von Afghanen verstärkte. Er sagte mit sichtlicher Verbitterung:

„Das ist doch ironisch, dass das Land, was uns als erstes willkommen heißt, auch das erste ist, das uns wieder abschiebt. Die Lage in Afghanistan ist jetzt sogar noch schlechter als letztes Jahr, und es wird immer schlimmer. Sie schicken einige Leute zurück in ihren sicheren Tod."

Ich befragte ihn zu dem deutschen Mädchen, das im Oktober von einem 17-jährigen afghanischen Asylbewerber vergewaltigt und getötet wurde.[11]

„Ich glaube, zunächst möchte ich sagen, dass es uns unglaublich leidtut für die Familie dieser Frau. Unsere Nerven liegen dabei genauso blank. Ich hoffe aber, dass sich die Menschen daran erinnern werden, dass nicht alle Finger an einer Hand gleich sind, Menschen sind nicht alle gleich, nicht alle Afghanen sind so."

Ali hatte ein wenig zum Täter recherchiert, der im Iran aufgewachsen war.

„Die Menschen in Afghanistan, vor allem gebildete, gehen sehr respektvoll mit Frauen um. Aber es gibt auch grausame Menschen bei uns, die ihre Frauen wie Tiere verkaufen. Was in Freiburg geschehen ist, tut mir unendlich leid. Es war furchtbar, was er getan hat, und ich wünsche, dass er vom Gericht verurteilt wird."

Was würde er europäischen Politikern raten?

„Um etwas zu bekommen, muss man auch etwas gehen lassen. Auf der einen Seite schiebt Europa manche Leute zurecht ab. Andererseits braucht die EU auch physisch arbeitende Menschen wie Pfleger; die Länder werden von ihrer Arbeit profitieren."

Das Chaos im Nahen Osten und in seinem eigenen Land wurde jedoch durch Einmischung der Europäer verursacht, meinte Ali. Die Kriege in Afghanistan seien Revierkämpfe im lukrativen europäischen und US-amerikanischen Drogenhandel. Die Nato war stark genug, um den Krieg zu beenden und die Taliban und Daesh (IS) zerstören. Es müsse einen Grund geben, warum sie das nicht getan haben.

Weihnachten stand vor der Tür, ich war zurück in Budapest und interviewte Balázs Orbán, Chef des Migrationsforschungs-Instituts, welches im September 2015 vom Thinktank Századvég ins Leben gerufen wurde, um die Regierung zu beraten. Ich fragte ihn, was das Institut in den ersten 14 Monaten seines Bestehens zur Frage herausfinden konnte, warum Asylbewerber, Migranten oder Flüchtlinge sich eigentlich auf den Weg machten und herkamen.

> Die große Mehrheit der Ungarn denkt, dass diejenigen, die an der ungarisch-serbischen Grenze ankommen, derzeit eher Wirtschaftsmigranten sind und keine Flüchtlinge.
> Sie denken, dass ihre Herkunftsländer stabil sind. Sie wissen, dass es ernste Konflikte um Europa herum gibt, im Nahen Osten, in der Sub-Sahara-Zone in Afrika, in Asien, aber sie glauben, dass die Migranten vor keiner direkten Verfolgung fliehen.

Ich fragte ihn, ob sich diese Sichtweise verändert hatte.

Der offizielle Ausgangspunkt für die Aufnahme der Arbeit meines Instituts, und das ist auch meine persönliche Sicht, ist der, dass die Haltung und Motivation unter Migranten extrem komplex ist … wir in Europa aber unterscheiden nicht zwischen denen, die internationalen Schutz bauchen und denen, die ihn nicht brauchen.

Er meinte zudem, sowohl Wortlaut als auch Auslegung der UN-Flüchtlingskonvention von 1951 seien veraltet und müssten reformiert werden. Die bestehenden Regeln zwängen die ankommenden Asylsuchenden oft, in Ländern Asyl zu beantragen, wo sie überhaupt nicht leben wollen. Balázs versuchte ebenfalls zu erklären, warum viele Ungarn den Eindruck machten, als seien sie flüchtlingsfeindlich. Laut einer Umfrage, die von seinem Institut Anfang 2016 durchgeführt wurde, antworteten ein Viertel der Befragten, sie seien bereits mit Migranten in Kontakt gekommen, davon sagten 75 Prozent, der Kontakt sei eher negativer als positiver Natur gewesen.

„Meiner Analyse nach ist das so gewesen, weil die Leute ohne Erlaubnis die Grenze übertreten haben und durchs Land wandern. Das trifft auch für alle anderen Länder zu. Es stimmt also nicht, dass Ungarn diese Leute nicht mögen."

Sie hätten schlichtweg negative Erfahrungen mit ihnen gemacht. Ich fragte daraufhin ein wenig skeptisch, ob die gigantische ungarische Kampagne und die dauerhafte Propaganda gegen Migranten vonseiten der Regierung keinen Effekt hatten.

Nein, nicht wirklich. Die Tárki-Umfrage im September 2015 zeigte auf, dass als die Migrantenzahlen am höchsten waren, auch die Sympathie am größten war. Die Ungarn sind getrieben von Pragmatismus, nicht Ideologie oder Xenophobie. Die Sympathie veränderte sich, als die Menschen sahen, wie die Einwanderung geschah. Sie sahen, was am Ostbahnhof geschah und als die Flüchtlinge auf der Autobahn entlangwanderten. Ungarn lieben Recht und Ordnung und hier geschah etwas völlig anderes. Darum änderte sich die Haltung von positiv zu negativ.
Aus Regierungssicht verursachte diese Situation ernsthafte Spannungen in den Ländern, die sie aufnahmen, und in Transitländern. Die Menschen hatten ernstzunehmende Bedenken, und in dieser Situation ist es wichtig, wie die Regierung reagiert.

Während die Regierung in Ungarn im Jahr 2015 Sorgen innerhalb der Bevölkerung ernstnahm, wie Balász meinte, hätte das die österreichische Regierung nicht getan und das Leugnen von Bedenken der einfachen Wählerschaft habe zu ernsthaften Spannungen in der Gesellschaft geführt. „Die Wählerschaft hat sich radikalisiert, die wollten nun ihrer Meinung stärker Ausdruck verleihen. Das ist in Ungarn nicht geschehen. Die Kommunikation vonseiten der Regierung hat die öffentliche Meinung beruhigt, nicht radikalisiert."

Seine Sichtweise unterschied sich konträr von meiner Wahrnehmung, nach welcher sich die Öffentlichkeit sehr wohl radikalisierte durch endlose Kampagnen, die sie gegen echte Flüchtlinge auffuhren. Laut Statistiken, die im selben Monat vom ungarischen Helsinki-Komitee veröffentlicht wurden und auf Zahlen der OIN und dem UNHCR basierten, stammten 69 Prozent der 28.000 Menschen, die zwischen Januar und Oktober 2016 in Ungarn Asyl beantragt hatten, aus Regionen von Krieg und Terror: Syrien, Afghanistan, Irak und Somalia.[12]

Wenn die ungarische Öffentlichkeit das nicht wusste, dann, weil sie falsch informiert war. Balázs meinte weiter:

> Es gibt eine Minderheit in der ungarischen Bevölkerung, keine wachsende, aber ungefähr dieselbe Zahl durch die letzten zehn Jahre, die Ausländer nicht mag. Das ist die radikale Rechte, während die Mehrheit der Bevölkerung glaubt, dass die Menschen unterschiedlich sind und wir ihnen helfen sollten, weil sie in Schwierigkeiten sind. Aber es ist keine Lösung, sie hereinzulassen, weil es weder für sie noch für uns gut wäre.
> Die Mehrheit der Ungarn ist der Meinung, dass man mehr Geld in Projekte stecken sollte, die den Herkunftsländern helfen. Wir glauben aber, dass wir sie nicht aufnehmen und ihnen ein Leben hier anbieten sollten, denn diese Menschen wollen nicht unser Leben leben und wir nicht ihres. Die Menschen, die Migranten nicht mögen, sind dieselben, die Zigeuner oder Juden nicht mögen. Das sind typische rechte, radikale fremdenfeindliche Menschen.

Ich fragte ihn, ob sich nicht deren Narrativ in der Gesellschaft verbreitet hätte.

> Nein, das glaube ich nicht. Diese Menschen treten in ihrer Kommunikation nur robuster auf, das ist das einzige, was man

wahrnehmen kann, sie sind wesentlich sichtbarer. Es gibt ein
soziologisches Prinzip, nach welchem in solchen Situationen diese
Leute lauter werden und sichtbarer, aber nicht für lange. Das wird
wieder verschwinden.

Ich arrangierte ein Treffen mit Ussamah Bourgla, dem syrischen Arzt, den
ich erstmals im September 2015 in Bicske getroffen hatte. Ich hatte von Kollegen gehört, dass er Ungarn mit seiner Familie verlassen würde. Auch er hatte
eine andere Wahrnehmung als Balázs Orbán. Wir saßen im 8. Bezirk von Budapest in der Wohnung seiner Tochter Amira. Ussamah ist ein höflicher, sanftmü-
tiger Mann Mitte 50. Er hat fünf Kinder, vier Töchter und einen Sohn, so wie
Viktor Orbán.

Er hatte Orbán sogar einmal getroffen, um 2008, als er Oppositionsführer
war. Ussamah war seinerzeit Manager des Fußballclubs in Bicske, sein Sohn
gehörte zur Mannschaft. Orbáns Sohn Gáspar spielte beim selben Turnier mit.
Die Väter unterhielten sich eine Weile und Ussamah fand Orbán bezaubernd.
Ussamah stammte aus Tall, einer Kleinstadt bei Damaskus, und kam Anfang der
80er-Jahre als Medizinstudent nach Ungarn.

„Ich wurde von der früheren sozialistischen Regierung des alten Assad, Ha-
fiz, hergeschickt. Ich hatte an der damaligen Revolution als junger Student in
Syrien teilgenommen, 1979 bis 1981, und habe Assad verteidigt. Ich habe an
das damalige Regime geglaubt. Erst später fand ich heraus, was für schreckliche Dinge es hervorgebracht hat."

Er begann sein Medizinstudium in Budapest und machte seinen Abschluss
in Szeged. Budapest war für ihn zu voll. Er verliebte sich in seine zukünftige
Frau und zog als Allgemeinarzt nach Ózd und 1992 nach Bicske. Ihre Kinder
wurden in kurzen Abständen geboren. Er sagte, er habe Ungarn und seine Bürger immer geliebt.

„Ich bin 2009 der sozialistischen Partei beigetreten, als gerade alle austra-
ten. Soziale Gerechtigkeit ist ein wichtiges Thema für mich."

Ussamah hatte Viktor Orbáns Kommentare zu den Charlie Hebdo-Anschlä-
gen im Januar 2015 mit Bestürzung wahrgenommen.

Alle fuhren nach Paris, um die Toten zu betrauern, aber Orbán
kam, um seine Schritte gegen Flüchtlinge zu verkünden, gegen
den Islam. Ein paar Wochen später nahm ich an einer TV-Runde
auf ATV teil und versuchte, die Gefahr hinter Orbáns Rede zu

erklären und wohin das führen könnte. Als ich ihn reden hörte, wusste ich: Wir müssen Ungarn verlassen.

Ich liebe dieses Land immer noch, fühlte mich hier zuhause. Darum war es eine schwere Entscheidung, die wir treffen mussten, eben weil wir uns hier so unwohl nach der Rede gefühlt haben. Wir haben ausländische Namen, wir fühlen uns jetzt hier nicht mehr wie zuhause, also haben wir entschlossen, nach einem Ort zu schauen, wo wir friedlich leben können. Ich bin hier in der Stadt ein angesehener Arzt, aber anderswo kennt mich niemand. Sie sehen in mir nur einen Ausländer wie in jedem anderen Flüchtling auch; sie fühlen sich gezwungen, uns zu hassen.

Seit Orbáns bedrohlicher Rede waren weder er noch seine Kinder Opfer physischer Gewalt geworden, sagte er, aber sie waren verbalen Angriffen ausgesetzt.

Eine seiner Töchter arbeitete am Empfang einer Firma. Mehrmals, als sie ans Telefon ging, verlangten die Anrufer am anderen Ende, „mit einem Ungarn" zu sprechen. Seine andere Tochter, die 22-jährige Amira, hatte gerade ihren Abschluss als Lebensmittelwissenschaftlerin gemacht, sie arbeitete zudem halbtags als Inhaberin eines Cafés im Business-Viertel mitten in Budapest. Sie erzählte:

Einige Gäste traten ziemlich grob auf. Anfangs war das kein Problem und ich maß dem keine weitere Bedeutung bei. Aber als all die Plakate aufgehängt wurden, waren die Leute von Tag zu Tag unverschämter. An die erste Sache kann ich mich genau erinnern. Ich hatte ein Namenschild mit meinem vollen Namen, wie alle anderen auch, und ein Kunde fragte mich, woher ich komme und warum ich so perfekt Ungarisch spreche – und ich habe ihm gesagt, dass ich hier geboren sei. Da wurde er richtig aggressiv: „Nein, ich habe gefragt, wo Sie herkommen!", und ich: „Ich bin hier geboren, also denke ich, dass ich Ungarin bin", sagte ich ihm, „und ich bin die Chefin von diesem Café." Er beschuldigte mich, dass ich hier Ungarn den Job wegnehmen würde und so weiter. Erst haben meine Mitarbeiter und ich Witze darüber gemacht, aber der zweite war schon fieser. Wir haben Kaffee in verschiedenen Größen gemacht. Ich habe einen Kunden gefragt, ob er einen Medium oder Large Cappuccino möchte, und er meinte in schrecklicher Stimme, dass er einen ungarischen Cappuccino will und dass ich ihn doch verstehen müsse, da ich ja nun in Ungarn sei und ich solle lernen, wie man einen ungarischen Cappuccino macht.

Danach gab es fast täglich derartige Kommentare, sie gab ihren Job dort auf. „Das Überraschendste war, dass die meisten Kunden in den Büros in der Nähe arbeiteten, man sollte denken, die sind clever, mit guten Abschlüssen, keine ungebildeten Leute."

Ich fragte sie, ob dasselbe nicht auch nach dem Brexit in Großbritannien passieren könne.

Nein, gar nicht, das ist eine ganz andere Welt. Ich habe da sechs Monate gearbeitet, alle sind so nett. Da hat man die Tatsache akzeptiert, dass ich aus einem anderen Land komme und ich dort Dienstleistungen für sie erbringe, die waren wirklich nett und höflich, auch wenn ich manchmal den Dialekt in Manchester nicht verstand. Aber es waren wirklich alle hilfsbereit. Ich kann mich an keinen Augenblick erinnern, wo jemand grob war.

Ihr Vater fügte hinzu: „Natürlich besteht ein Unterschied in dem, was die Regierung denkt und was die Bevölkerung denkt. Klar, es gibt Leute in Ungarn, die Fremde nicht mögen, aber das große Problem hier in Ungarn ist, dass die Regierung selbst den Hass schürt." Seine Frau und die Kinder arbeiteten mittlerweile schon in England, sagte Ussamah. Er selbst musste nur seinen Englischkurs abschließen, dann würde er auch weg sein.

*

Das Jahr 2016 endete mit dem Anschlag auf dem Berliner Breitscheidplatz durch einen Lastwagen und mit einem Anschlag auf einen Nachtclub in Istanbul. Der Täter der Schreckenstat in Berlin war ein tunesischer Asylsuchender, der abgelehnt wurde und vor der Abschiebung untertauchte.

Am 11. Januar 2017 gab Barack Obama seine letzte Rede als Präsident; er versuchte, seine Unterstützer ein wenig zu trösten angesichts des Sieges von

Donald Trump. Seine Rede war auch eine Art Kampfansage an „Autokraten" wie Viktor Orbán. Er sagte:

> Es ist diese Einstellung, der Glaube an Vernunft und Unternehmertum und die Vorherrschaft des Rechts über die Macht, die es uns ermöglicht hat, während der Weltwirtschaftskrise den Verlockungen von Faschismus und Tyrannei zu widerstehen und nach dem Zweiten Weltkrieg mit anderen Demokratien eine neue Weltordnung aufzubauen … Diese Ordnung wird nun infrage gestellt – erst von gewalttätigen Fanatikern, die behaupten, für den Islam zu sprechen, und zuletzt von Autokraten in anderen Ländern, die in freien Märkten, offenen Demokratien und der Zivilgesellschaft an sich eine Bedrohung für ihre Macht sehen. Die Gefahr, die sie alle für unsere Demokratie darstellen, reicht viel weiter als eine Autobombe oder Rakete.

Am 20. Januar leistete Donald Trump seinen Amtseid. Er erhielt am selben Tag einen Brief von Papst Franziskus, der den Rat enthielt, dass der neue Präsident eine große Tradition der USA nicht vergessen sollte: Das Mitgefühl für Unterdrückte.

„Möge unter Ihrer Führung das Bild Amerikas weiterhin daran bemessen werden, wie das Land sich um die Armen, die Verstoßenen und die Bedürftigen kümmert, die, wie Lazarus, vor unserer Tür stehen."[13]

Auf dem Balkan versuchten derweil diejenigen, die vor der Tür warteten, dem kältesten Winter seit langem standzuhalten.[14]

6.000 Menschen waren in überfüllten Lagern zusammengedrängt, bis zu 2.000 schliefen im Freien oder in einem verlassenen Lagerhaus hinter dem Güterbahnhof von Belgrad, in der baufälligen Ziegelei in den Ausläufern von Subotica, oder in den notdürftig errichteten Lagern von Horgoš und Kelebia. Médecins Sans Frontières, Doctors of the World sowie weitere NGOs und Freiwillige wie etwa von French Response taten ihr Bestes für sie. Häufig mussten sie Erfrierungen versorgen und Verbrennungen von offenen Feuern, über denen Flüchtlinge versuchten, sich aufzuwärmen und zu kochen, zudem Hundebisse sowie Schlagstockverletzungen von bulgarischen oder ungarischen Polizisten.

Stephane Moissainng, Chef von Médecins Sans Frontières in Serbien, sagte: „Seit Monaten fordern wir die EU und das UNHCR und die serbischen Behörden auf, Langzeitlösungen anzubieten, um katastrophale Situationen wie diese zu verhindern."

Er meinte weiter:

> Durch das kollektive Versagen dieser Institutionen stehen wir hier
> ohne das Nötigste da. Bedürftige, gefährdete Menschen werden
> weiterem Leid ausgesetzt. Mehrere Menschen sind bereits an
> den Grenzen von Serbien und Bulgarien an Unterkühlung gestor-
> ben, wir können nicht einfach dasitzen und Strichlisten machen,
> wenn noch mehr Menschen an den gefährlichen Grenzübergän-
> gen sterben oder nach der Schließung der Balkanroute Opfer von
> Gewalttaten werden.

KAPITEL 14

GRENZGEBIETE

Ich will singen von der Gnade des Herrn ewiglich und seine Treue
verkünden mit meinem Munde für und für; denn ich sage: Auf
ewig steht die Gnade fest.

Psalm 89

Ildikó Farkas fuhr den großen Allradgeländewagen selbstbewusst durch den
Schnee und die tiefen Spuren der Tánya világ – einer Gegend mit ärmlichen,
abgelegenen Gehöften rund um Mórahalom. Seit 14 Jahren brachte sie hier
auf den flachen Ebenen an der ungarisch-serbischen Grenze Essen zu alten und
behinderten Mitmenschen. Sie hätte jeden Pfad, jedes Waldfleckchen und jeden heruntergekommenen Hof mit geschlossenen Augen gefunden.

Hinten in ihrem Pick-up lagen neun Sets von Tupperware mit Mahlzeiten.
Auf den Verschlüssen standen die Namen der Empfänger in Großbuchstaben:
ISTVÁN, ISTVÁN, ANDRÁS, EDIT.

In einem Set war ein Stück Schweinefleisch, Kohlrabisuppe im zweiten,
Fleischsuppe im dritten. Das Essen kam aus Küchen des Seniorenheims in
Mórahalom. Die Mittagessen kosteten zwei US-Dollar pro Tag, geliefert an fünf
Wochentagen, 40 US-Dollar pro Monat. Menschen auf den Gehöften, die ein
Einkommen von unter 100 Dollar pro Monat hatten, erhielten die Mahlzeiten
für die Hälfte, für einen Dollar. Ildikó lieferte auch Feuerholz und fuhr Kinder
zur Schule. Die Höfe ihrer Tour lagen alle nahe am Grenzzaun. Ihre Kunden hat-
ten einige Erfahrungen während der Flüchtlingskrise gesammelt.

András taten die Flüchtlinge leid. Er sagte „Flüchtlinge", nicht „Migranten".
Hunderte waren im Sommer 2015 an seinem Gehöft vorbeigekommen. Einige schliefen in seiner Scheune. Er hatte ihnen in der Hitze kühles Wasser aus
dem Brunnen gegeben. Er wohnte noch immer im selben kleinen Haus, in dem
er im bitterkalten Winter 1947 geboren wurde. Die Hebamme blieb als Unter-

stützung einige Tage bei ihnen, „es war eine schwere Geburt für meine arme Mutter", meinte er.

Wenn man den Schneepfaden ein wenig weiter folgte, kam man zum 84-jährigen István, der ebenfalls allein lebte. Er hatte keinerlei Mitgefühl für die Migranten. Er hatte ein schweres Leben gehabt, erzählte er; als Waise war er von wohlhabenden Bauern adoptiert worden, deren Land nach dem Zweiten Weltkrieg von den Kommunisten enteignet wurde. Als Strafe dafür, dass er ein Kind von „Kulaken" war, musste er in Kohleminen arbeiten. Er stand vollkommen hinter Viktor Orbán und seinen Zaunbau-Bemühungen.

Nichts an den Neuankommenden konnte ihn erwärmen. „Die ließen einen Pfad von Plastikflaschen und Müll hinter sich, wo immer sie langkamen."

Er erkannte keinerlei Verbindung zwischen ihrem Leid und seinem. „Ich habe alles überlebt hier, und bin geblieben."

Er hatte kein einziges Wort mit ihnen gewechselt, als sie an seinem Haus vorbeizogen. Sie waren für ihn Wesen von einem anderen Planeten, wie „Ameisen", meinte er. Trotz seiner Jahre war er schlank und agil, er kochte Kaffee für uns in seiner bescheidenen Küche; er schien zu glühen von der Hitze im Raum, die von einem alten Vesta-Holzofen ausging. Wir fuhren weiter, an Kettenhunden und Schrotthaufen vorbei, Schuppen von gähnender Leere, in denen einst Schweine gehalten wurden, ein einsamer Esel lief hin und her an einem zu kurzen Seil. Zwei Katzen rollten sich auf einem schmalen Brett zusammen, um sich warm zu halten.

In einem Haus fragte mich eine 91-jährige Dame, wann das kalte Wetter denn vorbei sei. Neben ihr auf dem Bett lagen zehn Medikamentenpackungen. Wo wir auch hinblickten, sahen wir bittere Armut und oft Krankheit. Ein Mann erklärte, wie viel der 33 Euro Weihnachts-Bonus der Regierung ihm bedeutete. Ein anderer klagte darüber, dass die 1,6 Prozent Rentenerhöhung ein Witz seien.

Auf einem der Höfe, die etwas besser in Schuss waren, begrüßte uns lautstark ein junger Hahn. An den Wänden hingen Urkunden in Anerkennung der mutigen hingebungsvollen Hilfe, die Bürger für die Gemeinschaft während der schrecklichen Flut im Tisza-Tal 1970 geleistet hatten.

Tompa lag eine halbe Stunde westlich auf der Landstraße 55. Die Straße hatte kurz vor den Flüchtlingsströmen einen neuen Belag bekommen, jetzt fungierte sie als Hauptversorgungsstrecke für Polizei- und Armeefahrzeuge, die an der Grenze patrouillierten.

Wir trafen Sándor vor dem Rathaus in Tompa, um bei einer geführten Tour die alten Verteidigungsanlagen anzuschauen. Lange vor den Flüchtlingen bereiteten sich diese friedlichen Dörfer darauf vor, ihr Land und ihre Ehre vor der „jugoslawischen Invasion" zu schützen. Jugoslawien unter Tito fühlte sich – anders als der sowjetisch dominierte Ostblock – nicht an Weisungen aus Moskau gebunden. Junge ungarische Wehrpflichtige trainierten für den Fall eines Dritten Weltkrieges, der an den südlichen und westlichen Grenzen stattfinden könnte.

Sándor erklärte uns, dass Tompa ein Überbleibsel des Vertrages von Trianon von 1920 sei. Eigentlich sei das Dorf die „Gartenstadt" von Subotica gewesen, das nur zwölf Kilometer südlich auf nun serbischer Seite liegt, eine einst multikulturelle Domstadt des österreichisch-ungarischen Reiches. Als Subotica 1918 im neuen Königreich der Serben, Kroaten und Slowenen aufging, blieb der Streifen um Tompa mit einer Reihe Häuser ohne Beziehungspunkt zurück, ohne Herz, zu dem man hinstrebte.

Sándor fuhr die Straßen entlang und zeigte uns Betonbunker aus den frühen 50ern, als die Ungarische Kommunistische Partei mit der Jugoslawischen Kommunistischen Partei von Josip Tito im Clinch lag. Er sagte, der Grenzzaun sei keine Lösung, nur ein Mittel zum Aufhalten. „Wenn eine Gruppe gewillter, zielstrebiger Migranten durchbrechen will, dann machen die das – es sei denn, die Grenztruppen schießen scharf, aber dann ist der internationale Skandal da." Migranten aus der arabischen Welt könnten sich seiner Meinung nach sicher in Europa integrieren. „Schauen Sie sich doch unsere eigenen Roma und Sinti an; ich habe nichts gegen Leute mit dunklerer Haut ..."

Wir fuhren zum Grenzübergang. Auf beiden Straßenseiten waren kleine Restaurants, Tankstellen mit Abstellplätzen voller kaputter Autos, kleine Händlerläden, die entweder geschlossen waren oder im andauernden Verfall begriffen. In den Jugoslawienkriegen war das ein großartiger Ort für Schmuggler, viele waren Leute aus der Gegend, sagte er stolz.

*

Tibor Varga ist ein protestantischer Pastor in Subotica, der den Ruf hat, allen in Not zu helfen. Er hat ein kleines Büro nur wenige Schritte entfernt vom zentralen Boulevard. Als ich ankam, um ihn zu treffen, schaute gerade eine ältere Romnija herein, ob er ein paar Decken übrig hätte, oder Bananen, fügte sie hoffnungsvoll hinzu. Sie ging nicht mit leeren Händen. Das Büro war mit

Vorrat vollgestellt. Tibor war Pastor der Golgotha-Gemeinde, ein Ableger der amerikanischen Kalvarienbergkirche.

Er ist ein großer Mann, getrieben von seinem Glauben und seiner Energie, sowie der festen Überzeugung, dass er Gottes Werk auf Erden erfülle. In den letzten drei Jahren hatte er einen Großteil seiner Energie darauf verwendet, Flüchtlingen zu helfen, die in den Wäldern und verlassenen Gebäuden rund um Subotica lebten. Er sammelte Geld und gab etwa 500 Euro pro Woche für sie aus. Die Gaben kämen nicht von ihm, erklärte er sorgsam jedem, den er traf, sondern von Gott.

Wir gingen zusammen in einem der großen Supermärkte am Stadtrand einkaufen. Von allem nahm er das Günstigste, riesige Kartoffelsäcke, Zwiebeln, Knoblauch, Säcke voll Reis und Mehl, literweise Milch, Zwölferpacks Sonnenblumenöl, 25-Kilo-Säcke getrockneter Bohnen, kiloweise Zucker und große Mengen Teebeutel. Er hatte 200 Euro in seiner Tasche und mindestens 200 hungrige Flüchtlinge zu versorgen. Die einzigen „Luxus"-Produkte waren ganze Hühner, welche die Flüchtlinge auf offenem Feuer kochen würden, sowie Kurkuma, Ingwer, scharfe Paprika und Currypulver. Er sagte, wenn er mehr Geld hätte, würde er schlichtweg mehr kaufen, keine anderen Produkte.

Viele Flüchtlinge litten unter ihren schlechten Schuhen und hatten keine passenden Sachen für das nun kühler werdende Wetter. Zeitweise konnte er mit Sachspenden aushelfen, meistens jedoch mit grundsätzlichen Gütern des täglichen Bedarfs.

„Am meisten bewundere ich bei den Flüchtlingen ihre Willenskraft, ihr Durchhaltevermögen", meinte er, als wir den immer voller werdenden Korb durch die Supermarktgänge schoben.

> Eine weitere Sache ist – anders als Roma – nehmen sie nur Dinge, die sie brauchen und lehnen Sachen ab, für die sie keinen unmittelbaren Gebrauch haben. Roma nehmen alles, was sie nehmen können.
> Diese Leute sind außerhalb vom System, weg von den Lagern. Die Lager wären überfüllt, wenn alle dorthin gingen, und sie würden sie zurück nach Preševo schicken, auf die mazedonische Seite. Das wollen die Leute nicht, sie wollen sozusagen ihr Vorankommen auf der Reise nicht einbüßen. Eher nehmen sie die Umstände in den Wäldern hin. Man braucht nicht viel Geld, um Menschen glücklich zu machen. Ich liebe ihre Gesichter, wenn ich

ihnen im Sommer Wassermelonen bringe, die sind hier so billig, da nehme ich viele mit.

Oft wurde er eingeladen, das Essen mit ihnen zu teilen – und egal, wie eilig er es eigentlich hatte – solch einer Geste der Dankbarkeit konnte er nicht widerstehen.

Im Herbst 2017 war die zweite Reihe des Zaunes an der ungarisch-serbischen Grenze fertiggestellt, zwischen den beiden Zaunfeldreihen verlief eine Versorgungsstraße, ausschließlich für Fahrzeuge der Armee und Polizei. Es gab Nachtsichtkameras alle paar hundert Meter am äußeren Zaun.

Im zweiten Zaun floss Strom, wie beim alten Eisernen Vorhang – nicht genug Strom, um Menschen zu schaden, aber als Signalzaun für die Sicherheitskräfte. Aufmerksame Flüchtlinge hatten ausgerechnet, dass ihnen ungefähr drei Minuten blieben von dem Augenblick, da sie den äußeren Zaun durchgeschnitten hatten und über den zweiten kamen, bis Soldaten und Polizisten vor Ort einträfen.

Die einzige Erfolgschance ergab sich laut ihrer nun gesammelten schmerzhaften Erfahrung, wenn man am Zaun in Gruppen von etwa 15 Personen ankam. Sie schnitten sich durch den Zaun, verteilten sich dann in alle Richtungen, sie liefen in fünf Dreier-Gruppen und legten sich auf den Boden. In den Sommermonaten funktionierte das recht gut, so lange es genug Belaubung ringsherum gab und Büsche sowie Früchte auf den Feldern. Einige erzählten mir, dass sie sich über Tage still verhielten und versteckten, ohne Wasser und Essen, ehe sie sich trauten, weiterzugehen. Währenddessen suchte die ungarische Polizei nach ihnen mit Hunden, manchmal mit Helikoptern. Das nannten sie „Spielen".

Diejenigen, die aufgegriffen wurden, erzählten mir, dass sie oft von Polizisten getreten und geschlagen wurden, wenn sie am Boden lagen. Sie fühlten sich sicherer, wenn deutsche oder österreichische Frontex-Beamte mit dabei waren, weil sich dann die ungarischen Kräfte von ihrer besten Seite zeigten.

Der erste Halt mit Tibor war das Obdachlosenheim in Palić direkt an der Hauptstraße, nahe am einst wunderschönen See und Urlauberresort. Als unser Auto den schmutzigen Weg entlangkam, bemerkten wir die plötzlichen Bewegungen in den Büschen, Leute versuchten, wegzurennen. Sie kamen wieder zurück wie Schafe, als sie Tibor erkannten. Schüchtern zeigten sich ausgemergelte Männer aus Bangladesch und Pakistan und umarmten den ungarischen evangelischen Pastor wie einen verloren geglaubten Onkel. Viele von ihnen kannte er mit Namen.

Hasan kam aus Bangladesch, er hatte es bereits einmal bis Györ in Westungarn geschafft, ehe er gefasst und nach Serbien zurückgebracht wurde. Die ungarische Polizei hatte, wie ich oft hörte, eine eher weite Vorstellung und Auslegung der Acht-Kilometer-Regel, die zum Juli 2016 in Kraft getreten war.

Hasan hatte den Zaun so oft durchquert, er war schon Experte; er kannte sogar einige ungarische Polizisten mit Namen. Er hatte eine ganze Anekdoten-Sammlung von Dingen, die ihm hier in Ungarn widerfahren waren. Einmal war er in Budapest mit der Metro gefahren, er hörte die englische und ungarische Ansage „Next stop: Astoria" und für einen kurzen Moment glaubte er zu hören „Next stop: Austria."

Tibor öffnete seine Heckklappe. Er fragte, wie viele Menschen in diesem baufälligen Haus wohnten und verteilte dementsprechend Essen. Das sollte ihnen für drei oder vier Tage reichen, bis er oder eine andere NGO – wie BelgrAID, die hier Flüchtlingen halfen – vorbeischauen würde.

Draußen konnten wir auf einem Feuerrost Spuren von flachem Brot sehen, das sie vorher gegessen hatten, sowie einen Topf mit Resten von Currybohnen.

Im Gebäude lagen mickrig kleine Stapel von Decken inmitten von Staub und zerbrochenem Glas. Die Türen und Fensterrahmen, alle elektrischen Leitungen und Rohre hatten frühere Plünderer herausgerissen. In diesen kühler werdenden Nächten bräuchten diese Männer Schlafsäcke, erklärten sie. Tibor erklärte geduldig, dass sie dazu keine Mittel hätten, vielleicht beim nächsten Mal. Die Männer nickten stoisch, sie beschwerten sich nicht, wenn ihre Bedürfnisse nicht abgedeckt werden konnten. Sie fragten einfach nur. Auf dem Fußboden eines Zimmers fand ich eine ausgeblichene Postkarte auf Ungarisch, in geschwungener, altmodischer Handschrift, mit Ostergrüßen an die vormaligen Besitzer des Hauses. Ich konnte das Datum entziffern, April 1964.

Hasan hatte den Zaun 25 Mal überquert, sagte er, und nun hatte er genug. Er wartete darauf, dass ihm Verwandte aus Bangladesch Geld via Western Union schickten. Dann würde er versuchen, über Kroatien und Slowenien nach Italien zu kommen. Dort stand kein Zaun, aber die Donau war ein großes Hindernis und dort gab es viele Patrouillen der Polizei und Armee. Die gängige Summe für die Strecke waren 3.000 Euro.

Für einen Mann, der so vielen muslimischen Menschen half, Westeuropa zu erreichen, war es erstaunlich, dass Tibor in manchen Aspekten die Sichtweise des ungarischen Premierministers teilte.

„Dieser Clash der Zivilisationen ist schwierig", erklärte er. Ich forderte ihn in diesem Punkt heraus. Übersah der berühmte Samuel Huntington in seiner Theorie nicht das Überlappen von Zivilisationen und den Fakt, dass verschiedene Zivilisationen viel gemeinsam hatten und sich im Laufe der Geschichte gegenseitig bereichert hätten? Sagte die Theorie nicht – basierend auf vagen Behauptungen – einen dauerhaften Krieg respektive einen unausweichlichen Konflikt hervor? Er antwortete:

> Zwischen den Zivilisationen herrschen viele Missverständnisse, missverstandene Annahmen darüber, was die andere Seite tut oder denkt. Menschen schaffen sich Parallelgesellschaften, wenn sie sich nicht in ein Land, in das sie kommen, integrieren können; die sind sehr gefährlich. Die können in Europa einen Effekt haben wie Krebs in einem Körper.
> Wir sind eine humanitäre Organisation, aber wir haben christliche Prinzipien. Wir wollen nicht nur physisch und materiell helfen, sondern auch unsere Geistlichkeit kommunizieren. Wir kommunizieren ihnen, dass es Erlösung einzig durch Jesus Christus geben wird, keine andere Religion kann sie retten. Jetzt kann man natürlich sagen, diese Botschaft ist zu hart, aber Jesus kann auch hart sein. Er sagt: Niemand kann zum Vater gelangen, wenn nicht durch mich.
> Wir wissen, dass Menschen verloren sind, wenn sie bereitwillig andere Religionen annehmen. Wir aber zeigen ihnen Liebe – die Liebe, die von Gott kommt.

Verständlicherweise gehörten somit die Momente zu seinen glücklichsten, wenn er vormals atheistische oder muslimische Flüchtlinge taufen konnte. Er hält Gottesdienste ab, besonders für Iraner, in verlassenen Gebäuden, und wenn das Wetter es zulässt, auch unter freiem Himmel.

„Uns haben Zeugen von Menschen berichtetet, die Christen werden wollten, weil sie hilfsbereite Menschen auf dem Weg trafen und dann konvertierten. In Europa haben die Menschen ihre christliche Ausrichtung verloren und leben ein sehr liberales Leben, das unsere Wurzeln nicht respektiert. Europa hat seine christliche Identität verloren. Wir arbeiten nicht nur nach unseren Vorstellungen, wir leben sie auch. Wir helfen nicht nur Flüchtlingen, wir helfen jedem, der Hilfe braucht."

Die Flüchtlinge in Palić hatten Angst vor der serbischen Polizei. Einer zeigte mir ein verwackeltes Handy-Video, aufgenommen von einem Mann, der sich im Gebüsch versteckte. Es zeigte eine Razzia von Zivilkräften, die kürzlich auf dem Gelände stattgefunden hatte. Stämmige, kurzhaarige Männer liefen zwischen den Gebäuden herum, zerstörten Kochutensilien, schnitten Löcher in Wasserkanister und versuchten, alles an fragilen Hilfsmitteln der Lebenshaltung zu zerstören, die ihnen in den Weg kamen.

Es war ein weiterer Akt der Abschreckung entlang der Route, eine weitere Botschaft, dass sie nicht willkommen seien – das Gegenteil der Botschaft von Tibors christlicher Organisation.

Wir verließen das baufällige Gebäude und stiegen in seinen Minivan, überquerten die Hauptstraße von Belgrad nach Budapest und bogen dann rechts ab, weiter auf sandigen Wegen, die gesäumt waren von Apfelbäumen und ganz in der Nähe der ungarischen Grenze. Tibor zeigte auf eine Reihe dunkler Tannen, die schon auf ungarischer Seite standen. Zwischen ihnen, verdeckt von Apfelbäumen, verlief der ungarische Zaun.

Die einleitenden Worte von Psalm 89 standen auf dem Armaturenbrett in Großbuchstaben auf einem Zettel. Tibor hielt plötzlich an einer Gruppe Büsche. Wir warteten ein paar Minuten, dann erschienen drei Männer, weitere warme Umarmungen folgten. Diese drei Flüchtlinge, zwei mit afghanischem Aussehen, einer aus Afrika, hatten keine Unterkunft oder Ruine als Bleibe. Sie waren Teil einer Gruppe von etwa einem Dutzend, die hier in Zelten oder Notunterständen in den Büschen ausharrten, um auf den richtigen Augenblick zu warten; dann würden sie den Zaun durchqueren. Ohne Tibor und BelgrAID würden sie verhungern. Als wir weiterfuhren und Proviant abluden, machten wir eine kurze Pause und kosteten von den süßen roten Äpfeln, die noch immer an einigen Bäumen hingen, wenngleich das Laub schon abgefallen war.

Einheimische kamen den Flüchtlingen jedoch oft mit Wasser zu Hilfe, berichtete Tibor. Sie mochten es jedoch nicht, wenn Hilfsorganisationen oder Journalisten dauernd vorbeikamen, den Matsch aufwühlten und die Aufmerksamkeit der Polizei auf sich zogen. Die letzte Station seiner Auslieferung war ein offenes Feld neben den Ruinen eines einst stabilen Lagerhauses aus Backstein auf dem Gelände eines Herrenhauses. Ein Schild am Wegesrand wies uns darauf hin, dass es in dieser Region eine besonders schöne Natur gebe, unter anderem seltene Gräser und Pflanzen.

Etwa fünfzig Männer und Frauen warteten auf Tibor, die größte Gruppe, die ich seit einer ganzen Weile sah. Er hatte ihnen per WhatsApp geschrieben, also hatten sie ihn erwartet. Wieder gab es Umarmungen. Er witzelte mit einigen herum, bei anderen spielte er Ernsthaftigkeit. Einige Männer halfen ihm, die verbliebenen Lebensmittel auszuladen.

Eine Frau fragte, ob er Windeln hätte oder Damenbinden. Diesmal nicht, aber er würde beim nächsten Besuch welche besorgen. Als manche der Anwesenden erfuhren, dass wir Ungarn waren, fragten sie uns, warum gerade wir, im Vergleich zu allen anderen Leuten entlang der Route, sie am heftigsten am Weiterkommen hindern wollten.

Ich versuchte es verzweifelt mit Beispielen aus der Geschichte, mit Angst, der Regierung. Keine leichte Aufgabe, hier auf dem trostlosen Feld, auf der falschen Seite des Zauns.

*

Seit Herbst 2017, so erzählten mir die Männer in den Büschen, war es nahezu unmöglich geworden, den ungarischen Zaun zu überqueren. Eine Option ergab sich nun für Migranten, die tröpfchenweise durch die Vojvodina, die nördlichste serbische Provinz kamen – und zwar nach Osten Richtung Rumänien weiterzugehen. Die ungarisch-rumänische Grenze ist 448 Kilometer lang; es gibt keinen Zaun, obwohl die Regierung immer wieder behauptet, einen bauen zu wollen.

Angesichts der nun praktisch hermetisch verriegelten Grenze zwischen Ungarn und Serbien nutzten Schleuser verstärkt die Route von der westrumänischen Stadt Timişoara, quer durch Ungarn in die Slowakische Republik, durch Tschechien bis zur 815 Kilometer langen deutsch-tschechischen Grenze.

Da Ungarn, Slowakien, Tschechien und Deutschland alle Mitglieder im Schengenraum sind, gibt es zwischen ihnen eigentlich keine Grenzkontrollen. Und während Ungarn sich so sehr bemühte, Flüchtlinge von seinem Staatsgebiet fernzuhalten, so kümmerte es doch kaum jemanden, wie diejenigen, die im Land waren, weiterkamen, wie Zoltán Boross mir gegenüber zugab. Diejenigen, die von Rumänien aus die Grenze übertraten, wurden allerdings wieder zurückgedrängt.

Am Sonntag, 1. Oktober 2017, überquerten 18 Flüchtlinge die offenen Felder an der rumänisch-ungarischen Grenze, etwa zehn Kilometer östlich von Subotica. 15 waren Jesiden, zwei Kurden und ein Arabisch sprechender Flüchtling. In der Gruppe fanden sich fünf Kinder; Sachem und Pasha waren neunjährige Zwillinge, sowie die zwölfjährige Horia, zudem die fünfjährige Sonja und der neunjährige Aiman. Wenn es an dieser Stelle auch keinen Zaun gibt, so patrouillierten doch oft Polizeistreifen.

Die Gruppe war zwei Nächte lang gelaufen, während des Tages hatten sie geschlafen. Ein tunesischer Schleuser kam um 1.30 Uhr am Morgen des 3. Oktobers in einem Transporter mit italienischen Kennzeichen. Die Flüchtlinge quetschten sich nebeneinander auf den Boden des Laderaums.

„Nach nur wenigen Minuten sahen wir Blaulicht von einem Polizeiwagen hinter uns", erzählte der 21-jährige Safaa mir. „Der Fahrer brüllte uns auf Arabisch an, unten zu bleiben und außer Sicht, dann fuhr er schneller und schneller." Das nächste, woran er sich erinnern konnte, war, dass er im nassen Gras neben dem zerbeulten Wrack des Transporters lag. Er hörte das Knistern der Polizei-Funkgeräte und die Blaulichter von zahlreichen Krankenwagen.

„Ich hörte Sonja weinen, also wusste ich, dass es ihr gut ging, aber meine Mutter lag einfach nur da, als wäre sie tot. Dann haben die Rettungskräfte sie mitgenommen." Der Transporter war die Böschung der M43 heruntergerollt. Aufnahmen eines Regionalsenders, einige Stunden nach dem Unfall aufgenommen, zeigen Trümmer auf der ganzen Fahrbahn verteilt bis zum Fuß des Abhangs. Kreidemarkierungen zeigten an, wo der Fahrer aus dem schwankenden Wagen gefallen war. Man sieht zahlreiche Blaulichter, Krankenwagen und das Wrack des schwarzen Fahrzeugs.

Baran, die Mutter der Zwillinge, starb beim Unfall. Der Fahrer, ein 45-jähriger Tunesier, starb am Unfalltag im Krankenhaus. Safaas Mutter Hali war unter den Schwerverletzten. Sie hatte einen Schädelbruch, schwere Hirnschäden, eine gebrochene Hüfte und gebrochene Beine. Die Kinder waren weitestgehend mit Kratzern davongekommen, aber alle Erwachsenen waren verletzt, einige schwer. Drei Monate nach dem Unfall besuchte ich Hali mit Safaa im Krankenhaus von Szeged. Sie konnte die Augen öffnen, ihre Hand leicht bewegen und sprach ein paar Worte mit ihrem Sohn.

Sie sprach nur von der Vergangenheit, vom Irak. Sie verstand nicht, wo sie war und erinnerte sich nicht an den Unfall. Safaa verbrachte jeden Tag an ihrem Bett. Es gibt einen Mangel an Ärzten und Krankenschwestern in ungarischen Kliniken, sehr viele sind zum Arbeiten nach Westeuropa gegangen. Safaa war ein willkommener Ersatzpfleger, er gab seiner Mutter kleine Schlucke Wasser durch einen Schlauch, fütterte sie und wischte ihr die Stirn. Seine kleine Schwester, die fünfjährige Sonja, war nur leicht verletzt und wurde in Ungarn von Verwandten abgeholt, die sie nach Deutschland brachten.

Dank vieler OPs und exzellenter medizinischer Pflege stabilisierte sich Halis Zustand. Im April 2018 konnte sie etwas mehr sprechen und andere Menschen erkennen, aber sich kaum bewegen. Safaas Familie hatte für ihre Pflege und seinen Aufenthalt bezahlt, 10.000 Dollar in den ersten fünf Monaten. Der Großteil des Geldes kam vom älteren Bruder aus München, aber der Familie gingen die Mittel aus. Alle hofften, dass Safaa und seine Mutter nach München kämen und ihre ganze Familie dort wieder vereinigt sein würde.

Aber Deutschland hatte bereits genug Flüchtlinge und wollte keine weiteren, vor allem nicht Bayern, die Hochburg von Horst Seehofers CSU. Ein Antrag auf Familienzusammenführung konnte Jahre dauern. Die Ärzte im Szegediner Krankenhaus sagten, sie könnten nichts mehr für Safaas Mutter tun.

Ich ging mit ihm zu Dr. Endre Varga, dem Traumatologen, der ihren Fall überwacht hatte. Safaas Mutter brauchte nun konstante Zuwendung von Familienmitgliedern, zusammen mit einem Pflegeteam. Sie brauchte Anreize durch Worte, Musik, Essen und Wasser, jegliche Art der Zuwendung von ihren Kindern könnte helfen, dass sie ihr Gedächtnis wiedererlangte. Und sie bräuchte tägliche Physiotherapie, um langsam wieder laufen zu können.

Safaa stand nun mit seinen 21 Jahren vor einer schwierigen Entscheidung. Wenn er in Ungarn Asyl beantragte, würden er und seine Mutter unter gefängnisähnlichen Bedingungen Monate in einer Transitzone verbringen, wahrscheinlich getrennt, so lange ihre Anträge bearbeitet wurden. Wenn sie dort bei ihm bliebe, im Rollstuhl, müsste er befürchten, dass sie nicht die nötige Hilfe bekäme, die sie unter solchen Bedingungen bräuchte, eingesperrt hinter Stacheldraht. Wenn sie im Krankenhaus bliebe, das sich die Familie nicht länger leisten konnte, wer würde sie dann betreuen? Wenn sie jedoch kein Asyl in Ungarn beantragten, würden sie beide nach Rumänien abgeschoben werden.

Im Frühsommer 2018 nahm ihr Fall plötzlich eine Wendung zum Guten. Dank der Mediation des UNHCR und dem guten Willen der ungarischen Immigrationsbehörde fanden Hali und Safaa Plätze im letzten offenen Flüchtlingslager bei Vámosszabadi, während ihr nun gestellter Antrag auf Familienzusammenführung von den deutschen Behörden bearbeitet wurde. Halis Zustand wurde langsam besser, sie konnte mehr wahrnehmen und mit UNHCR-Mitarbeitern sprechen und ihnen für ihre Hilfe danken.

Ich besuchte auch andere Opfer des Unfalls und fuhr nach Timişoara, auf rumänischer Seite. Samir, 25, stammte aus dem irakischen Mosul. Er kam mir langsam auf Krücken entgegen. Das dortige Flüchtlingslager, hier Emergency Transit Centre genannt, liegt am nördlichen Rand von Timişoara neben einem Einkaufszentrum. Es gab 200 Plätze für Menschen, die bereits einen Flüchtlingsstatus hatten und nun auf ihre Übersiedlung warteten, die meisten in die USA und nach Großbritannien. 50 weitere Plätze wurden bereitgestellt für diejenigen, die kürzlich illegal von Serbien nach Rumänien gekommen waren.

Samir hatte Schmerzen – besonders, wenn er sich umdrehte, um sich zu setzen. Wir gingen in ein Café im Einkaufszentrum, wo die Kellnerinnen bekannt dafür waren, nett zu Flüchtlingen zu sein. Sie ließen sie ihre Telefone aufladen und lange dort im Warmen sitzen, auch wenn sie nichts bestellten. Manchmal brachten sie ihnen gratis Sandwiches und Tassen mit Tee. Samir trug einen dunklen Kapuzenpullover mit orangenen Streifen, sein Bart war kurz und seine Augen dunkelbraun.

Goran, ein kurdischer Flüchtling aus dem Lager, der Asyl in Rumänien beantragt hatte, übersetzte für uns aus dem Arabischen ins Englische.

Samir hatte zwei Schwestern und drei Brüder, ein weiterer Bruder war von schiitischen Milizen getötet worden. Er hatte aber von seiner Familie seit langem nichts gehört, wusste nicht mal, ob sie noch leben. Sein Vater hatte vor dem US-Einmarsch 2003 in der irakischen Armee gedient. Nach dem Sturz Saddams löste die USA die Armee auf – ein strategischer Zug, der heute weitgehend als Desaster angesehen wird, da er viele der besten ausgebildeten Soldaten in die Reihen des sogenannten Islamischen Staates trieb; als erfahrene Kämpfer bildeten sie den Kern des entstehenden IS als effektive Kampfeinheit.

Samirs Vater floh über die Grenze in die Türkei. Als der IS Mosul im Juli 2014 einnahm, versteckte Samirs Mutter ihren Sohn im Haus. Nachdem irakische Truppen Mosul drei Jahre später im Juli 2017 zurückerobert hatten, wurde er von den neu eingesetzten Behörden als Verdächtiger angesehen.

Er ging in die Türkei und kehrte dann in den Irak zurück, da er annahm, dass die Lage sicher sei. Er wurde von einer schiitischen Miliz gefangen – dieselbe, die seinen Bruder ermordet hatte – sie steckten ihn in ein Gefängnis und folterten ihn, vermutlich, weil sie in ihm einen Kollaborateur sahen. Als er entlassen wurde, floh er in die Türkei und von dort erreichte er Bulgarien, Serbien und schließlich Rumänien.

Die medizinische Hilfe, die er nach dem Unfall mit dem Schleuser-Transporter erlitten hatte, war gut, meinte er. Nur die Polizei hatte ihn ständig gefragt, wann es ihm gut genug gehe, um abgeschoben zu werden. Zwei ungarische Polizisten waren dauernd im Krankenhaus unterwegs, obwohl Samir überhaupt nicht in der Verfassung war, wegzulaufen. Die Ärzte erlaubten den Polizisten zu früh, ihn mitzunehmen. In Rumänien verschlimmerte sich sein Bein, die Wunde öffnete sich wieder und er bekam eine Infektion. Jetzt wusste er nicht, wohin er gehen sollte.

Er hatte in Rumänien Asyl beantragt, aber schaute sich noch weiterhin um. Über Facebook blieb er in Kontakt mit den anderen, die durch das Lager weitergekommen waren und mit Schleusern Frankreich, Italien oder Deutschland erreicht hatten. Sie baten ihm an, zu helfen. Er war gespalten. „Ich will nicht in noch mehr Länder, ich habe genug davon, Grenzen zu überqueren. Deutschland, Rumänien, die sind alle gleich für mich, weil ich vorher noch nie in Europa war."

Samir war vor dem Unfall ein großartiger Fußballer, doch angesichts der Verletzungen würde er vermutlich nie wieder spielen können. Da er gut im Reparieren von Handys und Computern war, hoffte er auf diesem Gebiet eine Arbeit zu finden, oder als Sozialarbeiter. „Mir haben so viele Menschen auf der Reise geholfen, ich würde künftig Flüchtlingen auch gern helfen."

Erst wollte er jedoch seine Schule beenden, denn der Unterricht wurde nach dem US-Einmarsch 2003 heruntergefahren; da war er zehn Jahre alt.

Als ich ihn fragte, ob er irgendwelche Besitztümer aus dem Irak mitnehmen konnte, griff er an seinen Kragen und holte die Silberkette seines Vaters hervor. An seinem linken Handgelenk war ein dickeres silbernes Armband von seiner Schwester, ein weiteres, von seiner Mutter, war beim Unfall verloren gegangen.

Beim Unfall wurden auch Murat, seine Frau Khose sowie ihr neunjähriger Sohn Aiman verletzt; sie waren Jesiden aus einem Dorf am Rande des Sindschar-Gebirges. Als ich im Lager ankam, spielte Aiman Tischtennis mit anderen Kurden; später am Morgen besuchte ich seine Rumänisch-Klasse. Es gab nur drei Schüler, die merkwürdige Vokale und Silben eines komischen Alphabets übten, in einem Land, in dem sie sowieso nicht länger bleiben wollten als absolut nötig. Dennoch war Rumänisch lernen zumindest eine Ablenkung vom Warten.

Aiman nahm mich mit zu seinen Eltern, quer über das Gelände. Die drei wurden im Dezember von Ungarn abgeschoben. Sie mussten mehrere Stunden unter Schmerzen an der Grenze warten, ehe die Beamten den Papierkram erledigt hatten. Khoses Verletzungen verschlechterten sich sowohl an der Wirbelsäule als auch an den Beinen; in Timişoara musste sie zwei weitere Monate ins Krankenhaus. Meinen Übersetzer Goran schüttelte es förmlich, als er mir wuterfüllt ihre Geschichte erzählte. Er zeigte mir Fotos auf dem Telefon, wie er infizierte Wunden der Abgeschobenen selbst säubern musste, da sie nicht zügig in ein Krankenhaus gebracht werden konnten. Aiman half die meiste Zeit über seinen verletzten Eltern, kochte Essen, wusch das Geschirr, Kleidung und wechselte Bettwäsche, erzählte mir seine Mutter stolz.

Murat beschrieb mir, unter welchen dramatischen Umständen seine Familie aus der Sindschar-Region vor dem IS geflohen war. In seiner Familie hatte nur er ein Auto. Er fuhr mit seiner Frau, seinem Kind und so vielen Verwandten, wie hineinpassten, hoch in die Berge, um zu fliehen. Als er aber zur Familie seiner Frau zurückkehrte, war es zu spät, die Stadt war schon eingenommen. Neun ihrer Familienmitglieder waren noch vermisst, darunter einige Mädchen und kleine Kinder. Zwei Jahre lang hatten sie nichts von ihnen gehört und er befürchtete, dass sie alle tot sind.

Ich erinnerte mich an die Szenen totaler Zerstörung, Straße um Straße voll Schutt, die mir andere jesidische Flüchtlinge im November 2015 im serbischen Dimitrovgrad gezeigt hatten. Trotzdem fragte ich ihn, ob er sich vorstellen könnte, jemals zurückzugehen. Murat antwortete ruhig:

„Wohin soll ich zurückkehren? Da sehe ich auf der einen Seite von meinem Haus diejenigen, die der IS umgebracht hat, und auf der anderen eine Lücke, wo die vermissten Verwandten gewohnt haben. Wohin also soll ich zurückkehren? Ich kann nicht zurück in eine Stadt mit so vielen Problemen. Das Wichtigste ist jetzt, dass meine Frau sich erholt. Ich wünsche mir von Herzen, dass wir alle nach Deutschland können und dass die vier Kinder, die ich im Irak lassen musste, zu uns kommen und wir wieder zusammen als Familie leben. Hier können wir nicht bleiben.“

Aidi war 20, eine zielstrebige Jesidin, die zunächst im Irak geblieben war, um Wirtschaftskurse an der Universität Dohuk zu absolvieren, während ihre Mutter und sechs Brüder sich 2016 auf den Weg nach Europa machten. Ihr Vater war einige Jahre zuvor nach Deutschland gegangen. Im September 2017 machte sie sich alleine auf den Weg nach München.

In Rumänien hatte sie sich einem anderen Mädchen angeschlossen und war dann beim erwähnten Schleuser-Unfall in Ungarn verletzt worden. Zunächst wurde sie mit schweren Beinverletzungen ins Krankenhaus von Orosháza östlich von Szeged eingeliefert. Im Krankenhaus freundete sie sich mit der Baptisten-Pastorin des Ortes, Noémi Nikodém, an.

Ich dachte, der Arzt muss meine Beine amputieren und ich kann nie wieder gehen. Aber Dr. Zoltán sagte mir: Aidi, hab keine Angst, du wirst wieder gehen. Die Ärzte und Schwestern waren sehr nett, jeder hier in Ungarn war sehr höflich zu mir, und dafür bin ich sehr dankbar.

Noémis Mutter und andere Familienmitglieder besuchten sie im Krankenhaus. Dann wurde Aidi ebenfalls nach Timişoara abgeschoben. In der Lagerküche sang sie leise beim Geschirrspülen.

*

Nur 1.900 Menschen beantragten 2016 Asyl in Rumänien. 2017 stieg die Zahl auf 4.600, da mehr Menschen Rumänien als Transitland auf ihrem Weg nach Westeuropa nutzen wollten. Die meisten kamen durch Timişoara.[1]

Umsiedlung war ein anderes Thema – es schien wie ein leuchtendes Beispiel dafür, wie Dinge auch funktionieren konnten. Weltweit wurden vom UNHCR 126.000 Menschen aus Ländern umgesiedelt, aus denen sie flohen oder die als unsicher angesehen wurden. Das Emergency Transit Centre in Timişoara fungiert als Kompromiss-Zwischenstätte für diejenigen, die bereits zur Umsiedlung vorgesehen waren.[2]

Dort nahmen sie an Kursen teil und vervollständigten ihren Papierkram, ehe sie in die Endstationen ihrer Zielländer geflogen wurden.

2.500 Flüchtlinge hatten das Lager durchlaufen, seit es 2008 vom UNHCR, der Rumänischen Einwanderungs- und Asylbehörde IGI sowie der Internationalen Organisation für Migration errichtet wurde.

Am Nachmittag meiner Ankunft packten gerade 29 Flüchtlinge ihre Sachen für die Reise nach Großbritannien tags darauf. Sie stammten aus Afghanistan, Somalia, dem Irak und Eritrea; sie alle hatten sich in Syrien aufgehalten, als der Krieg ausbrach. Sie hatten in Syrien Asyl in Großbritannien beantragt. Die Bearbeitung hatte mehrere Jahre gedauert, war aber letztlich erfolgreich. Jetzt waren sie sehr aufgeregt.

Ruqia kam aus Somalia, sie reiste mit ihrem Sohn und zwei Töchtern im Teenager-Alter, Ahlam und Yasmin. Sie saßen auf den Betten in ihrer gelb und orange leuchtenden, afrikanischen Kleidung wie Schmetterlinge im rumänischen Winter. Sie grinsten übers ganze Gesicht, angelehnt an ihre Koffer, die schon gepackt bereitlagen für den Abflug nach Manchester am kommenden Morgen, per Lufthansa über München. Sie kannten sogar schon die Adresse der Wohnungen, die ihnen in Bradford im nordöstlichen England zugewiesen wurden.

Die letzten Jahre in Syrien waren die Hölle, erzählte mir Ruqia, die Familie sei andauernd in Gefahr gewesen.

Am nächsten Morgen traf ich sie um 3.30 Uhr am Flughafen von Timişoara wieder, sie waren erschöpft vom Schlafmangel. Mitarbeiter der Internationalen Organisation für Migration IOM halfen ihnen beim Abladen der Taschen am Check-in-Schalter, da das Service-Personal für den 5.50 Uhr-Flug noch nicht da war. Die Mitarbeiter der IOM gingen nach draußen, um Kaffee zu trinken und zu rauchen. Plötzlich kam eine Mitarbeiterin des Lufthansa-Check-in-Personals auf mich zu – vielleicht, weil ich irgendwie eine Jacke anhatte, die Autorität ausstrahlte.

Sie meinte empört, die Taschen stünden vor dem falschen Schalter, vor der Business Class. Sie sollten weggeräumt werden, um nicht den Passagieren der Business Class Unbehagen zu bereiten. Der Gedanke daran, 58 Taschen wegzuschieben, wenn auch nur ein Stück, schien entmutigend. Ich versuchte, einige der Männer aufzuwecken, dann überkam mich eine Welle der Empörung.

„Verstehen Sie nicht, dass diese Leute aus Kriegsgebieten kommen?", fragte ich sie. „Sie haben Krieg durchgestanden, Bombardierungen, Granatenbeschuss, Vergewaltigung und Gefängnis – und Sie sind ernsthaft besorgt, dass sie drei Meter neben der Reihe stehen, wo sie eigentlich stehen sollen?" Könnte sie nicht einfach die Schilder der Business Class und Economy Class tauschen?

Zum Glück kamen die IOM-Mitarbeiter genau in dem Moment zurück und lösten die Situation in Sekundenschnelle in einem Wortsturm Rumänisch. Die Familien verschwanden im Gate. Ihr Flugzeug würde weit über dem ungarischen Zaun entlang fliegen, nach Manchester mit Zwischenstopp in München. Dann würden sie in Nordengland ein neues Leben beginnen, in Hull, Leeds und Bradford.

Das Lager wirkte merkwürdig leer nach ihrem Abflug. Lagerleiter Vasilescu war stolz, sowohl auf die Arbeit in seinem Lager mit Flüchtlingen als auch mit irregulären Migranten. „Wenn ich Familien mit Kindern sehe, fühle ich Mitleid, weil ich auch Familie habe. Vielleicht würde ich an ihrer Stelle dasselbe tun." Er wusste, dass die meisten sich hier unter seiner Obhut ausruhten, während sie in Timişoara nach Schleusern Richtung Westeuropa Ausschau hielten.

„Selbst wenn sie unsere Regeln nicht befolgen, versuchen wir doch, es zu verstehen. Vielleicht hatten sie nicht das Glück einer Schulbildung oder haben eine andere Kultur und Religion. Wir versuchen, sie zu respektieren und ihnen verständlich zu machen, dass sie uns auch respektieren sollen."

An der Wand eines UNCHR-Raums hing eine Kinderzeichnung; man sah ein kleines Mädchen in einem blauen Kleid, das einem Soldaten in Tarnuniform, der vor ihr im Gras kniet, ein Bund Blumen reicht. Ein gelber Schmetterling, der auf seinem Finger sitzt, schaut neugierig zu den Blumen. Der Soldat lässt aus seiner linken Hand Munition fallen. Auf einem Spielplatz schaukelt ein kleines irakisches Mädchen in einem braunen Anorak auf einer rot-weißen Schaukel hin und her, ihre Augen sind fest geschlossen.

In den Wochen nach meinem Treffen mit ihnen hatten alle Opfer des Unfalls Rumänien mit der Hilfe von Schleusern vorerst verlassen.[3]

Samir erreichte Italien, Murat, Khose und Aiman hatten sich in einem Laster versteckt; sie wurden von der tschechischen Polizei entdeckt und zwei Monate lang in ein geschlossenes Asylaufnahmelager gesteckt. Danach wurden sie entlassen und konnten zu ihren Verwandten nach Hannover.

Aidi wurde in einem Auto über die ungarische Grenze geschleust, unter einer Decke im Rückraum. Vermutlich waren die Grenzer geschmiert, denn normalerweise wurden die Autos sorgsam durchsucht. Nach einer 20-Stunden-Fahrt von Timişoara setzte sie der Schlepper vor der Münchner Wohnung ab, in der ihre Eltern, ihr Bruder und Schwester wohnten. „Wir haben uns umarmt und wir alle haben ganz viel geweint." Aidi hatte sie über 18 Monate nicht gesehen. Die Behörden steckten Aidi in das Flüchtlingsaufnahmelager Regensburg, wo ich sie einen Monat später besuchte.

Wir saßen am Donauufer, nahe der alten Steinbrücke, die mittelalterlichen Türme der Stadt spiegelten sich im Fluss, die Glocken klangen jede Viertelstunde über das Wasser. Sie war so glücklich, sie platzte förmlich mit ihren Plänen heraus.

„Zuerst will ich in die Schule gehen und Deutsch lernen, dann auf die Uni, denn ich habe einen Traum. Ich möchte in einem Büro arbeiten, so gern würde ich in einem Büro arbeiten. Das ist mein Traum!"

Dafür musste sie erst einmal Asyl in Deutschland erhalten. Im April 2018 jedoch erhielt sie den Bescheid, dass ihr Asylgesuch abgelehnt wurde. Erst sah es so aus, als würde sie nach Rumänien abgeschoben. Nach all dem, was sie auf der Reise erlitten hatte – der Unfall in Ungarn, ihre Abschiebung nach Rumänien, die jetzige Reise nach Deutschland, die Freude über die Wiedervereinigung mit ihrer Familie – so schien ihre Welt jetzt erneut auseinanderzubrechen.

Dann jedoch wurde, nach dem sie Widerspruch eingereicht hatte, ihr Antrag bewilligt. Ihrer ungarischen neuen Bekanntschaft, der Pastorin Noémi, schickte sie Fotos vom großen Familienpicknick, das ihr Vater ihr zu Ehren in einem Münchner Park veranstaltete, um zu feiern.

Von Regensburg aus fuhr ich etwa drei Stunden Richtung Norden nach Gotha, wo ich Akhir traf, ein weiteres Opfer vom Unfall in Ungarn. Wie die meisten anderen war er von den ungarischen Behörden nach Rumänien abgeschoben worden und hatte mehrere Wochen im Lager von Timişoara verbracht. Von dort wurde er, noch immer auf Krücken angewiesen, durch Ungarn nach Deutschland geschleust

> Der Schlepper sagte uns, dass die Reise vier bis sechs Stunden dauern würde. Tatsächlich dauerte sie 37 Stunden. Wir hatten kein Essen, nur Wasser, und es war sehr kalt im Januar 2018. Der Lastwagen hielt an und uns wurde gesagt, wir sollten rausgehen und uns im Wald verstecken. Wir haben stundenlang gewartet, dann nahm uns ein Transporter mit und fuhr uns woanders hin. Schließlich wurden wir zu einem Auto gebracht. Nach einer Weile sagte der Fahrer: „Jetzt seid ihr in Deutschland."

Wir unterhielten uns in seinem Zimmer im recht heruntergekommenen Lager in den Ausläufern des thüringischen Gothas. Er hob sein Shirt an, um mir Unfallnarben zu zeigen, an seinen Schultern, seinem Arm und rund um seinen Oberkörper. Er konnte sehr froh sein, dass er Deutschland erreicht hatte, zwar sicher, aber auch ganz auf sich gestellt. Während wir uns unterhielten, rief er seine Frau und Kinder an. „Kannst du mich holen?", fragte sein dreijähriger Sohn, als könnte er ihn einfach greifen und durchs Telefon ziehen.

Mit Akhir ging ich zu Sigrid Ansorg vom Jugendmigrationsdienst des Diakoniewerks Gotha. Sie erklärte in ruhigem Tonfall, dass er schon einen Deutschkurs beginnen könne, noch bevor sein Asylgesuch entschieden sei. Je größer sein gezeigter Wille zur Integration sei – er war seit zwei Monaten in Deutschland, als wir uns trafen, und sprach kaum ein Wort – desto höher seien die Chancen, dass sein Antrag bewilligt werde. Im besten Fall könnten seine Frau und die Kinder nachkommen, basierend auf einem Antrag zur Familienzusammenführung; das wäre in seinem Fall ungefähr ein Jahr nach einem bewilligten Asylantrag möglich.

Sie machte ihn mit einem anderen kurdischen Mann bekannt, der versprach, Akhir seinem Vater vorzustellen. Dann sagte sie ihm: „Es ist wichtig, dass Sie sowohl in der eigenen Community als auch in der deutschen integriert sind."

Das Lager war voller einsamer Menschen, weit weg von ihrem Zuhause, isoliert. Viele verbrachten Stunden am Internet mit ihren Familien in der Ferne, hatten aber kaum Kontakt zu ihren Mitbewohnern im Lager.

Die Herausforderung, die Deutschland nun bevorstand im Umgang mit derart vielen einsamen Menschen, war gewaltig. Durch das Fenster sah man hinter den Fahrrädern der Lagermitarbeiter eine Reihe solider deutscher Eichen. 2015 hatten 890.000 Menschen Asyl in Deutschland beantragt, im Jahre 2016 waren es 280.000 und ein Jahr danach 190.000.[4]

Der starke Rückgang half dem Land, die Umstände besser zu meistern, aber das Thema Familienzusammenführung war haarig, besonders während der Koalitionsverhandlungen. Im Herbst 2017 sprachen sich Bündnis90/Grüne für eine maximale Familienzusammenführung aus, während die bayrische CSU das ablehnte. Aidis Schicksal schien an einem grünen Sieg zu hängen, aber die Koalitionsverhandlungen wurden abgebrochen und eine Große Koalition von SPD und CDU/CSU gebildet, wenngleich mit geschwächtem Wählerrückhalt.

Meine Recherchen in Ungarn führten mich auch zu den neunjährigen Jungen Hachem und Pasha, deren Mutter beim Unfall gestorben war. Im SOS Kinderdorf Fót bei Budapest kümmerte man sich um die beiden sowie um die zwölfjährige Horia, die allein reiste. Das UNHCR unterstützte die ungarischen Behörden und das Rote Kreuz bei der Suche nach Familienmitgliedern der drei Kinder in Westeuropa. Nach mehreren Monaten in Fót wurden sie erstmals wieder mit ihren Verwandten in Österreich und Deutschland zusammengebracht.

Bis Mai 2018 hatten 14 der 17 Überlebenden des Unfalls Österreich oder Deutschland erreicht. Einer, Omar, wurde unter Dublin-Bestimmungen wieder nach Rumänien abgeschoben, Safaa und seine Mutter Hali waren noch in Ungarn.

KAPITEL 15

WISH YOU WERE HERE

Als Nation sind wir ängstlich geworden. Angst ist gefährlich, für uns und für andere. Es verleitet uns dazu, auszuholen, wir hören auf zu denken, unser Scharfsinn geht verloren ... und warum sind wir ängstlich geworden? Weil sich mit Angst viel leichter umgehen lässt als mit Unbehagen. Unbehagen verlangt so viel von einem.

Adam Seligman, Boston University[1]

Berlin, Juni 2017

Nawras Ali lebt im Berliner Stadtteil Moabit. Zuletzt hatte ich ihn am Budapester Ostbahnhof Ende August 2015 gesehen, als er mit anderen gegen die Entscheidung der ungarischen Regierung protestierte, Flüchtlinge nicht weiterreisen zu lassen. Jetzt wohnt er in der deutschen Hauptstadt, hat einen guten Job, eine hübsche Wohnung und viele Freunde, Deutsche wie Syrer. Die Sprachstufe B1 hatte er schon bestanden, nun strebte er B2 und C1 an; die Kurse beginnen bei A1 und enden mit C2, bei welcher man fließend sprechen kann. Alle Flüchtlinge sind angehalten, mindestens B1 zu erreichen.

Deutschland nimmt die Integration von Neuankömmlingen sehr ernst. Für Nawras aber war es besonders wichtig, dass er eine Arbeit gefunden hatte; jetzt ist er Mitarbeiter eines deutsch-syrischen Video-Zentrums, das Dokumentarfilmern im Nahen Osten hilft. Sein Büro liegt nur ein paar Minuten entfernt vom U-Bahnhof Turmstraße. Im Frühsommer ist die Straße belebt, Lebensmittel-Geschäfte zeigen volle Auslagen mit allem, was es an Obst und Gemüse gibt.

Er wartet auf dem Bürgersteig vor seinem Büro: kurzer Bart, braune Augen, 26 Jahre alt. In Damaskus war er Dichter und Übersetzer mit einem Abschluss in Hotelmanagement. Er hatte Syrien verlassen, damit er nicht zur Armee eingezogen wird.

Ich habe mich entschieden, mein Land zu verlassen, weil es
nicht mein Krieg ist. Soll ich mein Leben aufs Spiel setzen, damit irgendjemand Präsident bleiben oder werden kann? Das ist
ein Krieg über Chefsessel, warum sollte ich für so was sterben?
Ich habe alles hinter mir gelassen. Stell dir vor, du hättest deine
Familie verloren, all die Orte, die Erinnerungen, alle Menschen,
die du mal geliebt hast, und all deine Freunde. Jetzt hast du nur
noch einen Namen – aber die neuen Leute, die du kennenlernst,
können deinen Namen nicht mal richtig aussprechen! Also hast
du eigentlich auch deinen Namen hinter dir gelassen.

Auf der griechischen Insel Kos kaufte er sich – nachdem er bei der Überfahrt
von der Türkei auf einem überfüllten undichten Schlauchboot alle seine Sachen
verloren hatte – eine kleine hölzerne Scheibe mit dem Peace-Symbol. Frieden,
den er in Europa zu finden hoffte.

Die Gastfreundlichkeit der Deutschen begann für ihn nicht erst in Deutsch-
land, sondern schon in Mazedonien. „Als wir die Grenze nach Serbien über-
querten, trafen wir einen deutschen Soldaten. Er fragte uns: Geht ihr nach
Deutschland? Wir bejahten und er meinte: Dann müsst ihr lernen, „Guten
Morgen" zu sagen. Er war sehr nett, das war meine allererste Erfahrung mit
Deutschen."

Als Nawras im September 2015 Deutschland erreichte, verbrachte er zunächst zwölf Monate in der Flüchtlingsunterkunft Morbach in Rheinland-Pfalz.
Obwohl er damals kein Wort Deutsch sprach, beherrscht er die Sprache nun
schon fast fast fließend und gibt Arabischkurse. In Berlin sitzen wir an einem
langen Holztisch oben in seinem Büro. Wir reden leise, um seine Kollegen nicht
zu stören; sie sitzen in Studiokabinen, die vom Flur abgehen. Ich frage ihn, ob
er sich nun frei fühlt, hier mitten in Europa, nachdem er dem Krieg zuhause
entkommen ist. Ein melancholisches Lächeln fliegt über sein Gesicht. Er zitiert
Pink Floyds Liedzeilen von *Wish you were here*: „Did they get you to trade your
heroes for ghosts? Hot ashes for trees? Hot air for a cool breeze?" und sagt:
„Es ist natürlich keine Freiheit, aber … welche anderen Optionen haben wir? Es
ist nicht gerecht, die Welt ist halt nicht gerecht."

Später zeigt mir Nawras die Wohnung, die er sich mit anderen Flüchtlingen
teilt. Er verdient genug, damit er seinen Mietanteil, Krankenversicherung und
Steuern zahlen kann. Also trägt er bereits nach weniger als zwei Jahren seinen
Teil zur deutschen Wirtschaft bei. Die Wohnung ist modern und aufgeräumt, es

gibt einen kleinen Balkon. Durch das Fenster bläst der Wind. Hot air for a cool breeze ..., denke ich. Nawras meint:

> Viele Leute hießen uns von Anfang an willkommen und das tun sie immer noch. Aber es gibt auch Leute – die sind keine Rassisten, aber sie haben einfach Angst und sind vorsichtig, sie versuchen genauer zu verstehen, was hier passiert. Wer sind diese Leute? Können wir ein gutes Leben haben, wenn sie Teil der Gesellschaft sind, oder nicht? Ich kann die Bedenken total verstehen.

Nawras hatte voller Sorge und Ernst die Vorfälle mit Asylbewerbern verfolgt, angefangen mit der Kölner Silvesternacht 2015 und den Übergriffen auf Frauen.

> Was in Köln passiert ist, hat alle getroffen. Vor allem die Frauen, die diese furchtbaren Erlebnisse durchmachen mussten. Es hat aber auch viele getroffen, die damit gar nichts zu tun hatten, die hier wegen des Kriegs hergekommen sind oder wegen schlimmer Zustände in ihren Ländern.
> Wie ist das möglich gewesen, dass 1.000 Männer – wie eine kleine Armee – sich zusammentun und entscheiden, sich so furchtbar zu verhalten, dass sie Frauen belästigen, begrapschen oder sogar vergewaltigen?
> Selbst wenn nur ein Prozent der einen Million Flüchtlinge, die nach Europa gekommen sind, Terroristen sind, dann sind das 10.000 – das hätte vielleicht also 10.000 Terroranschläge in den letzten beiden Jahren bedeutet. Aber wie viele hat es gegeben, fünf, sechs? Was können wir überhaupt daraus lernen? Vielleicht wurden einige dieser Typen von Terrororganisationen hergeschickt, aber ich glaube auch, dass einige schlichtweg mentale Probleme haben. Sie verlassen ihre Länder, stehen auf ihrer Reise schreckliche Dinge durch und bleiben dann isoliert in einem völlig fremden Land – das setzt ihnen zu. Sogar bei mir war es so, ich war zwei, drei Monate unterwegs und habe mit praktisch niemandem reden können. Da kann es leicht passieren, dass man den Verstand verliert.

Nawras erwähnte auch den Fall vom September 2016, bei dem ein deutscher Bürger türkischer Abstammung in einem Münchner Einkaufsviertel Amok lief.

> Er war in einer Identitätskrise, er wollte immer als Deutscher anerkannt sein, aber er fühlte sich immer nur als Türke gesehen, als Einwanderer. Letztlich ist er innerlich explodiert und hat diese terroristischen Handlungen begangen. Schauen Sie in die USA und Sie finden ähnliche Fälle in Schulen oder da, wo Leute gemobbt oder psychologisch gefoltert wurden und dann solche schrecklichen Dinge tun.

Die Vorfälle bestärkten Nawras noch mehr, sich zu integrieren und zu beweisen, dass man ihm trauen konnte.

„Wenn dir solch eine Gelegenheit gegeben ist wie hier, ein neues Leben zu beginnen, dann hat man eine noch größere Verpflichtung, den Ort und die Menschen zu respektieren, die einem geholfen haben, und sie zu schützen vor Leuten, die ihnen schaden und dieser wunderbaren Gesellschaft."

Kollektivschuld gebe es seiner Meinung nach nicht. Es sollten nicht alle Flüchtlinge die Schuld bekommen, wenngleich er weiß, dass es immer so sein wird. Nawras sagt, wenn er jemanden hört, der irgendetwas Schlechtes gegen Deutschland plant oder extreme Ansichten äußert, würde er sofort zur Polizei gehen. Ich frage ihn, ob er dauerhaft in Deutschland leben möchte und ob Deutsche ihn wirklich akzeptieren würden als Fremden in ihrer Mitte?

> Wissen Sie, das ist komisch, irgendwie denke ich jeden Tag über diese Frage nach. Als ich in Morbach war, traf ich einen Mann aus Syrien, der seit 40 Jahren in Deutschland lebte. Er meinte zu mir: Wenn du hier leben willst, musst du einige Dinge in dir abtöten. Du musst sterben und mit einer anderen Persönlichkeit wiederkommen, einer anderen Haltung. Wenn du weiterhin an dein Land denkst, wirst du dich foltern und komplett zerrissen sein zwischen der westlichen Gesellschaft und der total östlich-orientalischen Gesellschaft, und dann wirst du niemand richtig sein, weder Syrer noch Deutscher, sondern nur jemand von anderswo, der hierbleibt.
> Ich kenne die Antwort auch nicht, aber welche Alternative haben wir?

Am Abend nimmt er mich mit in eine Kultur-Kneipe namens „Neue Nachbarschaft". Ein eigentlich typisch deutscher Ort mit langen Tischen und einem Stammtisch – nur statt zünftigem Biertrinken und Krügen, die auf Tische donnern und heruntergekommenen Jugendlichen, gezeichnet von Alkohol und Drogen, sieht man hier die meisten Leute Tee trinken und friedlich plaudern. Er zeigt mir alles und stellt mich Freunden vor, Deutsche und Syrer; Männer und Frauen, ich trinke Bier, er heißen Ingwertee. Yann, ein Student aus Zürich, erklärt mir das Konzept der Kneipe. Jeder, der Deutsch lernen möchte oder sich mit Deutschen treffen, kann herkommen, ob Flüchtling oder nicht. Es finden sich Deutsche hier, die sich mit Ausländern treffen wollen, zum Unterrichten oder zum Plaudern und Feiern. Im Stimmengewirr muss ich beinahe brüllen, um Gehör zu finden. Ich frage Nawras, ob er jemals wieder zurückgehen würde.

> Ich erinnere mich an die Nacht, als ich Damaskus verlassen habe. Das muss so zwei Uhr morgens gewesen sein. Ich war auf dem Weg zum Busbahnhof, um zum Flughafen von Beirut zu fahren, also hinüber in den Libanon. Als wir am Haus meiner Schwester losfuhren, sah ich aus dem Auto alles noch mal an, ich sah die alte Zitadelle von Damaskus, die Autos, Straßen, sogar die Mülltonnen. Ich wollte alles im Gedächtnis festhalten, sogar die Gerüche. Damaskus ist sehr besonders, nicht irgendeine Stadt, die älteste Hauptstadt der Welt. Wo immer man auch hingeht in der Altstadt, man hat das Gefühl, was man riecht und sieht, ist 10 000 Jahre alt. All die Zivilisationen, all die Leute, die hier gelebt haben und immer weiterleben. Als ich aus Damaskus herausfuhr, habe ich zu mir gesagt: Einmal kommst du noch zurück.

Bargteheide, Schleswig-Holstein

Haneen erwartet mich am Bahnhof der Kleinstadt, wo sie jetzt mit ihrem Vater Bashar lebt. Ich kenne Facebook-Fotos von ihr, auf denen sie einen Hijab trägt. Sie hat ein ovales Gesicht, sehr gleichförmige Augenbrauen und eine ernsthafte, selbstbewusste Art, die sich mit einem ungezwungenen Lachen abwechselt.

Wir schlendern bei strahlendem Sonnenschein durch Bargteheide, Regenwolken bilden sich schnell im kalten Wind. Typische weite Flächen, nordeuro-

päisch geprägt, man kann förmlich die Möwen kreischen hören und die Salz-
luft riechen, die von der Nordsee her weht. Niemand starrt Haneen an, ein
Mädchen mit Hijab, oder blickt auf uns, ein europäischer Mann und eine Frau
aus dem Nahen Osten. Es herrscht kleinstädtische Freundlichkeit, wir grüßen
vorbeigehende Leute. Die Wohnung, in der sie mit ihrem Vater lebt, liegt 15
Minuten vom Bahnhof entfernt, im zweiten Stock eines Backsteinhauses mit
Fahrrädern im Flur und Blumen auf dem Fensterbrett.

Alles ist blitzblank und strahlt die Ordnungsliebe der deutschen Mittelklas-
se-Provinz aus. Die meisten Namen am Klingelschild sind deutsch, die Hauspan-
toffeln stehen aufgereiht neben den Fußmatten. Ihr Vater ist beim Deutschkurs. Er belegt derzeit den A1 Kurs, er lernt das Alphabet und grundlegende
Grammatik, die er braucht, damit er wieder als Tischler und Schneider arbeiten
kann. Haneen hat bereits das B2 Examen geschafft. Als wir uns in Ungarn getroffen haben, sprachen wir Englisch, jetzt möchte sie lieber Deutsch sprechen.
Sie findet die Sprachen verwirrend ähnlich im Vergleich zu ihrer Muttersprache
Arabisch.

Ihre Mutter Maha lebt immer noch in Damaskus, so auch ihre ältere
Schwester Ranin, 23, und ihr kleiner Bruder Nour, 13. Sie vermisst sie sehr und
hofft, dass sie bald in Deutschland zusammenkommen können. Deutschland
hat aber keine Botschaft mehr in Damaskus, also muss ihre Mutter nach Jordanien oder in den Libanon reisen, um dort ein Visum zu beantragen, ehe sie
ihren Ehemann und Haneen wiedersehen kann. Beide Länder sind bereits voller syrischer Flüchtlinge, was das Reisen schwierig macht.

Maha hat einen Termin bei der Deutschen Botschaft in Amman, aber es
ist noch nicht klar, ob die jordanischen Behörden ihren Besuch dort erlauben.
Falls sie darf und ihr Antrag auf Familienzusammenführung angenommen wird,
würde es noch weitere sechs Monate dauern, bis das Verfahren abgeschlossen
ist. Da wäre es einfacher, mit dem Auto von Damaskus nach Beirut zu fahren,
aber die Warteliste für Termine bei der dortigen Deutschen Botschaft ist noch
länger. Sie hatte noch nicht einmal eine Antwort auf ihr Schreiben von vor fünf
Monaten. Nach der Erfahrung mit anderen Flüchtlingen lässt sich sagen, dass
ihre Mutter und ihr jüngerer Bruder vermutlich nachkommen können. Es ist
nur eine Frage der Zeit, man braucht Geduld, sagt Bashar, als er vom Deutschkurs wiederkommt.

Zusammen schauen wir Fotos an, die ich von ihr und der Gruppe Mitreisender im Maisfeld von Röszke an der ungarisch-serbischen Grenze gemacht hatte. Haneen zeigt auf andere Menschen, die sie von der Reise wiedererkennt.

Ihre Freundin Rama hatte nach mehreren Monaten auf Korsika in Frankreich einen Flüchtlingsstatus erhalten und hofft nun immer noch, dass sie ihre Tante in England besuchen darf. Haneens Onkel lebt auch hier in Bargteheide, am anderen Ende des Städtchens.

Ein junger Palästinenser und sein Vater, die mit ihnen reisten, leben jetzt in Hamburg, sie haben noch gelegentlich Kontakt. Eine alleinreisende syrische Frau, auf die sie unterwegs trafen, hatten sie zuletzt im Transitlager Dresden gesehen.

Haneen ist Deutschland dankbar für ihre Wohnung; sie hat ein eigenes Zimmer, das sie weiß, pink und lila gestrichen hat. Sie und ihr Vater wurden im Februar 2016 als Flüchtlinge anerkannt, fünf Monate nachdem sie in Deutschland angekommen waren. Sie bekommen 360 Euro pro Monat, was zum Leben reicht, da das Job-Center ihre Miete übernimmt.[2]

Bashars Tischlerei im Stadtteil Zamalka in Damaskus wurde bei einem Luftangriff 2014 vollständig zerstört.[3]

Haneen erinnert sich, wie sie auf dem Nachhauseweg rannte, um einen Unterschlupf zu finden. Sie kam gerade aus der Schule, in der ihre Mutter Religion unterrichtete. Nachdem ihr Vater Geschäft und Lebensunterhalt sowie sein ganzes Werkzeug verloren hatte, zog die Familie in eine andere Wohnung nahe des Stadtzentrums.

Sie entschieden, dass Haneen und Bashar nach Europa reisen sollten, die anderen würden folgen. Die Kosten und die Gefahren der Reise entmutigten sie jedoch, gemeinsam zu reisen. Der schlimmste Teil der Reise war die neunstündige Überfahrt von der türkischen Küste zur griechischen Insel Samos auf einem hoffnungslos überfüllten Schlauchboot. Der Motor fiel aus und das Boot begann zu sinken, als ein chinesisches Containerschiff sie entdeckte und die griechische Küstenwache alarmierte. Ein Polizeiboot nahm die durchnässten Flüchtlinge an Bord. Vier Tage später – sie fanden nur an zwei Nächten Schlaf – sowie nach 30 Kilometern Wegstrecke, erreichten sie von Serbien aus die ungarische Stadt Röszke.

Nach ihrem Leben in Damaskus erschien Haneen Bargteheide naturgemäß etwas langweilig, wie sie zugab. Also nahmen wir den Zug ins nahegelegene Lübeck. Haneen liebt es, an Schaufenstern entlangzubummeln, durch die Altstadt zu schlendern und sich alte Kirchen und Ratsgebäude mit ihren hanseatischen Spitztürmen anzuschauen. Hier in Lübeck würde sie gern Architektur studieren. Den Traum, Architektin zu werden, hatte sie bereits, ehe sie Syrien verließ.

Da derzeit Ramadan ist, essen und trinken sie und ihr Vater nicht vor Sonnenuntergang. Wir setzen uns an die Trave in die Sonne. Die Sprache sei die schwierigste Sache für sie, mit der sie klarkommen müsse, erzählt sie. Die meisten ihrer Freunde sind ebenfalls Flüchtlinge; es gibt ein loses Netzwerk von Syrern und Irakern, die sie in verschiedenen Lagern kennengelernt hatte. Sie kann es kaum erwarten, auch mit jungen Deutschen in Kontakt zu kommen; sie findet sie freundlich und einladend, aber auch reserviert.

Die einzige Situation, bei der sie Angst oder Feindseligkeit erfahren hatte, war in Dresden, wo sie in einer großen Basketballhalle untergebracht war. Auch jetzt noch bemerkt sie, wenn Kinder auf ihr Kopftuch starren, aber das will sie nicht aufgeben. „Es ist ein Teil von mir." Haneen mag vieles in Deutschland, aber sie muss auch sie selbst bleiben, meint sie, und das Kopftuch ist Teil davon.

„Deutsche akzeptieren das, sie haben kein Problem mit Menschen aus fremden Kulturen. Es gibt Menschen, die Flüchtlinge nicht mögen, aber die meisten tolerieren uns."

Auf dem Weg zurück zum Lübecker Bahnhof kommen wir an einer bronzenen Reiterstatue Otto von Bismarcks vorbei, die vom Salz des norddeutschen Regens grün geworden ist. Wer war Bismarck, fragt sie. Ein Vorgänger von Angela Merkel, sage ich, und von Helmut Kohl, nur mit Pickelhaube und buschigem Schnauzbart. Der die deutschen Staaten durch Krieg und Diplomatie vereinte. Der Mann, der ein großes Deutschland schuf, das heute so stark und groß ist, dass es so vielen Flüchtlingen helfen kann.

Und in meinem Kopf schwirrt der absurde Gedanke, dass heute, zu Beginn des 21. Jahrhunderts, Bismarck ein toller Name für einen Hund wäre, ein Diener, der klüger wäre als sein Herrchen.

In Haneens Zimmer in Bargteheide liegen viele Nadeln, mit denen sie ihr Kopftuch zusammensteckt, sowie ein kleines Arsenal von Lippenstiften und Parfümen. Sie hat Fotos an den Wänden von Mitstudenten und ihrer Deutschlehrerin Anna – ihrer ersten Freundin in Deutschland. Sie liest gerade einen amerikanischen Thriller, *Tote Mädchen lügen nicht*, und die türkische Autorin Elif Shafak, *Die vierzig Geheimnisse der Liebe*. Interessieren sich Deutsche für sie, wer sie ist, oder warten sie ab, bis sie wie die Deutschen wird? Haneen findet die Frage amüsant. „Ich möchte einfach ich selbst sein, ich kann nicht einfach entscheiden, jetzt auf deutsch zu machen. Niemand kann so was – vortäuschen, was man nicht ist. Man kann aber von dieser Kultur etwas lernen, zum

Beispiel, wie viel Wert sie auf Zeit legen. Sie sind so …" – Haneen sucht nach dem Wort – „pünktlich, das ist großartig."

Im Radio hört sie meistens Rock, ihr Lieblingssender ist Radio Hamburg. „Nur Musik, keine Nachrichten. Ich mag keine Nachrichten."

Während wir spazieren waren, hatte ihr Vater das Ramadan-Essen für uns vorbereitet. Sie teilen sich Essen machen und Hausarbeit – je nachdem, wer an dem Tag Deutschkurs hat. Bashar hat flache arabische Brote mit Sauerrahm und geriebenem Käse angerichtet und Kreuzkümmelsamen darüber gestreut. Dazu einen großen Blattsalat sowie einen Gurken- und Joghurtsalat mit Knoblauch und Minze, ähnlich wie griechisches Tsatsiki. Alles vegetarisch, aus Respekt vor ihrem Gast, mir.

Sie reichen dazu eine große Flasche brauner Flüssigkeit, die Bashar aus Wasser und Tamarinde gemixt hat, ein traditionelles Getränk zum Fastenbrechen. Bashar spricht ein kurzes Gebet und dankt Gott für seine Großzügigkeit, seine Hilfe für Notleidende und beschreibt ihr Opfer, das sie für ihn bringen, indem sie im heiligen Monat fasten. Wir kauen langsam auf unseren Datteln, dann widmen wir uns dem Hauptgang.

Köln

Tariq kommt zu spät zu unserem Treffen am Hauptbahnhof, er hatte einen Termin mit seinem Bankberater. Es ist nicht leicht, unter falschem Namen ein Bankkonto zu eröffnen, aber das macht sein Leben in Deutschland einfacher. Sein richtiger Name wurde für ihn zur Belastung, da er sich zuerst in Österreich registrieren ließ und seine Fingerabdrücke dort abgab. Als er in Deutschland ankam, beantragte er nochmals Asyl, unter seinem richtigen Namen.

Marokkaner haben aber nur eine geringe Chance, dass ihr Asylantrag in der EU bestätigt wird, da ihr Land als sicher eingestuft wird. Wenn eine Person nicht nachweisen kann, dass sie vertrieben worden ist, bleibt nur die Möglichkeit, sich auf die Herkunft aus der Westsahara zu berufen; dort kommt es an der Grenze zu Mauretanien immer wieder zu territorialen Konflikten. Eigentlich ist Tariq also gar kein Flüchtling. Er ist Elektroingenieur mit einem Studienabschluss von der Universität Marrakesch. Er ist spezialisiert auf den Kraftwerkbau und kam nach Europa, um dort sein Glück zu suchen. Nach den derzeitigen Regelungen hatte er aber wenig Chancen auf eine Stelle in seinem Beruf. Also musste er Asyl beantragen und die Verfahren durchlaufen, selbst wenn er vor nichts flieht, abgesehen von niedrigen Löhnen und fehlenden Perspektiven sowie Langeweile in seiner Heimatstadt im Westen Marokkos.

Der Bahnhofsvorplatz sieht aus wie auf den Bildern vom Neujahrsabend 2015. Der dunkle Dom, der aussieht wie ein sich aufbäumendes Pferd, die Linsen der Second-Hand Kameras im Fotoladen, die Gesichter der Polizisten in ihren Stiefeln vor dem Bahnhofseingang, als brüteten sie alle über der Frage: Was heißt es heute, deutsch zu sein? Und war es richtig, so vielen Nicht-Deutschen Unterschlupf zu gewähren unter unseren großen Adlerschwingen?

Tariq kommt in einem geblümten, schwarz-weißen T-Shirt und mit verspiegelter Sonnenbrille. Seine Haare sind länger als bei unserem letzten Treffen, sie fallen dunkel über seinen Kragen. Ich denke mir: Er ist zu dürr, vielleicht haben ihn die Jahre der Illegalität ausgezehrt, und dennoch sieht er gut aus. Als er seine Sonnenbrille absetzt, blicken seine braunen Augen überraschend sanft und verletzlich. Er bräuchte einen anständigen Zahnarzt, dann könnte er sich auf eine gute Stelle bewerben und jedem Amtsträger gegenübertreten. Wir gehen zum Plaudern das Rheinufer entlang. Spärlich bekleidete Frauen liegen zum Sonnenbaden auf dem Gras, während Touristen den Sommer-Nachmittag in einer Reihe teurer Cafés durchschlürfen. Ärmere oder freiere Seelen wie wir sitzen mit einer Flasche Apfelschorle im Schatten unter den Bäumen und schauen allem zu.

„Wenn man nach Deutschland kommt und Asyl beantragt, gibt einem die Regierung einen Platz zum Schlafen und etwas Taschengeld", erklärt er. Er bekommt 287 Euro im Monat sowie einen Schlafplatz in einem ehemaligen Klassenzimmer einer Schule in Köln-Troisdorf, den er sich mit zwölf anderen teilt.

„Mit dem Geld kann man überleben, aber nicht für die Zukunft planen." Man kann natürlich versuchen, schwarz zu arbeiten, vielleicht einmal die Woche für fünf oder sechs Euro pro Stunde – weit unter Mindestlohn. In Restaurants Geschirr spülen, auf Baustellen arbeiten, malern. Er kennt Leute, die das seit Jahren machen, dagegen ist er recht neu in diesem Geschäft. Er berichtet, dass viele Nordafrikaner zur selben Zeit ankamen wie er. Marokkaner, Algerier, Tunesier, Ägypter. Einige hatten schon in Europa gelebt, in Spanien, Portugal oder Italien, und hatten schwarz gearbeitet. Andere waren neu wie er.

Die Flüchtlingskrise eröffnete ihnen einen neuen Weg, um in der EU zu überleben – die Asyl-Strategie. Das Schwierige an Illegalen ist – die Illegalität, die Gefahr, von der Polizei ohne Papiere aufgegriffen zu werden oder ins Gefängnis zu kommen oder abgeschoben zu werden. Mit der Asyl-Strategie konnten sie sich auf offizielle Papiere bewerben und einen Schlafplatz bekommen

– um zumindest ein paar Monate „legal" zu leben und dann vielleicht unter einem anderen Namen untertauchen. Ich sagte Tariq, dass genau dieses Verhalten in Zeiten des Terrors ein Alptraum für Polizisten ist. Er kratzte sich am Kopf; er war es nicht gewohnt, Dinge aus der Sicht von Polizisten zu betrachten. Er sah sie mehr als armer Wanderer, der in einem oft feindseligen Europa überleben will.

„Man kann sich jeden Namen geben, aber es steht dann auf dem Ausweis, dass die Daten nicht auf Original-Dokumenten fußen. Das ist also leicht. Ich kenne Leute, die fünf Namen benutzt haben. Manchmal fragt man sie nach ihrem echten Namen. Das funktioniert also."

Tariq erklärte, dass die Unsicherheit über ihre wahre Identität zu ihrem Vorteil sei. Wenn man echte Dokumente hätte, wüsste die Polizei mit Sicherheit, wer man ist und sie könnte das dann auch Behörden und Regierungen der Heimatländer mitteilen, die dann die Abschiebung in Gang setzen. Jeder Asylbewerber gibt also seine Fingerabdrücke ab, damit die Behörden ihn identifizieren können und gleichen diese mit allen Identitäten ab, die er bislang angenommen hat. Sie wissen nur nicht, welche der Identitäten oder Namen die echten sind. Er kannte allerdings auch Algerier und Tunesier, die dennoch abgeschoben wurden. Die Polizei kam um zwei Uhr nachts und brachte sie direkt zum Flughafen Frankfurt. Ein paar Stunden später waren sie in ihrer Heimat – und wiederum ein paar Monate oder Jahre später waren sie, so oder so – wieder in Europa. Für Marokkaner gab es weniger Druckmittel, meinte er.

„Ohne Pass glauben sie dir eh nicht, selbst wenn ich meinen richtigen Namen sage." Seinen echten Pass hatte er auf der Ägäis zerrissen, als er vom kleinen Boot aus die ersten Lichter von Mytilene auf Lesbos sah. Kurz darauf fiel der Außenbordmotor aus. Sie wurden von der türkischen Küstenwache wieder an Land gezogen und nun war er in der Türkei – ohne Papiere. Beim dritten Anlauf klappte seine Überfahrt auf die griechischen Inseln.

Als die Vorfälle in Köln am Silvesterabend 2015 geschahen, war er noch in Athen. Als Nordafrikaner spürt er jedoch den „Köln-Effekt". Wenn er in einen Supermarkt geht, folgen ihm die Security-Mitarbeiter. Ich frage ihn, was er macht, wenn ein Einwanderer in seiner Gegenwart davon spricht, dass er Deutschland hasse oder sogar einen Anschlag vorhabe.

„Erst einmal würde ich mit ihm reden, wie mit einem Freund. Wenn er aber nicht auf mich hört, gehe ich zur Polizei. Ich verliere dann einen Freund, aber ich rette damit viele Menschen – Kinder, Frauen, Alte."

Erst gehen wir einkaufen, ich besorge die Zutaten: Tiefkühlpizzen, Fetakäse, Joghurt, Falafel, Gurken und Tomaten – ein Huhn liegt schon in Tariqs Gefrierfach. Der Supermarkt ist voll von Muslimen mit ähnlichen Vorhaben, Frauen mit Kopftüchern, bärtige Männer, denen ein Schwarm Kinder folgt. Die Erwachsenen wirken etwas angespannt nach dem ganzen Tag ohne Essen und Trinken, die Kinder eher verspielt; sie genießen es noch, dass sie für das Fastengebot zu jung sind. Ich habe mich über den ganzen Tag zurückgehalten, um mich besser in die Menschen hineinzuversetzen, mit denen ich den Abend verbringe.

Die Wände der Schule sind noch immer mit Szenen aus der Meereswelt dekoriert – große Kraken, Haie, Regenbogenfische, verrückte Taucher und kleine Schiffe, die auf der Oberfläche schwimmen. Draußen auf dem Spielplatz stehen drei große Tischtennisplatten aus Beton. Einige Leute sitzen in den Eingängen, andere sind schon geschäftig beim Vorbereiten in der ehemaligen Schulküche.

Tariq zeigt mir seinen Aufenthaltsraum, der ehemalige Klassenraum der „Klasse 9 und 10 von Frau Pieper", wie es auf einem Blatt neben der Tür steht. Der Raum ist mit Decken und Metallgittern in mehrere Abschnitte geteilt. In Tariqs Ecke stehen drei Betten, kleine, unordentliche Haufen der bescheidenen Besitztümer liegen herum – alleinlebende Männer, wie in der Schwebe gehalten.

Andere Räume, in denen Familien mit Kindern leben, erscheinen wohnlicher. Viele hier stammen aus afrikanischen Ländern: Guinea, Nigeria, Eritrea. Die Eritreer haben eine hohe Bleibechance, die anderen eine eher kleine – dennoch lachen sie alle gemeinsam und bereiten in der Küche die erste Mahlzeit des Tages vor. Ein Mann aus Guinea brät Fisch. Seefisch oder Flussfisch? Flussfisch, lacht er, als wäre es völlig absurd, Seefisch zu braten. Ein Marokkaner verbindet sein Telefon mit einem Lautsprecher, aus dem etwas schallt wie Musik eines nordafrikanischen Rappers. In einer Pfanne brutzelt Fleisch mit Minze und Zwiebeln, in der anderen unser Falafel. Zwei algerische Männer schälen Kartoffeln.

Hier kochen überwiegend Männer und durch die islamische Kultur gibt es offenbar eine gewisse Kameradschaft zwischen ihnen. Während ich Gurke und Knoblauch hacke, mit Joghurt und Salat mische, möchte ich abschmecken, ob genug Salz dran ist und mir fällt beinahe mit Schrecken ein, dass heute niemand bis 21.45 Uhr etwas essen soll.

Die letzte Stunde geht sehr langsam vorüber. Alle legen die letzte Hand an ihre Gerichte. Ich setze mich zu einem Mann aus Eritrea, der seit acht Monaten hier ist. Er wurde in Somalia geboren, seine Eltern waren aus Eritrea geflohen; er hat das Land seiner Herkunft nie gesehen. Achmed aus Marokko erzählt, dass er 13 Jahre lang in Europa gelebt hat. Zuerst war er in Italien gewesen, dann sei er letztes Jahr erstmalig aus Belgien abgeschoben worden. Dann ging er nach Deutschland zurück. Er hatte wiederholt Asylanträge gestellt, um Papiere zur befristeten Aufenthaltsgenehmigung zu bekommen.

Wie Tariq lebt er von Zuschüssen und Gelegenheitsjobs – mal in einem türkischen Restaurant helfen, mal als Obstpflücker auf Feldern, wo sich niemand zu sehr daran stört, woher die Arbeiter kommen, so lange sie hart arbeiten und nicht zu viel Lohn bekommen müssen. Es sind Menschen am Rande der Welt, im Transit. Einige sind irgendwo anders in Deutschland gemeldet und nur auf Besuch hier, einige leben seit über einem Jahr im Schulgebäude.

Zwei Security-Mitarbeiter in schwarzen Hemden, ein Iraner und ein Kasache, gehen über den Flur. Doch da gibt es nichts, worauf sie aufpassen müssten. Der Iraner scherzt mit jedem und fragt nach Zutaten, Kräutern und Gewürzen in jedem Gericht. Der Kasache ist bulliger, unfreundlicher, er zwinkert kaum, wenn man ihm zulächelt. Tariq erzählt mir, dass der Kasache selbst Flüchtling war und seit 14 Jahren in Deutschland lebt. Er hatte viele Jahre mit zehn Leuten in einem kleinen Zimmer gewohnt und viel in dieser Zeit gelitten. Darum würde er nie lachen, sei aber kein schlechter Mensch.

Tariq wartete auf Nachrichten aus Schweden. Von dort würde ihm sein Cousin Geld schicken, wenn er keines mehr hätte. Er hofft, dass sein Cousin ihn in den nächsten Monaten holen kommt. Er hatte gehört, dass die Polizeikontrollen auf der Öresundbrücke zwischen Dänemark und Schweden, die 2015 eingeführt wurden, wieder ausgesetzt waren. Züge und Bahnhöfe erweckten noch immer das Interesse der Polizei, aber Autobahnen in Europa seien die beste Art zu reisen, meint er. Da kann er sich leichter unter die Leute mischen. Wenn er es bis Schweden schafft, wird er dort nicht um Asyl bitten. Er wird einfach bei seinem Cousin still vor sich hin leben und irgendwo schwarzarbeiten. Es war letztlich sein eigentliches Wunschland gewesen.

Er begleitet mich ein Stück die Straße entlang zu meinem Hotel. Mit 36 ist er älter als die meisten Einwanderer, die ich getroffen habe. Ich frage, was ihm am meisten an Marokko fehlt. Er grinst schüchtern und sagt: „Meine Mutter."

Ansbach

Die Zugstrecke von Köln ins fränkische Ansbach führt durch friedliche hügelige Gegenden, man gleitet vorbei an ordentlichen deutschen Städten und Dörfern.

Die Dächer mittelalterlicher Bauernhäuser beugen sich fast bis an die Gleise, gebaut in einer Zeit, als Winter noch Winter waren. Nach dem flachen Norden und dem industriell geprägten Köln fühle ich mich jetzt wie in Tolkiens Auenland bei *Herr der Ringe*. Weiter hinten im Abteil sitzen junge Frauen. Sie haben ihre nähere Umgebung mit Ballons und Wimpeln behängt, aus einem billigen Lautsprecher dröhnt gruselige Discomusik. Sie trinken eine hell-gelbe Flüssigkeit aus kleinen Gläsern, die – gemäß ihrer sich steigernden Fröhlichkeit – gehaltvoll sein muss. Im nächsten Waggon scheint sich eine Sportmannschaft aufzuhalten; alle Männer tragen orangefarbene T-Shirts, trinken Bier und singen laut, wenngleich es erst zehn Uhr morgens ist. Allmählich vermisse ich meine sanften nüchternen Muslime.

Mit jedem Halt wird der Intercity voller, Passagiere mit Platzkarten kämpfen sich durch die Gänge, doch alles geht recht gesittet vor sich. Die junge Schaffnerin hat für jeden ein freundliches Wort und wirkt so beruhigend auf die Reisenden. Bald schon haben alle einen Sitzplatz oder wenigstens einen Koffer, auf dem sie Platz nehmen. Der Zug ist makellos sauber, auch die WCs. Dieses ganze Netz von Zügen, wie ein Uhrwerk, pünktlich auf die Minute.

Eine Million Leute sind ins Land gekommen. Na und? Kein Problem, wir geben nicht genutzte Gebäude wieder zum Gebrauch frei, errichten Containerlager, gewähren den Menschen Zuschüsse und schicken sie zu Deutschkursen.

Kein landesweiter Aufruhr, keine Regierungs-Kampagne, die die Bevölkerung davor warnt, wie gefährlich die Fremden seien. Nur eine Partei, die AfD, die gegen sie Kampagnen fährt – die anderen Parteien jedoch setzen sich schließlich hin und überlegen, wie man die Neuankommenden integrieren kann und ihnen sinnvolle Aufgaben gibt, nicht, wie man sie draußen hält.

Das nenne ich ein tolerantes, umsichtiges Land.

Omar wartet auf mich am Herrieder Tor in Ansbach, auch seine Freundin Carolina ist dabei, außerdem ihre neunjährige Tochter, ihre Schwester und ihr Schwager sowie deren Kinder. Aus der Menge von Deutschen sticht er heraus als großer, selbstbewusster Iraker. Wir gehen alle zusammen durch die engen Kopfsteinpflasterstraßen der alten Stadt. Heute ist ein Feiertag in der schönen fränkischen Stadt, man sieht Stände mit Spielen für Kinder, andere verkaufen vegetarischen Flammkuchen und Wok-Burger, eine Drehorgel spielt, man kann Eis kaufen.

Viele Flüchtlinge sind zu sehen, Kurden, Syrer, Iraker und Somalier, die sich mit osteuropäischen Einwanderern aus Rumänien und Albanien mischen. Vor

Geschäften für Shisha-Pfeifen und traditionellen Bierkellern stehen Wurstbuden. Die Fleischverkäufer bieten neben traditionellem Schwein betont auch Lamm und Rindfleisch feil, wie als Geste für muslimische Kunden.

Es geht im Ganzen typisch fränkisch zu, wenn auch etwas internationaler mit einem Mix aus Nahem Osten und einer gewissen Leichtigkeit, der an diesem Feiertag mitten in der Woche spürbar ist. Zu jeder Viertelstunde klingen die Glocken der zahlreichen Kirchen und erinnern alle daran, dass sie ihren freien Tag – Fronleichnam – den christlichen Wurzeln der Gemeinde zu verdanken haben.

Omar hatte einige Freundinnen, seit er vor 18 Monaten hergekommen ist, erzählt er mir, aber jetzt hatte er seine Carolina gefunden und sei wirklich verliebt. Sie ist ein bayrisches Mädchen, blond und lebhaft; sie wurde wegen ihres dörflichen Dialekts gehänselt, als sie nach Ansbach kam. Der Vater ihrer Tochter war somalischer Asylsuchender, der sie verließ, als sein Gesuch anerkannt wurde. Sie hielt nicht viel von Arabern, ehe sie Omar kennenlernte, sagt sie.

Sie dachte, dass sie ihre Frauen schlecht behandeln und schmutzig seien, ungebildet. Ihr Bild hat sich nun geändert und sie findet Omar „aufmerksam, romantisch und verlässlich."

Er hat schnell Deutsch gelernt, das B1 Level bereits geschafft und lernt nun eifrig für die B2-Stufe. Damit könnte er den Führerschein machen. Ab Herbst will er Computertechnik studieren. Er hatte gerade seine Ausbildung zum Englischlehrer beendet, als er aus Mosul an dem Tag fliehen musste, an dem der IS die Stadt einnahm – nur hier in Deutschland sagte man ihm, dass es keinen so großen Bedarf an Englischlehrern gebe. „Ich bin echt glücklich. Ich mache meine Sprachkurse, habe einen berufsbegleitenden Lehrgang, der mir gefällt – das hätte ich im Irak nicht machen können. Deutschland war gut zu mir, die Leute sind nett und dafür bin ich ihnen dankbar. So komme ich weiter."

Wir sitzen in einem Park, während Carolina ihre Tochter und Cousinen auf den Spielplatz bringt. Die Vögel machen anständig Lärm, Jogger laufen vorbei, junge Deutsche radeln herum. Ist denn alles perfekt in Deutschland, frage ich. „Nicht ganz", gibt er zu.

Tut mir leid, das zu sagen, aber die Deutschen wirken manchmal wie Maschinen. Sie schauen geradeaus, nicht nach links und nicht nach rechts, arbeiten andauernd und haben keine Zeit für sich selbst. Am Wochenende schlafen sie dann nur oder gehen in die Schwimmhalle. Ein Mensch braucht doch auch Zeit für sich, um das Leben zu genießen. Vielleicht kommt das aus der Geschichte. Sie mussten nach dem Zweiten Weltkrieg ihr Land wiederaufbauen – und das haben sie gemacht, das stärkste Land in Europa. Aber hier bestimmt die Arbeit alles.

Etwas anderes sind die Beziehungen. Nach meiner Erfahrung haben die Leute keinen großartigen Austausch miteinander. Wenn die Tochter etwa in Bayern lebt und ihre Eltern in Hamburg, dann reden sie vielleicht alle zwei Monate mal miteinander oder schreiben eine SMS, und das war's!

Omar fürchtet die Erwartung, dass er wie ein Deutscher werden soll, wenn er nun eine deutsche Familie gründet und hier heimisch wird. Aber das würde er nicht wollen; Familie ist sehr wichtig in der irakischen Kultur, erzählt er mir.

Mein Bruder lebt in Großbritannien, meine Familie im Irak, und wir haben alle zwei oder drei Tage Kontakt. Wenn einer krank ist, fahren wir zu ihm, wenn einer Geld braucht, schicken wir ihm was. Mein Bruder zum Beispiel hat mir Geld gegeben, um nach Europa zu kommen. Er hat so viel für mich getan, und er ruft auch seine Freunde an, ob die mir helfen können.

Darüber hinaus macht ihm der Papierkrieg zu schaffen. Keine der Qualifikationen, die er im Irak erworben hat, nicht mal sein Führerschein, werden hier anerkannt, also muss er alles noch einmal machen. „Selbst wenn man zum Supermarkt geht, muss man Papiere haben. Und das Internet ist so schlecht. Wenn ich mit meiner Familie im Irak telefoniere, ist der Empfang so schwach, da kann ich kaum glauben, dass ich in Deutschland bin!"

Ihm waren einige Unstimmigkeiten beim deutschen BAMF im Umgang mit Asylsuchenden aufgefallen. Er hatte bemerkt, dass gut ausgebildete Flüchtlinge eher auf Dörfer verteilt wurden und weniger gebildete in die Städte – und er hatte gesehen, wie einige das System betrogen.

Ich kenne einen Mann, der eigentlich aus Ägypten kam und sich erfolgreich als Syrer ausgab. Er bekam den Flüchtlingsstatus für drei Jahre, dabei hatte er ja die Behörden angelogen! Ich dagegen habe die Wahrheit gesagt und bekam nur ein Jahr Aufenthalt. Dafür bin ich auch dankbar, aber dennoch ... die Flüchtlinge, die hierher kommen, müssen hart an sich arbeiten. Sie lernen die Sprache und vieles andere, um sich zu integrieren. Aber man kann sich anstrengen wie verrückt, man wird doch nie das Level erreichen, das man will. Es gibt einfach Bereiche, die Deutsche nur für sich reservieren, man wird nie als einer von ihnen akzeptiert.

Omar blieb manchmal ein paar Tage bei Carolina in Ansbach, aber sein offizieller Aufenthaltsort war das Flüchtlingslager in Schopfloch, einem ungefähr 40 Kilometer entfernten Dorf. Dort wohnt er zusammen mit kurdischen Irakern, Afghanen, Somaliern und Eritreern. Eine gemischte Gruppe, meint er, aber sie spüren eine gemeinsame Verantwortung.

> Wir sind Gäste hier und wir müssen unser Bestes geben. Das ist in unseren Ländern auch so. Wenn man Ausländer ist und in ein anderes Land kommt, muss man höflich sein und sein bestes Benehmen zeigen. Einige hier mögen keine Flüchtlinge, mögen aber Italiener, Spanier oder Ausländer im Allgemeinen. Die Leute warten ab, wie wir uns benehmen, also müssen wir unser Bestes geben.

Am Abend treffe ich mit Omar und Carolina Magda, einer Mitarbeiterin der Gemeinde Schopfloch, die Omar als seine Beschützerin, seine „deutsche Mutter" ansieht. Wir sitzen in einem Straßencafé. Er isst Eis, ich trinke Bier, die Mädchen frische Limonade. Die Stadt summt regelrecht von Leben an diesem religiösen Feiertag, eine günstige Gelegenheit für Einheimische, Würste zu essen und Unmengen Bier zu trinken. Magda erzählt uns ihre Geschichte.

> Ich bin in einer Flüchtlingsfamilie aufgewachsen – mein Vater stammte aus dem Sudetenland, jetzt ist das Nordböhmen. Ich wurde nach dem Krieg in Deutschland geboren und er erzählte uns viele Geschichten von seiner alten Heimat und wie es war, zu fliehen. Darum helfe ich heute Flüchtlingen.[4]
> Es war aber nicht leicht, als wir 2015 erfuhren, dass 130 Asylsuchende in unser Dorf einquartiert würden. Die Leute waren sehr ängstlich, keiner konnte sich das wirklich vorstellen – und das ist eigentlich heute immer noch so. Viele haben sich nicht die Mühe

gemacht, die Menschen hier besser kennenzulernen. Wenn sie das gemacht hätten, würden sie die Ängste nicht mehr so pflegen. Auch wenn sich alles beruhigt hat und friedlich ist, hat sich die Haltung nicht geändert.

Zwar nicht in Schopfloch, sondern hier in Ansbach geschah im Juli 2016 der erste Selbstmordanschlag in Deutschland, ein paar hundert Meter entfernt von dem Ort, an dem wir jetzt sitzen. Mohammed Daleel war ein 27-jähriger Syrer, der im August 2014 in Deutschland angekommen war.[5]

Sein Asylgesuch wurde abgelehnt und er sollte nach Bulgarien abgeschoben werden, wo er zuerst registriert worden war. Bulgarien gewährte ihm sofort Asyl und die deutschen Gerichte verfügten, dass er nach dem Dublin-Verfahren auch dahin solle. Laut deutschen Medienberichten hatte er zweimal versucht, sich umzubringen und war in psychiatrischer Behandlung. Er legte Widerspruch gegen seinen Abschiebebescheid ein. Anfang Juli 2016 jedoch wurde er erneut zur Ausreise aufgefordert, er musste nach Bulgarien zurück. Wann er sich genau radikalisierte, ist noch nicht klar. Er begann, im Flüchtlings-Hostel Ansbach Teile für eine Bombe zusammenzubauen.

Der 24. Juli 2016 war ein Sonntag, im Stadtzentrum fand ein Musikfestival statt. Nach einer Messerattacke in München wenige Tage zuvor war auch die Polizeipräsenz in Ansbach verstärkt worden. Daleel trug einen Rucksack und entweder deshalb oder weil er keine Eintrittskarte hatte, wurde ihm der Eintritt zum Festivalgelände verweigert, wo sich bis zu 2.500 Feiernde auf engem Raum befanden. Um 22.22 Uhr setzte er sich vor „Eugens Weinstube", beugte sich nach vorn und dann explodierte sein Rucksack – möglicherweise ungewollt.

Die letzte Person, mit der er an diesem Abend im Internet Kontakt hatte, befand sich in Saudi-Arabien. Daleel starb am Tatort. Fünfzehn Personen in seiner Nähe wurden verletzt, davon vier schwer. Auf seinem Handy wurde ein Video gefunden, in dem er seine Treue zum IS betont, der ihn einige Tage später als einen seiner „Kämpfer" bezeichnet. Die bislang veröffentlichten Hinweise deuten darauf hin, dass er tatsächlich ein einsamer Wolf war, der in seiner Einsamkeit im Exil sowie durch die negativen Asylbescheide regelrecht den Verstand verloren hat – und nicht so sehr ein Schläfer, der aus dem Nahen Osten gesandt wurde, um bei günstiger Gelegenheit „weiche Ziele" zu attackieren.[6]

Mit Magda, Carolina und Omar gehen wir zum Ort der Schreckenstat. „Das sind Leute, die schon lange in Deutschland gelebt haben", meint Magda nicht über Daleel, aber über andere Täter von vorigen Anschlägen.

> Das waren keine Neuankömmlinge. Die Medien übertreiben so krass. Ich weiß immer noch nicht, was eigentlich in Köln passiert ist. Ich glaube nicht, dass da normale junge Männer involviert waren. Keiner derjenigen, die ich kennengelernt habe, waren dort. Menschen, die in Ghettos leben – egal, welcher Herkunft – wenden sich eher dem Verbrechen zu. Einige gehen zum IS, andere organisieren sich in Gangs oder so was, und dann sind solche Schreckenstaten die Folge. Das sind Einzeltaten. Die Medien und Politiker messen dem zu viel Bedeutung bei. Ich bin oft mit den Männern allein und hatte noch nie Anlass zur Furcht.
> Das ist auch damals bei Hitler passiert. Er hat den Leuten gesagt: „Folgt uns und alles wird besser und anders." Damit kann der IS die Leute fangen. Wenn sich die Leute aber integrieren, ist alles anders. Omar könnte nie von so was gefangen werden. Er ist gut integriert, er sieht, wie er vorankommen kann, wohin seine Wege ihn führen. So klappt es – wir müssen uns mehr bemühen, keine Ghettoisierung zuzulassen. So können sie besser Deutsch lernen, Arbeit finden und dann treten auch nicht solche Probleme auf.

Bruchsal, Baden-Württemberg

Ich treffe Marah Al-Saeed, 22, aus Aleppo, und ihre Schwester Rama, 20. An unser erstes Treffen kann sie sich nicht erinnern; es war entweder am Ostbahnhof von Budapest oder später am 4. September 2015 am Rande der Autobahn Richtung Wien. „Ich habe an dem Tag so viele Interviews gegeben!" Ihr Vater ist vor dem Krieg in Syrien gestorben. Sie reisen mit ihrer 44-jährigen Mutter Mouna und ihren Brüdern Hamze und Faisal, die 15 und 14 Jahre alt sind. Marah hat lange blonde und ihre Schwester etwas dunklere Haare. Beide könnten durchaus für Deutsche gehalten werden. Sie befolgen den Ramadan, auch wenn sie ihren Kopf nicht bedecken.

„Vielleicht trage ich später einmal ein Kopftuch, vielleicht aber auch nicht", sagt Marah. Derzeit – als Flüchtling in Deutschland – entscheidet sie sich dagegen. Ihr geht es aber nicht so sehr darum, was die Einheimischen von ihr denken, sondern um ihre eigene Beziehung zum Glauben, sagt sie. Im Augenblick sei ihr wichtig zu fasten, aber nicht, ein Kopftuch zu tragen. Wir setzen uns zu dritt in ein Café der Fußgängerzone in Bruchsal.

Die Kellnerin bringt uns die Karte, ich bestelle Wasser und Kaffee, die Mädchen lehnen dankend ab. Ein Hauch Verständnis geht von der Kellnerin aus. Bei so vielen türkischen Muslimen und Flüchtlingen in Bruchsal weiß sie, dass Ramadan ist. Mit der Höflichkeit und Gastfreundlichkeit einer Bewohnerin des Neckartals bringt sie dennoch eine große Flasche Wasser und Gläser für die Mädchen – „nur für den Fall." Es ist eine kleine Versuchung für die jungen Frauen, es fällt ihnen leicht, abzulehnen. Marah erzählt:

> In den ersten acht Monaten haben wir darauf gewartet, in einen Deutschkurs zu kommen. Dann haben wir eine Wohnung gesucht. Meine Brüder durften in eine normale deutsche Schule gehen, dadurch war es einfacher für sie. Sie haben schnell Freunde gefunden. Vorher waren sie in einer Vorbereitungsschule, aber das war nicht so sinnvoll, da gab es hauptsächlich Zeichnen und Spielen.
> Wir haben nicht viele Kontakte zu Deutschen, aber ein paar haben wir schon kennengelernt. Wir treffen sie hier auf der Straße, in Cafés oder der Sprachschule; es sind keine echten Freunde, aber ich denke, wenn wir zur Uni gehen oder anfangen zu arbeiten, werden wir die Menschen näher kennenlernen und eine stärkere Beziehung zu ihnen aufbauen.

Marah hatte zunächst eine Teilzeitarbeit in einer Bäckerei gefunden, jetzt arbeitet sie 38 Wochenstunden in einem Haushaltswarengeschäft. Ihr gefällt es dort und die Mitarbeiter sind freundlich. Sie hatte mit dem Violine spielen angefangen, muss es aber im Moment sein lassen, da ihr neben dem Sprachkurs, der Arbeit und der Hilfe für ihre Mutter im Haushalt die Zeit fehlt. Bald wird ihr Deutsch gut genug sein, hofft sie, um zur Uni zu gehen und Telekommunikationstechnik zu studieren. Rama überlegt, nach Köln zu ziehen, um ihre Sprachkurse abzuschließen. Danach möchte sie gern Bioingenieurwesen studieren. Marah gefallen das kosmopolitische Flair in Bruchsal sowie das ganze Land.

„Das finde ich so toll an Deutschland, einen Mix aus Menschen zu sehen, das macht es zu einem internationalen Land wie die USA. Hier leben Leute aus aller Welt und das ist gut so, denke ich … wir können von einander lernen und dadurch ist das Leben nicht langweilig."[7]

Die Nachrichten von Terroranschlägen in Deutschland und anderen Ländern betrübten die Mädchen.

> Das macht uns traurig, Menschen werden verletzt. Wir haben aber auch Angst, dass sich die Leute gegen uns, gegen alle Einwanderer wenden. Ich glaube aber nicht, dass das passiert. Ich versuche immer wieder zu erklären, dass die Menschen in jedem Land unterschiedlich sind und dass es auch schlechte Syrer gibt. Das heißt aber nicht, dass wir alle so sind. Die Lage wird besser für uns, denn je länger wir hier sind, desto mehr Deutsche lernen uns kennen und werden verstehen, wie wir sind.

Marah weiß von keiner Community von Syrern oder einer von Einwanderern aus anderen Ländern hier in der Gegend. „Syrer treffen sich hier nicht so oft, wir wollen alle Deutsche kennenlernen, von ihnen die Sprache lernen und ihre Art zu leben. Je bessere Kontakte du hast, desto eher findest du Arbeit und eine Wohnung."

Am stärksten bedauern sie, dass sich ihre Mutter sehr schwer an das Leben in Deutschland gewöhnt. Sie hat das Alphabet gelernt und einige Wörter, aber es fällt ihr schwer, in Deutsch besser zu werden. Sie ist recht einsam und meint, sie würde lieber nach Syrien zurückgehen. Sie bleibt jedoch für die Kinder hier, das Leben ist auch wesentlich gefährlicher in der Heimat, das weiß sie. Sie bleiben alle und das Leben geht weiter. In Aleppo wird das Viertel, in dem ihre alte Wohnung liegt, von Scharfschützen kontrolliert, es gibt nach wie vor keinen Strom und Wasser. Die Mädchen glauben, dass es für sie noch lange kein Zurück gibt. Sie verfolgen die Entwicklungen intensiv, meist durch Beiträge von Freunden auf Facebook oder Twitter.

Sie verabschieden sich, um zuhause ihrer Mutter beim Vorbereiten des Ramadanessens zu helfen; ich gehe in einen Buchladen und plaudere mit der Betreiberin. Sie steht den Flüchtlingen positiv gegenüber, meint aber auch, dass die Lage die noch immer spürbaren Unterschiede zwischen Ost- und Westdeutschland sichtbar macht. Sie hatte gehofft, dass die Spaltung überwunden sei, zumindest teilweise.

Sie ist traurig angesichts der Feindseligkeit, die viele in Ostdeutschland gegenüber Flüchtlingen an den Tag legten. Das scheint wie im restlichen Osteuropa, meint sie. Die Leute haben Angst vor dem Unbekannten, wollen es aber auch nicht kennenlernen. Politiker manipulieren ihre Ängste und einige wissen genau, welche Knöpfe sie drücken müssen, um diese Ängste zum Vorschein zu bringen. Dennoch ist sie vorsichtig optimistisch. Nach all dem, was Deutschland im letzten Jahrhundert durchgemacht hat, hofft sie, dass die Menschen die Mechanismen der Leute durchschauen, die diese Knöpfe drücken.

Ich finde die Wohnung der Al-Saeed, wo Marah mit ihrer Familie lebt, in der Nähe der Bahngleise. Ein altes Haus, mehrere Stockwerke hoch mit einer alten Holztreppe, die bis zum zweiten Obergeschoss führt. Am Klingelschild draußen stehen für jede Wohnung Namen, die alle nach dem Nahen Osten klingen; alle Wohnungen wurden den Mietern vom Job Center zugeteilt. Noch immer ist es schwierig, Einheimische zu überreden, Wohnungen an Flüchtlinge zu vermieten, erzählte mir Mara zuvor. Sie sagten ihnen nie, dass das der Grund sei, aber sie spürte es. Für gewöhnlich sagen die Vermieter, dass die Wohnung gerade eben vergeben wurde.

In der Küche herrscht Gewimmel. Marahs Mutter Mouna gibt mir zum Gruß das Handgelenk, da ihre Hände nass sind. Beide Schwestern und Brüder arbeiten eifrig in der Küche, in einer Pfanne brutzeln kleine Teigtaschen, gehackte Petersilie und Tomaten liegen auf einem Brett bereit, Weizengrütze für das Taboulé wird vorbereitet, wunderbare Gerüche ziehen durch den Raum. Es herrscht ein etwas gereizter Humor angesichts des steigenden Hungers und der Erwartung von allen – jetzt sind es nur noch 90 Minuten bis zum Fastenbrechen. Ich habe grüne und schwarze Oliven sowie Pfirsiche von einem Marktstand beigesteuert.

Ich hatte den Verkäufer gefragt, woher er ursprünglich käme. Sein dunkler Bart und sein schwarzes gelocktes Haar ließen mich auf den Nahen Osten tippen. „Deutscher, ich bin in Deutschland geboren", sagte er mir etwas übellaunig wegen der Frage. Dass seine Eltern aus der Türkei sind, ist ihre Sache, so schien er damit anzudeuten.

Ich werde ins Wohnzimmer geführt, wo ich Ludwig kennenlerne, er ist Mitte 60 und ein Freund der Familie Al-Saeed geworden. Er war 35 Jahre lang Englischlehrer in Bruchsal. Als die Flüchtlinge in seine Stadt kamen, bot er ihnen seine Hilfe an.

„Als ich die Bilder vom Münchner Hauptbahnhof im September 2015 sah, die Willkommen-Banner und die Menschenmenge dort, dachte ich, das ist sehr gut, aber die harte Arbeit beginnt erst noch."

Es ist ein Muster, das sich in ganz Deutschland wiederholt: gewillte Bürger allen Alters, in kleinen und großen Orten, aber besonders Bürger mit Zeit auf ihrer Seite, adoptieren Einwanderer oder sind ihnen Mentor und Ratgeber. Während die Behörden einen gewissen Teil organisieren können – wie etwa das Job Center mit der Wohnungssuche, Studienplätze, Unterstützungsleistungen – so sind es diese persönlichen Beziehungen, die den Einwanderern am meisten helfen.

Ludwig und ich trinken Obstsaft im Wohnzimmer – Marah besteht darauf, dass wir ihn an diesem warmen Abend trinken, wenngleich wir leise protestieren, da wir wie sie bis zum Fastenbrechen aushalten wollen. Ludwig erzählt mir von einer neuen Bürgerbewegung in der Stadt – gegen die Flüchtlinge. Ein Freund hatte ihn gefragt, ob er nicht in einer anderen Bürgerinitiative mitmachen wolle, bestehend aus Bürgern, die die Flüchtlinge „wirklich unterstützen" – aber Ludwig lehnte ab. Er will nichts mit Politik zu tun haben, sagt er. Es reicht ihm, einer Familie wie der von Marah täglich zu helfen – so wünscht er sich seinen Beitrag. Er würde in einer anderen Gruppe mitmachen, „wenn es sich ergibt". Ich frage, ob es sich ergeben wird und er schließt mit den Worten, dass es so oder so passieren könne.

Das Essen ist fertig und vertreibt alle Ängste, ob real oder eingebildet. Es gibt kleine Teigtaschen gefüllt mit Spinat und Weichkäse, ähnlich den indischen Samosas. Dazu einen Spaghetti-Auflauf mit Tomatensauce und Käse, sowie alle möglichen Salate aus Europa und dem Nahen Osten.

Mulhouse, Frankreich

Der Zug von Freiburg nach Mulhouse überquert den Rhein. Man sieht schlanke deutsche Fahrradfahrer, wie Spinnen in ihrer engen gummiartigen Funktionskleidung, die ihre teuren Leichtgewicht-Räder und brillant-leuchtenden Helme umsorgen wie Krankenschwestern. Zwei ältere Paare, auch Deutsche, regen sich lautstark über die Jugend auf. Ihre Reise nach Frankreich dauert nur 20 Minuten.

Mujeeb erwartet mich am Bahnhof. Er hat etwas an, das wie dasselbe schwarze Kellner-Hemd aussieht, das er im Juli 2016 für seine Arbeit im afghanischen Restaurant in Istanbul getragen hatte. Er hatte mir geholfen, die Gespräche mit den afghanischen Flüchtlingen zu übersetzen, die im Park am

Marmarameer wohnten oder in billigen Zimmern im Stadtteil Zeytinburnu mit seinen Straßen, die steil zum Wasser herabfallen. Ein paar Monate, nachdem ich Istanbul verlassen hatte, riefen die Taliban an. Er sah auf seinem Telefon eine afghanische Nummer und nahm ab, einen Verwandten oder Freund erwartend. „Wir wissen, wo du wohnst", sagte eine Stimme und nannte tatsächlich die exakte Adresse, wo er derzeit mit Frau und zwei kleinen Kindern lebte, nachdem er 2015 vor den Taliban geflohen war.

Anders als die meisten Flüchtlinge in der Türkei besaß Mujeeb, Geld, ein türkisches Visum mit Aufenthaltspapieren sowie einen festen Job. Mit seinem Schwiegervater hatte er ein Restaurant in dem Viertel aufgebaut, wo die meisten Afghanen lebten. Schon bald hatte es sich zu einem erfolgreichen Unternehmen und einer lokalen Anlaufstelle für Afghanen und türkische Einheimische entwickelt. Das war anscheinend ein Fehler, er war zu sichtbar geworden und bald würden ihm die Taliban auf den Leib rücken.

Die Wurzel des Übels für ihn und seine Familie war, dass sein Bruder Hasib 2009 bis 2012 als Berichterstatter der französischen Nato-Truppen im westlichen Afghanistan auf dem Luftwaffenstützpunkt Kapisa gearbeitet hatte. Sein damaliger Arbeitgeber, Radio Omid FM, war kein gewöhnlicher Sender, sondern ein umstrittenes Propaganda-Instrument der Nato im Kampf gegen die Taliban. Bürger wurden aufgerufen, ihnen afghanische Mitbürger zu benennen, die für die Aufständischen arbeiteten. Die französischen Soldaten in der Task Force La Fayette mit ihrer Flotte von Kampfhubschraubern hatten viele Taliban-Anführer und Kämpfer getötet.[8]

Hasibs Stimme als Moderator war im Radio bekannt geworden und die Drohungen gegen ihn und die Mitarbeiter des Senders häuften sich. Als die Franzosen 2012 abzogen, nahmen sie Hasib mit und verliehen ihm in Frankreich einen Flüchtlingsstatus. Allerdings musste er seinen Vater, Mutter, zwei Brüder und seine Schwester hinter sich lassen, sie wurden Ziel beinahe täglicher Drohungen, immer mit derselben Botschaft: Überredet Hasib, zurückzukommen und sich dem „Gericht" der Taliban zu stellen und Strafe für die Zusammenarbeit mit dem Feind zu akzeptieren – oder erwartet selbst die Rache der Taliban.

Zunächst hoffte die Familie, dass sie nur bluffen. Dann wurde Mujeeb im September 2014 auf dem Heimweg vor seiner Haustür von vier maskierten Männern aufgegriffen und in ein wartendes Auto gesteckt. Ihm wurde der Kopf zwischen die Knie gedrückt, so dass er nicht sehen konnte, wohin sie ihn brachten. Einer seiner Entführer schlug ihn mit dem Kolben der Waffe auf den Kopf.

Plötzlich wurde er aus dem Auto gestoßen und die Entführer flohen. Eine Polizeikontrolle hatte ihm das Leben gerettet.

Der Vorfall versetzte die Familie in Schock. Mujeeb, seine Frau und ihre kleine Tochter wurden nach Istanbul geschickt, auch die anderen Familienmitglieder zogen um. Alles schien gut zu laufen bis zu diesem Anruf: „Durch die Taten deines Bruders sind viele unserer Männer gestorben. Du musst ihn überreden, nach Afghanistan zurückzukommen. Sag ihm, sein Vater ist krank." Mujeeb weigerte sich, die Anrufe gingen weiter: „Glaub nicht, dass wir dir in Istanbul nicht schaden können, wir haben da auch unsere Leute. Wenn du uns deinen Bruder nicht schickst, töten wir dich."

Mujeeb beriet sich mit seiner Familie und willigte ein, zu seinem Bruder nach Frankreich zu gehen und dort Asyl zu beantragen. Seine Frau und die Kinder sollten ihre Adresse ändern und ihm so schnell wie möglich nachfolgen. Als rechtmäßiger Bürger in der Türkei war es für ihn nicht schwer, ein 40-Tage-Visum für den Schengenraum zu bekommen. Er flog nach Deutschland und nahm dann einen Zug nach Frankreich. Die Tochter seines Bruders ist schwer krank und die Familie verbringt oft Zeit mit ihr im Krankenhaus.

Mulhouse war voller Flüchtlinge. Mujeeb versuchte es ursprünglich hier in der Annahme, dass seine Chancen dort gut stünden. Was er nicht wusste: Als die französischen Behörden das verrufene „Dschungel"-Lager mit mehreren tausend Flüchtlingen am Eingang zum Tunnel unter dem Ärmelkanal räumten, schickten sie viele von ihnen nach Mulhouse.

„Den ersten Amtstermin hatte ich in der Provinzhauptstadt Colmar, das war schrecklich. Sie glaubten meiner Geschichte nicht, brüllten mich an und meinten, dass ich lügen würde und ihnen Informationen vorenthielte, nach denen sie gar nicht gefragt hatten. Der Mann dort sagte mir, dass er genug habe von diesen lügenden Einwanderern. Ich habe ihm aber gesagt, dass ich schlichtweg die Wahrheit erzähle."

Mujeeb und ich setzten uns in ein Internetcafé, um mehr über Radio Omid zu erfahren und seine Lage zu verbessern. In einem Artikel der *Libération* wird über die französische Kriegsstrategie berichtet, die zur Zermürbung der Taliban führen soll. Unbenannte Quellen verrieten den Reportern, dass die französischen Truppen in Kapisa im Laufe eines Jahres bis Oktober ungefähr 150 Talibankämpfer und Aufständische getötet hätten, die Hälfte davon im Alassaï-Tal.

„Diese Ergebnisse halfen dem Ansehen der französischen Kräfte gegenüber den US-Kommandeuren", schloss der Journalist. Sehr spannend für Mujeeb ist ein Interview mit einem französischen Journalisten, Raphael Krafft, der den

Stützpunkt bei Kapisa besuchte und die Arbeit des Radiosenders aus erster Hand verfolgte. Wir schreiben dem Journalisten auf Facebook und innerhalb von wenigen Minuten antwortet er uns. Wir drucken Dokumente aus, um Mujeebs Fall zu bekräftigen und glaubwürdiger zu machen.[9]

Seine erste Sorge galt der Unterkunft. Anstatt bei seinem Bruder zu wohnen, mietete er ein günstiges Zimmer über einem Restaurant. Sein Zimmer liegt am Ende eines langen, dunklen Flurs, die Türen sind gepolstert wie in einem Bordell oder einem osteuropäischen Ministerium der kommunistischen Ära. Die Polster haben jedoch Löcher, als wenn jemand mit einem Messer die Türen attackiert hätte. In Mujeebs Zimmer riecht es nach ungewaschener Wäsche, das Fenster geht zur Straße. Von den 2.000 Euro, die er nach Europa mitnahm, hat er noch 500 Euro übrig und er versucht, jeden Cent zu sparen. Wir sitzen im Café vor der Kathedrale. Er fastet, also kann ich ihm nicht mal ein Sandwich kaufen. Ein französischer Chor kommt plötzlich zusammen und singt patriotische Lieder, Touristen fotografieren sie. Alle Viertelstunde klingen die Glocken. Mujeeb erzählt:

> Ich versuche immer, optimistisch zu sein. Hier nach Frankreich zu kommen, ist meine letzte Möglichkeit, um vor den Taliban zu fliehen. Ich muss mich anstrengen und hoffe, dass ich für mich und meine Familie einen Flüchtlingsstatus bekomme. Man kann nicht mit etwas so Furchtbarem im Hinterkopf leben – der Gedanke, dass man am nächsten Tag getötet werden könnte – so kann man sein Leben nicht planen.

Er hatte seinen Pass verloren, was die Lage noch schlimmer machte. Er hatte abends einen Bus vom Wohnort seines Bruders zurück nach Mulhouse genommen und musste in einen anderen Bus umsteigen. Er glaubt, dass er den Pass in einem Café liegen gelassen hat, während er auf den nächsten Bus wartete, aber ist sich nicht sicher. Als Fremder in einem fremden Land, fragte er seinen Bruder um Rat. „Vergiss doch den Pass", meinte der, „den brauchst du eh nicht mehr."

Ich war da anderer Meinung. Nachdem ich so viele Menschen getroffen hatte, die ihre Pässe zerstört oder weggeworfen hatten, wusste ich, wie schwer es für die Leute war, schlichtweg nachzuweisen, wer sie wirklich waren. Ich riet ihm, das Café anzurufen und dann die Polizei, er hätte nichts zu verlieren. Er werde darüber nachdenken, meinte er.

Er macht sich viele Gedanken über seine Frau und seine Kinder. Ich frage ihn, was er machen wird, wenn Frankreich sein Asylgesuch ablehnt? „Ich habe keinen Ausweichplan. Wenn ich abgelehnt werde, beginnt ein weiteres Desaster meines Lebens." Seine Kinder verstehen nicht, wo er ist und warum er nicht nach Hause kommt. „Es ist echt hart, wenn sie mich fragen, wann ich nach Hause komme", sagt er.

> Es ist so schwer, wenn man ein wunderbares Leben in seiner Heimat hatte und dann alles hinter sich lassen muss – die Familie, die Freunde, alle materiellen Dinge, Möbel, Auto. Man lässt es zurück und geht in ein anderes Land und muss sich anstrengen, ein neues Leben anzufangen. Und dann muss man vielleicht wieder dort weg gehen.

Wir wollen ein paar andere Asylsuchende treffen und mit ihnen zusammen zur Moschee gehen. An jedem Abend des Ramadans bietet die Moschee gratis Essen – ein Segen für mittellose Flüchtlinge wie Mujeeb. Wir müssen lange durch die Stadt gehen, aber Mujeeb verschwendet nie Geld für öffentliche Verkehrsmittel.

Omar Farhad aus der afghanischen Provinz Laghman ist einer in unserer kleinen Gruppe, die sich ihren Weg durch die Straßen bahnt, hin zum lang ersehnten Mahl. Es ist aber sinnlos zu hetzen, da das Essen nicht vor Sonnenuntergang serviert wird. Also unterhalten wir uns. Omar erzählt: „Ich hatte gehofft, nach England zu kommen, aber ich blieb sechs Monate lang im Dschungel von Calais hängen."

Angesichts der Aufmerksamkeit, die der Schließung des Camps im Dezember 2016 zukam, versprach der französische Innenminister, dass alle vom Lager weggebrachten Menschen eine gute Behandlung erführen, und er hat das Versprechen gehalten.[10]

Omar bekam ein Zimmer in einer angenehmen WG in Mulhouse mit Küche, Dusche, Fernseher, Kühlschrank – „mit allem", sagt er glücklich. Dazu hatte er etwas Taschengeld. Anders als in Deutschland müssen Asylsuchende in Frankreich ihre Miete selbst von den 330 Euro begleichen, die sie pro Monat bekommen. Somit erhält Omar 220 Euro im Monat zum Leben von der französischen Einwanderungsbehörde OFII.[11]

Nach dem ersten Behördentermin kann es sechs bis zwölf Monate dauern bis zum zweiten, entscheidenden Gespräch. Wenn man an diesem Punkt abgelehnt wird, kann man Widerspruch einlegen; die Bearbeitung nimmt wiederum sechs bis zwölf Monate in Anspruch – und in der Zwischenzeit lebt man in einer Art Vorhölle.

„Es ist so schwer, langfristige Pläne zu machen. Wir können nur hoffen, in Sicherheit und unter guten Bedingungen zu leben. Ich habe hier Freundschaft geschlossen mit Leuten, die vor langer Zeit hergekommen sind. Ich hoffe einfach, dass ich mal wie sie leben kann", sagt Omar.

Zwei Wochen nachdem ich Mulhouse wieder verlassen hatte, erhielt ich eine freudige Nachricht von Mujeeb. Die OFII hatte anerkannt, dass er zurecht um Asyl bat und hatte ihm ein Zimmer für sich allein und Geld bereitgestellt, damit er in einer anderen Stadt wohnen könne. Er schickt Fotos. Ein Bett mit sauberen weißen Laken, durchs Fenster sieht man eine friedliche ländliche Gegend.

Luzern

Im Zug von Mulhouse Richtung Süden komme ich nach Basel und steige um Richtung Zürich, dann nach Luzern. Die Schweiz wirkt noch wohlhabender als Deutschland, noch postkartentypischer – eine Szenerie wie in einer Seifenoper, in der alle perfekte Zähne haben und neue Sachen tragen.

Zuerst hatte ich den afghanischen Journalisten Saboor im Juni 2016 im Lager von Horgoš auf der serbischen Seite getroffen. Er hatte dort vier Monate zugebracht. Ein paar Wochen nach unserem Treffen durchschnitt er den Zaun nach Ungarn, wurde gefasst, geschlagen und bekam eine Ladung Pfefferspray ab. Dann steckte man ihn für einen Monat ins Gefängnis. Er wurde daraufhin ins offene Lager Vámosszabadi bei Györ gebracht. Dort gab ihm ein Mann die Nummer eines Schleusers. Er fragte Saboor: In welches Land willst du? Saboor antwortete: „Irgendein Land, in dem ich sicher bin". Sie einigten sich auf die Schweiz. Er wurde hinten in einen Lkw gesteckt, allein. Drei Tage später kletterte er in Basel heraus und ging zur nächsten Polizeistation. Das war am 30. August 2016. „Acht Tage lang war ich in einer Kellerzelle inhaftiert, das war im Lager Glaubenberg bei Sarnen im Kanton Obwalden. Das war ein verrückter Ort, alle haben gejammert. Das Essen war schlecht, das Verhalten der Mitarbeiter vor Ort, keine ordentlichen Toiletten – und die Chefin sagte uns, sie hasse Flüchtlinge."

Der „Standort Glaubenberg" ist eines von sechs „Empfangs- und Verfahrenszentren", die vom Staatssekretariat für Migration (SEM) betrieben werden.[12]

Es läge in den Bergen, weit weg von allem, so ein häufiger Beschwerdepunkt der Asylsuchenden in der Schweiz. „Ich fühlte mich wie ein Krimineller. Ich bin nach Europa gekommen und finde mich hier wieder in einem Gefängnis für Flüchtlinge! In Afghanistan war ich in Gefahr durch die Taliban, den IS und andere Gruppen, die mich umbringen wollten. Hier in Europa ist das Leben nicht gut. Hier fühle ich mich, als würde ich jeden Tag umgebracht werden."

Nach drei Monaten wurde er in ein anderes Lager gebracht, es hieß Sonnenhof im Kanton Luzern. Nach Schweizer Asylrecht trägt jeder Kanton (in der Schweiz gibt es 26 Kantone) in eigener Verantwortung Sorge für jeden einzelnen Asylbewerber. Luzern hat gerade ein besonderes Problem, da sich die Steuervergünstigungen für Firmen nicht wie gewünscht in neuen Investitionen wiederspiegelten. Die Steuereinnahmen des Kantons sanken rapide und die Asylsuchenden waren unter den ersten, denen das Budget gekürzt wurde.

Die Asylgesetze wurden zudem im Laufe der letzten Jahre auf Druck der rechtsgerichteten Schweizer Volkspartei SVP immer drakonischer. Sie wurde bei den Wahlen 2015 stärkste Partei mit 29 Prozent und 65 der 199 zu vergebenden Nationalrats-Sitze.[13]

Die abweisende Haltung, die Saboor spürte, war teilweise eine Folge der erstarkten SVP und ihrer Anti-Einwanderungs-Politik. Er wusste nicht, dass er als Afghane eine Chance hatte, Asyl zu erhalten. Asylbewerber vom Balkan wurden für gewöhnlich innerhalb von 48 Stunden abgewiesen, Menschen aus einigen afrikanischen Staaten innerhalb von zwei Wochen – jeweils im Einklang mit der Durchsetzung und Verstärkung der Ausschaffungsinitiative, die von der SVP eingebracht und durch ein Referendum im Juni 2016 angenommen wurde.

Saboor erzählte mir, dass die Zustände in Sonnenhof etwas besser waren. Es war ein offenes Lager, er konnte kommen und gehen, es gab sogar einen Laden in der Nähe, wo er kleine Sachen wie Kekse kaufen konnte. In jedem Lager gab es ein System kleinerer Strafen, die er unterdrückend empfand.

Wenn man das Lager verließ, musste man auschecken und seine Chipkarte abgeben. Wenn man das vergaß, wurden die Zuschüsse des laufenden Monats gekürzt. Zudem gab es eine Reihe anderer Regeln im Lager, die von den Verantwortlichen haargenau ausgelegt wurden, erzählt er mir. Sie konnten sich anstrengen, wie sie wollten, jedem wurden mindestens 20 oder 30 der wertvollen 280 Franken Monatsgeld abgezogen.

Die Sanktionen dieses Regimes setzten alle Insassen unter einen dauerhaften Druck der Behörden, erklärte Saboor. Sie wurden wie ungezogene Kinder behandelt, nicht wie erwachsene Asylsuchende mit einem angeschlagenen Selbstwertgefühl. Zudem wurden einige Insassen bevorzugt, offenbar wegen ihrer Hautfarbe oder Muttersprache, meinte er. Dem Verfahren folgend wurde er vom Lager aus an seinen jetzigen Wohnort entlassen, eine halbe Stunde mit dem Zug von Luzern entfernt.

Ich hatte keine Gelegenheit, seine Sichtweise dem SEM zukommen zu lassen, aber laut einer Länderübersicht der Asylverfahren, veröffentlicht von der einwanderungs-freundlichen Organisation European Council on Refugees and Exiles (ECRE), heißt es: „Die Bedürfnisse und Interessen der Asylsuchenden finden im Zuteilungs-System kaum Beachtung ... das System ist problematisch, da es Möglichkeiten zur Integration wie den Sprachenerwerb sowie familiäre Bindungen einschränkt."

Saboor meinte, dass es wesentlich einfacher sei, die kleinen Demütigungen zu ertragen, wenn nicht die Zeit so langsam verstreichen würde. Er war bereits neun Monate im neuen Lager und es gab keine Neuigkeiten über sein Gesuch. Laut SEM-Statistik war Saboor einer von 3.229 Afghanen, die im Jahre 2016 in der Schweiz Asyl beantragt hatten; vom Vorjahr waren noch 7.479 Verfahren weiterer Landsleute offen. Nach den Entscheidungen auf erster Ebene erhielten 13,8 Prozent Asyl, 75,6 Prozent wurde ein befristeter Schutz gewährt, 10,6 Prozent wurden ausgewiesen.[14]

Ich versuche, Saboor aufzumuntern, aber er ist mürrisch, frustriert und hat Heimweh. Wir sitzen an einem Tisch oberhalb des Vierwaldstätter Sees. Schwäne segeln vorüber wie osteuropäische Monarchen im Exil, Enten fliegen ihren Müttern nach, Touristen machen Selfies an der berühmten hölzernen Kapellbrücke. Die Schweizer Uhren in den Kirchtürmen klingen auch hier alle Viertelstunde, ihr Klang verstärkt und präzisiert sich durch das Wasser.

In der Ferne sieht man die Spitzen des Pilatusmassivs, einst berühmt für seine Drachen, sowie die Gipfel des noch weiter entfernten Rigimassivs; sie liefern in aller Ruhe das Wasser für die Reuss, die in den See mündet. „Die Rigi" war Objekt zahlreicher wunderschöner Aquarelle des Landschaftsmalers J. M. W. Turner, auch der amerikanische Autor Mark Twain besuchte sie.

Später fahren wir mit dem Zug zu seiner Unterkunft, eine halbe Stunde von Luzern. Es ist wie ein Hostel, nahe am Bahnhof, mit Rezeption unten am Eingang, geführt von einer jungen lächelnden Frau, die nicht nur höflich ist, sondern auch sehr freundlich. Oben spielt jemand in seinem Wohnzimmer etwas traurige Klänge auf der Gitarre. Saboors Zimmer ist im obersten Stockwerk unter dem Dach. Es ist sauber und aufgeräumt, es gibt drei Etagenbetten und einen Gemeinschaftstisch. Einer seiner afghanischen Landsleute hat Werkzeug in den Händen und ist dabei, sein Bett zu reparieren, das bei jeder Bewegung quietscht und seine Mitbewohner nachts aufweckt. Wir setzen uns an den Tisch in der Mitte. Es ist noch immer Ramadan und es gibt keine Komfortnahrung für Saboor. Er besteht aber darauf, dass ich etwas von seinen getrockneten Feigen esse. Ich frage ihn, was er macht, wenn sein Asylantrag abgelehnt wird.

„Vielleicht gehe ich zurück nach Afghanistan und mache bei den Taliban mit", sagt er, „Ich könnte ihr Sprecher werden!" Natürlich macht er nur Spaß, aber es liegt eine Verbitterung in seiner Stimme, die er nicht verbergen kann. Europa ist bisher weit hinter seinen Erwartungen zurückgeblieben.

SIEBEN STUFEN DER VERZWEIFLUNG

Es gibt sieben Stufen der Verzweiflung, eine für jeden Wochentag … Jegliche Vorhaben, die von Politikern angestrebt werden,
die sich derartige Verzweiflung nicht vorstellen können, werden
erfolglos sein und nur mehr und mehr Feinde hervorbringen.

John Berger[1]

Berlin, Juni 2017

Der Westbalkan ist immer schon ein Tor gewesen für Flüchtlinge, Migranten, Händler, Soldaten und Abenteurer nach Mittel- und Nordeuropa. Der menschliche Strom von 2014 bis 2016 war schlichtweg größer und es wurde viel mehr über seine dramatischen Details berichtet. 2018 war der Strom auf sein normales stetiges Tröpfeln reduziert worden. In Anbetracht der neuen Realität, geschaffen durch den ungarischen Zaun, drängten viele Migranten westlich durch Albanien und Bosnien, oder aber östlich durch Rumänien, mit all den potenziellen Gefahren, wie in Kapitel 14 gezeigt.

Auch der Verkehr über die andere Haupt-Migrationsroute nach Europa über das zentrale Mittelmeer wurde signifikant eingeschränkt. Künftige Migration wird ähnlichen Mustern folgen, ein steter Fluss, unterbrochen von plötzlichen Anstiegen, angestoßen durch Krieg und Klimawandel. Wenn sich eine Route schließt, öffnet sich eine andere. Europa gerät in seinem Versuch, dies zu kontrollieren, immer mehr zur Festung und wird seine Verteidigung weiter stärken.

Im Juni 2018 gab die Europäische Kommission bekannt, dass das Jahresbudget für Ausgaben zur Bekämpfung illegaler Migration in der kommenden Haushalts-Phase 2021 bis 2028 auf fünf Milliarden Euro verdreifacht wird.[2]

Die Ausgaben, so die Kommission, sollen „eine solide Kontrolle der Grenzen ermöglichen, nicht ihre Schließung. Die Kommission hat nie Zäune finanziert und wird das während des neuen EU-Haushalts auch nicht tun."

Die Ausgaben sollten vielmehr dazu verwendet werden, aus den Frontex-Kräften eine Truppe von 10.000 Mitarbeitern einer Reservepolizei zu machen, die zu Land und zu Wasser bereitsteht, zudem das technische Zubehör und die Ausstattung, welche die Frontex-Truppe sowie die 27 einzelnen nationalen Polizeieinheiten bräuchten.

Im Sommer 2018 konnte man beinahe davon sprechen, dass die Migration in Europa eingeschlafen sei. Der EU-Türkei-Deal sowie die Abkommen zwischen der EU und den libyschen Warlords waren recht effektiv. Nur 1.000 Afrikaner pro Monat versuchten verzweifelt, von Agadez im Niger aus die Sahara zu durchqueren – 2016 waren es noch 10.000 pro Monat.[3]

Politiker von weit rechts bis links stimmten darin überein, dass plötzliche Migration an ihren Quellen verhindert werden sollte. Gelder werden in die Staaten der Sub-Sahara gepumpt. Bestenfalls wird dies bessere Arbeits- und Lebensumstände schaffen, so dass weniger Menschen die Notwendigkeit verspüren zu gehen. Schlimmstenfalls werden die Gelder wie Bestechungszahlungen an die Regionen und ihre Regierungen wirken und als Ermutigung dafür, dass sie ihre eigenen Zäune bauen, ihre Bürger im eigenen Land halten sowie die eigenen Taschen füllen.

Drei sich bekämpfende Parallel-Regierungen in Libyen sowie tausende Milizen kontrollieren das Schicksal von bis zu einer Million Migranten, die die Sahara durchquert haben. Ein Fünftel von ihnen wagen die Reise übers Mittelmeer, während die Mehrheit versucht, in Libyen eine Arbeit aufzunehmen. Die internationale Diplomatie ist daran gescheitert, ein weiteres Aufflammen der Kriege im Nahen Osten zu verhindern und eine Lösung für Libyen zu finden. Europa bleibt ein attraktiver Fluchtort, trotz interner Probleme, die sich wiederum unter dem Einfluss von Asylsuchenden verschlimmerten.

Der vielgeschmähte alte Eiserne Vorhang hat demokratischen westeuropäischen Interessen gedient sowie den diktatorischen Regierungen Osteuropas. Er beließ praktischerweise die ärmeren, zänkischen Cousins im Osten und verhalf dem Westen zu schnellerem Wachstum. Der neue Eiserne Vorhang soll Europa vor einer weiteren, einer „Armuts-Einwanderung" aus dem Süden schützen – oder was immer man für ein Cartoon-Bild wählt. Die Ironie des Ganzen ist, dass Westeuropa nicht reicher würde ohne Einwanderer, es würde zweifellos ärmer werden. Die Zehntausenden Flüchtlinge, die in Griechenland feststecken oder sich auf dem Balkan ausruhen, lecken ihre Wunden. Währenddessen ist die 828 Kilometer lange Mauer an der türkisch-syrischen Grenze beinahe komplett errichtet.[4]

Der Krieg in Syrien geht weiter. Sechs Millionen Syrer sind nach wie vor Flüchtlinge im eigenen Land, das vor dem Krieg 23 Millionen Einwohner zählte. Fünf Millionen sind in Nachbarländer geflohen wie in die Türkei, den Libanon und Jordanien; eine Million Syrer haben Europa erreicht. Somit leben noch elf Millionen Syrer in ihren alten Häusern und Wohnungen. Syrer machen ein Drittel der Menschen aus, die nach Europa kamen, während ich das Buch schrieb. Die Hälfte von ihnen hat laut Schätzungen einen Universitätsabschluss und wird dem Heimatland schmerzlich fehlen, wenn sie nicht nach dem Krieg zurückkehren.

Nach dem militärischen Sieg über den IS und den Irak haben es einige Mutige gewagt, wieder in ihre Heimat zu gehen – doch sie stehen einer unsicheren Zukunft gegenüber in Städten ohne Wasser, Strom und ohne Arbeit, neben den Gefahren von Blindgängern. Wenn sie zu früh heimkehren, müssen sie eventuell bald wieder fliehen.[5]

Der Krieg in beiden Ländern – Irak und Syrien – stellt weiterhin das Leben von Menschen auf den Kopf, während der Libanon, Jordanien und die Türkei ungeduldig darauf warten, dass die Flüchtlinge wieder nach Hause gehen. Der Krieg in Afghanistan geht in sein 40. Jahr. Er begann während meines zweiten Studienjahrs. Ich fürchte, er wird noch andauern, wenn ich in Rente gehe. Der Krieg im Jemen, der eigentlich ein Stellvertreterkrieg zwischen dem Iran und Saudi-Arabien ist, fordert große Todesopfer und verstärkt die Tragik vor Ort täglich. Die Welt ist, wie immer, in einem furchtbaren Zustand.

Nick Thorpe,
Journalist und Autor,
Budapest, 2018

ANMERKUNGEN

Hinweis: Die Quellen des englischen Originals wurden dort belassen, wo es keine deutsche Entsprechung gab, wo sinnvoll, wurden deutsche Quellen ergänzt, die dem Inhalt der Referenzen entsprechen.

EINFÜHRUNG – DIE GESICHTER AM ZAUN

[1] Sir Thomas More, William Shakespeare zugeschriebenes Theaterstück über Thomas Morus (1478-1535), engl.: Gabrieli Vittorio, Giorgio Melchiori (Hrsg.): Sir Thomas More, Manchester University Press 1999, dt. Die Fremden – Für mehr Mitgefühl. Vorwort von Heribert Prantl. Hrsg. u. übers. v. Frank Günther, dtv 2016.

[2] John Berger, Hold Everything Dear: Dispatches on Survival and Resistance, Verso 2007.

[3] Hungarian Folka Archive: The road before me weeps, the path is sorrowful (Népzenetár – Sir az út elöttem bánkodik as osveny), http://nepzenetar.hu/dalszoveg/4355/Sir-az-ut-elottem-bankodik-azosveny

[4] Sándor Sára Doku, 1987, https://www.youtube.com/watch?v=SknxqpaF6zE

[5] Vízöntö, The Road Before Me Weeps (Video), 1998: https://www.youtube.com/watch?v=aQxFPdTh3d0

[6] Webseite über Lajtha László (1892-1963), http://lajtha.heritagehouse.hu

[7] Michael R. Marrus, The Unwanted: European Refugees from the First World War Through the Cold War Oxford University Press, 1985.

[8] Adrian Edwards, Forced displacement at record 68.5 million, 19.6.2018, http://www.unhcr.org/news/stories/2018/6/5b222c494/forced-displacement-record-685-million.html

[9] Henry Fountain, 'Researchers link Syrian conflict to a drought made worse by climate change', 2.3.2015, https://www.nytimes.com/2015/03/03/science/earth/study-links-syria-conflict-to-drought-caused-by-climate-change.html. Siehe auch: Jan Selby et al., 'Climate change and the Syrian civil war revisited', September 2017, https://www.sciencedirect.com/science/article/pii/S0962629816301822

[10] Michael Ignatieff, The Ordinary Virtues: Moral Order in a Divided World, Harvard University Press 2017.

[11] Alexander Betts, Paul Collier, Refuge: Transforming a Broken Refugee System, Allen Lane 2017.

[12] Philip Faigle u.a., „Merkel war es wirklich nicht", 11.10.2016, https://www.zeit.de/politik/ausland/2016-10/fluechtlingspolitik-fluechtlinge-angela-merkel-balkanroute-offene-grenze

[13] Eurostat, Asylum statistics, 16.3.2018, 18.4.2018, http://ec.europa.eu/euro-stat/statistics-explained/index.php/Asylum_statistics. See also Phillip Connor, Still in limbo, 20.9.2017, http://www.pewglobal.org/2017/09/20/a-million-asylum-seekers-await-word-on-whether-they-can-call-europe-home/; EU asylum applications drop off drastically in 2017, 30.12.2017, http://www.dw.com/en/eu-asylum-applications-

drop-off-drastically-in-2017/a-41976192; Eurostat, 15.6.2018, Asylum quarterly report, http://ec.europa.eu/eurostat/statistics-explained/index.php/Asylum_ quarterly_report; 202,834 Asylanträge im Jahr 2014, 14.1.2015, https://www.bmi.bund.de/SharedDocs/pressemitteilungen/DE/2015/01/asylzahlen_2014.html

[14] Überblick EU-Politik-Entwicklungen: EP, Migration and Asylum: Juni 2018, http://www.europarl.europa.eu/RegData/etudes/PERI/2017/600414/IPOL_PERI(2017)600414_EN.pdf

[15] Turkey–Syria border wall to be completed by spring, 18.12.2017, http://www. hurriyetdailynews.com/turkey-syria-border-wall-to-be-completed-by-spring-124303

[16] https://www.loc.gov/law/help/refugee-law/europeanunion.php; https://www.oecd.org/els/mig/migration-policy-debates-13.pdf; https://www.economist.com/international/2018/04/21/european-countries-should-make-it-easier-for-refugees-to-work; https:// voxeu.org/article/fiscal-cost-refugees-europe; https://www.politico.eu/article/refugee-crisis-cost-germany-over-e20-billion-in-2016/; http://www.amnesty.eu/content/assets/ Reports/EUR_050012014 Fortress_Europe_complete_web_EN.pdf

[17] Schleuser-Einnahmen 2015, https://www.ft.com/content/9b00f2ce-e9d7-30c4-a490- 532a59a35c55

[18] http://www.spiegel.de/international/germany/germany-and-immigration-the-changing-face-of-the-country-a-1203143.html; https://de.wikipedia.org/wiki/Einwanderung#Einwanderung_nach_Deutschland

[19] https://ec.europa.eu/eurostat/statistics-explained/index.php/Migration_and_migrant_population_statistics

[20] University of Toronto News, 4.10.2016, https://www.utoronto.ca/news/ human-rights-ignatieff

KAPITEL 1 – NEUJAHR 2015

[1] John Berger, And Our Faces, My Heart, Brief as Photos Pantheon Books, 1984.

[2] https://www.bundesregierung.de/breg-de/service/bulletin/neujahrsansprache-2015-798300

[3] Anti-Islam Pegida march in German city of Dresden, 16.12.2014, https://www.bbc.com/news/world-europe-30478321.

[4] Yaşar Aydın, The Germany–Turkey Migration Corridor: Refitting Policies for a Transnational Age (Migration Policy Institute, 2016); M. Bartsch et al., Turkish immigration to Germany: a sorry history of self-deception and wasted opportunities, 7.9.2010, http://www.spiegel.de/international/germany/turkish-immigration-to-germany-a-sorry-history-of-self-deception-and-wasted-opportunities-a-716067.html.

[5] Immigration to France, https://en.wikipedia.org/wiki/Immigration_to_France, K. Hamilton et al., The challenge of French diversity, 1.11.2004, https://www.migrationpolicy.org/article/challenge-french-diversity.

[6] https://de.wikipedia.org/wiki/Geschichte_der_Juden_in_Frankreich, 20.1.2016, http://www.thelocal.fr/20160120/france-sees-scores-of-attacksagainst-jews-muslims-and-churches.

[7] Policeman Ahmed Merabet mourned after death in Charlie Hebdo attack, 8.1.2015, https://www.theguardian.com/world/2015/jan/08/ahmed-merabet-mourned-charlie-hebdo-paris-attack; Ahmed Merabet, français, policier, musulman, tué par les frères Kouachi, 13.1.2015, http://www.liberation.fr/

societe/2015/01/13/ahmed-merabet-francais-policier-musulman-tue-par-les-freres-kouachi_1179546.

[8] Orbán: We will not give asylum to economic migrants, 11.1.2015, https://index. hu/belfold/2015/01/11/
orban_gazdasagi_bevandorloknak_nem_adunk_menedeket/

[9] UNHCR: Höchste Flüchtlingszahlen weltweit, 18.6.2015,
http://www.unhcr.org/news/latest/2015/6/558193896/worldwide-displacement-hits-all-time-high-war-
persecution-increase.html.

[10] Orbán zur BBC: It's part of life, 30.1.2015, https://www.youtube.com/watch?v–UQfRhiTDrY.

[11] ung. Quelle: Einwanderer fluten unser Land, 90 Prozent sind Muslime, 14.1.2015, http:// valasz.hu/
itthon/ozonlenek-a-bevandorlok-magyarorszagra-a-90-szazalekuk-muszlim-108474.

[12] Al Jazeera Balkans, Avni Ahmetaj report, Migration crisis in Kosovo, 3.2.2015, https://www.youtube.com/
watch?v=cPAhKEDTZf0.

[13] UNHCR-Mitteilung, 26.2.2015, http://www.unhcr.org/ceu/8646-unhcr-saddened-by-death-of-baby-
kosovar-asylum-seeker-in-hungary.html.

[14] UNHCR calls on Hungary to protect, not persecute, refugees, 8.5.2015, http://www. unhcr.org/news/
press/2015/5/554cc16e9/unhcr-calls-hungary-protect-persecute-refugees.html.

KAPITEL 2 – ZEIT DER ANGST

[1] Schriftliche Antwort von ehemaligen Insassen an de Autor, Juni 2015

[2] Charlie Hebdo: Bulgaria extradites terror suspect, 29.1.2015, http://www.bbc.com/news/world-
europe-31047020

[3] Webseite (engl.) der türkischen nationalen Sicherheitsbehörden: https://www.mit.gov.tr/eng/

[4] British jihadist Imran Khawaja jailed for 12 years, 6.2.2015, http://www.bbc.com/news/uk-31166062

[5] ung. Büro des Premierministers, National consultation on immigration to begin, 24.4.2015, http://www.
kormany.hu/en/prime-minister-s-office/news/national-consultation-on-immigration-to-begin

[6] UNHCR calls on Hungary to protect, not persecute, refugees, 8.5.2015, http://www. unhcr.org/news/
press/2015/5/554cc16e9/unhcr-calls-hungary-protect-persecute-refugees.html?query-ontserrat%20
Feixas%20Vihé

[7] http://www.kormany.hu/hu/igazsagugyi-miniszterium/europai-unios-es-nemzetkozi-igazsagugyi-
egyuttmukodesert-felelos-allamtitkarsag/hirek/berke-barna-kepviselte-magyarorszagot-a-bel-es-igazsagugyi-
tanacs-rigai-ulesen-2015-02-04

[8] https://www.europol.europa.eu/activities-services/main-reports/european-union-terrorism-situation-and-
trend-report-te-sat-2016

[9] Aufgegriffene Migranten, Polizeibericht (ung.), März 2015, http://www.police.hu/hu/hirek-es-informaciok/
hatarinfo/elfogott-migransok-szama-lekerdezes?created%5Bmin%5D=2018-06-01&created%5Bmax%5D=20
180701&created%5Bmin_year%5D=2015&created%5Bmin_month%5D=03 April 2015,

http://www.police.hu/hu/hirek-es-informaciok/hatarinfo/elfogott-migransok-szama-lekerd ezes?created%5Bmin%5D=2018-06-01&created%5Bmax%5D=2018-07-01& created%5Bmin_ year%5D=2015&created%5Bmin_month%5D=04

[10] ung.: Papst Franziskus und seine ungarischen Kritiker, 13.8.2016, http://hungarianspectrum.org/tag/laszlo-rigo-kiss/

[11] UNHCR billboards in Hungary celebrate contributions by refugees, 19.6.2015, http:// www.unhcr.org/news/latest/2015/6/5583d1466/unhcr-billboards-hungary-celebrate-contributions-refugees.html

[12] A Traveller's Guide to East Macedonia and Thrace: www.jti-rhodope.eu

[13] Giovanni Cocco, Moving Walls, Dezember 2014; http://www.eurozine.com/articles/2014-12-03-cocco-en.html

[14] N. Nielsen, Fortress Europe: a Greek wall close up, 21.12.2012, https://euobserver.com/fortress-eu/118565

[15] Evros – Long way to Europe, Oktober 2014: http://stopevroswall.blogspot. hu/2014_10_01_archive.html

[16] Greece as a Country of Asylum: UNHCR Observations on the Current Situation of Asylum in Greece, Dezember 2014, http://www.refworld.org/docid/54cb3af34.html

[17] B. Cheshirkov, Bulgarians urged to see refugees through new eyes in media campaign, 24.11.2014, http://www.unhcr.org/news/latest/2014/11/547355546/bulgarians-urged-refugees-new-eyes-media-campaign.html

[18] Facebook-Gruppe Harmanli Playschool, seit November 2014: https://www. facebook.com/groups/HarmanliRefugeeCampPlaySchool/

[19] https://en.wikipedia.org/wiki/Battle_of_al-Hasakah_ (2015)

[20] A. Ammirati, What is the Dublin Regulation, 8.12.2015, http://openmigration.org/en/analyses/what-is-the-dublin-regulation/ - italienische und englische Webseite

[21] Bulgarian Helsinki Committee, Statistics Bulgaria: http://www.asylumineurope.org/reports/country/bulgaria/statistics

KAPITEL 3 – ORBÁNS DSCHIHAD

[1] Jihad: a misunderstood concept from Islam, http://islamicsupremecouncil.org/understanding-islam/legal-rulings/5-jihad-a-misunderstood-concept-from-islam.html?start=9

[2] Worldwide displacement hits all-time high as war and persecution increase, 18.6.2015, http://www.unhcr.org/news/latest/2015/6/558193896/worldwide-displacement-hits-all-time-high-war-persecution-increase.html

[3] Viktor Orbán am 12.6.2015: http://www.kormany.hu/hu/a-miniszterelnok/beszedek-publikaciok-interjuk/minden-lehetoseget-szamba-kell-venni-a-bevandorlok-kerdeseben

[4] Helsinki Committee, Building a Legal Fence: Changes to Hungarian Asylum Law Jeopardise Access to Protection in Hungary, 7.8.2015, https://helsinki.hu/wp-content/uploads/HHC-HU-asylum-law-amendment-

2015-August-info-note.pdf

[5] New UNHCR report warns against returning asylum-seekers to Greece, 30.1.2015, http://www.unhcr.org/news/briefing/2015/1/54cb698d9/new-unhcr-report-warns-against-returning-asylum-seekers-greece.html

[6] Bulgaria as a Country of Asylum: UNHCR Observations on the Current Situation of Asylum in Bulgaria, April 2014, http://www.unhcr.org/protection/operations/53198b489/unhcr-observations-situation-asylum-bulgaria.html

[7] https://www.amnesty.org/en/documents/eur70/1579/2015/en/

[8] http://www.unhcr.org/news/latest/2015/6/558193896/worldwide-displacement-hits-all-time-high-war-persecution-increase.html

[9] Délmagyarország (Südungarische Tageszeitung), 28.8.2015 http://www.delmagyar.hu/szeged_hirek/naponta_40–60_migranssal_teli_busz_erkezik_belgradbol_magyarkanizsara/2443278/

[10] http://www.euronews. com/2014/07/22/mauritania-water-crisis-in-nouakchott, 22.7.2014

[11] https://de.wikipedia.org/wiki/L%C3%A1szl%C3%B3_Magyar_(Entdecker)

KAPITEL 4 – HEILLOSES DURCHEINANDER

[1] Financial Times Titelstory, 31.12.2015.

[2] Calais migrant crisis: Cameron warns UK is no safe haven, 30.7.2015, http://www.bbc.com/news/uk-33713268

[3] Helsinki Committee, Building a Legal Fence: Changes to Hungarian Asylum Law Jeopardise Access to Protection in Hungary, 7.8.2015, https://helsinki.hu/wp-content/uploads/HHC-HU-asylum-law-amendment-2015-August-info-note.pdf

[4] dt. Quelle: https://de.wikipedia.org/wiki/Gy%C3%A1lar%C3%A9t

[5] IOM, Migration issues in Hungary, http://www.iom.hu/migration-issues-hungary/

[6] Wall Street Journal, 6.7.2018, Obscure German tweet helped spur migrant march from Hungary, https://www.wsj.com/articles/obscure-german-tweet-help-spur-migrant-march-from-hungary-1441901563; A. Dernbach, Germany suspends Dublin agreement for Syrian refugees, 26.8.2015, http://www.euractiv.com/section/migrations/news/germanysuspends-dublin-agreement-for-syrian-refugees/

[7] 0.7.2015, Treffen vom Rat für Justiz und Inneres der EU, http://www.consilium.europa. eu/en/meetings/jha/2015/07/20/

[8] Asylum Information Database, Dublin procedures, Germany, http://www.asylumineurope. org/reports/country/germany/asylum-procedure/procedures/dublin

[9] I. Coles and S. Nasralia, The migrant truck tragedy: I feel really bad about what happened, 12.11.2015, https://www.reuters.com/investigates/special-report/europe-migrants-truck/

[10] Hungarian police arrest driver of lorry that had 71 dead migrants inside, 28.8.2015, https://www.theguardian.com/world/2015/aug/28/more-than-70-dead-austria-migrant-truck-tragedy

[11] Migrant crisis: Merkel warns of EU failure, 31.8.2015, http://www.bbc.com/news/world-europe-34108224

[12] ung. Quelle BAON, Bericht über Unfall: 4.5.2017: https://www.baon.hu/bacs-kiskun/kek-hirek-bulvar-bacs-kiskun/11-embercsempesz-ellen-emeltek-vadat-a-halalkamion-ugyeben-724004/

[13] https://de.wikipedia.org/wiki/International_Convention_for_the_Safety_of_Life_at_Sea, http://www.un.org/depts/los/convention_agreements/convention_overview_convention.htm; International Convention on Maritime Search and Rescue, http://www.imo.org/en/About/Conventions/ ListOfConventions/Pages/International-Convention-on-Maritime-Search-and-Rescue-(SAR).aspx; SOLAS Convention (International Convention for the Safety of Life at Sea)

[14] Hungarian Helsinki Committee, https://www.helsinki.hu/en/

[15] Menedék, Hungarian Association for Migrants, https://menedek.hu/en

[16] Kalunba charity, http://kalunba.org

[17] Migration Aid, http://www.migrationaid.net/csoport/

[18] Le Monde, Crise migratoire: le ton monte entre la France et la Hongrie, 30.8.2018, http://www.lemonde.fr/international/article/2015/08/30/laurent-fabius-denonce-l-attitude-scandaleuse-de-la-hongrie-dans-la-crise-des-migrants_4740538_3210.html

[19] Szijjártó hits back at French Foreign Minister, Magyar Nemzet, 31.8.2015, https://mno.hu/belfold/szijjarto-visszavagott-a-francia-kulugyminiszternek-1302397

[20] Together bravely, J.C. Juncker in Népszabadság, 27.8.2015: http://nol.hu/velemeny/egyutt-batran-1559435

KAPITEL 5 – EIN FLÜCHTIGER SIEG

[1] https://www.bundesregierung.de/breg-de/aktuelles/pressekonferenzen/sommerpressekonferenz-von-bundeskanzlerin-merkel-848300
Merkel in Bundespressekonferenz, https://www.youtube.com/watch?v=UdVjH0JEbJ4

[2] Orbán am 3.9.2015, https://444.hu/2015/09/03/orban-ez-is-egy-vasfuggony-csak-ez-most-ertunk-van/

[3] Migrant crisis a German problem, 3.9.2015, http://www.bbc.com/news/world-europe-34136823

4 Economist, Merkel the bold, 3.9.2015, https://www.economist.com/news/leaders/21663228-refugees-germanys-chancellor-brave-decisive-and-right-merkel-bold

[5] frz. Quelle: Migrants: Frontex signale un traffic de faux passeports syriens, 1.9.2015, http:// www.europe1.fr/international/migrants-frontex-signale-un-trafic-de-faux-passeports-syriens-2508147

[6] https://de.wikipedia.org/wiki/Alan_Kurdi

[7] Orbán's double standards on Islam, Tageszeitung Népszava, 2.10.2015, http://nepszava.hu/cikk/1071820-orban-ketkulacsos-muszlimbaratsaga

[8] They tricked the refugees, Népszabadság, 3.9.2015, http://nol.hu/belfold/atvertek-a-menekulteket-

pattanasig-feszult-a-helyzet-bicsken-1560817; über Bahnhof Bicske, 3.9.2015, http://www.blikk.hu/aktualis/politika/menekultek-botrany-a-bicskei-vasutallomason/ggshr73

[9] Refugees set out with tents and sleeping bags' Index news portal, 4.9.2015, https://index.hu/video/2015/09/04/vonulas_menekultek_menekultvalsag/

[10] Clashes erupt between refugees, football hooligans in Budapest, 4.9.2015, https://www.rt.com/news/314459-clashes-refugees-football-hungary/

[11] N. Thorpe, Tired migrants finally cross into Austria, 5.9.2015, http://www.bbc.com/news/world-europe-34166115

KAPITEL 6 – DER VORHANG SCHLIESST SICH

[1] http://europa.eu/rapid/press-release_IP-15-5700_en.htm

[2] 30.8.2016, https://www.zeit.de/2016/35/grenzoeffnung-fluechtlinge-september-2015-wochenende-angela-merkel-ungarn-oesterreich

[3] B. Bayrhammer, Faymann: EU–Lösung oder Friedensnobelpreis abgeben, 5.9.2015, http://diepresse.com/home/innenpolitik/4814407/Faymann_EULoesung-oder-Friedensnobelpreis-abgeben?

[4] P. Bognar, E. Kocina, Refugees may go to Austria, 4.9.2015: http://diepresse.com/home/ausland/eu/4813926/FluechtlingeduerfennachOesterreich?from=suche.intern.portal

[5] N. Nielsen, Germany sets example on EU migrants, 7.9.2015, https://euobserver.com/migration/130130

[6] J. Clayton, UNHCR chief issues key guidelines for dealing with Europe's refugee crisis, 4.9.2015, http://www.unhcr.org/55e9793b6.html#_ga=1.74185362.1633667661.1453992302

[7] Ralf Schuler, Zerreißt die Flüchtlingskrise die Union?, 6.9.2015, https://www.bild.de/politik/inland/grosse-koalition/zerreisst-fluechtlingskrise-union-42470310.bild.html

[8] ZDF-Polit-Barometer, 11.9.2015, https://presseportal.zdf.de/pressemitteilung/mitteilung/zdf-politbarometer-september-2015/

[9] We must keep Europe Christian says Hungarian PM, 17.9.2015, https://www.thetimes.co.uk/article/we-must-keep-europe-christian-says-hungarian-pm-fjwnmlzcv07

[10] http://europa.eu/rapid/press-release_SPEECH-15-5614_en.htm

[11] Monty Python: Ministry of Silly Walks, https://www.youtube.com/watch?v=iV2ViNJFZC8

[12] ung. Quelle 444 über Sender N1, der die Kamerafrau nach dem Vorfall entließ, 8.9.2015 https://444.hu/2015/09/08/ime-a-menekult-kisgyerekeket-rugdoso-n1-operatorno

[13] Interne Vorgabe für Staatsfernsehen: Keine Kinder zeigen, 25.8.2015, https://444.hu/2015/08/25/belso-szerkesztoi-utasitasra-nem-szerepelhetnek-gyerekek-a-kozszolgalati-teve-menekultes-anyagaiban/

[14] B. Kálnoky, https://www.welt.de/politik/ausland/article146497225/Am-Ende-werden-die-Muslime-mehr-sein-als-wir.html

[15] M. Fleming, UNHCR outlines proposals to manage refugee and migration crisis in Europe ahead of EU

Summit, 22.9.2015, http://www.unhcr.org/news/latest/2015/9/56015ba86/unhcr-outlines-proposals-manage-refugee-migration-crisis-europe-ahead-eu.html

[16] B. Novak, Counter-terrorism police racheted up violence at Röszke says photographer, 21.9.2015, https://budapestbeacon.com/counter-terrorism-police-ratcheted-up-violence-at-roszke-says-photographer/; R. Field, What really happened at Röszke?, http://budapestbeacon.com/public-policy/what-really-happened-at-Röszke/27850; Witnesses recount chaos at Röszke following border closure at trial of Ahmed H., 24.9.2016, http://budapestbeacon.com/public-policy/witnesses-recount-chaos-at-Röszke-following-border-closure-at-trial-of-ahmed-h/39821

[17] Informelles Treffen der EU-Staats- und Regierungschefs zum Thema Migration, 23.9.2015: http://www.consilium.europa.eu/de/press/press-releases/2015/09/23-statement-informal-meeting/; N. Nielsen und E. Zalan, EU forces voluntary migrant relocation on eastern states, 22.9.2015, https://euobserver.com/migration/130374; Migrant crisis: opponents furious over new EU quotas, 22.9.2015, http://www. bbc.com/news/world-europe-34331126

[18] World Food Programme, Annual Performance Report for 2015, https://docs.wfp.org/ api/documents/213317f2-2843-4208-bf57-74208bf23bcf/download/

[19] Statewatch, Explanatory note on the Hotspot approach': http://www.statewatch.org/news/2015/jul/eu-com-hotsposts.pdf

[20] Statement by H.E. Viktor Orbán: http://www.un.org/en/development/desa/population/ migration/events/ga/2015/docs/statements/HUNGARY.pdf

KAPITEL 7 – DREI GRAUSAME GRENZEN

[1] Letter to my wife, Miklós Radnóti, Lager Heidenau, August–September 1944: http://radnoti.mtak.hu/hu/04-07.htm

[2] Schlacht um Kobane, engl., 25.6.2015, https://www.bbc.com/news/world-middle-east-29688108

[3] https://www.tagesspiegel.de/kultur/is-koepft-archaeologen-khaled-asaad-der-hueter-von-palmyra/12209096.html,
Beheaded Syrian scholar refused to lead Isis to hidden Palmyra antiquities, 19.8.2015, https://www.theguardian.com/world/2015/aug/18/isis-beheads-archaeologist-syria

[4] https://www.economist.com/news/europe/21697019-answer-often-serbia-croatia-or-bulgaria-ask-not-whom-ak-47s-flow, Leserkommentare

[5] Conflict timeline 2015, http://www.iamsyria.org/2015.html

[6] Casualties of the Syrian civil war, https://en.wikipedia.org/wiki/Casualties_of_the_Syrian_Civil_War

[7] Global trends: forced displacement in 2016, http://www.unhcr.org/globaltrends2016/

[8] Philip Faigle u.a.., Merkel war es wirklich nicht, 11.10.2016, https://www.zeit.de/politik/ausland/2016-10/fluechtlingspolitik-fluechtlinge-angela-merkel-balkanroute-offene-grenze

[9] François Hollande und Angela Merkels gemeinsame Ansprache: http://www.europarl. europa.eu/news/ en/press-room/20150929IPR94921/francois-hollande-and-angela-merkel-face-meps

[10] https://www.esiweb.org/publications/why-people-dont-need-drown-aegean-policy-proposal (nur auf Englisch verfasst)

[11] EU-Kommission an ung. Regierung, 6.10.2015, http://www.statewatch.org/news/2015/oct/eu-com-letter-hungary.pdf

[12] http://www.sueddeutsche.de/politik/asylpolitik-die-fluechtlinge-werden-merkels-schicksal-1.2681500; 7.10.2015

[13] http://www.spiegel.de/kultur/gesellschaft/horst-seehofer-brisantes-notwehr-gerede-a-1057081.html

[14] Deutsche Welle 9.10.2015: https://www.dw.com/en/seehofer-widens-rift-with-merkel-over-refugee-policy/a-18773458

[15] We are in deep trouble: Orbán stares down Merkel on migration, 22.10.2015, https://www.politico.eu/ article/orban-refugees-hungary-we-are-in-deep-trouble/

[16] T. Arango, Merkel links Turkey's E.U. hopes to stemming flow of refugees, 18.10.2015, https://www. nytimes.com/2015/10/19/world/merkel-links-turkeys-eu-hopes-to-stemming-flow-of-refugees.html

[17] Migrant crisis: Thousands enter Slovenia after Hungary closes border, 18.10.2015: https://www.bbc.com/ news/world-europe-34564830

[18] Still the refugees are coming, but in Europe the barriers are rising, 31.10.2015, https://www.theguardian. com/world/2015/oct/31/austria-fence-slovenia-wire-europe-refugees

[19] Border Crossing Spielfeld, https://bordercrossingspielfeld.org

[20] Meeting on the Western Balkans Migration Route: Leaders agree on 17-point plan of action, Brussels, 25.10.2015: http://europa.eu/rapid/press-release_IP-15-5904_ en.htm

[21] G. van Kote, Daniel Psenny: La balle, on ne l'entend pas arriver, 19.11.2015, http://www.lemonde.fr/ attaques-a-paris/article/2015/11/19/daniel-psenny-la-balle-on-ne-l-entend-pas-arriver_4813686_4809495. html

[22] Here's what we know about the Paris attackers, 15.11.2015: https://www.huffpost.com/entry/paris-shooting-explosion_n_564651e4e4b0603773490a2f

[23] M. McPhee, B. Ross, US Intel: ISIS may have passport printing machine, blank passports, 10.12.2015, http://abcnews.go.com/International/us-intel-isis-passport-printing-machine-blank-passports/ story?id=35700681

[24] ung. Quelle: Pariser Morde geplant und vorbereitet in Budapest, 27.9.2016, https://magyaridok.hu/ belfold/budapesten-szervezkedtek-es-varakoztak-parizsi-tomeggyilkosok-1038598/

[25] Paris victims, remembered, 20.11.2015, https://www.nytimes.com/interactive/2015/11/20/world/ europe/Paris-terror-victims-list.html

[26] https://www.sueddeutsche.de/leben/worte-eines-witwers-ihr-bekommt-meinen-hass-nicht-1.2741242, https://www.theguardian.com/books/2016/oct/16/antoine-leiris-you-will-not-have-my-hate-interview-paris-attacks-helene-bataclan

KAPITEL 8 – EIN LAGER FÜR VERLORENE SEELEN

[1] S. Bjelotomic, Death of the Balkan route: UNHCR and IOM's strategy in Serbia, 25.1.2017, http://serbianmonitor.com/en/featured/29317/death-of-the-balkan-route-unhcr-and-ioms-strategy-serbia/; Enough is enough: deaths on the western Balkans route, 22.3.2017, http://www.irr.org.uk/news/enough-is-enough-deaths-on-the-western-balkans-route/

[2] http://www.azquotes.com/author/1621-Napoleon_Bonaparte

[3] Paris attacks: Who was Hasna Ait Boulahcen?, 22.11.2015, http://www.bbc.com/news/world-europe-34877374

[4] Muhammad Awzal, https://en.wikipedia.org/wiki/Mohammed_Awzal

[5] Islamic State can make fake Syrian passports: US report, 11.12.2015, https://www.reuters.com/article/us-mideast-crisis-usa-passports/islamic-state-can-make-fake-syrian-passports-u-s-report-idUSKBN0TV02820151212

[6] Macedonia to grant passage only to migrants allowed in EU, says Poposki, 23.11.2015, http://www.mia.mk/en/Inside/RenderSingleNews/328/132908028

[7] Engl. Quelle: Verlassene Olympiastätten von 2004, 10 Jahre später, https://www.theguardian.com/sport/gallery/2014/aug/13/abandoned-athens-olympic-2004-venues-10-years-on-in-pictures

[8] Greece will not become Lebanon of Europe, 25.2.2016, https://www.theguardian.com/world/2016/feb/25/greece-wont-be-lebanon-of-europe-yannis-mouzalas-refugees-eu

[9] L. Hart, N. Graviano, S. Klink, Assisted Voluntary Return and Reintegration: At a Glance, 2015, https://www.iom.int/sites/default/files/our_work/DMM/AVRR/AVRR-at-a-glance-2015.pdf; Assisted Voluntary Return and Reintegration 2015 Key Highlights, 2016, https://publications.iom.int/books/assisted-voluntary-return-and-reintegration-2015-key-highlights

[10] Johannes Pfuhl, https://de.wikipedia.org/wiki/Johannes_Pfuhl,

[11] 10 Commission priorities for 2015–19, https://ec.europa.eu/commission/priorities/migration_en

KAPITEL 9 – DAS EU-TÜRKEI-ABKOMMEN

[1] Sexuelle Gewalt in Ägypten, https://de.wikipedia.org/wiki/Sexuelle_Gewalt_in_%C3%84gypten

[2] DW-engl. Beitrag über erstes Treffen der Untersuchungskommission zu Kölner Neujahrsnacht, 18.2.2016, http://www.dw.com/en/investigation-committee-opens-first-meetingon-cologne-nye-assaults/a-19055748; Cologne attacks: first trial for sexual assault on New Year's Eve begins, 6.5.2016, http://www.bbc.com/news/world-europe-36225177

[3] DW-Kölner Vorfälle hätten verhindert werden können, 17.3.2017, http://www.dw.com/en/report-cologne-new-years-eve-attacks-could-have-been-prevented/a-37979296

[4] Copper – a driving force behind the automotive industry, http://www.makin-metals. com/about/uses-of-

copper-in-cars/

[5] https://de.wikipedia.org/wiki/Aksaray_(Istanbul)

[6] Syrian refugee entrepreneurs boost Turkey's economy, 16.5.2016, https://www. ft.com/content/93e3d794-1826-11e6-b197-a4af20d5575e

[7] DR Congo: 24 killed since election results announced, 21.12.2011, https://www. hrw.org/news/2011/12/21/dr-congo-24-killed-election-results-announced

[8] Protests in Congo over president's future, 20.1.2015, https://www.theguardian. com/world/2015/jan/20/-sp-deadlyprotests-democratic-republic-congo-drc-president-kabila

[9] Democratic Republic of Congo in crisis, 9.4.2018, https://www.hrw.org/blog-feed/democratic-republic-congo-crisis

[10] The organisation of Asylum and migration policies. Factsheet: France, https://www.immigration.interieur.gouv.fr/content/download/39552/303018/file/8.FRANCE_Factsheet_Institutional_Chart_October2012.pdf; http://www.asylumineurope.org/reports/country/france/asylumprocedure/general/short-overview-asylum-procedure

[11] Some Syrians chart pre-approved path to European asylum, https://www.apnews.com/dc5ece27b897426ca92569c4faa55306

[12] D. Bilefsky, Sweden and Denmark add border checks to stem flow of migrants, 4.1.2016, https://www.nytimes.com/2016/01/05/world/europe/sweden-denmark-border-check-migrants.html

[13] Spiegel-International: M. Dettmer, C. Reiermann, Budget battle begins over Germany's new residents, 29.2.2016, http://www.spiegel.de/international/germany/budget-battle-begins-over-refugees-in-germany-a-1079864.html

[14] Germany spent 20 billion euros on refugees in 2016, 24.5.2016, http://www.dw.com/en/germany-spent-20-billion-euros-on-refugees-in-2016/a-38963299

[15] https://www.iwkoeln.de/themen/demografie/zuwanderung/fluechtlinge.html

[16] Turkey's PM plays hardball at EU summit, 7.3.2016, https://euobserver.com/ migration/132579

[17] EU–Turkey Statement, 18.3.2016, http://www.consilium.europa.eu/en/press/press-releases/2016/03/18/eu-turkey-statement/

[18] EU and Turkey reach refugee deal, 20.3.2016, https://www.politico.eu/article/eu-and-turkey-finalize-refugee-deal/

[19] EU Minister: Turkey won't take back migrants already on Greek islands, 10.3.2016, http://www.hurriyetdailynews.com/eu-minister-turkey-wont-take-back-migrants-already-on-greek-islands-96265

[20] M. Cheresheva, Bulgarian, Turkish premiers seek solution on migrants, 26.8.2016, http://www.balkaninsight.com/en/article/bulgaria-s-borissov-meets-turkish-pm-to-seek-partnership-on-migration-08-25-2016

[21] EU–Turkey deal a historic blow to rights, 18.3.2016: https://www.amnesty.org/en/ latest/news/2016/03/eu-turkey-refugee-deal-a-historic-blow-to-rights/

[22] Erdogan blasts the West's response to Turkey coup, refugee crisis, 8.8.2016, http:// www.businessinsider.

de/erdogan-blasts-international-response-to-turkey-coup-refugee-crisis-20168?r=UK&IR=T

23 https://de.wikipedia.org/wiki/Landtagswahl_in_Sachsen-Anhalt_2016

24 Austausch zwischen dem Autor und Gerald Knaus, August 2018.

KAPITEL 10 – DIE STRASSE DER VIER WINDE

[1] Frz. Quelle: https://www.la-croix.com/Religion/Pape/interview-Pope-Francis-2016-05-17-1200760633

[2] On the run from Isis: Jihadists targeting Paris attacker Salah Abdeslam for chickening out of killings, 19.11.2015, http://www.independent.co.uk/news/world/europe/paris-attack-eighth-attacker-salah-abdeslam-could-also-be-on-the-run-from-isis-amid-fears-the-group-a6740781.html

[3] T. Miles, More Europe-bound migrants may be dying in Sahara than at sea: report, 15.7.2016, https://www.reuters.com/article/us-europe-migrants-sahara/more-europe-bound-migrants-may-be-dying-in-sahara-than-at-sea-report-idUSKCN0ZV22C

[4] Six thousand migrant arrivals is not an invasion: Renzi, 15.4.2016, https://www. thelocal.it/20160415/nearly-6000-migrants-reach-italy-since-tuesday

[5] Libya: Humanitarian support to migrants and IDPs, 30.1.2016, https://www.iom. int/sites/default/files/situation_reports/file/IOM-LBY-Situation-Report-Jan-2016.pdf

[6] Italian PM Renzi says Austrian border plans are shameless, 27.4.2016, https://www. reuters.com/article/us-europe-migrants-brenner-renzi/italian-pm-renzi-says-austrian-border-plans-are-shameless-idUSKCN0XO1OL; I. Oliveira, Angela Merkel warns against Brenner pass closure, 5.6.2016, https://www. politico.eu/article/angela-merkel-warns-against-brenner-pass-closure-austria-italy-refugees-migrants-crisis/

[7] Why is Pope Francis going to Lesbos?, 16.4.2016, http://www.bbc.com/news/world-europe-36053880

[8] UNHCR, Factsheet über Lesbos, 12.11.2015, http://www.unhcr.org/protection/operations/5645ddbc6/greece-factsheet-lesvos-island.html

[9] R. Schoenbauer, Volunteers who saved lives on Lesvos nominated for Nobel Peace Prize, 7.10.2016, http://www.unhcr.org/afr/news/latest/2016/10/57f7732d4/volunteers-saved-lives-lesvos-nominated-nobel-peace-prize.html

[10] Frz. Interview Papst Franziskus, 17.5.2016, https://www.la-croix.com/Religion/Pape/interview-Pope-Francis-2016-05-17-1200760633

[11] EASO Newsletter, April 2016, https://www.easo.europa.eu/sites/default/files/newsletters/EASO-Newsletter-April-2016.pdf; Greece: Refugees detained in dire conditions amid rush to implement EU–Turkey deal, 7.4.2016, https://www.amnesty.org/en/latest/news/2016/04/greece-refugees-detained-in-dire-conditions-amid-rush-to-implement-eu-turkey-deal/

[12] G. Soros, Europe: a better plan for refugees, 9.4.2016, http://www.nybooks.com/ daily/2016/04/09/europe-how-pay-for-refugees/

[13] Prayer, food, sex and water parks in Iran's holy city of Mashhad, 7.5.2015, https:// www.theguardian.

com/world/iran-blog/2015/may/07/prayerfood-sex-and-water-parks-in-irans-holy-city-of-mashhad; dt.
Quelle: https://de.wikipedia.org/wiki/Maschhad

14 https://eur-lex.europa.eu/legal-content/EN/TXT/PDF/?uri=CELEX: 52016PC0270(01)&from=EN

15 D. McLaughlin, Central European states deride new EU refugees plan, 5.5.2016, https://www.irishtimes.
com/news/world/europe/central-european-states-deride-new-eu-refugee-plan-1.2636647

16 Remarks by First Vice-President Timmermans and Commissioner Avramopoulos to the European
Parliament Plenary Session, www.europa.eu/rapid/press-release_SPEECH-16-1726_en.pdf

17 EU states face charge for rejecting refugees, 3.5.2016, https://www.ft.com/content/346ba28a-10b8-
11e6-bb40-c30e3bfcf63b

KAPITEL 11 – BLEIB RUHIG UND DENK AN ENGLAND

[1] PM Orban's Brexit stance bears weight in the EU, 21.6.2016, http://abouthungary.hu/news-in-brief/pm-
orbans-brexit-stance-bears-weight-in-the-eu/

[2] Ung. Quelle: Orban hat bereits Konsequenten aus dem Brexit-Votum gezogen, 24.6.2016, https:// www.
napi.hu/magyar_gazdasag/orban_maris_levonta_a_kovetkezteteset_a_brexit_utan.616695.html

[3] M. Pantovic, Violence against migrants on rise in Balkans, 1.8.2016, http://www. balkaninsight.com/en/
article/msf-increase-of-violence-towards-migrants-on-balkan-route-07-29-2016; Jesuit Refugee Service
Europe, Annual Report 2016, https://jrseurope. org/Assets/Publications/File/JRS_Europe_annual_
report_2016.pdf; Médecins Sans Frontières, Serbia: Games of Violence – Unaccompanied Children and
Young People Repeatedly Abused by EU Member State Border Authorities, 3.10.2017, http://www.msf.org/
sites/msf.org/files/serbia-games-of-violence-3.10.17.pdf

[4] N. Thorpe, Hungary deploys army to push migrants back to Serbia, 14.7.2016, http:// www.bbc.com/news/
world-europe-36786438

[5] https://de.wikipedia.org/wiki/Anschlag_auf_das_Garissa_University_College
engl. https://www. bbc.com/news/world-africa-32177123

[6] Radomir Putnik, https://de.wikipedia.org/wiki/Radomir_Putnik

[7] Die deutsche Minderheit in Ungarn, 1938–48: https://de.wikipedia.org/wiki/Ungarndeutsche,
ung. http://www.konfliktuskutato.hu/index.php?option=com_content&view=article&id=358:a-nemet-
kisebbseg-magyarorszagon-1938-1948&catid=43:etnikai-konfliktusok&Itemid=214;

[8] ICRC 2016 report, Western Balkans (regional), http://www.refworld.org/pdfid/59490da77.pdf

[9] Erdogan's Turkey, 13.4.2017, http://www.bbc.co.uk/news/resources/idt-sh/Erdogans_Turkey

KAPITEL 12 – DIE FRAUEN VON ADAŠEVCI

[1] UN Summit for refugees and migrants 2016, https://refugeesmigrants.un.org/summit

[2] Serbia: Factsheet, http://ec.europa.eu/echo/files/aid/countries/factsheets/serbia_en.pdf

[3] Syrian refugees: a journey through mud, fire and cold, 8.8.2016, https://www.careinternational.org.uk/stories/syrian-refugees-journey-through-mud-fire-and-cold

[4] G. Baczynska, Hungary, Slovakia challenge quotas on asylum-seekers at top EU court, 10.5.2017, https://www.reuters.com/article/us-europe-migrants-slovakia-hungary/hungary-slovakia-challenge-quotas-on-asylum-seekers-at-top-eu-court-idUSKBN186222; At Bratislava summit, key question is the future of the EU, 15.9.2016, http://hu.euronews.com/2016/09/15/pozsonyi-eu-csucs-a-fo-kerdes-az-unio-jovoje

[5] Angela Merkel räumt Fehler bei Asylpolitik nach desaströser Wahl ein, 19.9.2016, https://www.theguardian.com/world/2016/sep/19/angela-merkel-admits-mistakes-asylum-seekers-election

[6] Orbán and Kaczyński are for counter-cultural revolution in Europe, 9.9.2016, https://visegradpost.com/en/2016/09/09/orban-and-kaczynski-are-for-counter-cultural-revolution-in-europe/

[7] E. Zalan, EU migrant quota idea is finished, Fico says, 27.9.2016, https://euobserver.com/migration/135245

[8] UN Summit for refugees and migrants 2016, http://refugeesmigrants.un.org/summit

[9] Figures of the week: UN Summit for refugees and migrants calls for international action, 23.9.2016, https://www.brookings.edu/blog/africa-in-focus/2016/09/23/figures-of-the-week-un-summit-for-refugees-and-migrants-calls-for-international-action/

[10] Ung. Außenminister auf UN-Vollversammlung, 23.9.2016, ung. http://www.kormany.hu/hu/kulgazdasagi-es-kulugyminiszterium/hirek/szijjarto-peter-felszolal-az-ensz-kozgyulesenek-altalanos-vitajan

[11] https://www.zeit.de/news/2016-09/20/konferenzen-obama-warnt-bei-letzter-un-rede-vor-mauerbau-und-abschottung-20210203, engl.: https:// obamawhitehouse.archives.gov/the-press-office/2016/09/20/remarks-president-obama-leaders-summit-refugees

[12] UN summit on refugees fails to deliver real solutions, 20.9.2016, https://www.oxfam.org/en/pressroom/reactions/un-summit-refugees-fails-deliver-real-solutions

[13] New Yorker Erklärung: https://www.unhcr.org/dach/de/was-wir-tun/globaler-pakt/new-yorker-erklaerung

[14] Der Standard, 23.9.2016, https://derstandard.at/2000044795966/Bundeskanzler-Kern-Orbans-Politik-der-Grenzsperren-verstaendlich

[15] Pangloss in Brussels – How (not) to implement the Aegean Agreement, 7.10.2016, https://www.esiweb.org/index.php?lang=en&id=156&document_ID=177

[16] Communication from the Commission to the European Parliament, the European Council and the Council, 28.9.2016, https://ec.europa.eu/home-affairs/sites/homeaffairs/files/what-we-do/policies/European-agenda-migration/proposal-package/docs/20160928/3rd_report_on_the_progress_made_in_the_implementation_of_the_eu-turkey_statement_en.pdf

[17] Statement vom nationalen Wahlbüro zum Referendum am 2.10.,

http://www.valasztas.hu/dyn/onepsz201610/szavossz/en/eredind_e.html

[18] It turned out just how much pain the quota referendum caused the government, 3.10.2016,

http://nol.hu/belfold/kiderult-mennyibe-fajt-a-kvotanepszavazas-1634635; The weapon will be powerful

enough – Viktor Orbán, 2.10.2016, https://www.hirado.hu/2016/10/02/orban-a-fegyver-eleg-eros-lesz-

brusszelben-is/

[19] Personal communication from source close the government, on Orban's disappointment.

[20] E. Zalan, Orbán spins migrant vote result, as EU celebrates, 3.10.2016,

https://euobserver.com/migration/135329

KAPITEL 13 – EUROPA – MÜHSAM UND ZÄH

[1] https://www.sueddeutsche.de/politik/dokumentation-merkels-neujahrsansprache-im-wortlaut-1.3316436

[2] Körmend priest accepted refugees, 14.12.2016, https://www.magyarkurir.hu/hirek/menekulteket-

fogadott-be-kormendi-plebanos

[3] Bamenda protests: mass arrests in Cameroon, 23.11.2016, www.bbc.com/news/world-africa-38078238

[4] Cancer Moonshot, https://www.cancer.gov/research/key-initiatives/moonshot-cancerinitiative

[5] Shockingly high losses for Afghan forces over winter, 1.5.2017,

https://www. aljazeera.com/news/2017/05/high-losses-afghan-forces-winter-170501041116344.html

[6] Joint way forward on migration issues between Afghanistan and the EU, 2.10.2016, https://eeas.europa.

eu/sites/eeas/files/eu_afghanistan_joint_way_forward_on_migration_ issues.pdf

[7] Deportations from Germany to Afghanistan, 12.9.2017, http://www.dw.com/en/deportations-from-

germany-to-afghanistan/g-40465731

[8] N. Nielsen, EU steps up efforts to repatriate Afghans, 4.10.2016,

https://euob- server.com/migration/135349

[9] Germany restarts Afghan deportations, returns eight rejected asylum seekers, 13.9.2017, https://www.

rferl.org/a/germany-afghan-deportations-eight-rejected-asylum-seekers/28733437.html

[10] Exodus: Our Journey, BBC TWO, three episodes, http://www.bbc.co.uk/programmes/b07ky6ft

[11] https://de.wikipedia.org/wiki/Mordfall_Maria_Ladenburger

[12] Hungary: Key Asylum Figures as of 1.9.2016: https://www.helsinki.hu/wp-content/uploads/HHC-Hungary-

asylum-figures-1-September-2016.pdf

[13] Papst an Trump, https://www.washingtonpost.com/local/2017/live-updates/politics/live-coverage-of-

trumps-inauguration/pope-francis-sends-a-message-to-trump/

[14] Migration: Thousands trapped in freezing temperatures in Greece and the Balkans, 9.1.2017, http://www.

msf.org/en/article/migration-thousands-trapped-freezing-temperatures-greece-and-balkans

KAPITEL 14 – GRENZGEBIETE

[1] https://www.asylumineurope.org/reports/country/romania/statistics

[2] Emergency Transit Centre, Timişoara: http://www.unhcr.org/ceu/100-enwhat-we-doresettlementetc-timisoara-html.html

[3] https://www.bbc.com/news/world-europe-45340715

[4] https://www.bmi.bund.de/SharedDocs/pressemitteilungen/DE/2018/06/asylantraege-mai2018.pdf?blob=publicationFile&v=5; Asylum quarterly report, 15.6.2018, http://ec.europa.eu/eurostat/statistics-explained/index.php/Asylum_quarterly_report

KAPITEL 15 – WISH YOU WERE HERE

[1] http://www.cedarnetwork.org/2017/01/13/difference-demons-adam-b-seligman/

[2] https://www.bamf.de/SharedDocs/Anlagen/DE/Integration/WillkommenDeutschland/willkommen-in-deutschland.html

[3] Insight: After chemical horror, besieged Syrian suburb defiant, 4.10.2013, https:// www.reuters.com/article/us-syria-crisis-zamalka-insight/insight-after-chemical-horror-besieged-syrian-suburb-defiant-idUSBRE9930E420131004

[4] https://de.wikipedia.org/wiki/Vertreibung_der_Deutschen_aus_der_Tschechoslowakei

[5] http://www.zeit.de/gesellschaft/zeitgeschehen/2016-07/ansbachselbstmordanschlag-islamismus/komplettansicht

[6] Ansbach attacker: asylum seeker to IS suicide bomber, 25.7.2016: http://www.bbc.com/news/world-europe-36886647

[7] https://www.ka-news.de/region/bruchsal/asyl-karlsruhe/Auf-Bruchsaler-Fabrikgelaende-Neue-Fluechtlingsheime-eroeffnet

[8] Brigade La Fayette, https://fr.wikipedia.org/wiki/Brigade_La_Fayette;
J.-D. Merchet, Depuis un an, l'armée française a éliminé environ 150 insurgés en Kapissa, 28.1.2015, http://secretdefense.blogs.liberation.fr/2009/10/26/depuis-un-anlarmee-francaise-a-elimine-environ-150-insurges-en-kapissa/

[9] Captain Teacher, un journaliste en uniforme français pour monter une radio afghane, 1.10.2013, http://www.guerres-influences.com/captain-teacher-journaliste-reserviste-radio-surobi-afghanistan/

[10] Calais jungle cleared of migrants, French prefect says, 26.10.2016, http://www.bbc.com/news/world-europe-37773848

[11] AIDA, France: country report, http://www.asylumineurope.org/reports/country/france, 28.2.2018.

[12] Swiss Refugee Council, Short overview of the asylum procedure, http://www.asylumin europe.org/reports/country/switzerland/asylumprocedure/general/short-overview-asylum-procedure

[13] The 2015 Swiss elections: a landslide win for the right, despite limited changes in vote shares, 24.10.2015, http://blogs.lse.ac.uk/europpblog/2015/10/24/the-2015-swiss-elections-a-landslide-win-for-the-right-despite-limited-changes-in-vote-shares/

[14] https://www.sem.admin.ch/dam/data/sem/publiservice/berichte/migration/migrationsbericht-2016e.pdf

NACHWORT

[1] John Berger, Hold Everything Dear: Dispatches on Survival and Resistance, Verso 2007.

[2] Migration: supporting a robust, realistic and fair EU policy, https://ec.europa.eu/commission/sites/beta-political/files/budget-may2018-fair-migration-policy_en.pdf

[3] On the edge of the Sahara, people mourn the decline of people-smuggling, Economist, 5.7.2018, https://www.economist.com/middle-east-and-africa/2018/07/05/on-the-edge-of-the-sahara-people-mourn-the-decline-of-people-smuggling

[4] Turkey–Syria border wall to be completed by spring, 18.12.2017, http://www. hurriyetdailynews.com/turkey-syria-border-wall-to-be-completed-by-spring-124303

[5] A warning against mass returns to Syria, Norwegian Refugee Council, 12.3.2018, https://www.nrc.no/news/2018/march/a-warning-against-mass-returns-to-syria/

[6] Ivan Krastev, After Europe, University of Pennsylvania Press 2017.

[7] https://www.bundeswahlleiter.de/bundestagswahlen/2017/ergebnisse/bund-99.html

[8] Austrian Foreign Minister Kurz: Europe's values cannot be negotiable, W. Mayr, M. von Rohr, 1.6.2016, http://www.spiegel.de/international/europe/interview-with-austrian-foreign-minister-sebastian-kurz-a-1094931.html

[9] Italian statistics for asylum-seekers, https://www.asylumineurope.org/reports/country/italy/

[10] J. Reynolds, Italy election: what does the result mean?, 5.3.2018, https://www.bbc.com/news/world-europe-43291390

[11] https://www. bbc.com/news/world-europe-44322429

[12] Stranded migrants: Macron scolds Italy over Aquarius ship, 12.6.2018, https://www. bbc.com/news/world-europe-44452760; Spain foreign minister calls for more EU ambition, 12.6.2018, https://www.ft.com/content/3eb1891e-6e83-11e8-92d3-6c13e5c92914

[13] Krastev, After Europe.

[14] Germany: Crime rate drops, but fear rises, 7.5.2018, https://www.dw.com/en/germany-crime-rate-drops-but-fear-rises/a-43692277

[15] Laudato Si Enzyklika 2015, http://www.vatican.va/content/francesco/de/encyclicals/documents/papa-francesco_20150524_enciclica-laudato-si.html

[16] Jytte Klausen, The Islamic Challenge: Politics and Religion in Western Europe, Oxford Univ. Press 2005.

ANHANG

WEITERFÜHRENDE LITERATURHINWEISE

Stefan Luft: Die Flüchtlingskrise, 2. Auflage, München 2017.

Kirsten Hoesch: Migration und Integration, Wiesbaden 2018.

Mathilde Schwabeneder u. Karim El-Gawhary: Auf der Flucht. Reportagen von beiden Seiten des Mittelmeers, Wien, 2015.

Jan I. Kizilhan, Alexandra Kavelius: Die Psychologie des IS. Die Logik der Massenmörder, München 2016.

Heaven Crawley, Franck Düvell, Katharine Jones, Simon McMahon, Nando Sigona: Unravelling Europe's Migration Crisis, Bristol 2018.

Stephan Detjen, Maximilian Steinbeis: Die Zauberlehrlinge. Der Streit um die Flüchtlingspolitik und der Mythos vom Rechtsbruch, Stuttgart 2019.

Katrin Huber, Silke Kleemann, Fridolin Schley (Hg.): Wir sind hier. Geschichten über das Ankommen, München 2018.

Stephan Ozsváth: Puszta-Populismus. Viktor Orbán – ein europäischer Störfall?, Ulm 2017.

Robin Alexander: Die Getriebenen. Merkel und die Flüchtlingspolitik: Report aus dem Innern der Macht, München 2017.

Jochen Oltmer: Globale Migration. Geschichte und Gegenwart, Stuttgart 2017.

Rainer Nowak (u.a.): Flucht. Wie der Staat die Kontrolle verlor, Wien 2017.

Fritz Söllner: System statt Chaos. Ein Plädoyer für eine rationale Migrationspolitik, Wiesbaden 2019.

Cristina Cattaneo: Namen statt Nummern: Auf der Suche nach den Opfern des Mittelmeers, Zürich 2020.

Julian Nida-Rümelin: Über Grenzen denken. Eine Ethik der Migration, Hamburg 2017.

Alexander Betts, Paul Collier: Gestrandet. Warum unsere Flüchtlingspolitik allen schadet - und was jetzt zu tun ist. Aus dem Englischen, München 2017.

Zygmunt Baumann: Die Angst vor den anderen. Ein Essay über Migration und Panikmache, Berlin 2016.

NÜTZLICHE QUELLEN

Internationale Politik

-     www.unhcr.org
-     https://www.refworld.org

- https://ec.europa.eu/eurostat
- https://www.oecd.org
- https://www.bundesregierung.de/breg-de/
- https://www.whitehouse.gov/briefings-statements/
- https://www.mit.gov.tr/eng/
- https://www.europol.europa.eu
- http://www.asylumineurope.org/
- https://www.amnesty.org/en/
- http://www.statewatch.org/
- https://www.consilium.europa.eu/de/press/press-releases/
- https://www.un.org/en/sections/general/documents/
- https://www.europarl.europa.eu/news/de
- https://data2.unhcr.org/en/situations/mediterranean

Flüchtlinge und Balkanroute
- https://balkaninsight.com/
- https://de.wikipedia.org/wiki/Balkanroute
- https://frontex.europa.eu/
- https://de.wikipedia.org/wiki/Au%C3%9Fengrenzen_der_Europ%C3%A4ischen_Union
- https://de.wikipedia.org/wiki/Fl%C3%BCchtlingskrise_in_Europa_ab_2015
- https://eur-lex.europa.eu/legal-content/DE/TXT/PDF/?uri=CELEX:41997A0819(01)
- http://fachportal.ph-noe.ac.at/gwk/aktuelle-themen/

LYRIKREIHE edition textfluss

Lothar Quinkenstein
Die Brücke aus Papier.
Sprachen der Bukowina.
ISBN 978-3-946046-21-9
(Herbst 2020)

Admiral Mahić
Flirrende Visionen / Lepršava priviđenja.
(deutsch/bosnisch).
ISBN 978-3-946046-16-5

Bogdan Coşa (Hg.)
Die Spitzenelf / Primul unsprezece.
(rumänisch/deutsch).
ISBN 978-3-946046-11-0

Mila Haugová
Langsame Bogenschützin/Pomalá lukostrelkyňa.
(deutsch/slowakisch).
ISBN 978-3-946046-09-7

Ilse Hehn
Sandhimmel.
Lyrik & Übermalungen.
ISBN 978-3-946046-06-6

www.danube-books.eu

SACHBÜCHER

Behar Heinemann
Romani Rose – ein Leben
für die Menschenrechte.
ISBN 978-3-946046-07-3

Doris Orgonas
Alte Brücken – neue Wege. Baden-
Württembergs Kulturaustausch mit
Ungarn und dem mittleren Donauraum.
ISBN 978-3-946046-04-2

Carmen Spalj
Die politische Rechte in Ungarn.
ISBN 978-3-946046-01-1

Stephan Ozsváth
Puszta-Populismus. Viktor Orbán –
ein europäischer Störfall?
ISBN 978-3-946046-08-0

Tobias Ranker
Auf dem Weg zur internationalen Stadt.
Migration nach Ulm seit 1945.
ISBN 978-3-946046-10-3

www.danube-books.eu